Helmut E. Lück

Die psychologische Hintertreppe

Helmut E. Lück

Die psychologische Hintertreppe

Die bedeutenden Psychologinnen
und Psychologen in Leben und Werk

FREIBURG · BASEL · WIEN

MIX
Papier aus verantwor-
tungsvollen Quellen
FSC FSC® C083411
www.fsc.org

© Verlag Herder GmbH, Freiburg im Breisgau 2016
Alle Rechte vorbehalten
www.herder.de

Umschlaggestaltung: Rothfos & Gabler
Umschlagmotiv: Magritte, René, 1898–1967.
»Irène ou La Lecture défendue«
(Irene oder die verbotene Lektüre), 1936 © AKG

Satz: Daniel Förster, Belgern
Herstellung: CPI books GmbH, Leck

Printed in Germany

ISBN 978-3-451-61381-4

Inhalt

Vorwort

Wenn man jemanden über die Hintertreppe besucht, dann benutzt man einen einfachen, direkten Weg zum ersten Stockwerk. Man braucht weder einen roten Teppich noch ein poliertes Geländer, auch keine Festbeleuchtung. Man kommt, wie man ist. Man kann sich der besuchten Person ziemlich ungezwungen nähern, ihr bei der Arbeit zusehen und sie ab und zu ohne Umschweife fragen, warum und wie sie dieses und jenes gemacht hat.

Die wichtigsten Psychologinnen und Psychologen auf diese Weise in Nahaufnahme zu zeigen ist das Ziel dieses Buches. Theorien und Forschungsergebnisse bedeutender Fachwissenschaftler sollen mit Bezug zu den Personen verständlich vermittelt werden, dabei sollen Lebenslauf und Lebensumstände den Zugang erleichtern. Daher der Titel *Die psychologische Hintertreppe*.

Als Sozialpsychologe hatte ich die Vermutung, dass manche Fragestellungen meines Fachs sehr zeitbezogen waren: Das Interesse der Psychologinnen und Psychologen an Sport, Wettbe-

werb, Gruppen, Minoritäten, Autoritätsgehorsam, Aggression
oder Genderfragen kam nicht von ungefähr – es stand natürlich in Zusammenhang mit den zeitlichen Umständen, manchmal mit Moden und natürlich auch mit den Personen selbst,
die Forschung betrieben. Ist es Zufall, dass bedeutende Psychologen, die sich mit Fragen von gesellschaftlichen Minderheiten
befassten, selbst Migranten waren? Vermutlich nicht.

Aber selbst wenn die Antwort darauf letztlich im Dunkeln bleiben muss: Zusammenhänge von Lebenslauf und Forschungsinteressen sind unbestritten. So ist es vernünftig, erst einmal die
Fakten zusammenzutragen, darzustellen und »wirken« zu lassen. Mit dieser Absicht ist das vorliegende Buch entstanden: Es
geht um das Werk einzelner, bedeutender Psychologinnen und
Psychologen vor dem Hintergrund von deren Biografie. Eine
Anregung für uns war die *Philosophische Hintertreppe* von Wilhelm Weischedel (1973), ein Buch, in dem die Theorien bedeutender Philosophen ohne »Getue«, wie Weischedel sagte, verständlich dargestellt werden. Man hat hier als Leser das gute
Gefühl, direkten Zugang zum Werk zu bekommen.

Die Auswahl der Personen für einen derartigen Band ist natürlich diskussionswürdig. Warum fehlt dieser Wissenschaftler
oder jene Forscherin? Mir ging es zunächst um *wichtige* Personen in der Psychologie. Sie haben ein nachhaltiges Lebenswerk
geschaffen, sie werden viel zitiert und in Befragungen zur Bedeutung für das Fach nehmen sie hohe Ränge ein. Darüber hinaus lagen mir einige wenige Persönlichkeiten am Herzen, die
in Vergessenheit zu geraten drohen und die gleichwohl eine interessante Biografie und wegweisende Forschung vorzuweisen
haben. Zum Teil handelt es sich dabei um Forscherinnen und

Forscher, deren wissenschaftliche Erkenntnisse sozusagen wie selbstverständlich in den Wissensbestand der Psychologie aufgenommen wurden.

Die Psychologie ist eine »schnelle« Wissenschaft geworden. Ältere Autorinnen und Autoren gelten häufig als veraltet und älteren Theorien und Untersuchungsergebnissen wird gern bescheinigt, sie seien überholt oder »nur noch von historischem Interesse«. Dieses Buch soll zeigen, dass die Geschichte des Fachs reich an interessanten Wissenschaftlerpersönlichkeiten ist. Es soll zeigen, wie mühsam Neues erarbeitet, ja errungen werden musste – und dass sich Erkenntnisse nicht von selbst durchsetzten. Schließlich wird hier und da vielleicht deutlich, dass mancher Befund trotz der antiquierten Sprache vielleicht immer noch modern und anregend ist und dass es sich lohnt, wenn man sich eingehender mit Leben und Werk einzelner Persönlichkeiten beschäftigt. Mir jedenfalls hat die Beschäftigung mit den 44 Biografien und Leistungen dieser Psychologinnen und Psychologen große Freude gemacht.

Einige der genannten Fachvertreter habe ich selbst erlebt. Dazu gehören Charlotte Bühler, B. F. Skinner, Marie Jahoda, Jean Piaget, Leon Festinger, Hans J. Eysenck, Henri Tajfel, Paul Watzlawick und andere. Die Erinnerungen an diese Personen sind in die Beschreibungen hier und da mit eingeflossen, sie stehen aber nicht im Vordergrund. Durch meine Tätigkeit im Bereich der Geschichte der Psychologie konnte ich außerdem auf entlegene Quellen zugreifen, zum Beispiel auf die Nachlässe im Psychologiegeschichtlichen Forschungsarchiv (PGFA) der Fern-Universität.

Man kann beim Lesen der einzelnen Kapitel dem eigenen Interesse folgen, jedes Kapitel ist in sich abgeschlossen. Doch kann es auch lohnend sein, das Buch ganz zu lesen, denn ich habe eine chronologische Anordnung gewählt, sodass ein ideengeschichtlicher roter Faden sichtbar wird. Bewusst habe ich in den Texten die Beziehungen zu den anderen im Buch erwähnten Psychologinnen und Psychologen deutlich werden lassen. So sind die einzelnen Kapitel enger verzahnt, als es zunächst scheint. Das ist beabsichtigt, denn so werden Lehrer-Schüler-Beziehungen, Wissenschaftlergemeinschaften und auch gegensätzliche Richtungen der Psychologie deutlicher sichtbar.

In jedem Fall wünsche ich auf dem Weg über die Hintertreppe zu den bedeutenden Psychologinnen und Psychologen viel Freude.

Helmut E. Lück
Hagen, Februar 2016

Die Begründung der Psychophysik

Bei der näheren Beschäftigung mit Leben und Werk eines Wissenschaftlers entsteht schnell eine persönliche Beziehung: Bewunderung, Sympathie, Mitleid und andere Empfindungen können sich einstellen. Im Fall von Gustav Theodor Fechner (1801–1887) wird diese Beziehung so ungewiss und rätselhaft bleiben, wie es selten der Fall ist. »Fechner, das ist immer der andere Fechner, der einem dann begegnet, wenn man glaubt, seinen Fechner zu kennen«, hat der Psychologiehistoriker Lothar Sprung geschrieben (1994, S. 9). Das Rätselhafte liegt nicht an dem großen zeitlichen Abstand und an veränderten Sitten, auch nicht an fehlenden Dokumenten, die Klarheit schaffen könnten. Es liegt an der Vielseitigkeit und der Persönlichkeit Fechners. Er selbst sprach von seinem »gar nicht interessanten Lebenslaufe« (2004, S. 1220), doch gibt gerade dieser Rätsel auf. »Wer sich einmal mit dem Mann beschäftigt hat (...), kommt von ihm nicht mehr los« – so Sprung (1994, S. 9). Fechner-Biografen, Psychologiehistoriker, Psychoanalytiker und andere haben sich immer wieder mit Fechner beschäftigt. Der Lebenslauf und die unglaublich vielfältigen wissenschaftlichen Leistungen Fechners bieten Stoff für Tagungen und umfassende Forschung. So gibt es mindestens 30 Doktorarbeiten aus dem deutschen Sprachraum, die sich speziell mit Fechner befasst haben (Lennig, 1994, S. 28).

Gustav Theodor Fechner wurde 1801 in Groß Särchen (heute Żarki Wielkie, Polen) bei Muskau in der Niederlausitz geboren. Sein Vater war Pfarrer, sein Großvater ebenso und seine Mutter war Tochter eines Pfarrers. Fechner selbst schrieb: »Überhaupt war der geistliche Stand nach allen Seiten reich vertreten, und ich selbst vorn herein dazu bestimmt. Doch es kam anders« (2004, S. 1220).

Fechner hatte einen Bruder, Eduard, der später Maler wurde und nach Paris übersiedelte, und er hatte drei Schwestern. Der Vater starb, als Gustav Theodor fünf Jahre alt war. Da die Mutter die fünf Kinder nicht allein aufziehen konnte, wurden die beiden Brüder von einem Onkel aufgenommen, der ebenfalls Pfarrer war. Fechner besuchte das Gymnasium in Sorau, dann zog die Mutter nach Dresden und Gustav Theodor besuchte dort die Kreuzschule. Ostern 1817, bereits kurz vor seinem 16. Geburtstag, begann Fechner das Studium der Medizin in Leipzig. Die Mutter bezog eine sehr kleine Rente, sodass Fechner sein Studium durch Stipendien und Privatunterricht finanzieren musste. Nach seinen eigenen Aussagen lernte Fechner weniger durch Vorlesungen als durch das Literaturstudium. Von seinen Professoren schätze er den Physiologen Ernst Heinrich Weber. 1819 schloss Fechner das Studium ab. Vermutlich aus finanziellen Gründen erfolgte jedoch nicht die übliche feierliche Promotion, sodass Fechner den medizinischen Doktortitel nicht führen durfte. Auch übte er anschließend den Arztberuf nicht aus. Fechner konnte sich aber Magister nennen. Nachdem er sich 1823 in der Philosophischen Fakultät habilitiert hatte, durfte er an der Universität lehren. Dies allein sicherte aber nicht seinen Lebensunterhalt, weshalb er Privatunterricht gab und wissenschaftliche und populärwissenschaftliche Literatur aus dem Französischen übersetzte. Diese Übersetzungen waren teilweise sehr umfangreich, erschienen trotzdem bereits sehr bald nach den Originalausgaben, dazu manchmal von Fechner bearbeitet und ergänzt. Schon hieran kann man ablesen, dass sich Fechner ein sehr großes Arbeitspensum zumutete. Daneben verfasste er eigene naturwissenschaftliche Bücher und veröffentlichte Aufsätze zu anderen Gebieten.

1833 heiratete Fechner Clara Volkmann. Die Ehe war glücklich, blieb aber kinderlos. 1834 wurde Fechner Ordinarius für Physik, im folgenden Jahr wurde er zum Direktor des Physikalischen Instituts ernannt. Fechner betrieb selbst naturwissenschaftliche Forschung, meist in der Physik, auch in der Chemie und Pharmazie.

Die seltsame Erkrankung

Trotz Erholungsreisen nach Gastein (1835) und Ilmenau (1839) erkrankte Fechner 1840 schließlich schwer. Bereits 1839, mit 38 Jahren, hatte er die Professur aufgegeben. Sein Biograf Johannes Emil Kuntze schrieb (1892, S. 105): »Fechner hatte sich überarbeitet. In 4–5 Jahren war von ihm mit ungeheurer Anstrengung die Riesenaufgabe des achtbändigen Hauslexikons bewältigt, daneben waren die fortlaufenden Jahrgänge des pharmazeutischen Centralblattes besorgt und überdies die ihn drückende und nicht befriedigende Aufgabe der academischen Lehrthätigkeit zu erfüllen gesucht worden.« Für seine Lehrtätigkeit als Hochschullehrer führte Fechner eine Reihe von optischen Versuchen durch, insbesondere zur Erzeugung subjektiver Farben. Dies trug ihm ein Augenleiden ein, sodass er schließlich überhaupt kein Licht mehr vertragen konnte. Doch schon zuvor neigte er zu Grübeleien. Fechner: Ich »zerbrach mir den Kopf wieder so oft, daß er mich zu schmerzen anfing« (S. 106).

Nach Fertigstellung des großen Hauslexikons wendete sich Fechner den optischen Experimenten zu, weil sie den Kopf weniger in Anspruch nahmen als theoretische Untersuchungen. »Lichtscheu und Unfähigkeit, das Auge zum Lesen und Schreiben zu gebrauchen, trat ein. Anfangs war diese Lichtscheu mäßig; durch nicht hinreichende Vorsicht (...) stieg sie immer mehr; ich mußte mich immer mehr auf das Zimmer beschränken; bald konnte ich nur mit einer Binde vor den Augen ausgehen« (1892, S. 108). Ein Lichtflackern in den Augen kam hinzu. Schließlich begab sich Fechner in einen völlig abgedunkelten Raum, hatte keinen Durst, keinen Hunger, litt unter Gedankenflucht, konnte fast keine Gespräche mit anderen Menschen führen und verbrachte so mit Grübeleien, Augenproblemen und Verdauungsbeschwerden Wochen und Monate, ja mehrere Jahre. Mal trat Besserung ein, dann wieder veränderte und verschlechterte sich der Zustand. Gelegentlich besserte sich sein Befinden durch spezielle Nahrung in kleinen Mengen, auch half ein wenig seine Mitwirkung bei kleineren Küchenarbeiten in seiner dunklen Stube, dann wieder war er schlaflos und wurde von peinigenden Gedanken verfolgt. Fechner: »Mein Zustand war bei Weitem schlimmer, als der eines wirklich Blinden, der sich frei und ungehindert in freier Luft und durch alle Räume bewegen kann« (S. 117). »Tausendmal wünschte ich mir den Tod« (S. 116). Erst nach vielen Monaten, ab Oktober 1843 trat zu Fechners Überraschung eine Besserung ein, wenn auch Reste des Leidens noch Jahre später zu spüren waren.

Fechner selbst hat seine mehrjährige Krankengeschichte ausführlich dargestellt (in Kuntze, 1892, S. 105–126), auch weil er glaubte, dass diese für Physiologie und Psychologie wissenschaftlich von Interesse sei. In Leipzig hatte man Anteil an dem fast verhungerten Fechner genommen, hatte ihn für blind und geisteskrank gehalten. Allgemein sprach man nun von einem Wunder der Heilung. Auch Zeugen der Krankheit wie Fechners Neffe und Biograf Johannes Emil Kuntze fanden keine überzeugende Erklärung, weder für das Leiden noch für die Heilung.

Mit neuen Kräften zu den letzten Dingen

Fechner begann nun wieder zu dichten. Schon 1841 veröffentlichte er Gedichte unter seinem Pseudonym »Dr. Mises«, das sehr bald schon kein richtiges Pseudonym mehr war, weil man längst erkannt hatte, wer sich hinter dem Namen verbarg. Den Gedichten folgte ein *Räthselbüchlein* in Versform von Dr. Mises.

Wichtiger als diese kleinen Schriften waren in der Zeit der Genesung Fechners philosophische und religiös-mystische Arbeiten. Fechners schwere Erkrankung war sicher ein Grund für sein Interesse an existenziellen Fragen. 1848 erschien sein vielfach nachgedrucktes Buch *Nanna oder Das Seelenleben der Pflanzen*. Fechner: »Dieses Buch wäre schwerlich geschrieben worden, wenn nicht mein Auge dereinst in Nacht gelegt und dann so plötzlich wieder dem Lichte zurückgegeben worden.«

1851 folgte das dreibändige Werk *Zend-Avesta oder Über die Dinge des Himmels und des Jenseits.* Fechner war überzeugt, das Universum sei beseelt und strebe einer höheren Ordnung zu. Nicht nur der Mensch, sondern auch Tiere, Pflanzen und Steine seien lebendige Glieder in diesem kosmischen Organismus (Heidelberger, 1993). Natur und Naturwissenschaft bildeten nur die Oberfläche.

Mit solchen Anschauungen stand Fechner in seiner Zeit ziemlich allein, denn der Materialismus des 19. Jahrhunderts mit seiner mechanistischen Naturanschauung stellte eine starke Front gegen Fechners mystische Überzeugungen dar. Fechners Überzeugungen waren durch die christliche Erziehung seitens seiner Eltern und seines Onkel geprägt worden, lösten sich aber vom traditionellen Christentum.

Ab Sommer 1846 hielt Fechner sogar wieder im begrenzten Umfang Vorlesungen, nun aber über philosophische Themen: über das höchste Gut, über die letzten Dinge, über Anthropologie, den Sitz der Seele, über Psychophysik und über Ästhetik. Es ist aber keine Frage, dass die akademische Lehrtätigkeit nicht zu Fechners Lieblingstätigkeiten gehörte. Vielfältige Forschung war der Lebensinhalt, zu dem er sich berufen fühlte. Jetzt, nach Jahren des Grübelns und der Abfassung von philosophisch-mystischen Büchern, begann er wieder mit naturwissenschaftlicher Forschung, nun zur Frage der Verbindung zwischen Materiellem und Geistigem, Körper und Geist, Leib und Seele.

Psychophysik

Dabei kam Fechner zu der Überzeugung, es müsse zwischen Physischem und Psychischem eine logische Verbindung geben.

Um das nachzuweisen, benötigte er das Experiment, Maß und Messung. Diese Verbindung sah Fechner in der Psychophysik. Schon dieser Begriff lässt die erhoffte Verbindung deutlich werden: eine Physik des Psychischen. Seinen akademischen Lehrer, den Physiologen Ernst Heinrich Weber, sah Fechner als den »Vater der Psychophysik« an. Weber (1795–1878) hatte bereits in den 30er-Jahren des 19. Jahrhunderts wichtige physiologische Messungen durchgeführt. So hatte er über vergleichend-anatomische und physiologische Fragen gearbeitet. Als Physiologe hatte Weber die Funktion der verschiedenen Sinnesorgane untersucht, wobei ihn besonders die Empfindungen interessierten. Empfindungen – etwa von Schmerz, Kälte, Härte – sind keine genaue Widerspiegelung der Außenwelt, stellte er fest, denn nicht jede Empfindung wird gleich beachtet. Die Empfindungen bilden das Rohmaterial für unsere Wahrnehmungsurteile.

Wo aber sind die Grenzen unserer Empfindungen? Diese Frage interessierte Weber besonders. In seiner Schrift *De tactu* (Über den Tastsinn, 1834) stellt Weber die Notwendigkeit der Ermittlungen von Reizschwellen heraus. Mithilfe des Stechzirkels hatte Weber ab 1829 in vielen Versuchen die Tastempfindlichkeit der menschlichen Haut untersucht: Wenn man eine Versuchsperson bittet, die Augen zu schließen, und dann mit beiden Spitzen eines nur sehr gering geöffneten Stechzirkels den Handrücken der Person leicht berührt, wird diese Person nur eine Berührung wahrnehmen. Wie weit müssen die beiden Zirkelspitzen auseinander liegen, um den Eindruck von zwei Berührungen zu erzielen? Weber konnte durch diese Versuche die unterschiedliche Tastempfindlichkeit verschiedener Körperbereiche ermitteln: Die Fingerspitzen und die Lippen sind sehr empfindlich, der Rücken ist besonders unempfindlich.

Weber lag ebenfalls daran, Empfindungen arithmetisch darzustellen. Er fand heraus, dass der Reizzuwachs, der einen eben merklichen Empfindungsunterschied hervorruft, im direkten Verhältnis zum Ausgangsreiz steht.

An diese Beobachtung knüpfte Fechner an (zur Geschichte siehe Gundlach, 1993). Fechner wiederholte die Stechzirkelversuche. Seine Versuchspersonen sollten in weiteren Versuchen ein Gewicht von 100 Gramm in der linken Hand halten, in die rechte Hand bekamen sie ein Gewicht mit zum Beispiel 101 Gramm. Nun sollten die Personen beurteilen, welches Gewicht schwerer war. Daran scheiterten die Versuchpersonen meist. Ein Unterschied von 100 zu 102 Gramm wurde aber erkannt. Bei dem Vergleich von 300 Gramm zu 301 Gramm war wieder kein Unterschied zu erkennen, merkwürdigerweise aber auch nicht bei 300 und 302 Gramm. Hier waren 306 Gramm erforderlich, um die Differenz zu spüren.

Fechner fand heraus (überwiegend in Selbstversuchen), dass die Veränderung, die nötig ist, um als Veränderung gegenüber der Standardgröße eben noch erkannt zu werden, immer im konstanten Verhältnis zur Standardgröße steht. Dies entsprach den Beobachtungen Webers, deren Bedeutung nun von Fechner für verschiedene Sinnesreize untersucht wurde. Beim Spüren des Gewichts betrug dieses Verhältnis 100:102, also 1/50. Fechner fand für verschiedene Sinnesreize verschiedene Quotienten: zum Beispiel für Helligkeit 1/60, für Gewichte 1/50, für Temperatur 1/30 und für Salzgeschmack 1/3. Diese Werte werden noch heute als *Weber-Fechnersche Konstante* bezeichnet. Sie geben Hinweise auf die Leistungsfähigkeit der menschlichen Sinnesorgane.

Fechners Leistung war aber nicht nur die Ermittlung von Konstanten für einzelne Sinnesreize, sondern das Auffinden ei-

nes allgemeinen Gesetzes: Geometrisch ansteigenden Reizin-
tensitäten entsprechen arithmetisch ansteigende Sinnesinten-
sitäten. Fechner nannte dieses, in eine Gleichung gebrachte
Gesetz das Webersche Gesetz. Heute findet sich in Psychologie-
büchern meist die Bezeichnung *Weber-Fechnersches Gesetz*.

Fechner war außerdem an Fragen der Ästhetik interessiert
und begründete die experimentelle Ästhetik, die er der Psychophysik zurechnete. Öffentlich ergriff Fechner Partei in Fragen
der Kunstästhetik. Ein heftig diskutiertes Thema seiner Zeit war
der Goldene Schnitt, den Adolf Zeising populär gemacht hatte
und den er in der Natur, im menschlichen Körper, in Kunst und
Musik als ästhetisches Prinzip verwirklicht fand. Die Sixtini-
sche Madonna stellte ein Paradebeispiel dar. Aber Fechner blieb
skeptisch. Er maß nach und kam zu dem Ergebnis, Holbein habe den Goldenen Schnitt eher vermieden als angewendet. Und
Fechner ging auch hier experimentell vor: Er stellte aus Papier
verschiedene Rechtecke her und ließ sie von Personen hinsichtlich ihrer Ästhetik bewerten. Der große Erfolg des Goldenen
Schnitts stellte sich bei diesem experimentellen Vorgehen nicht
ein. Trotzdem lobte Fechner Zeising für dessen Anregung.

Aus heutiger Sicht

Es fällt nicht leicht, Fechners Leben und Leistungen angemessen zu bewerten. Er war durch seine Erziehung christlich orientiert, hatte sich eine gewisse Kindlichkeit bewahrt, liebte die
Menschen in seiner Umgebung und hatte – was man vielleicht
nicht erwarten würde – einen wunderbaren Humor, der in seinen Gedichten, vor allem aber in seinen Tagebüchern zum Ausdruck kommt. Äußerlich war sein Leben wenig aufregend, aber

der Reichtum seines inneren Lebens ist von vielen beschrieben worden. »Von besonderen Passionen war er frei. (...) Spielen, Zechen, musikalische Liebhabereien waren ihm gänzlich fremd. Er war kein Sammler irgendwelcher Art. (...) Fast bis zum letzten Athemzug arbeitete er emsig von Früh bis Abend; so ward er mitten aus der Arbeit abgerufen: ein Denker und Forscher ohne Ermüdung, ein deutscher Gelehrter alten Styls ohne Nebengedanken des Ruhms und der Ehre« (Kuntze, 1892, S. 326). Wilhelm Wundt sagte: »Wenn man nicht wüßte, dass wirklich Fechner allein und oft unter erschwerenden Umständen alles das vollbracht hat, man könnte meinen, dass sich hinter dem *einen* Namen eine ganze Gesellschaft von Gelehrten verberge« (1901, S. 7).

Gustav Theodor Fechner wurde trotz seiner schwachen Konstitution und der schweren Leidensjahre um das 40. Lebensjahr schließlich sehr alt. Er erhielt zahlreiche Auszeichnungen, unter anderem die Ehrendoktorwürde der Medizinischen Fakultät seiner Universität. Nach einem Schlaganfall starb Fechner im Spätherbst 1887 in Leipzig. »Sein Interesse war vielen Gebieten des Wissens zugewandt. (...) Aber nie hat diese Vielseitigkeit der Gründlichkeit geschadet, mit der er sich in einzelne Probleme zu vertiefen wußte«, sagte Wilhelm Wundt in seiner Trauerrede (1892, S. 352).

Das 20. Jahrhundert hat viele Naturwissenschaftler hervorgebracht, die sich im Alter philosophischen, weltanschaulichen und religiösen Themen zugewandt haben. Bei Fechner fiel die schwere Krise in die Lebensmitte, gefolgt von einer philosophisch-mystischen Schaffensphase. Erst dann erfolgte die Entwicklung der Psychophysik. Das erscheint als Überraschung. Es gibt aber einige Hinweise darauf, dass die Entwicklung der Psychophysik wiederum mit Fechners Seelenlehre zusammenhing.

Fechners große wissenschaftliche Leistung für die Psychologie ist die Aufdeckung eindeutiger Beziehungen zwischen Physischem und Psychischem, die er in die Form eines mathematischen Gesetzes brachte. Damit öffnete er die Tür für weitere Untersuchungen, wie sie dann Wilhelm Wundt, Carl Stumpf, Hermann Ebbinghaus und andere im letzten Drittel des 19. Jahrhunderts durchführten.

Unsere Zeit sieht Fechner als bedeutenden Begründer einer experimentellen Psychologie an, denn sein Anliegen war es, Psychisches und Physisches in gesicherter Weise in Beziehung zu setzen und in Gesetze zu gießen. Das ist ihm gelungen.

Experimentelle Psychologie und Völkerpsychologie – die Leipziger Schule

Wilhelm Wundt (1832–1920) wird in fast jedem Lehrbuch der Psychologie erwähnt, weil er bereits 1879 das erste Institut für Psychologie gründete, das Vorbild für viele ähnliche Institute in aller Welt wurde. Aber was war sein Interesse? Welche Psychologie wollte er als Philosoph mit medizinischer Ausbildung entwickeln?

Trotz der Bekanntheit Wundts ist seine Psychologie etwas undurchsichtig. Das liegt an seinen theoretischen Schriften, die vom Mainstream seiner Zeit abwichen, es liegt an seinem langen Wirken, in dem er dies und das geändert hat, und es liegt an seiner Streitbarkeit als Person. Es liegt aber auch an seinen Schülern, Biografen und Wissenschaftshistorikern, die seine Anliegen bis in die Gegenwart hinein unterschiedlich interpretiert haben. So gibt es auch heute noch eine lebendige Diskussion seiner Ansätze und seines Werkes.

Wilhelm Maximilian Wundt wurde im August 1832 in Neckarau (heute ein Stadtteil von Mannheim) als Sohn eines evangelischen Theologen geboren. Die Familie zog schon sehr bald nach Leutershausen am Odenwald, da sich im Gebiet der Neckarmündung Malaria ausgebreitet hatte. In Heidelsheim trat der Vater im Sommer 1836 die Pfarrstelle an. Vermutlich war es hier im Pfarrhaus, wo der kleine Wilhelm die Kellertreppe herabgestürzt ist, sein frühestes Kindheitserlebnis. Hochbetagt glaubte er, »noch heute die Stöße zu spüren«, mit denen er mit dem Kopf auf die Stufen schlug (Wundt, 1920, S. 1f.). Ob dieses Erlebnis weitere Folgen hatte, wissen wir nicht.

Wilhelm Wundts Kindheit war wohl durch Einsamkeit und Tagträume geprägt. 1840 erlitt der Vater mit 53 Jahren einen schweren Schlaganfall, der ihn arbeitsunfähig machte. An seiner Stelle trat der Vikar Friedrich Müller als Hilfsgeistlicher in den Dienst der Gemeinde ein. Und Müller wurde nun auch in der Familie Wundt praktisch Wilhelms Erzieher. Durch ihn lernte er Latein, und einiges spricht dafür, dass Wundt eine enge Beziehung zu dem jungen Geistlichen aufbaute. Beim Eintritt in die reguläre Schule erlebte Wundt dann eine heftige Enttäuschung: Er war an den Klassenbetrieb und die strengen Strafen des Lehrers nicht gewöhnt und flüchtete sich in Tagträume. Diese Fantasien begleiteten ihn viele Jahre. Wundt selbst vermutete später, dass hier bereits das Interesse für den Blick auf das eigene Innenleben entstand, das die Grundlage für seine spätere wissenschaftliche Psychologie bereitet habe. Eine einfachere Erklärung wäre die, dass der junge Wundt in dem Dorf einsam und in der Schule unterfordert war. Jedenfalls wechselte Wilhelm zur Schule nach Heidelberg, wo er wieder mit seinem Bruder Ludwig zusammenkam und dann kaum noch schulische Probleme auftraten.

Nach dem Abitur im Herbst 1851 begann Wilhelm Wundt das Medizinstudium in Tübingen, dort lehrte sein Onkel Friedrich Arnold Anatomie. Zwar war Medizin nicht Wundts Wunschfach, allerdings erlebten in dieser Zeit die Naturwissenschaften und besonders die Medizin einen enormen Aufschwung. Wundt hörte auch philosophische Vorlesungen und war beeindruckt von den Demonstrationen in den Chemievorlesungen von Robert Wilhelm Bunsen. Ein Jahr darauf wechselte Wundt nach Heidelberg und erhielt für eine anatomischen Arbeit, die er ohne direkte Betreuung angefertigt und sowohl in deutscher als auch lateinischer Sprache abgeliefert hatte, eine Auszeichnung. Das Staatsexamen legte Wundt dann in Karlsruhe ab. Seine Doktorarbeit wurde in Heidelberg »mit größtem Lob« bewertet, und so war es ihm möglich, sich zu habilitieren. Nach einem Forschungsaufenthalt in Berlin erhielt Wundt 1857 eine Privatdozentur in Heidelberg. Das war noch keine feste Anstellung, denn ein Privatdozent genoss lediglich das Privileg, Vorlesungen halten zu dürfen. Die Aussicht auf Honorare durch Veröffentlichungen war daher sicher auch für Wundt der Grund für erste größere Veröffentlichungen.

Mit der Berufung von Hermann von Helmholtz (1821–1894) 1858 nach Heidelberg wurde Wundt Assistent am neu eingerichteten Institut für Physiologie. Wundt hielt Vorlesungen über neue Themen, so 1862 über »Psychologie vom naturwissenschaftlichen Standpunkt aus«. Er veröffentlichte im gleichen Jahr seine zweibändigen *Vorlesungen über Menschen- und Tierseele*. Im Jahr 1864 wurde Wundt zum außerordentlichen Professor für Anthropologie und medizinische Psychologie an der Medizinischen Fakultät Heidelberg berufen. In diese Zeit fällt die Veröffentlichung von Wundts mehrbändigem *Lehrbuch der Physiologie des Menschen*, das dann in weiteren überarbeiteten Auflagen erschien.

Eine »Psychologie vom naturwissenschaftlichen Standpunkte aus« bedeutete für den jungen Wundt, seelische Vorgänge auf der Grundlage physiologischer Veränderungen erklären zu wollen. Empfindungen stellten für ihn erste psychische Akte dar, die durch Sinnesreize zustande kommen. Diese naturwissenschaftlich-materialistische Position entsprach der Zeit. Zwangsläufig forderte Wundt die experimentelle Methode und die statistische Auswertung für die Physiologie und die Psychologie. Aber Wundts Verständnis für die wissenschaftliche Psychologie reichte über diese Auffassung hinaus. Er verpflichtete sich zwar dem experimentellen Vorgehen, gab aber schon in seinen damaligen Schriften Hinweise darauf, dass er die Psychologie weiter fassen wollte – nämlich bis hin zur Psychologie der Völker und der Kultur.

Wundt in Leipzig

Nach einer kurzen Zeit an der Universität Zürich wurde Wundt 1875 nach Leipzig berufen, wo er bis an sein Lebensende als Philosoph lehrte. Die Hochschulen waren damals Sache der deutschen Staaten. Der Wechsel von Studenten und Dozenten über Ländergrenzen hinweg war möglich, aber die Hochschulen wurden je nach finanzieller und politischer Situation unterschiedlich behandelt (Gundlach, 2004). Auch die Frage, ob Studentinnen zugelassen wurden und promovieren durften, war unterschiedlich geregelt. In der Philosophischen Fakultät der Universität Leipzig herrschte offenbar eine gewisse Toleranz, die unterschiedliche Vorbildung der Professoren spielte dort eine geringere Rolle als anderswo. Der Physiologe Wundt, der auf einem philosophischen Lehrstuhl saß, nutzte dies, um die experimentelle Psychologie zu entwickeln.

Wundt gründete in Leipzig 1879 das experimentalpsychologische Institut. Die ersten Instrumente stammten aus Wundts Privatbesitz. Es gelang Wundt ab 1882, Zuschüsse zum Ankauf von Apparaten zu bekommen. Die Geräte waren zum großen Teil aus der Physiologie entlehnt oder wurden von Wundt und seinen Mitarbeitern entworfen und von dem Mechaniker E. Zimmermann konstruiert. Einzelne Geräte wurden in größerer Ausführung gebaut, um sie im Hörsaal als Demonstrationsgeräte zu nutzen. Als Unternehmen für psychologische Geräte wurde Zimmermann später weltweit führend.

1883 begründete Wundt die Zeitschrift *Philosophische Studien*, in der seine psychologischen Arbeiten und die seiner Mitarbeiter erschienen. Wundt wollte mit dem Titel der Zeitschrift zeigen, dass »diese neue Psychologie berechtigt war, ein Teilgebiet der Philosophie zu sein« (Wundt, 1920, S. 313). Sein Ziel bestand darin, die Philosophie praktisch zu einer empirischen Wissenschaft zu machen, oder doch wenigstens in Teilen auf eine erfahrungswissenschaftliche Grundlage zu stellen. Keine Frage, dass Wundt sich damit in der Philosophie nicht nur Freunde machte. Insgesamt wurde er aber auch als Philosoph akzeptiert, nicht zuletzt wegen seinen zahlreichen philosophischen Schriften in Buchform.

Experimentelle Befunde, apparative Ausstattung, viele Publikationen und unter anderem auch Wundts Bereitschaft, sich gern, ausführlich und in scharfer Form mit seinen Kritikern auseinanderzusetzen, begründeten den Ruf des Leipziger Instituts als geachtetes Zentrum psychologischer Forschung. Jüngere Wissenschaftler aus den USA, England, Japan und anderen Ländern arbeiteten und promovierten bei Wundt. An vielen Hochschulen entstanden Psychologische Institute nach dem Leipziger Vorbild. Bis 1900 lassen sich 63 solcher Institutsgründungen nachweisen, davon allein 35 in den USA (Sprung & Sprung,

2010, S. 148f.). Wundts Vorlesungen waren gut besucht, was auch an seinen spektakulären Demonstrationen lag. Studenten psychologischer Vorlesungen und Seminare waren in allererster Linie angehende Gymnasiallehrer und in zweiter Linie Juristen und Hörer anderer Richtungen. Erfolgreiche Volksschullehrer konnten das Abitur nachholen und in Leipzig Gymnasiallehrer werden; hiervon machten viele Studenten Gebrauch.

Wundt verstand es, die Möglichkeiten der Hochschule für die experimentelle Psychologie zu nutzen. Er beschäftigte schließlich mehr als ein Dutzend Mitarbeiter, die in Gruppen von drei bis vier Personen an einem Thema arbeiteten. Sie waren meist Mathematiker oder Naturwissenschaftler, die sich philosophische und zugleich forschungspraktische Grundkenntnisse aneignen mussten.

Aufgaben der Psychologie

Wundt vertrat die Auffassung, die Psychologie habe »die Tatsachen des Bewußtseins, ihre Verbindungen und Beziehungen zu untersuchen, um schließlich Gesetze aufzufinden, von denen diese Beziehungen beherrscht werden« (Wundt, 1911, S. 1). Wundts Ziel war es also, das Bewusstsein in nicht weiter aufteilbare Bestandteile zu zerlegen, die er Elemente des Bewusstseins nannte. Wundt: »Die ganze Aufgabe der Psychologie ist so in den zwei Problemen enthalten: Welches sind die Elemente des Bewußtseins? Welche Verbindungen gehen diese Elemente ein, und welche Verbindungsgesetze lassen sich hierbei feststellen?« (1911, S. 28). Diesem Forschungsprogramm der *Elementenpsychologie*, wie es später genannt wurde, blieben Wundt und seine Schüler mit der experimentellen Psychologie verpflichtet.

Die Berechtigung für eine solche Zergliederung des Psychischen ergab sich für Wundt aus den physiologischen Studien, die vorausgegangen waren. Nachdem Hermann von Helmholtz 1850 die Leitungsgeschwindigkeit der Nerven gemessen hatte, hofften Forscher wie Wundt, die psychischen Prozesse durch Zeitmessung in der Weise erfassen zu können, dass von den Reaktionszeiten der physikalische Anteil subtrahiert werden könnte. Helmholtz hatte versucht, Sinneswahrnehmung wie das Sehen als naturwissenschaftliches Problem zu verstehen und zu lösen. Wundt dagegen »schwebte von Anfang an die Sinneswahrnehmung als ein psychologisches Problem vor Augen, und dieses Problem erweiterte sich bald zu einer die gesamte Psychologie umfassende Aufgabe« (Wundt, 1920, S. 161). Allerdings bestand Wundts Interesse nicht in der diagnostischen Ermittlung von Unterschieden zwischen Personen, sondern in der Gewinnung allgemeingültiger Gesetze.

Zugang zum Psychischen sollte hier die Erfahrung bilden. Diese direkte Erfahrung von Sinneseindrücken galt es zu messen und dazu bedurfte es vor allem exakter Raum- und Zeitmessung – deswegen die Bedeutung der Apparate. Das lässt vermuten, Wundt habe seine naturwissenschaftliche Vorbildung aus der Physiologie in die Psychologie »mitgenommen«. Das ist oft auch so gesehen worden. Aber die Sache ist komplizierter.

Wundt war kein Positivist, obwohl man ihn vor allem in den USA so sah (Danziger, 1979). Er bezeichnete die Psychologie gelegentlich als »experimentelle Geisteswissenschaft«, heute würde man wohl »empirische Geisteswissenschaft« sagen, das heißt eine Geistes- oder Kulturwissenschaft, die sich auf erfahrungswissenschaftliche Untersuchungen nach forschungsmethodischen Regeln stützt. Die Naturwissenschaft hat die Erfahrungswelt vom Standpunkt der Objekte aus zu sehen, die

Psychologie hat dieselbe Erfahrungswelt, nur sieht sie diese vom Standpunkt des wahrnehmenden, fühlenden und wollenden Subjekts – so Wundt.

Wundts Überzeugung war, dass Seelisches nur in seiner Aktualität verstanden werden kann. Die Seele sei als Geschehen zu verstehen, nicht als Substanz. Alle psychischen Prozesse seien in ihrer Entwicklung und in ihren Zusammenhängen und Wechselwirkungen zu erforschen.

Genauer betrachtet waren es drei Bezugssysteme (Fahrenberg, 2011), in denen sich Wundt bewegte:

1. das Bezugssystem der Hirnphysiologie zur Klärung neuronaler Prozesse,
2. das Bezugssystem der Bewusstseinspsychologie, in dem er allgemein-psychologische Vorgänge zu erklären versuchte, und
3. das Bezugssystem der Völkerpsychologie zur Erklärung geistiger Objektivationen und sozialer Prozesse der Gemeinschaft.

Diese Bezugssysteme sind nicht ineinander überführbar, das erste und zweite sind nach Wundt parallel vorstellbar. Zwischen dem zweiten und dritten sah Wundt Verbindungen. Allerdings gab es hier Grenzen, die nach Wundt durch die anwendbaren Forschungsmethoden gezogen wurden (siehe unten).

Die experimentelle Psychologie

Wie können psychische Vorgänge untersucht und erklärt werden? Wundt nahm an, dass Erinnerungen, Gefühle, Stimmungen und so weiter durch geschulte und kontrollierte *Selbstbeobachtung* zugänglich werden. Ziel war die Beschreibung.

Hierzu ein einfaches Beispiel: Wundt beobachtete ein Pendel, das sich über eine Skala bewegte und das an einer bestimmten Stelle einen Hebel auslöste. Dieser Hebel löste einen Glockenton aus. So war er in der Lage, Schall und Ort des Pendels zu vergleichen. Wundt stellte dabei fest, dass Hören und Sehen nicht synchron verlaufen. Die Durchschnittswerte für seine Beobachtungen zeigten eine Verzögerung von etwa einer Achtelsekunde. Tatsächlich war es so, dass manchmal verspätet gehört wurde, manchmal die Beobachtung dem Hören nachfolgte – nie beobachtete er, das Sehen und Hören exakt synchron waren. Wundt sprach daraufhin mutig von einem *Gesetz der Einheit der Vorstellung*. Damit meinte er, dass uns Menschen immer nur *eine* Vorstellung bewusst sein kann. Eigentlich handelte es sich hierbei noch nicht um ein Gesetz, sondern lediglich um eine Hypothese, aber nun konnte die Problemstellung mit genaueren Methoden untersucht werden.

In den vielen Einzeluntersuchungen der Gruppe um Wundt wurden meist nur wenige Versuchspersonen eingesetzt, denn diese mussten in der Selbstbeobachtung geschult sein. Daher untersuchte Wundt keine größeren oder gar repräsentativen Stichproben. Auch Durchschnittswerte für mehrere Personen, wie sie heute üblich sind, waren bei Wundt eher selten. In gewisser Hinsicht war die Versuchsperson sogar wichtiger als der Versuchsleiter: In vielen Doktorarbeiten dieser Zeit ist mit gewissem Stolz vermerkt, dass der Herr Geheimrat selbst an dem Versuch teilgenommen habe und sich von den Phänomenen überzeugen konnte. Es war damals ebenfalls üblich, die Namen der Versuchspersonen – ausgeschrieben oder abgekürzt – in Veröffentlichungen zu nennen.

Den zentralen Begriff der Bewusstseinspsychologie bildete die *Apperzeption*. Apperzeption war für Wundt das Eintreten eines Bewusstseinsinhaltes in das Aufmerksamkeitsfeld, quasi die beabsichtigte Verschiebung vom Blick*feld* zum Blick*punkt*. Die Apperzeption war zugleich eine innere Willenshandlung und der Prototyp aller psychischen Prozesse. Wundt nannte seine Psychologie in späteren Jahren deshalb auch Voluntaristische Psychologie oder *Voluntarismus*, da psychische Erlebnisse nicht Ereignisse, sondern Ergebnisse von Willenshandlungen seien.

Die Begriffe »experimentelle Psychologie« und »physiologische Psychologie« benutzte Wundt gleichbedeutend, weil er das psychologische Experiment nur hier als möglich ansah, nicht in dem zweiten großen Bereich der Psychologie, der Völkerpsychologie. Sprach er von »physiologischer Psychologie«, meinte er damit aber nicht, dass die Psychologie auf die Physiologie reduzierbar sei.

Die Völkerpsychologie

Schon in seinen frühen Arbeiten aus den 1860er-Jahren hatte Wundt die Völkerpsychologie als zukunftsweisend dargestellt, diese aber nicht näher ausgeführt. Was ist damit gemeint? Wundt hatte sich mit den Arbeiten von Moritz Lazarus (1824–1903) und Heymann (Hajim) Steinthal (1823–1899) auseinandergesetzt und war unter anderem von den Beobachtungen des Schiffsarztes und Ethnologen Adolf Bastian (1826–1905) beeindruckt, der annahm, dass allen Kulturen die gleichen Elementargedanken zugrunde liegen – ähnlich wie die »Archetypen« bei C. G. Jung, der sich dann sehr viel später auch auf Bastian bezog. Lazarus und Steinthal gründeten 1860 die *Zeitschrift für Völkerpsychologie und Sprachwissenschaft*. Der Begriff »Völkerpsychologie« wurde angeblich von Wilhelm von Humboldt (1767–1835) geprägt, allerdings findet er sich in Humboldts Schriften nicht.

Wundts wissenschaftliche Laufbahn in Leipzig war zweigeteilt. In den ersten Jahrzehnten betrieb er physiologische (experimentelle) Psychologie, in den letzten zwei Jahrzehnten seines Lebens widmete er sich der Völkerpsychologie. Die zehn dickleibigen Bände zu diesem Thema sind ein Beleg dafür, wie wichtig ihm dieses Gebiet wurde. Im ersten Band schreibt der Forscher, die Aufgabe der Völkerpsychologie bestehe in der »Untersuchung der an das Zusammenleben der Menschen gebundenen psychischen Vorgänge« (Wundt, 1900, S. 1). Inhaltlich zielte Wundt vor allem auf die »Untersuchung der Entwicklungsgesetze von Sprache, Mythus und Sitte«, wie es im Untertitel der *Völkerpsychologie* heißt. Der Begriff »Entwicklungsgesetz« ist hier etwas unglücklich gewählt, denn er war nicht im Sinn von Naturgesetzen gemeint. Von der experimentellen Psychologie unterschied sich diese Völkerpsychologie in Gegenstand und Forschungsmethode. Wundt drückte es so aus: »Glücklicherweise fügt es sich übrigens, dass da, wo die experimentelle Methode versagt, andere Hülfsmittel von *objectivem* Werthe der Psychologie ihre Dienste zur Verfügung stellen. Diese Hülfsmittel bestehen in jenen Erzeugnissen des geistigen Gesammtlebens, die auf bestimmte psychische Motive zurückschließen lassen.« Hierbei ging es Wundt nicht nur um die Geschichte, sondern um »allgemeine psychologische Gesetze« (Wundt, 1902, S. 5), nach denen Völker kulturelle »Erzeugnisse« schaffen, bewahren und verändern.

Wundt untersuchte in seiner Völkerpsychologie Themen wie Sprache, Religion, Sitte, Tanz, Musik, Recht und Wirtschaft in vergangenen und fremden Kulturen. Ihm ging es dabei nicht um eine Darstellung der geschichtlich gewachsenen Zeugnisse und auch nicht um Leistungen einzelner Personen. Themen des ersten Bandes waren unter anderem Ausdruck von Emotionen, Gebärden, Wortvorstellungen oder Begriffsassoziationen. Während dies heute Themenbereiche der experimentellen Psychologie sind, stützte sich Wundt auf Berichte von Völkerkundlern. Ergebnisse damals aktueller Feldforschung spielten dabei nur eine geringe Rolle, eigene Beobachtungen auch nicht, da Wundt ja ohnehin kaum reiste. So entstand quasi eine Völkerpsychologie vom Schreibtisch aus. Was Wundt über fremde Völker berichtete, war zudem schnell veraltet, denn mit Anfang des 20. Jahrhunderts setzte eine intensive anthropologische und ethnologische Forschungstätigkeit in der Wissenschaft ein. Für Wundt war die Völkerpsychologie trotzdem zentral, er sah sie als »Oberbau« der Psychologie an. In seinem Leipziger Institut richtete er 1913 eine Abteilung für Völkerpsychologie mit Lese-, Arbeits- und Seminarräumen ein, die aber aufgrund des beginnenden Weltkrieges kaum genutzt werden konnte (Wolfradt, 2011, S. 190).

Wir lesen oft, dass Wundts Völkerpsychologie auf die Psychologie insgesamt nur geringen Einfluss hatte. Tatsächlich ist dieses »andere Erbe« Wundts (Jüttemann, 2009) wenig beachtet worden. Trotz seiner amerikanischen Schüler hat die Völkerpsychologie zum Beispiel die Psychologie in den USA nie wirklich erreicht und beeinflusst. Halb im Spaß sagte man schon damals, die amerikanischen Schüler Wundts hätten aus Leipzig nur die Gerätelisten und den Grundriss des Instituts mitgenommen.

Schaut man näher hin, steckt aber mehr in der Völkerpsychologie. Wundt sah beispielsweise die Entwicklungspsychologie als Grundlage der Völkerpsychologie – nicht im Sinn der Entwicklung des Kindes, sondern als Entwicklung von Kulturen, Völkern und der Menschheit insgesamt. Den Vorschlag, die Völkerpsychologie in Entwicklungspsychologie umzubenennen, lehnte Wundt jedoch ab (Wundt, 1916).

Weiter gefasst kann man sagen, dass Wundt mit der Völkerpsychologie eigentlich eine geisteswissenschaftliche Psychologie als »Oberbau« der Psychologie etablieren wollte (siehe die Beiträge in Jüttemann, 2006), denn er folgte nicht nur einem naturwissenschaftlichen Erkenntnisinteresse. Zudem war es ja nicht sein Anliegen, die Psychologie als Einzelwissenschaft zu etablieren, obwohl er faktisch dazu erheblich beigetragen hat.

Und schließlich zeigte Wundts Völkerpsychologie außerhalb der Psychologie durchaus Wirkung, auch wenn das in der Psychologie leicht übersehen wird. Eine Reihe von Schülern Wundts setzte seine Anregungen in kulturanthropologische Forschung um. So spricht Uwe Wolfradt sogar von einer *Leipziger Schule der Völkerpsychologie* und stellt die Leistungen der wichtigsten Schüler dar (Wolfradt, 2011).

Wundt im Lehrstuhlstreit

Zu Wundts Zeiten existierte Psychologie noch nicht als Studiengang. Wer Psychologie studieren wollte, wählte eine Hochschule wie Leipzig, an der in der Philosophischen Fakultät auch Psychologie gelehrt wurde. Dort konnte man dann eine Dissertation mit einer psychologischen Thematik verfassen und schloss das Studium mit der Promotion zum Dr. phil. ab – so wie auch andere Geisteswissenschaftler. Dem akademischen Titel war also die Beschäftigung mit der Psychologie nicht anzusehen. Und dies sollte auch noch lange Zeit so bleiben.

Die Psychologie wurde aber durchaus als »nützlich« angesehen und von den Ministerien durch eine Politik der Besetzung von Philosophielehrstühlen mit Wissenschaftlern, die auch Psychologie lehren konnten, unterstützt. Und diese Einschätzung war durchaus berechtigt: Die Bedeutung der Wahrnehmungspsychologie für die Lehrerausbildung lag zum Beispiel auf der Hand.

Trotzdem: Diese allmähliche Umwandlung von Philosophielehrstühlen in Lehrstühle für Philosophie und (experimentelle) Psychologie musste den Ärger der philosophischen Fachvertreter heraufbeschwören. Die Folge war der sogenannte *Lehrstuhlstreit,* verursacht durch die Besetzung eines angesehenen Philosophielehrstuhls in Marburg mit dem jungen Psychologen Erich Jaensch. Im Wintersemester 1912/1913 unterschrieben 107 Geisteswissenschaftler eine Erklärung gegen die weitere Besetzung von Philosophieprofessuren mit Experimentalpsychologen – eine naheliegende Forderung, die Experimentalpsychologie hinauszuwerfen. Oft ist zu lesen, zwei Drittel aller in Deutschland lehrenden Philosophen hätten diesen Protest getragen. Dies ist falsch, denn es unterzeichneten nur 27 Ordinarien der Philosophie. Unter ihnen waren bekannte Philosophen wie Hermann Cohen, Rudolf Eucken, Edmund Husserl und Eduard Spranger. 39 Ordinarien der Philosophie – also die Mehrheit – unterzeichneten den Aufruf jedoch nicht. Zu diesen gehörten Professoren wie Narziss Ach, Erich Becher, Christian von Ehrenfels, Felix Krueger, Theodor Lipps und natürlich auch Georg Elias Müller, Carl Stumpf, Oswald Külpe und Wilhelm Wundt – also Philosophieprofessoren, die der experimentellen Psychologie nahestanden (Marbe, 1913, S. 15 f.). Die »Durchmischung« der Philosophie mit der experimentellen Psychologie war also 1912/1913 schon weit fortgeschritten.

Auch wenn man denken könnte, Wundt hätte sich in diesem Streit klar für die Sache der Psychologie eingesetzt (gilt er doch heute als Begründer der Psychologie als Einzeldisziplin), war dem nicht so: Wundt nahm vielmehr eine Position ein, mit der er vermitteln und zugleich der Psychologie dienen wollte. Eine Psychologie allein ohne die Philosophie sei nicht existenzfähig beziehungsweise würde in der Gymnasiallehrerausbildung zwangsläufig zu einem Nebenfach degradiert werden, so seine Überzeugung. Psychologie bestehe nicht nur aus der experimentellen Psychologie, und gerade die Völkerpsychologie hatte nach seiner Meinung Auswirkungen auf andere Wissenschaftsbereiche. Zudem war er überzeugt, dass die Trennung von Philosophie und Psychologie nicht zur Einrichtung psychologischer Institute und Lehrstühle führen würde, »ist es doch bekannt genug, daß zum Beispiel in Preußen nur vier bis fünf sehr bescheiden ausgestattete psychologische Laboratorien gegenwärtig existieren« (Wundt, 1913, S. 36). Ein Grund für die schlechte Ausstattung lag eben in der Beheimatung der Psychologischen Institute in Philosophischen Fakultäten. In den USA hatte sich die Psychologie zu diesem Zeitpunkt bereits von der Philosophie emanzipiert, was dort auch zu einer besseren Ausstattung geführt hatte. Der Situation in den USA stand Wundt allerdings skeptisch gegenüber und hielt also an der engen Verbindung zwischen Philosophie und Psychologie fest.

Die Trennung von Philosophie und Psychologie als Disziplinen sollte in Deutschland erst Jahrzehnte nach dem Lehrstuhlstreit erfolgen.

Der politische Wundt

Wundt war zeit seines Lebens ein politisch aktiver Mensch. In seiner Heidelberger Zeit trat er dem Arbeiterbildungs-Verein bei, 1864 wurde er als Vertreter der Stadt Heidelberg Abgeordneter des Badischen Landtags. Wundt vertrat dort die neu gegründete Badische Fortschrittspartei, eine liberale bürgerliche Partei. Wenngleich er 1868 das Mandat niederlegte, so war dieses Engagement ein klarer Beleg seines politischen Denkens.

Wundt hielt sich später zwar parteipolitisch zurück, aber er nahm Anteil am politischen Geschehen. Anfang September 1914 hielt er vor rund 3.000 Zuhörern in Leipzig eine Rede über den wahrhaften Krieg (Wundt, 1914), in der er König Edward VII. als den eigentlichen Kriegstreiber brandmarkte: »Den teuflischen Plan zur Vernichtung Deutschlands: England hat ihn entworfen« (S. 19). Den Beginn des Krieges, den er bereits als *Weltkrieg* bezeichnete, deutete er als Überfall. Wundt sah die Zeichen der Zeit, insbesondere die Übermacht der Gegner, deutlich. Trotzdem rief er der Menge zu: »Wir werden siegen, denn wir müssen siegen« (S. 31).

In den letzten 20 Jahren seines Wirkens zog sich Wundt von der experimentellen Psychologie zurück, arbeitete an seiner zehnbändigen *Völkerpsychologie*, hielt aber noch bis ins höchste Alter gut besuchte Vorlesungen zu fast allen Bereichen der Psychologie und Philosophie. Wundt besuchte keine Kongresse und nahm weder 1900 noch 1910 Einladungen von G. Stanley Hall an die Clark University an. Er starb 1920 in seinem Ferienhaus in Großbothen bei Leipzig, ausgezeichnet mit vielen Ehrungen.

Wirkungen der Leipziger Schule

Edwin G. Boring (1950, S. 345) hat errechnet, dass Wundt in seinem Leben über 53.000 Druckseiten veröffentlicht hat, also im Durchschnitt mehr als zwei Druckseiten pro Tag während seiner Zeit als Wissenschaftler! Natürlich haben solche Berechnungen nur eingeschränkte Aussagekraft. Wundts Werk ist allerdings riesig, wenn auch mühsam zu lesen, denn Wundt liebte lange Schachtelsätze. Es hilft, seine Texte laut zu lesen, dann sind sie leichter verständlich.

Wundt hinterließ also ein sehr umfangreiches wissenschaftliches Werk und prägte über zahlreiche Schüler wie Hellpach, Külpe, Kraepelin, Krueger, Marbe, McKeen Cattell, Meumann, Moede, Münsterberg, Titchener und andere den Charakter der Psychologie als Wissenschaft.

Aus heutiger Sicht hat Wundt allerdings auch einige wichtige Entwicklungen eher verhindert: Mit seiner Bewusstseinspsychologie wandte er sich gegen die Ausweitung des Experiments auf höhere psychische Prozesse, wie sie die Würzburger Schule unter der Leitung seines Schülers Oswald Külpe bald untersuchen sollte. Wundt war auch skeptisch, die Psychologie auf angewandt-psychologische Fragestellungen auszuweiten, wie sie zum Beispiel die pädagogische Praxis und die Wirtschaft aufwarfen. Die Leistungen seiner Schüler Meumann und Münsterberg auf diesem Gebiet hat er erst spät anerkannt. Aus ähnlichen Gründen verhinderte Wundt mit seiner Völkerpsychologie faktisch die Entstehung einer experimentellen Sozialpsychologie. Zu einem Zeitpunkt, als zum Beispiel in den USA eine Sozialpsychologie als akademische Disziplin etabliert war, lehnte Wundt nicht nur den Begriff Sozialpsychologie ab, sondern wandte sich gegen die experimentelle Untersuchung sozialer Prozesse. Ein weiterer Bereich, der von Wundt aus der Forschung ausgeklammert wurde, war – wie gesagt – das Studium interindividueller Unterschiede. Die Arbeiten von Sir Francis Galton, Alfred Binet, William Stern und anderen zu Persönlichkeitsmerkmalen wurden von der Leipziger Schule nicht aufgegriffen.

Trotz dieser Einschränkungen hat die Leipziger Schule die Psychologie sehr beflügelt: Sie hat eine Methodenlehre begünstigt, sie hat Experiment und Geschichte in die Psychologie zu integrieren versucht, und sie hat faktisch über zahlreiche Schüler den Aufstieg der experimentellen Forschung in der Psychologie herbeigeführt.

HERMANN EBBINGHAUS

Lernen und Vergessen experimentell erforscht

Hermann Ebbinghaus ist offenbar eine widersprüchliche Person gewesen: ein Mann scheinbar ohne akademische Lehrer, wenigstens was seine bahnbrechenden Arbeiten in Selbstversuchen angeht; von Fragestellungen besessen, aber schnell Themen hinter sich lassend; Einzelgänger einerseits, andererseits von seinen Leistungen überzeugt. Heute wird Ebbinghaus vor allem mit seinen Lernexperimenten und den von ihm entwickelten sogenannten *sinnlosen Silben* in Verbindung gebracht.

Hermann Ebbinghaus wurde 1850 in Barmen (heute ein Stadtteil von Wuppertal) als Sohn einer Unternehmerfamilie geboren. Bereits mit 17 Jahren begann er in Bonn das Studium der Geschichte. Ebbinghaus wechselte mehrfach die Hochschule und wandte sich schließlich der Philosophie zu. In seiner 1873 in Bonn verfassten Dissertation behandelte der junge Ebbinghaus das Problem des Unbewussten. In dieser Arbeit setzt er sich kritisch mit Eduard von Hartmann auseinander. Sein Fazit: »Das Wahre ist leider nicht neu, das Neue nicht wahr« (S. 67). Die Dissertation sollte lange Zeit die einzige Veröffentlichung von Ebbinghaus bleiben, bis zwölf Jahre später die Gedächtnisstudien erschienen (1885). Doch bahnten sich die Studien in diesen »verborgenen« Jahren an.

Die verborgenen Jahre

Ende 1875 reiste Hermann Ebbinghaus, damals 25 Jahre alt, zusammen mit seinem jüngeren Bruder Carl nach London. In London kaufte Ebbinghaus eine kleinere Anzahl psychologischer Veröffentlichungen. Zu seinen Erwerbungen zählten auch die zweibändigen *Elemente der Psychophysik* (1860) von Gustav Theodor Fechner. Ebbinghaus notierte später, sie seien »vergriffen und sehr selten«. Im Spätherbst 1875 nahm Ebbinghaus eine Stelle als Lehrer an einer Privatschule an der Kanalküste in Sussex an, der Gentlemen's Academy in Seaford. Die Tätigkeit dort war seine erste Anstellung. Das bequeme Leben in Seaford endete für Ebbinghaus schon kurz nach seiner Ankunft: Am Sonntag, dem 14. November 1875, wurde das Städtchen von einem Wirbelsturm heimgesucht. Die anschließende Flut zerstörte das Schulgebäude vollständig. Der junge Lehrer entkam: »Ich habe mein Leben glücklicherweise gerettet, nicht ohne Gefahr; von meinen Habseligkeiten ist manches zum Teufel.« Aus einem Brief, den er an seinen Bruder schrieb, geht hervor, dass ihm seine Tätigkeit nicht sonderlich gefiel: »Jungens ziemlich dumm; ziemlich viel zu thun.« Ebbinghaus beklagte sich auch darüber, dass er fast jedes Fach unterrichten müsse. Hier an der englischen Südküste begann Ebbinghaus vermutlich aber seine ersten Gedächtnisuntersuchungen mit Zahlenreihen und englischer Lyrik. Er selbst und ein 14-jähriger Junge dienten als Versuchspersonen (Bringmann & Bringmann, 1988, S. 76).

Im darauffolgenden Jahr fand Ebbinghaus in Guildford, etwa 70 Kilometer südwestlich von London, eine neue Anstellung. Er unterrichtete dort Deutsch und Französisch an der Royal Grammar School. Doch es hielt ihn nicht in England, Ebbinghaus verbrachte die nächsten 18 Monate in Frankreich, um seine Französischkenntnisse zu verbessern. Nach längerer Suche fand er Beschäftigung als Deutschlehrer für den 19-jährigen Sohn einer Marquise in Burgund. Zusätzlich zu den Bahnfahrten erhielt er Unterkunft und Verpflegung bei der Familie im Chateau de Mareil bei Hautefeuille, und man zahlte ihm ein Monatsgehalt von 200 Franc. Seine Arbeitgeberin war Armande de Seguier d'Avaray (1835–1912), die selbst bei Ebbinghaus Deutsch lernte. Im Herbst und Winter 1877/78 zog es ihn dann in die französische Hauptstadt.

Im Juli 1878 verließ Ebbinghaus Paris wieder, um eine Stelle als Lehrer des Prinzen Waldemar von Preußen am Deutschen Kaiserhaus anzunehmen. Prinz Waldemar (1868–1879) war der jüngste Sohn des deutschen Kronprinzen Friedrich Wilhelm von Preußen (1831–1888) und seiner Frau Victoria von Preußen (1840–1901). Ebbinghaus unterrichtete seinen Schüler im Herbst im Neuen Schloss in Potsdam und in den Wintermonaten im Schloss des Kronprinzen in Berlin. Neben Französisch lehrte er den Prinzen auch Geschichte, Geografie und Latein. Von Ebbinghaus wurde zudem erwartet, dass er mit dem jungen Prinzen, dessen Mutter die älteste Tochter der Queen Victoria war, Englisch sprach. Doch der enge Kontakt zwischen Ebbinghaus und dem jungen Prinzen und dessen Familie wurde von tragischen Ereignissen unterbrochen: Im Dezember 1878 breitete sich in Deutschland die Diphtherie aus. Drei Monate später infizierte sich auch Prinz Waldemar mit dieser schweren Krankheit und starb am 27. März 1879 daran.

Hermann Ebbinghaus kehrte schließlich an die Universität zurück, wo er zwischen Frühjahr 1879 und Herbst 1880 seine Studien vervollständigte. In dieser Zeit führte er auch seine Gedächtnisuntersuchungen durch.

Die Gedächtnisuntersuchungen

Ein paar Monate Englandaufenthalt, 18 Monate in Frankreich und ein knappes halbes Jahr als Lehrer des Prinzen – welche Wirkungen mögen diese Erfahrungen gehabt haben? Sicher erwarb Hermann Ebbinghaus gute Sprachkenntnisse, und stets war er während dieser Zeit mit der Frage konfrontiert, wie Menschen eigentlich lernen.

Ohne feste Anstellung an einer Universität fasste er den Entschluss, Fechners psychophysikalische Methoden auf Gedächtnisleistungen anzuwenden. Ebbinghaus ging davon aus, dass Gedächtnisinhalte als Vorstellungsreihen aufgefasst werden können. Kann eine Person diese Vorstellungsreihe fehlerfrei darstellen, hat sie einen bestimmten Stoff erlernt. Erfahrungsgemäß gelingt diese Reproduktion (zum Beispiel eines Gedichtes) nach einiger Zeit nicht mehr fehlerfrei. Die Zeit beziehungsweise die Anzahl der Wiederholungen, die erforderlich ist, um das fehlerfreie Reproduzieren wieder zu ermöglichen, gibt nun wichtige Hinweise auf das Gedächtnis. Diese Methode der Gedächtnisprüfung wird heute als *Ersparnismethode* bezeichnet. Ebbinghaus erkannte bald, dass Gedichte für eine systematische Untersuchung des Gedächtnisses nicht gut geeignet waren. So ersann er eine Methode, mit der der Name Ebbinghaus inzwischen untrennbar verbunden ist: Er stellte sinnlose Silbenreihen zusammen. Hier ein Beispiel aus den Versuchen von Ebbinghaus:

chok saum lor doip faun bäsh dish maus moir
poif chos päs wam rok fosh zhaus sam toim

Die Silbenreihen bestanden also aus Silben mit je einem Konsonanten (wobei Ebbinghaus auch Laute wie *ch* verwendete), einem Vokal (wobei er auch Umlaute nahm) und einem weiteren Konsonanten (KVK-Silben). Oft wurde eingewandt, es handele sich bei den sinnlosen Silben gar nicht um komplett sinnloses Material – man beachte in der ersten Reihe etwa die Silbe »maus«. Doch der Forscher arbeitete nicht mit sinnlosen Silben, sondern stets mit Reihen von acht oder mehr Silben. Anders als man vielleicht erwarten würde, kam es Ebbinghaus nicht auf die Buchstabenfolge, sondern auf die Lautfolge an. Hatte er eine Reihe von Silben so auswendig gelernt, dass er sie fehlerfrei aufsagen konnte, beschäftigte er sich eine vorher festgelegte Anzahl von Minuten, Stunden oder Tagen mit anderen Dingen, um dann festzustellen, wie viele Durchgänge beim Repetieren oder wie viel Zeit zum Lernen erforderlich war, um die Silbenreihe wieder fehlerfrei aufsagen zu können. Bei seinen Experimenten war Ebbinghaus der Versuchsleiter und Protokollant, aber er war auch seine einzige Versuchsperson! Mit außerordentlicher Geduld und Zähigkeit untersuchte er in verschiedensten, mehr als ein Jahr dauernden Versuchsreihen 1879/80 und dann noch einmal in den Jahren 1883/84 die Funktion des menschlichen Gedächtnisses, wobei er in dieser Zeit auf eine gleichmäßige Lebensweise achtete. Es ist nicht überraschend, dass er für solche Versuche keine Versuchspersonen fand, denn kaum jemand hätte sich solchen Anstrengungen ausgesetzt!

Trotz der Tatsache, dass es sich um eine Versuchsreihe mit nur einer Versuchsperson, mit bis dahin neuer Thematik und mit bislang nie zuvor verwendetem Reizmaterial handelte, gelang Hermann Ebbinghaus die Ermittlung von relevanten Gesetzmäßigkeiten. Er fand heraus, dass nach längeren Zeitabständen häufigere Wiederholungen notwendig waren, das heißt die Ersparnis wurde bei größerem Zeitabstand geringer. Dazu konnte er zudem eine spezifische nichtlineare Form der sogenannten *Vergessenskurve* definieren und zeichnen.

Im März 1880 wurde Ebbinghaus bei dem Dekan der Philosophischen Fakultät vorstellig, um seine Habilitationsschrift einzureichen. Er hatte sonst nichts vorzuweisen, außer dieser kleinen Schrift und seiner Dissertation – selbst für damalige Verhältnisse war dies ein schmales Gesamtwerk. Seine Habilitationsschrift wurde anschließend von zwei Mitgliedern der Philosophischen Fakultät der Universität Berlin begutachtet. Der erste Gutachter war Eduard Zeller (1814–1908), ein Philosoph und Theologe. Zeller schrieb: »Die Versuche, welche Vf. zum Zweck ihrer Beurteilung angestellt hat, scheinen mir gut ausgedacht zu sein. Das materielle Ergebniß ist allerdings nicht sehr erheblich, sofern es im Grunde nur bestätigt, was sich jeder zum voraus sagen konnte ...«

Zeller sah also eine gewisse Trivialität, aber er nahm die Arbeit an, empfahl jedoch die Vorlage einer zusätzlichen Schrift, die belegen sollte, dass Ebbinghaus auch besondere Qualifikationen als zukünftiger Dozent für Philosophie habe.

Der Zweitgutachter der Gedächtnisstudie war der Physiologe und Physiker Hermann von Helmholtz (1822–1894). Helmholtz urteilte über die Schrift weit positiver als Zeller. Er empfahl, Ebbinghaus solle einen Probevortrag mit einem anschließenden Colloquium halten, so könne man die Breite seines akademischen Hintergrundes feststellen. Und das geschah auch: Nachdem Hermann Ebbinghaus im Oktober 1880 erfolgreich vor der Fakultät einen philosophischen Vortrag gehalten hatte, konnte er im Wintersemester 1880/81 seine ersten Lehrveranstaltungen als Privatdozent ankündigen.

Zellers Argument der Trivialität ist auf den ersten Blick durchaus stichhaltig. Die Hauptergebnisse hätte man vielleicht schon erwartet, aber zweierlei war bemerkenswert: erstens die Präzision der Befunde und zweitens der Beleg für die Gültigkeit von Gustav Theodor Fechners Gesetzen der Psychophysik auch im Bereich des Lernens. Die Gedächtnisexperimente trugen Ebbinghaus bis heute daher den Ruf eines Pioniers der Gedächtnisforschung ein.

Recht selbstbewusst hatte Ebbinghaus 1885 in seiner kleineren Schrift mit dem Titel *Über das Gedächtnis. Untersuchungen zur experimentellen Psychologie* die Erweiterung der experimentellen Psychologie vertreten. Exakte Naturforschung sei bisher nur auf den Gebieten der Sinnesempfindungen und der psychologischen Zeitmessung erfolgt. Nunmehr wolle er versuchen, auch das menschliche Gedächtnis experimentell zu untersuchen. In der Tat war dieser Bereich bislang aus der psychologischen Forschung ganz ausgeklammert worden. Ebbinghaus gehörte im Vergleich zu Wundt und anderen einer jüngeren Generation an, die den Weg zur Psychologie nicht mehr von der Physiologie aus suchen musste, sondern direkt von der Philosophie oder aus der praktischen Erfahrung heraus zu psychologischen Fragestellungen und Untersuchungen gelangte. Seine Gedächtnisexperimente hielt er – sicher auch aus Mangel an technischen Apparaturen – vergleichsweise bescheiden. Dies macht andererseits einen Teil ihres Reizes aus.

Es ist erstaunlich, dass Hermann Ebbinghaus relativ wenig experimentell arbeitete. Auch später baute er seine Gedächtnisforschung nicht aus. Man findet keine weiteren Veröffentlichungen zu Lernen und Vergessen von ihm. Ebbinghaus erwähnte sogar in seinem *Abriß der Psychologie* (1908) seine eigenen bahnbrechenden Untersuchungen mit keinem Wort. Hat er sie in späteren Jahren für weniger wichtig oder gar für überholt gehalten? In jedem Fall wandte er sich anderen Aufgaben zu (Traxel & Gundlach, 1986).

In Versuchen, die später der Göttinger Psychologe Georg Elias Müller (1850–1934) durchführte, wurden nicht nur die Aufgaben von Versuchsleiter und Versuchsperson getrennt. Hatte Ebbinghaus lediglich sein Schreibheft und eine Stoppuhr verwendet, wurde in Göttingen die Darbietungszeit der Silben genau kontrolliert. Müller ließ die Silben dazu auf eine Trommel aufbringen, vor der ein Sichtschutz mit Sehschlitz stand, sodass die Versuchspersonen die Silben immer nur kurze Zeit sehen konnten. Notwendig wurde nun auch, die Reaktionszeiten der Versuchspersonen genauer zu messen. Hierzu dienten Chronoskope, mit denen die Darbietungs- und Reaktionszeiten erfasst wurden. Heute werden Lernexperimente dieser Art natürlich mithilfe von Computern durchgeführt.

Die Kontroverse mit Wilhelm Dilthey

Die Berliner Zeit war für Hermann Ebbinghaus sehr erfüllt. Er hielt gut besuchte Vorlesungen zu vielen Themen. Zudem bemühte er sich um die Einrichtung eines der ersten psychologischen Laboratorien für experimentelle Psychologie. 1890 begründete Ebbinghaus zusammen mit Karl König die *Zeitschrift für Psychologie und Physiologie der Sinnesorgane*, die er weiterhin herausgab. Um 1890 entdeckte Ebbinghaus eine optische Täuschung, die bis heute *Ebbinghaus-Täuschung*[1] genannt wird. Kurz: Diese Jahre in Berlin waren eine produktive Zeit.

Als in Berlin ein Lehrstuhl für Philosophie und Psychologie eingerichtet wurde, erhielt diesen aber nicht Ebbinghaus, sondern 1894 Carl Stumpf. Noch im Jahr dieser Berufung verließ Ebbinghaus Berlin und ging nach Breslau. Eventuell spielten bei dieser Entscheidung Konflikte in der Fakultät eine Rolle und natürlich auch eine gewisse Verärgerung über seine Nichtberufung. Tatsache ist jedenfalls, dass sich Ebbinghaus in Breslau wieder neuen Fragen zuwendete.

Noch vor seinem Weggang kam es in Berlin außerdem zu einer fachlichen Kontroverse, die völlig überraschend mit einem eigentlich geschätzten Kollegen, Wilhelm Dilthey (1833–1911), aufbrach. Die beiden Forscher pflegten kollegiale Kontakte. Worum ging es?

Dilthey entwickelte eine lebensphilosophische Position, die in einem gewissen Widerspruch zum Naturalismus und naturwissenschaftlichen Denken in der Psychologie stand. Dilthey unterschied dabei *erklärende* und *verstehende* Wissenschaften. Während die Naturwissenschaften von kausalen Beziehungen ausgehen, ist den Geisteswissenschaften diese kausale Forschung nicht möglich: »Die Natur erklären wir, das Seelenleben verstehen wir« – das war Diltheys griffige Formel (Dilthey,

---

1 Die Ebbinghaus-Täuschung zeigt zwei gleich große Kreisflächen, von denen eine von kleineren Kreisflächen umgeben ist, die andere von größeren. Die zweite erscheint deutlich kleiner als die erste.

1894, S. 1314). Diltheys Unterscheidung zwischen Natur- und Geisteswissenschaften ist bis heute gebräuchlich.

Nach Wilhelm Dilthey gab es keine isolierten Bewusstseinselemente, keinen Leib-Seele-Dualismus. Die Methode seiner Wahl war die Hermeneutik – aber nicht nur in der Form der traditionellen Textauslegung, er berief sich ebenfalls auf die Psychologie. Es ging ihm um das *Verstehen* der geistigen Vorgänge und menschlicher Äußerungen. *Beschreibende und zergliedernde Psychologie*, wie Dilthey »seine« Psychologie nannte, habe daher vor allem die Aufgabe, seelische Erscheinungen in ihrem konkreten Zusammenhang zu beschreiben und zu verstehen. Die Methoden dieser Psychologie seien von denen der Physik und Chemie gänzlich verschieden. Damit grenzte er sich deutlich von Wundts oder Ebbinghaus' Auffassung ab. Der Begriff *Verstehende Psychologie* setzte sich später für diese geisteswissenschaftlich orientierte Psychologie durch.

Naturwissenschaften wurden von Dilthey also nicht grundsätzlich abgelehnt, aber in Grenzen verwiesen. Das galt besonders für die experimentelle Psychologie, die er nur für Grenzgebiete von Natur und Seelenleben zugestand; allgemein lehnte er sie für die Psychologie ab.

Dilthey erhielt auf seinen herausfordernden Aufsatz Anerkennung und Zustimmung von Fachkollegen. Kritik gab es natürlich auch, gerade Ebbinghaus reagierte scharf mit einer Entgegnung in seiner *Zeitschrift für Psychologie und Physiologie der Sinnesorgane* (Ebbinghaus, 1896). Sein Argument bestand darin, dass das von Dilthey geforderte Verstehen, auch wenn man es sorgfältig betreibt, dem einen dieses und dem anderen jenes Ergebnis liefert. Ein berechtigter Einwand, denn die von Dilthey geforderte beschreibende Psychologie war in dieser Form anfällig für Fehldeutungen. Ebbinghaus ging noch weiter: Diltheys Kritik ziele auf die Position von Johann Friedrich Herbart aus der ersten Hälfte des 19. Jahrhunderts, und nicht auf die aktuelle Psychologie. Viele seiner Argumente seien überholt und seine Forderungen seien längst von der Psychologie erfüllt worden. Eine ausschließlich verstehende Psychologie lehnte Ebbinghaus natürlich ab.

Dilthey reagierte mit einer Stellungnahme auf drei Druckseiten. Die fachliche Kontroverse ging einher mit einer persönlichen Entfremdung, Dilthey war sehr gekränkt. So wollte er auf dem Psychologie-Kongress 1896 in München »unter keinen Umständen in demselben Raum wieder mit Ebbinghaus« zusammensitzen (Sprung & Sprung, 1987, S. 101).

Bis heute ist die zwischen Dilthey und Ebbinghaus entstandene Kontroverse ungelöst. In den vielen Jahrzehnten seit diesem Streit hat sich die akademische Psychologie eher der Auffassung von Ebbinghaus entsprechend entwickelt. Die geisteswissenschaftliche Psychologie hatte aber auch starke Wirkung, wenn man an Karl Jaspers, Eduard Spranger oder an moderne Ansätze der Kulturpsychologie und der psychologischen Ästhetik denkt (siehe auch zum Beispiel Galliker, 2010, 2013).

Hermann Ebbinghaus hat sich möglicherweise als Einzelgänger gefühlt, aber er war zugleich auch auffällig selbstbewusst. Immer wieder hat er Lebensphasen und Forschungsthemen hinter sich gelassen und sich Neuem zugewandt (Abresch, 1986, S. 71). Zuletzt lehrte Hermann Ebbinghaus in Halle und dort starb er 1909 im Alter von 59 Jahren an einer Lungenentzündung.

Der Weg zum Unbewussten, um das Ich zu erkennen

Eine Dozentin fragt im Psychologieseminar, wer die wissenschaftliche Psychologie begründet habe. Die Meinung fast aller Teilnehmerinnen und Teilnehmer: Sigmund Freud. Dies sei unzutreffend, erwidert die Dozentin im Hinblick auf Fechner, Wundt und andere. So schließt sich eine Diskussion zu der Frage an, was denn »wissenschaftliche Psychologie« sei. Es wird deutlich, dass viele Annahmen von Freud spekulativ waren.

Trotzdem hat Freuds Denken das 20. Jahrhundert in vielfacher Hinsicht geprägt. Sein Einfluss auf die Psychologie war beträchtlich: Besonders die Klinische Psychologie und die Psychotherapie wurden stark durch die Psychoanalyse geprägt. Nach dem Psychotherapeutengesetz der Bundesrepublik Deutschland ist die Psychoanalyse bis heute eine von den Krankenkassen anerkannte psychotherapeutische Behandlungsmethode. Aber auch Entwicklungspsychologie, Persönlichkeitspsychologie,

Sozialpsychologie und Pädagogische Psychologie haben wichtige Impulse durch die Psychoanalyse und andere tiefenpsychologische Richtungen erhalten. Selbst angewandte Bereiche wie die Werbepsychologie haben teilweise tiefenpsychologische Persönlichkeitsmodelle genutzt.

Die kritische Einstellung der akademischen Psychologie gegenüber der Psychoanalyse hat auch damit zu tun, dass sich die Psychoanalyse ganz überwiegend außerhalb der Universität entwickelt hat. Und dies wiederum hängt mit Freuds Person zusammen.

Tiefenpsychologie

Den Begriff *Tiefenpsychologie* prägte der Schweizer Psychiater Eugen Bleuler (1857–1939) im Jahr 1910, Sigmund Freud und andere übernahmen ihn später. Als Freud begann, sich näher mit der Psychologie zu befassen, fand er eine Schulpsychologie vor, die sich vor allem als *Bewusstseinspsychologie* verstand. Diese reichte Freud nicht aus. Das Psychische sei vor allem unbewusst, lautet sein Postulat. Der Begriff der Tiefe lässt die Vorstellung von Ebenen oder Schichten aufkommen: So unterschied Freud das *Unbewusste*, das *Vorbewusste* und das *Bewusste*. Tief sind die unbewussten Bereiche, die als Kräfte unwissentlich und unwillkürlich vor sich gehen (Pongratz, 1983, S. 2). Sie erscheinen als verborgen, dunkel, als schwer zugänglich, wenn nicht sogar als unzugänglich. Die bewussten Bereiche dagegen sind sichtbar und hell. Freud hat später ein Persönlichkeitsmodell entwickelt, dass die Bereiche *Es* [sprich: ees], *Ich* und *Über-Ich* als Schichten enthielt, wobei vor allem das Es, aber auch Teile des Ich und des Über-Ich unbewusst beziehungsweise vorbewusst sein können (siehe unten).

Unter Tiefenpsychologie werden also die Psychoanalyse und alle psychologischen Richtungen verstanden, die als Abkömmlinge der freudschen Psychoanalyse gelten können, vor allem die *Individualpsychologie* von Alfred Adler und die *Analytische Psychologie* von C. G. Jung, aber zum Beispiel auch die Ansätze von Erik H. Erikson und Viktor Frankl.

Akademischer Werdegang

Sigmund Freud wurde 1856 in Freiberg in Mähren (Příbor, heute Tschechien) geboren. Er erhielt die Vornamen Sigismund Schlomo. Mit 22 Jahren nannte er sich Sigmund. Der Vater Jacob Freud war Stoff- und Wollhändler. Freud: »Meine Eltern waren Juden. Auch ich bin Jude geblieben. Von meiner väterlichen Familie glaube ich zu wissen, daß sie lange Zeiten am Rhein (in Köln) gelebt hat, aus Anlaß einer Judenverfolgung im 14. oder 15. Jahrhundert nach dem Osten floh und im Laufe des 19. Jahrhunderts die Rückwanderung von Litauen über Galizien nach dem deutschen Österreich antrat« (1925, S. 2).

Der väterliche Betrieb wurde durch eine Wirtschaftskrise ruiniert, 1860 siedelte die Familie nach Wien um. Freud besuchte das Gymnasium und war viele Jahre lang Klassenbester. Seine Familie ahnte wohl seine Sonderbegabung, denn man räumte ihm Privilegien ein, die seine Geschwister nicht hatten. So verfügte er als einziges Kind über ein eigenes Arbeitszimmer. Als ihn das Klavierspiel seiner Schwester störte, wurde das Klavier abgeschafft. Freuds Sprachbegabung und stilistische Sicherheit fielen bereits seinen Lehrern auf. Tatsächlich war er sein Leben lang ein geschliffen und anschaulich schreibender Autor, der von Thomas Mann, Arnold Zweig und anderen anerkannt wurde und beispielsweise 1930 den Goethepreis der Stadt Frankfurt erhielt. Sigmund Freuds Stil trägt bis heute zur Verbreitung seiner Bücher bei, denn auch nach einem Jahrhundert kann man seine Schriften noch gut lesen und verstehen. Der junge Freud studierte in Wien Medizin, ohne sich zu diesem Gebiet besonders hingezogen zu fühlen. Im physiologischen Laboratorium von Ernst von Brücke (1819–1892) fand er »endlich Ruhe und volle Befriedigung«, dort traf er zudem auf Kollegen, die ihn respektierten und die er »zu Vorbildern nehmen konnte« (1925, S. 3). Die Medizin hatte in der zweiten Hälfte des 19. Jahrhunderts enorme Fortschritte gemacht, auch dank eines neuen, naturwissenschaftlichen Medizinverständnisses. Ernst von Brücke vertrat eine Physiologie auf den Grundlagen von Physik und Chemie. Freud promovierte 1881 und habilitierte sich 1885 für das Fach Neuropathologie. Er hatte sich dem naturwissenschaftlichen Verständnis angeschlossen, auch wenn er später die Psychoanalyse eher als Geisteswissenschaft betrachtete. Viele Begriffe der Psychoanalyse zeigen den Einfluss von Naturwissenschaften und Technik: Objekt, Trieb, Verdrängung, Hemmung, Gleichgewicht, Verschiebung und so weiter.

1885/1886 erhielt Freud durch Förderung von Brücke ein Reisestipendium, um ein Gastsemester bei dem Pariser Psychiater Jean Martin Charcot (1825–1893) zu verbringen. Charcot, ein bedeutender französischer Neurologe und Abteilungsleiter der »*Salpêtrière*«, befasste sich damals intensiv mit Hysterie und Epilepsie. In der Hypnose konnte er bei Versuchspersonen hysterische Symptome auslösen – sie waren also nicht (nur) organischer Art. Damit erhärtete sich die Vermutung, dass psychologische, insbesondere sexuelle Ursachen für die Hysterie ausschlaggebend waren. Durch Vorführungen des berühmten

Hypnotiseurs Hansen hatte Freud die Hypnose schon in Wien kennengelernt, er machte sie sich aber nun für die Behandlung seiner Patienten zu eigen, obwohl innerhalb der Schulmedizin große Vorbehalte dagegen bestanden.

Freuds Hoffnung auf eine akademische Karriere erfüllte sich allerdings nicht. Deshalb folgte er dem Rat seines verehrten Lehrers von Brücke und eröffnete 1886 eine Praxis in Wien – auch, um seine langjährige Verlobte Martha nicht mehr länger warten zu lassen, der er in der Verlobungszeit rund 900 Briefe geschickt hatte, fast jeden Tag einen. 1891 zog Freud mit seiner Praxis in die Berggasse 19. Hier, in der Nähe der Universität, wohnte und arbeitete Freud fast weitere 50 Jahre lang. Heute befindet sich in der Berggasse 19 das *Sigmund Freud Haus-Museum*.

Entstehung der Psychoanalyse

Aus Paris nach Wien zurückgekehrt arbeitete Freud zeitweilig mit seinem väterlichen Kollegen Josef Breuer (1842–1925) zusammen. Breuer macht eine Entdeckung, die auch Freud an anderen Patienten bestätigen konnte: Die hysterischen Symptome verschwanden zum Teil, wenn unbewusste, schockähnliche, traumatische Erlebnisse, die den Symptomen offenbar zugrunde lagen, unter Hypnose erinnert und unter starken Affekten (Gefühlsausbrüchen) abreagiert wurden. Breuer benutzte hierfür den Begriff *Katharsis* (gr. kathársis = Reinigung). Von 1880 bis 1882 behandelte Breuer die spätere Sozialreformerin und Frauenrechtlerin Bertha Pappenheim (1859–1936). Freud erfuhr später von dieser Behandlung und erkannte in der Patientin eine Hysterikerin. An diesem Fall, den Freud in den Studien zur Hysterie (1895) als den Fall der »Anna O.« bezeichnete, entwickelte er seine *kathartische Methode*. Freud sah die Behandlung durch Breuer als Erfolg an, aber das blieb umstritten. Der Fall Anna O. veranlasste Breuer und Freud jedenfalls, immer mehr auf Hypnosetechniken zu verzichten und sich vor allem auf das psychoanalytische Gespräch zu stützen.

Nach dem Tod seines Vaters erlebte Freud eine persönliche Krise; er begann eine Selbstanalyse, in der er unter anderem seine Träume aufschrieb und zu deuten versuchte. Seine eigene Position als Außenseiter in der Wissenschaft erkannte Freud, war jedoch von der Richtigkeit seines immer noch unklaren Weges überzeugt.

Im Herbst 1899 erschien (mit Druckdatum 1900) Freuds *Traumdeutung*, die als erste große Darstellung der Psychoanalyse in Theorie und Methode gewertet wird. Traumdeutungen hatte es seit der Antike gegeben, doch Freuds *Traumdeutung* stellt sowohl gegenüber den früheren mythologischen Betrachtungen als auch gegenüber den im 19. Jahrhundert entstandenen physiologischen Erklärungen des Traums einen bedeutenden wissenschaftlichen Fortschritt dar. Zugleich verhalf diese Publikation der Psychoanalyse zum Durchbruch. Freuds Ansatz war insofern neu, als er die Trauminhalte tiefenpsychologisch deutete und entschlüsselte. Es kam damit nicht auf den manifesten Trauminhalt an, sondern auf die latenten Traumgedanken. Sie enthielten den psychologischen Sinn des Traumes. Wunscherfüllung war nach Freud ein wichtiger Inhalt vieler Träume. Dabei verbot sich die träumende Person aber meist die offene Darstellung zum Beispiel sexueller Wunscherfüllungen, die Zensur war im Traum nicht aufgehoben, sondern nur herabgesetzt und als *Traumzensur* noch wirksam. Daraus resultierte eine reiche Traumsymbolik, die mit Tagesresten oder auch mit sprachlichen Gewohnheiten (zum Beispiel Schlüssel für Penis, Schloss für weibliches Sexualorgan, Zimmer als Symbol für »Frauenzimmer«) zusammenhing. Die Bedeutung der Traumsymbole ließ sich aber nicht etwa in Katalogen nachschlagen, sie musste vielmehr in der psychoanalytischen Behandlung durch die gemeinsame Arbeit von Therapeut und Patient ermittelt werden.

In seiner Selbstdarstellung bemerkt Freud: »Ich stand völlig isoliert. In Wien wurde ich gemieden, das Ausland nahm von mir keine Kenntnis. Die *Traumdeutung*, 1900, wurde in den Fachzeitschriften kaum referiert« (Freud, 1925, S. 33). Doch die geschichtliche Forschung hat gezeigt, dass es anders war: Freud hatte eine Reihe von Kontakten, und seine *Traumdeutung* wurde zum Teil ausführlich und auch positiv besprochen.

Kurze Zeit später erschien Freuds Schrift *Zur Psychopathologie des Alltagslebens* (1901), in der er darlegte, dass Vergreifen, Versprechen und Vergessen nicht zufällig erfolgen, sondern ebenfalls im Zusammenhang zu unerfüllten Wünschen gesehen werden können und daher neben der Traumdeutung Hinweise auf unbewusste Prozesse geben. Inzwischen sind die Begriffe der *Freud'schen Fehlleistung* und des *Freud'schen Versprechers* in die Umgangssprache eingegangen. In Schriften wie *Der Witz und seine Beziehung zum Unbewußten* (1905) und in weiteren Arbeiten zeigte Freud, dass psychoanalytische Deutungen nicht auf Äußerungen der Patienten in der psychoanalytischen Behandlungssituation beschränkt sind.

Im Oktober 1902 begann Freud einige interessierte Fachleute um sich zu versammeln, mit denen er seine Ergebnisse diskutierte. Die Gruppe traf sich wöchentlich in Freuds Wartezimmer. Aus dieser *Psychologischen Mittwoch-Gesellschaft* entstand 1908 die *Wiener Psychoanalytische Vereinigung*. 1910 wurde daraus dann die *Internationale Psychoanalytische Vereinigung*.

Im Jahr 1909 folgte Freud einer Einladung von Stanley Hall an die Clark University, wo ihm und C. G. Jung der Ehrendoktortitel verliehen wurde. Freud hielt in diesem Rahmen fünf Vorträge, in denen er seine Erkenntnisse zusammenfasste. Diese Zusammenfassung verhalf der Psychoanalyse in den USA zum Durchbruch. Für diese Anerkennung war Freud sehr dankbar: »Damals war ich erst 53 Jahre alt, fühlte mich jugendlich und gesund, der kurze Aufenthalt in der neuen Welt tat meinem Selbstgefühl überhaupt wohl (...). Es war wie die Verwirklichung eines unglaubwürdigen Tagtraums« (Freud, 1925, S. 36f.).

Verdrängung und Übertragung

Freud stellt fest, dass unangenehme, peinliche oder nur unerledigte Handlungen häufig vergessen oder durch andere Erinnerungen ersetzt werden. Diesen Vorgang nannte er *Verdrängung*. Freud sah die Verdrängung als den »Grundpfeiler«, auf dem das Gebäude der Psychoanalyse beruhe. Er hatte immer wieder beobachtet, dass Patienten während einer Behandlung unruhig wurden oder keine Einfälle mehr vorbrachten, sie wehrten sich offenbar gegen unangenehme Einfälle und Erinnerungen – diese Erlebnisse waren in den Bereich des Unbewussten oder Vorbewussten verdrängt worden, schloss Freud. Nun, in der psychoanalytischen Behandlung, kamen diese Erinnerungen wieder zum Vorschein. Die Patienten leisteten daher *Widerstand* gegen das Bewusstwerden. In der Bewusstwerdung sah Freud gleichwohl den wichtigsten Schritt auf dem Weg zur Heilung. Eine vergleichsweise intellektuelle Behandlungsmethode: Der Patient musste bereit sein, sich Verdrängtes bewusst zu machen, und er musste *Einsicht* in die Verdrängungsvorgänge zeigen. Die daraus resultiernde Heilung erfolgte dann allerdings fast selbsttätig.

Für Freud ist Verdrängung *Erinnerungsabwehr*. Das Abweisen der Erinnerung aus dem Bewusstsein geschieht selten vollständig. Es ist meist mit psychischen Folgen verbunden, mit Affekten, mit Tendenzen zur Neurose. Es kann in der Psychotherapie gelingen, dass der Patient das Verdrängte selbst errät. Bei stärkerem Widerstand kann der Therapeut dem Patienten die erkannte Art des Widerstandes mitteilen, aber hier ist Deutungskunst gefragt. In der Regel entsteht in der psychoanalytischen Behandlung eine intensive Gefühlsbeziehung des Patienten zum Therapeuten, sie kann bis Liebe oder Hass reichen und hat damit zu tun, dass der Patient – heute sagt man Klient – Gefühle, die er anderen Menschen gegenüber hat, vor allem gegenüber den Eltern, nun in der Therapie auf den Therapeuten überträgt. Eine »Analyse ohne Übertragung ist eine Unmöglichkeit« (Freud, 1925, S. 28), gleichzeitig ist die Übertragung aber auch essenziell, da es um die Objektbesetzungen aus früher Kindheit geht, die in der Analyse aufgearbeitet werden müssen.

Freud sah das Konzept der Verdrängung als seine eigene Leistung an. Allerdings gab es Vorläufer: Schon Johann Friedrich Herbart hat von Verdrängung gesprochen, und Arthur Schopenhauer hatte vermutet, dass der Wahnsinn durch ein Sträuben gegen die Wahrnehmung eines peinlichen Teils der Erinnerung entstehe. Der Begriff der »Verdrängung« ist – wie andere Begriffe Freuds – Jahrzehnte nach Freuds Tod in die deutsche Umgangssprache eingegangen, allerdings nicht in der ursprünglichen Bedeutung.

Rückblickend wird die Zeit ab etwa der *Traumdeutung* (1900) als Freuds Zeit der *Topographischen Theorien* bezeichnet. Freud unterschied hier zwischen bewusst (bw), vorbewusst (vbw) und unbewusst (ubw).

Strukturelle Theorie

Mit der Schrift *Das Ich und das Es* (1923) begann die Zeit der sogenannten *Strukturellen Theorie*. Im Alter von über 60 Jahren entwickelt Sigmund Freud nun seine bis heute berühmte Persönlichkeitstheorie: *Es, Ich* und *Über-Ich*. Freud sah im (weitgehend unbewussten) Es den Sitz der antagonistischen Triebe *Eros* (gr. Liebe) und Todestrieb, auch *Thanatos* (gr. Tod) genannt. Den Begriff Es hatte er von seinem Schüler Georg Groddeck (1866–1934) übernommen. Im Über-Ich saß für Freud die Gewissensinstanz – und das Ich war entsprechend der »Kampfplatz« zwischen den Ansprüchen der Triebe und den Idealen des Über-Ichs. Diese späte Persönlichkeits- und Triebtheorie wird heute meist gemeint, wenn von psychoanalytischer Theorie die Rede ist.

Das Es stellt für Freud die Quelle fast aller psychischen Energie dar. Am Anfang des Lebens ist der Säugling nichts als ein Es. Aber die Befriedigung der Triebe, die nach Freud im Ursprung Sexualtriebe sind, wird bereits in früher Kindheit verwehrt. So kommt es zu Verdrängungen und Ersatzbefriedigungen (Sublimierungen). Entsagungen durch die Umwelt führen zu Bewusstwerdung und zur Bildung des Ich. Etwas später entwickelt sich das Über-Ich. Das Über-Ich stellt die Gewissensinstanz dar, meist verkörpert durch das Verhalten der Eltern. Sowohl die Verdrängung der Triebe als auch deren Ausleben werden von Angst und Schuldgefühlen begleitet. Die psychoanalytische Behandlung soll Einsicht in diese Prozesse gewähren.

Frühkindliche Entwicklung

Ein Bereich der Psychoanalyse, der als besonders umstritten und spekulativ gilt, ist Freuds Annahme von Phasen der frühkindlichen psychosexuellen Entwicklung, die er nach ersten Beobachtungen bereits 1905 entwickelt hat. Er bestimmte die Phasen, in dem er benannte, welches Organ in welcher Altersphase besonders lustbesetzt ist.

Der *Oralen Phase* (Saugen, Daumenlutschen, Dinge zur Prüfung in den Mund nehmen) folgt die *Anale Phase* (anus = After). Das Ausscheiden und Einhalten von Kot wird dabei als lustvoll empfunden. Das Kind erlernt in dieser Zeit die Kontrolle über Körperfunktionen und kann damit auch Macht über die Eltern ausüben. Darauf folgt bis etwa zum fünften Lebensjahr die *Phallische Phase*, in der die Geschlechtsorgane als lustbesetzt erlebt werden. Das Kind nimmt den Unterschied zum anderen Geschlecht wahr. Mädchen können hier mit *Penisneid* reagieren. Diese ersten drei Phasen werden als die *Prägenitalen Phasen* bezeichnet. Mit der Beschreibung dieser Phasen und der Behauptung der autoerotischen Befriedigung des Kindes hat Freud die Vorstellung von der sexuellen Unschuld des Kindes infrage gestellt und in seiner Zeit Kritik provoziert. Zur phallischen Phase gehört auch Freuds These vom Ödipuskonflikt: Der Junge hat noch dunkle Sexualwünsche, die er auf die Mutter richtet. Hierbei wird der Vater als Konkurrent erlebt, sodass der Junge seinem Vater den Tod wünscht, ihn aber gleichzeitig bewundert und liebt, was zu einer ambivalenten Haltung von Söhnen gegenüber ihren Vätern führt.

Etwa vom sechsten bis zum zwölften Lebensjahr durchläuft das Kind nach Freud die *Latenzphase*, in der es zu einem vorübergehenden Stillstand in der sexuellen Entwicklung kommt.

Hieran schließt sich die *Genitale Phase* an, die durch Orgasmusfähigkeit gekennzeichnet ist.

Freud nahm an, dass Störungen beim Durchlaufen dieser Phasen psychische Auswirkungen haben, die bis ins Erwachsenenalter reichen können. Sehr bald war für Psychoanalytikerinnen und Psychoanalytiker daher der Gedanke naheliegend, auch Kinder und Jugendliche psychoanalytisch zu behandeln. Als erste Kinderanalytikerin gilt Hermine Hug-Hellmuth (1871–1924), die ihren Neffen analysierte (Graf-Nold, 1988). Später war es Anna Freud, die im Bereich der Kinderanalyse Anerkennung fand.

Die akademische Welt war gegenüber der Kinderpsychoanalyse besonders skeptisch. Der Psychologe William Stern (1871–1938) veranlasste 1913 sogar eine Resolution der Sektion Jugendkunde im Bunde der Schulreform, in der man sich scharf gegen die Kinder- und Jugendpsychoanalyse aussprach. Es hieß: »Die Freigabe der psychoanalytischen Methode zur Anwendung in der Praxis der normalen Erziehung ist verwerflich. Denn das Psychoanalysieren kann zu einer dauernden psychischen Infektion des Betroffenen mit verfrühten Sexualvorstellungen und -gefühlen und somit zu einer ›Entharmlosung‹ führen, die eine schwere Gefahr für unsere Jugend darstellt« (*Zeitschrift für angewandte Psychologie* 1914, 8, S. 378).

Verbreitung und Anerkennung

Durch eine umfangreiche Stiftung des Budapester Brauereibesitzers Anton von Freund wurde es Sigmund Freud möglich, 1919 einen eigenen Verlag zu gründen. In dem von ihm geleiteten *Internationalen Psychoanalytischen Verlag* erschienen Freuds Schriften sowie mehrere psychoanalytische Fachzeitschriften und Schriftenreihen. Der Verlag erlebte Krisen, diente letztlich aber der Verbreitung psychoanalytischen Wissens. Freuds Schriften wurden zum Teil bereits damals in fremde Sprachen übersetzt. Auch durch die Einführung einer geregelten psychoanalytischen Ausbildung – heute Lehranalyse genannt – wuchs Freuds Einfluss. Freud selbst konnte bald nicht mehr alle Klienten behandeln und vermittelte sie an seine Schüler. Die Psychoanalyse wurde so bekannt. Freud selbst brachte es in der Folge zu einem gewissen Wohlstand.

Sigmund Freud hatte in seinen Schriften Dinge in klarem Hochdeutsch ausgesprochen, bei denen Ärzte normalerweise vom Deutschen ins Lateinische wechselten, um keinen Tabubruch zu begehen. Freud führte ansonsten ein bürgerliches Leben, das im Gegensatz zu seinen revolutionären Ideen stand. Freuds Alltag bestand darin, dass er von Montag bis samstagnachmittags therapierte. Die Zeit nach dem Mittagessen benutzte er für das Lesen der Post, die er meist am gleichen Tag handschriftlich beantwortete. (Erhalten sind so mehrere tausend Briefe.) Den Abend nutzte er für die Familie, das Kartenspiel mit Freunden oder eben für Sitzungen der Psychoanalytischen Gesellschaft. Er lebte ohne Affären und reiste gern. Zu Freuds Interessen zählte die Archäologie, die er gelegentlich mit seiner psychoanalytischen Methode verglich. In seiner Wiener Wohnung stand eine stattliche Bibliothek, und seine Sammlung ägyptischer, griechischer und römischer Antiken wuchs stetig. Freud selbst war stets bemüht, »seine Sache«, die Psychoanalyse, als Lehre und Bewegung zu erhalten und Abweichungen zu verhindern. Bei aller Freundlichkeit und bürgerlichen Anpassung war er in dieser Hinsicht intolerant, teils auch nachtragend. So kam es zum Bruch mit einer ganzen Reihe von bedeutenden Schülern, unter ihnen Alfred Adler und Carl Gustav Jung.

Freud hatte Kontakt mit vielen bedeutenden Menschen seiner Zeit. Mit Arnold Zweig korrespondierte er freundschaftlich, und er kannte die berühmten Wiener Schriftsteller. 1932 lud der Völkerbund Albert Einstein zu einem Briefwechsel ein. Einstein – sonst skeptisch gegenüber der Psychoanalyse – wählte Sigmund Freud als Briefpartner. So begann ein Dialog zu der Frage »Warum Krieg?«. Einstein war Pazifist und suchte politische Lösungen, er hoffte wohl auf konkrete Hilfen. Freuds Haltung war fast resignativ, denn den Todestrieb im Menschen könne man nicht abschaffen. Doch alles, was die Kulturentwicklung fördere, diene letztlich dem Frieden.

Zum engsten Mitarbeiterkreis Freuds zählte auch Anna Freud (1895–1982). Anna Freud war das jüngste der sechs Kinder Sigmund Freuds. Nach der Ausbildung als Lehrerin unterzog sie sich einer Lehranalyse bei ihrem Vater und wurde Sekretärin, wissenschaftliche Mitarbeiterin und Nachfolgerin ihres Vaters. Anna Freud arbeitete über die Abwehrmechanismen des Ich und zählt zu den ersten Kinderanalytikerinnen. In England leitete sie eine kindertherapeutische Klinik.

Krankheit, Emigration und Tod

Etwa 1920 erkrankte Freud an Gaumenkrebs und musste sich in den Folgejahren sehr vielen Operationen unterziehen. Er verzichtete weitgehend auf Schmerzmittel, aber ungern auf seine Zigarre.

Bereits zu Beginn der NS-Herrschaft im Mai 1933 wurden in Berlin Freuds Schriften öffentlich verbrannt. Die Nationalsozialisten wendeten sich in einem sogenannten Feuerspruch pathetisch »gegen die Überschätzung des Trieblebens« und sahen die Psychoanalyse als jüdische Irrlehre an. Im Deutschen Reich betrieben Psychoanalytiker ihre Praxis und Ausbildung heimlich oder im Dienste der »Volksgesundheit« modifiziert unter anderen Bezeichnungen (siehe Lockot, 1985). Viele Psychoanalytikerinnen und Psychoanalytiker waren jedoch jüdischer Herkunft und wanderten aus. Dies galt natürlich bald auch für die österreichischen Kolleginnen und Kollegen, denn am 12. Mai 1938 marschierten deutsche Truppen in Österreich ein. Anna Freud wurde für eine kurze Zeit festgenommen, die Wiener Psychoanalytische Vereinigung wurde liquidiert und der Verlag wurde konfisziert.

Mithilfe von Freunden konnte Sigmund Freud über Paris nach London fliehen, wo er begeistert aufgenommen wurde. Er praktizierte sogar noch, soweit dies seine Krankheit zuließ. Freud starb schließlich am 23. September 1939 in seinem neuen Heim, betreut von seinem Schüler und Leibarzt Max Schur (1897–1969), der Freud eine hohe Dosis Morphium verabreichte, als das Leiden unerträglich geworden war. Schur verfasste später eine Biografie über Freuds Leben und Sterben (Schur, 1973). Sigmund Freud musste nicht mehr erleben, dass seine vier Schwestern in Auschwitz ermordet wurden.

In Freuds Londoner Haus lebte und arbeitete Anna Freud bis zu ihrem Tode im Jahr 1982. Inzwischen ist auch dieses Haus, Maresfield Gardens 20 in Hampstead, mit Freuds unverändertem Arbeitszimmer und mit seiner berühmten Couch zum Museum geworden.

Zur Wirkungsgeschichte

Die psychoanalytische Lehre ist schon zu Freuds Lebzeiten relativ kompliziert geworden, weil Freud im Lauf seines langen wissenschaftlichen Lebens seine Lehre mehrfach »umgearbeitet«, aber frühere Teile seiner Lehre nur sehr selten widerrufen hat. Auf diese Weise ist es zur Überlagerung verschiedener Betrachtungsweisen in der »Psychoanalyse« gekommen. Dabei steht der Begriff der Psychoanalyse selbst für verschiedene Dinge: für die Therapiemethode einschließlich bestimmter Deutungs- und Gesprächstechniken, für die Phasenlehre der Entwicklung, für die strukturelle Persönlichkeitstheorie, für eine geisteswissenschaftliche Richtung, mit der historische, gesellschaftliche und politische Entwicklungen interpretiert werden können. Schließlich stand die Psychoanalyse zu Freuds Zeiten für eine gesellschaftliche Bewegung, die ihre Befürworter und Gegner fand.

Die Wirkungsgeschichte der Psychoanalyse verlief unterschiedlich. Zum Beispiel wurde die Psychoanalyse in Spanien und Italien durch Einfluss der Katholischen Kirche erst spät rezipiert. In Deutschland wurde sie während der NS-Zeit aus überwiegend rassistischen Gründen zurückgedrängt. In den 1950er-Jahren setzte dann in der jungen Bundesrepublik gerade bei der jüngeren Generation eine stürmische Rezeption und Popularisierung ein, die bis in unsere heutige Alltagskultur (Film, Theater, Kunst, Lebenshilfe, Redensarten und so weiter) reicht. Diese Entwicklung wurde befördert durch Taschenbuchausgaben mit Freuds Schriften und Autoren wie Alexander Mitscherlich (1908–1982), Horst-Eberhard Richter (1923–2011) und andere.

Zu Freuds Leben und Werk gibt es unzählige Filme, Romane und sogar Theaterstücke. Die verfügbare psychoanalytische und biografische Literatur ist beträchtlich. Ihre Verästelungen reichen bis hin zu Randbereichen wie den Lebenserinnerungen der Haushälterin Freuds. Zu den vielen Freud-Biografien kommen fast jährlich neue hinzu. Neben frühen, verherrlichenden

Biografien gibt es bis heute Stimmen, die Freuds Werk und die Psychoanalyse als unwissenschaftlich kritisieren. Legt man die Maßstäbe empirischer sozialwissenschaftlicher Forschung an, ist diese Kritik berechtigt, denn der größte Teil der von Freud entwickelten Sachverhalte und Prozesse sind hypothetische Konstrukte, das heißt gedachte Größen, die selbst so nicht vorfindbar sind – sei es das Es, der Todestrieb, die phallische Phase, der Ödipuskomplex und vieles mehr. Inzwischen ist die Zeit gekommen, Freud etwas nüchterner zu sehen. Eine solche umfassende Biografie ohne Vorbehalte hat Peter Gay verfasst (Gay, 1989).

Die Person Freuds hat offenbar ihre Faszination nicht verloren, allerdings ist der revolutionäre und provozierende Paukenschlag der Psychoanalyse weitgehend verklungen.

OSWALD KÜLPE

Dem Denken auf der Spur

Kurz nach der Wende zum 20. Jahrhundert traf sich in Würzburg eine kleine Gruppe von Psychologen, die einen Schritt weiter gehen wollte, als Wilhelm Wundt und andere gegangen waren. Diese kleine Gruppe unter der Leitung von Oswald Külpe, Philosoph und Psychologe (Henckmann, 1982), war entschlossen, der Psychologie des Denkens näherzukommen. Sehr bald wurde diese Richtung als *Würzburger Schule* bezeichnet. Kritik erntete diese besonders von Wundt und dessen Schüler Edward B. Titchener, ihre Erkenntnisse erwiesen sich aber für die weitere Entwicklung der Psychologie als wegweisend.

Oswald Külpe wurde 1862 als Sohn eines Notars in Kandau bei Tukkum in Kurland geboren. Heute gehört das Gebiet zu Lettland. Über Külpes Kindheit ist fast nichts bekannt, außer dass er neun Geschwister hatte. Nach dem Abitur arbeitete er kürzere Zeit als Hauslehrer. Ab 1881 studierte er Geschichte und Philologie in Leipzig, und bei Wilhelm Wundt lernte er die experimentelle Psychologie kennen. Nach einem Semester in Berlin studierte er weitere zwei Jahre bei Georg Elias Müller in Göttingen. 1886 legte Külpe in Dorpat (heute Tartu, Estland) die Lehramtsprüfung ab und kehrte dann zu Wundt nach Leipzig zurück, wo er mit einer Arbeit *Zur Theorie der sinnlichen Gefühle* 1887 promovierte und sich bereits im folgenden Jahr habilitieren konnte.

Oswald Külpe arbeitete 1887 bis 1894 als Assistent bei Wilhelm Wundt und war in diesen acht Jahren zunächst dem experimentalpsychologischen Ansatz verpflichtet. Aber er löste sich immer mehr von der Wundt'schen Psychologie, entwickelte sich zum Anhänger Franz Brentanos (1838–1917) und arbeitete stärker phänomenologisch. 1894 erhielt er einen Ruf auf den Lehrstuhl für Philosophie und Ästhetik nach Würzburg, den er annahm. Hier baute Külpe ab 1896 ein Psychologisches Institut auf und begann mit seinen Mitarbeitern und Doktoranden Narziß Ach (1871–1946), Karl Bühler (1879–1963), Karl Marbe (1869–1953), August Messer (1867–1937), Henry J. Watt (1879–1925) und einigen anderen die Untersuchungen zu Denkprozessen (Mack, 1999).

Untersuchungen der Würzburger Schule

In den Leipziger Untersuchungen wurden Wahrnehmung, Denken und Lernen vor allem mit Assoziationen erklärt. In Würzburg wollte man es allerdings genauer wissen: Wenn eine Person denkt, was geschieht dann eigentlich? Wie und wodurch kommt jemand zu einem Ergebnis? Um hier Klarheit zu erlangen, stellten die Wissenschaftler ihren Versuchspersonen – dies waren meist auch die Mitarbeiter und Doktoranden – Aufgaben, die sie lösen sollten. Anschließend bat man die Versuchspersonen, möglichst genau zu beschreiben, was sie erlebt hatten – und besonders, wie sie zur Lösung gelangt waren.

Die Methode bestand also in einer systematischen *Selbstbeobachtung* bei Denkprozessen, und die Untersuchungen standen der Philosophie nahe, denn es ging dabei auch um die Frage, wie Erkenntnisse gewonnen werden. In einem von Külpe verfassten Buch zum Thema hieß es, Ziel sei die »experimentelle Herbeiführung bestimmter psychischer Vorgänge und genaue Schilderung der dabei hervortretenden Erlebnisse« (1920, S. 10). Dem Versuchsleiter falle eine wichtige Aufgabe zu, er habe sich nicht bloß als »technischer, sondern auch als psychologischer Leiter der Untersuchung zu fühlen und zu benehmen«. Er müsse die Versuche möglichst innerlich mitmachen (1920, S. 47). In manchen Versuchsreihen maßen die Forscher die Zeit zwischen Aufgabenstellung und Lösung, aber diese Messungen führten nicht zu weiteren Erkenntnissen.

Die Reihe der Untersuchungen begann 1901 mit dem Vergleich von Gewichtsschätzungen von Gegenständen mit sehr ähnlichem Gewicht unter der Leitung von Karl Marbe (Marbe, 1901). Da spielten natürlich die Sinnesorgane, Empfindungen und Gedanken eine große Rolle, so die These der Wissenschaftler. Aber das Forschungsergebnis fiel überraschend anders aus: Die Entscheidung, welches Gewicht schwerer war, kam, war da und war normalerweise auch richtig. Aber: Die Versuchsperson konnte nicht angeben, wie ihr dieses Urteil in den Sinn gekommen war! Dieser Befund widersprach allem, was man Jahrhunderte lang angenommen hatte. Was konnte dies bedeuten?

Karl Marbe hatte aufmerksame Versuchspersonen, zu denen auch Oswald Külpe selbst gehörte. Konnte es sein, dass den Versuchsleitern und -personen trotzdem ein Teil des Bewusstseinsvorgangs entgangen war? Zur Klärung dieser Frage unternahmen die Würzburger weitere Untersuchungen, die aber ebenfalls nicht zum gewünschten Ziel führten. Langsam klärte sich jedoch, dass die Aufgabe entscheidend war. Narziß Ach (1905) setzte die Untersuchungen fort. Er prägte für das Vorgehen den Begriff der *systematischen experimentellen Introspektion*. Wichtiger als dieser Begriff war, dass er die Wirkungen der Aufgabe untersuchte. Sie führte bei den Versuchspersonen offenbar dazu, die Assoziationen, Gedanken und die Problemlösung »auszurichten«. Ach prägte dafür den Begriff *determinierende Tendenz*. Die determinierende Tendenz bringt also die Gedanken in eine (Such-)Richtung. Jahre später hat man eine einprägsame Metapher dafür gefunden: Die determinierende Tendenz ist einem Schäferhund vergleichbar, der nicht immer aktiv ist, aber die Schafe auf ein Ziel hin scheucht, wenn ein Richtungswechsel ansteht. So werden die Gedanken in Richtung auf das Ziel ausgerichtet.

Die Würzburger konnten diese determinierende Tendenz an Denksportaufgaben, Sprichwörtern, Redensarten und Aphorismen, die zu lösen waren beziehungsweise deren Bedeutung zu verstehen war, gut untersuchen. Das Denken ist also bei solchen Aufgaben zielgerichtet.

Ein Beispiel für das Würzburger Vorgehen: Der Versuchsleiter sagt: »Ist es richtig? Jedem das Seine geben, das wäre die Gerechtigkeit wollen und das Chaos erreichen.« Die Versuchsperson denkt nach, sagt dann »Ja!«, liefert eine Begründung für ihr Urteil und beschreibt anschließend, was ihr während der Aufgabe durch den Kopf ging.

Diese Untersuchungen bestätigten, dass es unanschauliche Gedanken geben kann – Gedanken also, die nicht mit Assoziationen, also Bildern, Farben oder Erinnerungen gekoppelt sind. Die Situation bei der Lösungsfindung ist besonderer Art: Man hat plötzlich die Lösung gefunden, weiß nicht recht, wie, aber man ist sich sicher, dass dies die richtige Lösung ist. In der Regel ist man dann auch froh und erleichtert. Hierfür hat Karl Bühler 1908 den treffenden Begriff *Aha-Erlebnis* geprägt, der sich durchgesetzt hat und sich inzwischen in der Alltagssprache findet.

Kritik: Die Bühler-Wundt-Kontroverse

Wilhelm Wundt pflegte mit seinem früheren Mitarbeiter Oswald Külpe zwar grundsätzlich freundschaftliche Beziehungen, doch bereits auf den ersten Teil von Karl Bühlers Untersuchungsbericht (1907,1908a) reagierte Wundt 1907 mit einer für ihn typischen, länglich-polemischen Kritik an der von ihm sogenannten »Ausfragemethode«. Wundt war schließlich überzeugt, dass höhere intellektuelle Funktionen experimentell nicht erforschbar und nur durch die Völkerpsychologie zu klären seien. Wundt kritisierte die Würzburger Untersuchungen als »Jugendsünde« der experimentellen Psychologie (S. 359). Er sah in ihnen »Scheinexperimente« (S. 334): Zwar fänden sie in einem psychologischen Laboratorium statt, und es seien auch ein Versuchsleiter und eine Versuchsperson beteiligt; trotzdem handele es sich nicht um Experimente, weil der Beobachter nicht in der Lage sei, den Eintritt des zu beobachtenden Sachverhalts zu bestimmen, die Erscheinungen zu beobachten, den Versuch zu replizieren oder Bestandteile des Versuchs zu modifizieren. Was Wundt offenbar auch ärgerte, waren die hohen Anforderungen an die Versuchspersonen: Diese müssten ja »Übermenschen« sein (1908, S. 450), denn sie sollten Aufgaben lösen, dabei aber auch sich selbst genau beobachten und dann darüber berichten. Wundt ging hier klar von seinen eigenen Vorstellun-

gen aus, wie ein Experiment auszusehen habe. Diese Vorstellungen waren noch immer durch die Physiologie und deren For-
schungsinstrumentarium geprägt.

Der damals noch junge Wissenschaftler Karl Bühler trat dem
Altmeister Wundt mutig entgegen und widerlegte dessen Aussagen überzeugend (Bühler, 1908b, 1908c, 1908d). In einer weiteren Replik reagierte Wundt verschnupft: Er werde sich in Zukunft die Lektüre von Arbeiten dieser Art ersparen.[2]

Wirkungen

Bis heute halten wir die Auffassung der Gruppe um Külpe für
die überzeugendere, wenn auch die Untersuchungsmethode der
Würzburger Schule in der Psychologie kaum noch üblich ist.
Külpe selbst veröffentlichte wenig zur Denkpsychologie, wahrscheinlich war er insgesamt mehr der Philosophie verpflichtet.
Später kam Kritik am Begriff »Würzburger Schule« auf: Es sei
unzutreffend, weil hier das typische Verhältnis von einem Lehrer und vielen Schülern fehlte. (Manche Autoren haben auch
von der »Schule des unanschaulichen Denkens« gesprochen,
doch hat sich dieser umständliche Begriff nicht durchgesetzt.)
Sicher ist jedoch, dass Külpe zu den Untersuchungen seines
Teams stand. Das ist durch einen Briefwechsel zwischen Külpe
und Wundt gut belegt.

---

2   Es gibt eine Anekdote, die zeigt, wie Bühler auch später noch zu Wundt
    stand. Als er 1959 von der Deutschen Gesellschaft für Psychologie die
    höchste Auszeichnung, die Wilhelm-Wundt-Medaille mit dem Konterfei
    von Wundt überreicht bekam, soll er diese – vielleicht im Spaß – demons-
    trativ in die Gesäßtasche gesteckt haben. Aufmerksame Psychologinnen und
    Psychologen im Publikum wussten, warum.

Es ist zu ergänzen, dass Denkvorgänge zu dieser Zeit nicht nur in Würzburg untersucht wurden, das Thema lag wohl in der Luft. Es gab einige Forscherteams, die an anderen Hochschulen entstanden und dem Thema nachgingen. Das Verdienst der Würzburger besteht aber darin, wichtige Denkprozesse beleuchtet zu haben, wie eben das unanschauliche Denken und das Erlebnis beim plötzlichen Finden einer Lösung (Janke & Schneider, 1999). Direkte Auswirkungen hatte die Würzburger Schule auf die Gestaltpsychologie, und wir finden ihre Einflüsse bei Otto Selz, Max Wertheimer, Kurt Duncker und anderen, die sich mit produktivem, kreativem Denken befasst haben. Auch Jahrzehnte später entwickelte Ansätze wie die Attributionsforschung von Fritz Heider kann man in Verbindung zu den Würzburgern sehen. Schließlich sind auch systemische Ansätze oder die *Kognitive Wende* ohne die Würzburger Schule nicht denkbar.

Insgesamt hat sich die Psychologie aber stärker am sichtbaren Verhalten und weniger an der Introspektion orientiert. Dies lag nicht an Wundts Kritik, sondern am Einfluss verhaltensbezogener Richtungen und an den veränderten Fragestellungen der Psychologie.

HUGO MÜNSTERBERG

Die unbefangene Anwendung im Dienst der Gesellschaft

Hugo Münsterberg (1863–1916) entstammte einer angesehenen Danziger Kaufmannsfamilie. Er studierte ab 1882 in Genf
und anschließend in Leipzig Medizin, wo er 1884 die ärztliche
Vorprüfung ablegte. Durch Wilhelm Wundt in Leipzig kam er
zur Philosophie und Psychologie, 1885 promovierte er in Philosophie, zwei Jahre später auch in der Medizin. 1887 ließ Münsterberg sich als Privatdozent in Freiburg nieder, wo er ein pri-
vates psychologisches Laboratorium errichtete und von der
Universität Freiburg 1891 zum außerordentlichen Professor ernannt wurde. Dann erhielt er ein außergewöhnliches Angebot.

1892 – Hugo Münsterberg war gerade erst 29 Jahre alt –
schrieb ihm William James, der bedeutende Psychologe und
Hochschullehrer aus den USA, und bot Münsterberg an, für drei
Jahre die Verantwortung für das Psychologische Laboratorium

und die höhere Ausbildung in Psychologie an der renommierten Harvard University zu übernehmen. Münsterbergs Veröffentlichungen, aber auch Berichte von amerikanischen Studenten, die in Freiburg bei Münsterberg studiert hatten, waren bis nach Cambridge vorgedrungen und hatten ihm einen glänzenden Ruf als Experimentator verschafft. Er nahm das Angebot an und baute in der Harvard University ein großes psychologisches Laboratorium nach dem Vorbild des Leipziger Instituts auf.

Zwar kehrte Münsterberg 1895 wieder nach Deutschland zurück, aber da ihm hier keine vergleichbare Stelle angeboten wurde, entschloss er sich bald zur endgültigen Übersiedlung in die USA. Seine Nichtberufung in Deutschland lag vielleicht auch an der verbreiteten antisemitischen Stimmung – trotz seiner Taufe. Münsterberg war mit der Malerin Selma Oppler verheiratet. Das Ehepaar hatte zwei Töchter, die Tochter Margaret veröffentlichte 1922 eine Biografie über ihren Vater.

In den USA erlangte Münsterberg schnell die ihm zustehende Anerkennung als hervorragender Wissenschaftler, und 1904 organisierte er einen erfolgreichen Wissenschaftskongress zur Weltausstellung in St. Louis – mit über 200 amerikanischen und 110 ausländischen Gelehrten (darunter 50 Wissenschaftlern aus Deutschland und Österreich). Schließlich wurde er 1908 doch nach Berlin berufen, um dort ein Amerika-Institut aufzubauen,[3] für das er ein Konzept erarbeitet hatte. Als Austauschprofessor leitete er von Oktober 1910 bis September 1911 das so entstandene Amerika-Institut und hielt vor über 600 Studenten Vorlesungen über idealistische Weltanschauung

---

3 Die bekannten »Amerika-Häuser« in deutschen Großstädten wurden allerdings erst direkt nach dem Zweiten Weltkrieg gegründet.

sowie eine vierstündige Vorlesung über Wirtschaftspsychologie, die erste dieser Art in Deutschland.

Hugo Münsterberg hat eine große Zahl vielseitiger Veröffentlichungen hinterlassen: über 30 Bücher und über 60 größere Aufsätze. Neben Gedichten, die er unter dem Namen Hugo Terberg veröffentlichte, publizierte er philosophische Bände, einführende und systematische Bücher zur Psychologie und Soziologie, vielfältige Arbeiten zur angewandten Psychologie sowie schließlich Bücher, mit denen er die Beziehungen zwischen Deutschland und den USA beschrieb und um gegenseitiges Verständnis warb. Heute finden vorwiegend seine wirtschaftspsychologischen Schriften, insbesondere zur Psychotechnik, Beachtung. Der Berufsverband Deutscher Psychologen vergibt die nach Münsterberg benannte Medaille für besondere Verdienste um die angewandte Psychologie.

Noch bis kurz vor seinem Tod plante Münsterberg, sein »System der Psychologie« in einem sechsbändigen Werk umfassend darzustellen. Band eins sollten den Grundlagen der Psychologie und der Erörterung erkenntnistheoretischer Prinzipien dienen, Band zwei sollte die kausale Sozialpsychologie, Band drei die kausale Individualpsychologie sowie Band vier die teleologische Psychologie des Geistes abdecken, wobei die Themen der Bände zwei bis vier nach Münsterberg die Theoretische Psychologie bildeten. Die Angewandte Psychologie teilte Münsterberg in die Kulturpsychologie (Band fünf) und die Psychotechnik (Band sechs) auf. Verwirklichen konnte Münsterberg allerdings nur Band eins (1900) und Band sechs (1914).

Münsterbergs strikte Aufteilung der theoretischen Psychologie in eine kausale und eine teleologische Psychologie verdient eine kurze Erläuterung. Der Wissenschaftler sieht sowohl die kausale Psychologie als auch die teleologische als empirische Richtungen der Psychologie an. Während die kausale Psychologie als Hauptmethode das Experiment benutzt und die Vielfalt des menschlichen Lebens erklären und vorhersagen möchte, ist die teleologische Psychologie eher auf die rückblickende Erklärung ausgerichtet.

Münsterbergs Psychologieprogramm war also außerordentlich weitgespannt. Kein Wunder, dass er sich der Aufteilung in die Wundt- oder Galton-Tradition entzog. Er nutzte beide Richtungen – die Experimentalpsychologie und die Diagnostik. Gerade von der Psychotechnik versprach sich Münsterberg Grundlegendes: Er erkannte, dass die bis dahin praktizierte Kausalpsychologie in eine Sackgasse geraten war. An Max Dessoir schrieb er:

> *»Ich habe mehr und mehr das Gefühl, daß die Psychotechnik allein unsere ziemlich verfahrene Kausalpsychologie retten und rechtfertigen kann. Für sich allein genommen ist die ganze kausale Behandlung des seelischen Lebens doch eine recht künstliche und unfruchtbare Betrachtungsart. Das Seelenleben ist Geist und will in seinem Sinn verstanden werden (…) Handelt es sich aber um die Erfüllung praktischer Aufgaben, wie die Psychotechnik sie verfolgt, so muß alles unter den Gesichtspunkt der Kausalität gerückt werden, und die an sich unhaltbare Psychologie gewinnt dadurch ihre Rechtfertigung« (Dessoir, 1918, S. XI).*

Dass die Forschungsergebnisse in diesen praktisch-angewandten Bereichen nicht die Präzision der Psychologie als Grundlagenwissenschaft (»theoretische Psychologie«) erreichen konnte, war Münsterberg klar. Aber – so sagte er gelegentlich – es sei besser, eine nur annähernd korrekte vorläufige Antwort auf eine richtig gestellte Frage zu erhalten als eine bis zur letzten Dezimalstelle genaue Antwort auf eine falsch gestellte Frage.

Münsterberg und die Entstehung der Psychotechnik

Der Begriff »Psychotechnik« wird zwar immer wieder mit Münsterberg in Verbindung gebracht, tatsächlich wurde er kurz nach der Jahrhundertwende von William Stern geprägt, Hugo Münsterberg popularisierte ihn aber anschließend. Stern definierte in seinem programmatischen Aufsatz über Angewandte Psychologie (1903) die Psychotechnik als Wissenschaft von der Menschenbehandlung – und stellte diese der Psychognostik gegenüber. Die Psychognostik solle der psychologischen Beurteilung dienen, so Stern, die Psychotechnik der Gestaltung im Sinne der Optimierung der Mittel-Zweck-Relation. Stern sah die praktische Tätigkeit des Psychologen allerdings nicht lediglich als »Technik«, sondern verglich sie mit der Arbeit des Arztes.

Münsterberg übernahm in einer wichtigen Hinsicht Sterns Konzeption (ohne sich allerdings genau auf ihn zu beziehen): Er betrachtete die Psychotechnik als »die Wissenschaft von der praktischen Anwendung der Psychologie im Dienste der Kulturaufgaben« (1914, S. 1). Psychotechnik – für Münsterberg ein »junges« Wissenschaftsgebiet – umfasste also angewandte Bereiche wie die Psychologie der Gesellschaftsordnung; weitere Bereiche waren Gesundheit, Wirtschaft, Recht, Erziehung, Kunst und Wissenschaft (so die Kapitel der 1914 erschienenen *Grundzüge der Psychotechnik*). Anders als William Stern interpretierte

Münsterberg die Psychotechnik aber viel stärker als Technik, als Instrumentarium, um nun nicht nur die Naturkräfte, sondern auch die sozialen Kräfte zu beherrschen. In einer aufschlussreichen Passage heißt es: »(...) ob es richtig ist, tüchtige Arbeiter heranzuziehen (...), das ist eine Frage, die der Psychologe nicht zu entscheiden hat. Das Ziel muß immer bereits gegeben sein, wenn der Techniker irgend etwas Nützliches leisten soll« (1912, S. 19). Münsterberg verglich also – im Gegensatz zu Stern – die Arbeit des Psychotechnikers ausdrücklich mit der Arbeit des Technikers.

Der Begriff Psychotechnik setzte sich in den folgenden Jahren in eingeengter Begriffsbedeutung durch, auch durch die Gründung von psychotechnischen Instituten, Vereinigungen und Zeitschriften, die auf arbeitspsychologische Fragestellungen ausgerichtet waren.

Durch Hugo Münsterbergs Ansatz wurde die industrielle Psychotechnik zu einem der Felder, in dem die Psychologie ihren praktischen Nutzen unter Beweis stellte. So führte Münsterberg zum Beispiel im Anschluss an die frühen werbepsychologischen Untersuchungen von Walter Dill Scott (1908) verschiedene Versuchsreihen durch, um die Wirkungen der Anzeigenwiederholung auf die Erinnerungsleistung zu überprüfen. Angeregt durch die »American Association for Labor Legislation« führte Münsterberg 1910 die ersten Eignungstests für Straßenbahnführer durch, die in Deutschland ein paar Jahre später von William Stern aufgegriffen und in der Zeit des Ersten Weltkriegs zu Straßenbahner*innen*-Tests verändert wurden. Für die Bell Telephone Company führte Münsterberg Eignungstests für Telefonistinnen durch, nachdem die Firma darüber klagte, dass stets ein Drittel der eingestellten Personen als ungeeignet entlassen werden mussten. Münsterberg benutzte hierfür bereits

14 verschiedene Auslesekriterien, die er zu einer Rangreihe zusammenfasste.

Die begriffliche Einengung der Psychotechnik auf die angewandte Wirtschaftspsychologie, insbesondere die (meist apparative) Psychodiagnostik, erfolgte wohl schon zu Münsterbergs Lebzeiten, sicher jedoch durch Walther Moede in den
1920er-Jahren, die als Blütezeit der Psychotechnik gelten können. Aber diese Einengung ist weder in Sterns noch in Münsterbergs Sinn gewesen.

Daneben befasst sich Münsterberg mit Psychotherapie, der Psychologie des Films und vielem mehr. Durch den Ersten Weltkrieg gerieten manche seiner Arbeiten in Deutschland in Vergessenheit, so zum Beispiel Münsterbergs Schrift über den Film,
die selbst Rudolf Arnheim erst lange nach dem Zweiten Weltkrieg kennenlernte, dann aber feststellte, dass Münsterberg bereits alle wesentlichen Grundprinzipien der Filmtheorie »hell-
äugig erspäht und bedacht« hatte.

Mit seiner Vielseitigkeit, seinem Sinn für die Lösung praktischer Probleme, seinem Organisationstalent und seinem Bemühen, die Psychologie als Einzelwissenschaft zu etablieren, hat er
die Psychologie ein gutes Stück vorangebracht.

Vermittlungsversuche zwischen Deutschland und den USA

Münsterberg warb als deutscher Patriot in den USA mit Reden und Veröffentlichungen für sein Heimatland. Nach Ausbruch des Ersten Weltkriegs trat er – unter anderem durch seine Korrespondenz mit Reichskanzler Bethmann-Hollweg und

führenden amerikanischen Politikern wie Präsident Taft – für Friedensverhandlungen ein und versuchte, Amerikas bevorstehenden Eintritt in den Krieg zu verhindern. (Einige der Briefe finden sich in dem von Münsterbergs Tochter Margaret Münsterberg 1925 veröffentlichten Band.) Hugo Münsterberg – er behielt zeit seines Lebens die deutsche Staatsbürgerschaft – wurde dafür auch in den USA angefeindet; zur Kennzeichnung deutschfreundlicher Einstellungen sprach man in den USA von *Münsterbergism*. Es hieß, ein Londoner »Gentleman« habe sich erboten, der Harvard-Universität zehn Millionen Dollar zu vermachen, wenn Münsterberg entlassen werde. Die Universität ließ sich zwar nicht beeindrucken, allerdings fürchtete Münsterberg immer wieder um seine Stellung.

Am Samstag, dem 16. Dezember 1916, es war ein blauweißer Schneemorgen, verabschiedete sich Hugo Münsterberg von seiner Frau, um seine Vorlesung zu halten. Eine halbe Stunde später brach er während seiner Vorlesung tot zusammen. Hugo Münsterberg war erst 53 Jahre alt. Den Eintritt der USA in den Ersten Weltkrieg erlebte er nicht mehr.

Sein Kollege und Freund Max Dessoir schrieb: »In ihm war heißes Leben. Mit seinem Tod erlosch ein Feuer. Von seinem Wirken bleibt ein Glanz zurück« (1918, S. XVIII).

Parapsychologie, Psychologiegeschichte und Kunstpsychologie

Max Dessoir wurde 1867 in Berlin als Sohn des Hofschauspielers Leopold Dessauer geboren, der sich den Künstlernamen Ludwig Dessoir gab. Ludwig Dessoir (1810–1874) war jüdischer Herkunft, als Schauspieler an vielen Theatern tätig und durch seine Auftritte in heroischen Rollen klassischer Schauspiele bekannt. Als er starb, hinterließ er die Witwe und den siebenjährigen Sohn in ärmlichen Verhältnissen. Max (eigentlich: Ludwig Karl Otto Max) Dessoir bekam jedoch eine gute Schulbildung, spielte sehr gut Geige, bestand das Abitur und konnte an der Friedrich-Wilhelms-Universität in Berlin Philosophie studieren, wo er 1889 zum Dr. phil. promoviert wurde. Erst danach begann er das Medizinstudium und promovierte 1892 in Würzburg mit einer Arbeit über den Hautsinn. Sein Studium finanzierte er mit Veröffentlichungen, Musikunterricht und

Nachhilfestunden. 1897 erhielt er in Berlin eine außerordentliche Professur für Psychologie. Dessoirs Frau Susanne (geb. Triepel) war Sängerin.

Dessoir war in verschiedenen Bereichen der Philosophie, Psychologie und Kulturgeschichte tätig; später sah er seine Hauptleistungen im Bereich der Parapsychologie und der Kunstgeschichte (Herrmann, 1928).

Parapsychologie

Max Dessoir war noch Student, als er 1889 in der Zeitschrift *Sphinx* einen Aufsatz mit dem Titel *Parapsychologie* veröffentlichte. Parapsychologie war seine Wortschöpfung. Dessoir schlug in seinem Text vor, jenen Teil der Psychologie, der weder dem gewöhnlichen noch dem pathologischen Bereich zuzuordnen ist, als »Parapsychologie« zu bezeichnen. Der Begriff setzte sich in den 1920er-Jahren endgültig durch und ist bis heute gebräuchlich. Schon als Schüler hatte sich Dessoir mit den Vorführungen des englischen »Gedankenlesers« Stuart Cumberland beschäftigt, zu verschiedenen parapsychologischen Themen publiziert und als 21-jähriger Student eine zweibändige *Bibliographie des Modernen Hypnotismus* mit fast 1.200 Titeln veröffentlicht. 1888 war er Mitbegründer und Schriftführer der *Gesellschaft für Experimental-Psychologie*, die sich vor allem der Hypnose (einschließlich Somnambulismus), ferner der Telepathie und dem Spiritismus widmete. (Diese Gesellschaft ist nicht mit der 1904 in Gießen gegründeten *Gesellschaft für experimentelle Psychologie* zu verwechseln, die heute den Namen *Deutsche Gesellschaft für Psychologie* führt.)

Viele Wissenschaftler, darunter auch Wilhelm Wundt, Hugo Münsterberg und andere Psychologen, waren sehr an einer wissenschaftlichen Klärung interessiert: Gab es Hypnose, posthypnotische Aufträge, Spiritismus, Gedankenübertragung, Fernheilung und so weiter wirklich? Anders als andere Autoren um die Wende zum 20. Jahrhundert war Dessoir daran interessiert, gesicherte Kenntnisse über die Parapsychologie aus erster Hand zu erhalten. Er nahm daher an spiritistischen Sitzungen (»Séancen«) teil und lernte führende Persönlichkeiten in diesem Bereich wie Albert von Schrenck-Notzing und Fanny Moser kennen. Spiritistische Sitzungen boten um die Jahrhundertwende eine beliebte Unterhaltung für gehobenen Kreise. So bestellte man Medien gegen Bezahlung und lud zu deren Vorführungen Gäste ein. Dessoir nahm aber nicht nur bei Vorführungen teil, er führte auch selbst systematische Untersuchungen durch, zum Beispiel zu posthypnotischen Aufträgen.

1890 verfasste er einen Ergebnisbericht zum sogenannten automatischen Schreiben, aus dem er später auch seine Lehre vom *Doppel-Ich* entwickelte: Neben der bewussten Persönlichkeit gibt es immer eine zweite, *unterbewusste* Teil-Persönlichkeit, die bei wechselnden Bewusstheitszuständen ständig präsent und vom *Oberbewusstsein* mehr oder weniger getrennt bleibt. In der Hypnose erlangt das Unterbewusstsein die Herrschaft. In seiner Darstellung trug er pathologische Fälle zusammen, aber auch Ergebnisse von Pierre Janet und anderen. So fasste Dessoir als Ergebnis zusammen, dass die menschliche Persönlichkeit aus mindestens zwei schematisch trennbaren Sphären bestehe, die jede für sich durch eine Erinnerungskette zusammengehalten werde. Für die Medizin würden sich durch diese Erkenntnis neue Wege der psychischen Behandlung erschließen, so postulierte der Forscher.

Dessoir war in parapsychologischen Fragen auch als Gutachter gefragt. So scheute er sich nicht, ein angebliches Medium des Betrugs zu überführen, was ihm wiederum die Kritik spiritistischer Kreise einbrachte. Insgesamt wurde seine Haltung zunehmend schärfer: In späten Arbeiten beschäftigte sich Dessoir kritisch mit den Geheimwissenschaften, insbesondere der Anthroposophie Rudolf Steiners.

Geschichte der Psychologie

Max Dessoir war ein außerordentlich produktiver Wissenschaftler. Er plante unter anderem auch eine dreibändige Geschichte der Psychologie mit Rückblick bis zur Antike. Der erste (und einzige) Band erschien 1894 und behandelte das 18. Jahrhundert. »Psychologie« wurde hier natürlich anders verstanden als heute üblich. Dessoirs Ziel war es, die Seelenwissenschaft (Psychologie), die Seelenkunst (Psychognosis) und Seelentheologie (Psychosophie) als drei Teilgebiete zu behandeln.

Über die Entstehung seiner *Geschichte der neueren deutschen Psychologie* (1894), die aus seiner Preisschrift für die Berliner Akademie hervorgegangen war, schrieb Dessoir, dass ihm ein Student helfen sollte, Zitate zu überprüfen und Korrektur zu lesen. Dieser habe aber seine Aufgaben nicht gemacht. Dessoir ließ 1902 der ersten eine zweite, verbesserte Auflage folgen: »Was ich tun konnte, um das Geschehene wieder gut zu machen, das tat ich.« Aber »es bedurfte vieler Jahre, bis der Makel schwand.« Dessoirs Geschichte der Psychologie ist bis heute eine wichtige Darstellung der frühen, noch eng an die Philosophie gebundenen Psychologie. Seine Darstellung wurde in damaligen Besprechungen als umfassend angesehen und wird heute noch zitiert, da die sehr frühe Geschichte der Psychologie von Dessoir sehr umfassend aufgearbeitet wurde.

Kriegspsychologische Betrachtungen

Durch Zufälle erhielt Max Dessoir im Ersten Weltkrieg Gelegenheit zur psychologischen Untersuchung der Lage von Frontsoldaten. Er selbst war durch seine Kurzsichtigkeit nicht kriegstauglich, meldete sich aber trotzdem zum Dienst beim Heer. Von einem Freund erfuhr er von der seelischen Not der Frontsoldaten und erhielt im Sommer 1915 die Erlaubnis zu Beobachtungen an der Ostfront und zur Berichterstattung, die viele exakte Beschreibungen des Kriegserlebens enthielt (Dessoir, 1916). 1917 konnte er seine Beobachtungen auf die Marine ausweiten. Manches Kritische, wie die gesundheitlichen Belastungen der Soldaten an der Front und die lähmenden Wirkungen der Untätigkeit auf den Schlachtschiffen, brachte er in seinen Schriften vor. Diese Berichte hatten vermutlich aber nur geringe Wirkung bei den Leitungen von Heer und Marine.

Ästhetik und Kunstgeschichte

1906 publizierte Dessoir seine programmatische Schrift *Ästhetik und allgemeine Kunstwissenschaft,* und im gleichen Jahr gründete er auch die gleichnamige Zeitschrift, die bis heute besteht. 1909 war Dessoir an der Gründung der *Gesellschaft für Ästhetik und allgemeine Kunstwissenschaft* beteiligt und veranstaltete deren Kongresse bis 1931. Herrschte Ende des 19. Jahrhunderts noch die Vorstellung, es könne so etwas wie objektive Schönheit geben, verkörpert zum Beispiel durch den Goldenen Schnitt, so machte Dessoir deutlich, dass Subjekt und Objekt in der Kunstpsychologie nicht zu trennen sind, Subjektivismus und Objektivismus vielmehr in einer »Ästhetik von innen« zusammengeführt werden müssen.

Die experimentelle Ästhetik, die seit Fechner einiges geleistet hatte, sah Dessoir hingegen kritisch:

> »(...) Was (...) von der experimentellen Erforschung der einfachsten ästhetischen Vorgänge gerühmt wird, das trifft nicht zu. Sie leistet uns nicht dasselbe wie dem Physiker. Dieser kann die Ergebnisse seiner Versuche mit schwachen elektrischen Entladungen auf das Gewitter übertragen, er kann die Bewegung des Ozeans an der Wellenbewegung in einem Waschbecken erforschen. Den ästhetischen Eindruck des Gewitters und des starken Seeganges hingegen erhalten wir eben nicht von der Influenzmaschine und dem ›Sturm im Glase Wasser‹. Dort ist nur ein Unterschied der Stärke, hier ein solcher der Art. Wir müssen daher, je näher wir an die wirklichen ästhetischen Erlebnisse herantreten, desto vorsichtiger in der Anwendung der beim Experimentieren gewonnenen Resultate sein; wir dürfen die reine Selbstbeobachtung und die Vergleichung vieler Selbstbeobachtungen nicht als Nebensache behandeln« (Dessoir, 1906, S. 154).

Dessoir spielte in seiner Zeit auch eine Rolle als Redner in Rundfunksendungen. Das neue technische Medium wurde von ihm offenbar geschickt für Vorträge zu verschiedenen Themen der Psychologie und Kunstwissenschaft genutzt.

Über 40 Jahre lehrte Dessoir in Berlin. Er reiste viel und sprach auf internationalen Kongressen; durch seine Frau hatte er engen Kontakt zu Künstlerinnen und Künstlern. In der NS-Zeit geriet Dessoir wegen seiner jüdischen Vorfahren in Schwierigkeiten, denn er wurde offiziell als »Vierteljude« eingestuft. 1934 wurde er emeritiert. 1939 wurde sein Name aus dem Vorlesungsverzeichnis gestrichen, wogegen er erfolglos rechtlich vorging, und 1940 wurde ihm schließlich Publikationsverbot auferlegt. Sein gerade erschienenes Buch *Die Rede als Kunst* wurde von der Partei scharf kritisiert und war vielleicht der Auslöser für das Publikationsverbot – es fand aber doch Käufer, auch wenn es nicht im Schaufenster lag. Tatsächlich konnte Dessoir gut und anschaulich schreiben, und seine Bücher fanden Verbreitung. Das lag an seinem Stil, seiner Weltgewandtheit und seinen anschaulichen Beispielen.

Rückblick und Würdigung

In der Nacht zum 1. August 1943 ließ Propagandaminister Joseph Goebbels Handzettel an alle Berliner Haushalte verteilen, in denen nicht berufstätige Frauen, Kinder und alte Menschen aufgerufen wurden, Berlin zu verlassen. Dies war auch für Max Dessoir der Grund, die Hauptstadt endgültig zu verlassen: Mit seiner Frau verließ er kurz darauf das von Bombenangriffen bedrohte Berlin und zog nach Königstein im Taunus. Nur wenige Wochen später, Ende November, wurde die Berliner Wohnung der Dessoirs durch Bombenangriffe völlig zerstört. Dabei ging der größte Teil seiner wissenschaftlichen Unterlagen verloren.

Dessoir starb 80-jährig im Sommer 1947 in Königstein. Kurz zuvor (1946) waren seine Lebenserinnerungen erschienen,

die er etwa 1942 bis Herbst 1945 verfasst hatte und die wegen
der vielen beschriebenen persönlichen Begegnungen mit Wissenschaftlern, Künstlern und Politikern nach wie vor lesenswert
sind. Auch die Benachteiligung und Verfolgung von Deutschen
jüdischer Herkunft wird in ungewöhnlicher Weise anschaulich.
Dabei fällt auf, dass Dessoir trotz der schweren Schicksalsschläge gegen Ende seines Lebens keine Bitterkeit zeigte.

Nicht zuletzt in Erinnerung an Dessoirs Arbeiten zur Psycho-
logiegeschichte vergibt die *Fachgruppe Geschichte der Psychologie* der *Deutschen Gesellschaft für Psychologie* einen Max Des-
soir-Preis für psychologiegeschichtliche Arbeiten.

Individualpsychologie im Dienst von Lebenshilfe, Erziehungsberatung und Therapie

Bei dem Namen Alfred Adler denkt man schnell an den Minderwertigkeitskomplex. Doch hat Adler weit mehr geleistet als die Entwicklung seiner Theorie der Minderwertigkeit. Zeitweise war er bekannter als Sigmund Freud, mit dem Adler 1902 bis 1911 eng zusammenarbeitete, bis es zum Bruch kam und Adler seine eigenen Ideen weiterentwickelte.

Alfred Adler wurde 1870 in Rudolfsheim bei Wien (inzwischen zu Wien eingemeindet) als zweites von sechs Kindern eines ungarischen Getreidehändlers geboren. Die Familie war jüdisch-assimiliert. Als Kind durchlitt er mehrere schwere Erkrankungen und wuchs wegen der finanziell schwierigen Situation der Familie nicht sehr behütet auf. Viele Autoren bringen

Adlers Kindheitserfahrungen und seine untersetzte Gestalt mit seiner Lehre von der Organminderwertigkeit und deren Überwindung in Verbindung. Und tatsächlich liegt dieser Gedanke bei Adler besonders nahe. Ludwig Pongratz schrieb sogar: »Leben und Werk Adlers bilden eine Einheit« (1983, S. 195).

Alfred Adler studierte in Wien Medizin und war Mitglied einer kleinen sozialistischen Studentengruppe. Dort lernte er seine spätere Frau Raissa Timofejewna Epstein kennen, die aus einer wohlhabenden Moskauer Familie stammte. Nach seiner Promotion 1895 ließ sich Adler kurze Zeit als Augenarzt nieder, praktizierte dann später als Arzt für allgemeine Medizin in der Nähe des Praters. Er behandelte die dort lebenden Menschen, meist Angehörige der Mittel- und Unterschicht, unter ihnen Menschen verschiedener Nationalitäten und Kulturen der österreichisch-ungarischen Monarchie, die in diesen Jahren nach Wien gezogen waren. Etwa zehn Jahre später eröffnete Adler im Postsparkassenviertel seine Praxis als Nervenarzt. Almuth Bruder-Bezzel hat die Entstehungsgeschichte der Theorie Adlers im historischen Milieu Wiens anschaulich beschrieben (1983).

Adler und Freud

1902 erhielt Alfred Adler eine Einladung: Er möge teilnehmen an der Diskussionsrunde um Sigmund Freud. Adler hatte zuvor einen Vortrag von Freud gehört und sich anerkennend über die Psychoanalyse geäußert. In dieser Mittwochsgesellschaft wurde Adler schnell ein beliebter Gesprächsteilnehmer: Er galt als belesen und kannte als echter »Weaner« Stadt und Leute. Sein Buch über die Organminderwertigkeit, das fünf Jahre später erschien, fand auch Freuds Anerkennung. Adler wurde 1910 zum

Präsidenten der *Wiener Vereinigung für Psychoanalyse* gewählt, gleichzeitig übernahm er die Schriftleitung des *Centralblattes für Psychoanalyse*. Doch in dieser Zeit kriselte es bereits zwischen Freud und Adler. Hatte Freud ihn deswegen für diese Ämter vorgesehen, um ihn stärker an die Psychoanalyse zu binden?

Diese Hoffnung erfüllte sich nicht, denn ein fachlicher Streit führte schon 1911 zum endgültigen Bruch. In zwei Referaten hatte Adler die Sexualtheorie Freuds deutlich kritisiert – dies konnte Freud nicht akzeptierten. Im Sommer 1911 trat Adler von allen Ämtern zurück, im Oktober schied er zusammen mit einigen ähnlich denkenden Mitgliedern aus der Psychoanalytischen Vereinigung aus (Handlbauer, 1990). Noch im gleichen Jahr gründete Adler einen *Verein für freie Psychoanalyse*, der zwei Jahre später in *Verein für Vergleichende Individualpsychologie* umbenannt wurde, um den Unterschied zu Freuds Lehre noch deutlicher zu machen. Der Begriff *Individualpsychologie* wurde gewählt, um im Gegensatz zu Freuds »zerlegender« (analytischer) Psychologie die Unteilbarkeit des Menschen zu betonen. Jahre später soll Adler gesagt haben, er würde inzwischen einen Begriff wie »holistische Psychologie« vorziehen, um die Ganzheitlichkeit jedes Menschen zu kennzeichnen. Vermutlich inspirierten Adler dabei die Arbeiten des südafrikanischen Philosophen und Politikers Jan Christiaan Smuts (1870–1950), der den Begriff *Holismus* geprägt hatte und von dessen Buch *Holism and Evolution* (1926) Adler beeindruckt war. Tatsächlich ist der Begriff Individualpsychologie zunächst missverständlich, denn in der Psychologie wurde dieser Begriff schon vor Adler als Kennzeichnung der Psychologie des Individuums als Gegensatz zur Völkerpsychologie und Sozialpsychologie verwendet. Später legte Adler großen Wert darauf, nicht als Schüler von Freud zu gelten, und in Briefen an seine Schüler findet man eloquen-

te Polemik gegen Freud und dessen Anhänger (Bruder-Bezzel &
Lehmkuhl, 2014).

Auch Freud war in späteren Jahren auffällig ablehnend gegenüber Adler eingestellt. Als Adler starb, schrieb Freud an den
Schriftsteller Arnold Zweig: »Aber ihr Mitleid für Adler begrei-
fe ich nicht! (...) Wirklich hat ihn die Mitwelt für das Verdienst,
der Analyse widersprochen zu haben, reichlich belohnt« (Jones,
1960–1962, Bd. 3, S. 255).

In einem interessanten Punkt war Adler seinem Lehrer Freud
voraus: Adler nahm bereits 1908 einen eigenständigen Aggressionstrieb an. Während Triebe wie der Sexualtrieb an Organe
gebunden seien, gelte das für den Aggressionstrieb nicht. Erst
Jahre später entwickelte Freud seine Lehre vom Todestrieb, der
freilich umfassender war als der von Adler postulierte Aggressionstrieb. Adler griff seine Lehre vom Aggressionstrieb später
nicht mehr auf, allerdings hat er sie auch nie widerrufen.

Organminderwertigkeit

Adlers erste wichtige Schrift, *Studie über Minderwertigkeit von
Organen (1907),* beschreibt den Ausgleich von schwächeren
Organen zunächst unter medizinischem Aspekt: Die Funktion
einer schwächeren Niere kann durch die verstärkte Leistung der
anderen ausgeglichen werden. In bestimmten engen Bereichen
gibt es sogar die Übernahme von Funktionen durch andere Organe. Eine ursprüngliche Schwäche kann aber auch durch Anstrengungen ausgeglichen werden. Hierbei kann es durchaus zu
Leistungen kommen, die über dem liegen, was bei einer normalen Konstitution zu erwarten gewesen wäre: So gibt es Maler
mit Sehfehlern oder Musiker mit Hörfehlern. Der griechische

Politiker Demosthenes (383–322 v. Chr.), der trotz – oder gerade wegen? – seines Sprachfehlers zu einem bedeutenden Redner der Antike wurde, wird gern als Beispiel genannt. Solche *Kompensationen*, die zu überdurchschnittlichen Leistungen führen, werden von Adler als *Überkompensationen* bezeichnet.

Typisch für die Neurose ist nach Adler eine Form der Überkompensation, die unrealistisch ist. Das Kind, das wegen Unfähigkeit oder ungenügender Leistungen ständig bestraft wird, flüchtet sich hier in eine Fantasiewelt, in der es den Eltern weit überlegen ist.

Für Adler stellt das Gefühl der Minderwertigkeit die zentrale Quelle menschlichen Strebens dar: »Menschsein heißt, sich minderwertig fühlen.« Dem Gefühl der Minderwertigkeit kann niemand entgehen: Das Kind erlebt ständig, dass es Dinge noch nicht kann. Im Normalfall, wenn Erwachsene weder ihre Überlegenheit zeigen noch das Kind verwöhnen, indem sie alle Schwierigkeiten aus dem Weg räumen, wird es sich anstrengen und durch Erfolge tüchtiger werden. Minderwertigkeitsgefühle haben ihren Ursprung also nicht nur in Organminderwertigkeiten oder in der Tatsache, dass das Kind kleiner und ungeschickter ist als der Erwachsene; sie haben ihren Ursprung ebenfalls in der sozialen Umwelt, insbesondere in der Erziehung. Adler hat sich auch aus diesem Grund mit Erziehungsfragen befasst und in Lehrern und Erziehern eine interessierte Zuhörer- und Leserschaft gefunden.

Das Gefühl der Minderwertigkeit ist unter normalen Umständen also die Grundlage für das Streben nach Erfolg, für die Leistungsmotivation, für die Entwicklung der Gesellschaft. Adlers Aussage, das Gefühl der Minderwertigkeit sei ein Segen für die Menschheit, klingt deshalb zwar zunächst paradox, meint jedoch, dass wir Menschen Erfolg und Anerkennung suchen und uns nur anstrengen, wenn Ziele nicht direkt erreichbar sind. Das Bedürfnis, von einer Minus-Lage in eine Plus-Lage zu gelangen – wie Adler sagte –, ist offenbar universell.

Erfahrungen im Ersten Weltkrieg

Fast alle Biografen Adlers sind sich über dessen pazifistische Grundhaltung einig. Schüler von Adler berichteten später, er sei zu Soldaten, die sich aufgrund der psychischen Belastung krank gemeldet hatten, sehr streng gewesen. Tatsächlich traten neben Kriegsverletzungen auch schwere traumatische Schädigungen der Soldaten auf: Zittern, Taubheit, Sprachstörungen, Schlaflosigkeit und vieles mehr – aber es wird natürlich auch Simulanten gegeben haben. Durch die Veröffentlichung von Briefen ist inzwischen deutlich geworden, dass Adler sich bei Ausbruch des Krieges wirklich freiwillig als Arzt zum Kriegsdienst gemeldet hat (Bruder-Bezzel & Lehmkuhl, 2015, S. 195). Wie ist dies mit der pazifistischen Haltung vereinbar?

Es war wohl so, dass Adler – wie andere Nervenärzte und Psychiater – anweisungsgemäß streng vorging, wenn er als Militärarzt Soldaten mit psychosomatischen Beschwerden behandeln musste. Klar ist aber auch, dass Adler gegen Ende des Krieges seine Meinung änderte und er der Kriegseuphorie schließlich sehr kritisch gegenüberstand (Bruder-Bezzel, im Druck): In einer kleinen Schrift (1919) stellte er beispielsweise fest, dass das Volk verführt worden sei, »im Kriegsmord und in Schlachten mystische Wonnen zu suchen« (S. 1). Adler: »Von den Kanzeln predigten unablässig tausende von beredten Zungen Knechtseligkeit und Sklavengehorsam. Jeder Lehrstuhl weihte den gelehrigen Schüler in die Kunst des Bücklings ein« (S. 1). Dem

Militarismus habe ein Heer von Ärzten und Karrieristen willig zur Verfügung gestanden (S. 3), sodass Ärzte zu den »rohesten Zwangsmitteln griffen, weil sie in jedem Kranken einen Drückeberger vermuteten« (S. 9).

Natürlich diente die Schrift auch seiner eigenen Entlastung. Verständlich war, dass Adler das Verhalten vieler Kriegspflichtiger, die sich durch »Beziehungen« zum Adel und zur Politik vor dem Frontdienst gedrückt hatten, als Verstoß gegen die Gemeinschaft verurteilte. Tatsächlich agierte die Psychiatrie in ihren Diagnosen und Behandlungen der sogenannten Kriegszitterer hilflos bis grausam. Nun, nach dem Krieg, könne nur »ein gewaltiger Strom erwachender Gemeinschaftsgefühle Rettung bringen« (Adler, S. 12).

Wille zur Macht, männlicher Protest, Gemeinschaftsgefühl

Den Begriff des Gemeinschaftsgefühls brachte Adler in jener kleinen Schrift über die (Un-)Schuld des Volkes wohl ganz bewusst ein, denn im gleichen Jahr, 1919, erschien auch die zweite, veränderte Auflage seines Buches *Über den nervöse Charakter*. Und dort räumte er – ergänzend zu seinen theoretischen Überlegungen – dem Gemeinschaftsgefühl einen größeren Stellenwert ein.

In diesem Buch sieht Adler den *Willen zur Macht* als den stärksten Antrieb zur Kompensation von Erniedrigung und Unsicherheit. *Männlicher Protest* war der von Adler gewählte Ausdruck für die Formel: »Ich will ein Mann sein«. Männlicher Protest sei der Protest gegen Weiblichkeit (bei Frauen und Männern!), in dem auch der Wille zur Macht stecke. Hierfür ein

Beispiel, das aus einer späteren Schrift Adlers (1927, S. 61f.) stammt: Ein Mann, 36 Jahre alt, schreitet immer »wie durch eine Last gedrückt« einher und betont dabei, »wie sehr er von Pflichtbewußtsein und von der Wichtigkeit seiner Handlungen durchdrungen ist«. Das Verhältnis zu seiner Frau ist angespannt, da beide versuchen, ihre Überlegenheit auszuspielen. Dieser Mann berichtet, dass er bis zu seinem 17. Lebensjahr noch nicht im Stimmbruch war, noch keinen Bartwuchs aufwies und auffallend klein war. Er hatte viele Jahre lang unter diesem Entwicklungsrückstand gelitten. »Sobald er mit jemandem zusammenkam, versuchte er ununterbrochen ihm klarzumachen, daß er nicht etwa ein Kind sei, als das er erscheine.« Das machte er so, dass er »sich immer wichtig nahm und wichtig machte«. Auch wenn sich dieser junge Mann schließlich körperlich normal entwickelte, zog sich der Irrtum seiner vermeintlichen Minderwertigkeit durch sein ganzes Leben. Seine Frau akzeptierte dieses permanente Geltungsstreben nicht, und schließlich scheiterte die Ehe daran.

Erziehungsberatung in Wien

Die Sozialdemokratische Partei Österreichs förderte im »roten Wien« gezielt den Ausbau der individualpsychologisch-praktischen Arbeit. So entstanden bis zum Ende der 1920er-Jahre fast dreißig Erziehungsberatungsstellen, die für die Ratsuchenden kostenfrei arbeiteten. Diese Beratungsstellen arbeiteten nach den Empfehlungen von Alfred Adler, und auch er selbst führte dort regelmäßig ehrenamtlich Beratungen durch. Immer wieder wurden diese Beratung auch öffentlich durchgeführt – was heute schon aus rechtlichen Gründen undenkbar wäre. Adler saß zum Beispiel mit einer ratsuchenden Mutter und dem schwierigen Kind vor einem Auditorium und befragte Mutter und Kind zu ihren Problemen. Unter Umständen wurde das Kind kurz hinausgeschickt, um mit der Mutter freier sprechen zu können. Im Verlauf der Beratung konnten dann aus dem Auditorium Fragen und Ratschläge an die Betroffenen gerichtet werden. Auf diese Art konnte sowohl den Ratsuchenden geholfen werden, aber auch Lehrer, Erzieher und Psychologiestudenten lernten den Nutzen individualpsychologischer Erziehungsberatung unmittelbar kennen. Anders als in der Psychoanalyse zielte Adler hier besonders auf die soziale Situation seiner Klienten. Dazu gehörte natürlich auch die Familienkonstellation. Adler verfügte über außergewöhnliches Einfühlungsvermögen und konnte in diesen Beratungssituationen Konflikte und Probleme schnell erkennen, benennen und gezielt Rat geben. Für seine Publikationen und Vorträge hat Adler immer wieder Beispiele aus diesen Beratungsgesprächen genutzt. Es ist übereinstimmend berichtet worden, dass Adler ein begnadeter Redner war und seine Zuhörer fesseln konnte.

Stellung in der Geschwisterreihe

Adler war einer der ersten Psychologen, der der Stellung in der Geschwisterreihe Beachtung schenkte. Er sah diese vor allem im Zusammenhang mit dem Machstreben des Menschen. Zum jüngsten Kind schrieb er in seinem Buch *Menschenkenntnis*: »Es ist für kein Kind eine angenehme Situation, immer als der Kleinste zu gelten, dem man nichts zutraut, dem man nichts anvertrauen darf. Das reizt das Kind so sehr, dass es meist danach strebt, zu zeigen, was es alles könne. Sein Machstreben erfährt eine Verschärfung. So wird der Jüngste meist ein Mensch sein, dem nur die beste Situation genügt, der ein Streben in sich entwickelt, alle anderen zu überspringen« (Adler, 1927, S. 121).

Bezüglich des ältesten Kindes verweist Adler auf die Erbtraditionen, die Übernahme von Haus und Hof oder des elterlichen Betriebes. Man müsse sich vorstellen, »was es für ein Kind bedeutet, in dieser Weise ununterbrochen mit dem ganzen Vertrauen der Umgebung beladen zu sein (…) Wenn die Entwicklung in dieser Richtung ohne Störung verläuft, dann werden wir beim Ältesten Züge finden, die ihn als Hüter der Ordnung charakterisieren« (Adler, 1927, S. 124).

Auch das einzige Kind sieht Adler in einer besonderen Situation: »Es ist den erzieherischen Angriffen seiner Umgebung voll ausgesetzt. Die Eltern haben sozusagen keine Auswahl, sie stürzen sich mit ihrem ganzen erzieherischen Elan auf dieses einzige Kind. Dieses wird in höchstem Grade unselbständig, wartet immer, daß ihm jemand den Weg zeigt, es sucht stets nach einer Stütze« (Adler, 1927, S. 125). Beobachtungen wie diese sind anschaulich, und leicht finden sich Beispiele, die diese Aussagen bestätigen oder ergänzen.

Adler hat seine theoretischen Ansätze nicht umfassend dargestellt. Seine Bücher (1927, 1931) basierten teilweise auf Mitschriften von Lehrveranstaltungen. Doch durch ihre Anschaulichkeit erreichten sie teils hohe Auflagen.

Emigration und Tod

Im Jahr 1932 nahm Adler in den USA eine Gastprofessur an, 1936 emigrierte er mit seiner Familie dorthin und starb 1937 67-jährig während einer Vortragsreise in Aberdeen (Schottland) an einem Herzinfarkt. Erst 2011 erhielt Adler auf dem Zentral-friedhof in Wien ein Ehrengrab.

Wie die Psychoanalyse erlebte auch die Individualpsychologie während des Nationalsozialismus eine Zeit der Unterdrückung, vor allem durch die Verfolgung führender Individualpsychologen jüdischer Herkunft, die aufgrund der Rassengesetze zur Emigration gezwungen wurden. In den USA traf die Individualpsychologie – vielleicht auch wegen ihrer eher optimistischen Grundhaltung – auf hohe Akzeptanz. In der Bundesrepublik setzte eine Rezeption der Individualpsychologie erst in den 1960er-Jahren ein. Wichtige Hilfestellung leisteten dabei Adlers Kinder Alexandra Adler (1901–2001) und Kurt Adler (1905–1997) sowie andere seiner Schüler, die selbst noch von Adler ausgebildet worden waren. So kam es zu einer beachtlichen Renaissance der Individualpsychologie im deutschen Sprachbereich, die auch Weiterentwicklungen umfasste.

WILLIAM STERN

Kritischer Personalismus, Differentielle Psychologie und die Psychologie in der Anwendung

Wenn es um den »Erfinder« des Intelligenzquotienten (IQ) geht, wird meist William Stern genannt, obwohl er es – genau genommen – nicht war. Vor allem war es nicht seine Hauptleistung. Sein Werk ging wesentlich über die Intelligenzdiagnostik hinaus. Tatsächlich fällt es richtig schwer, seine verschiedenen Leistungen zusammenzufassen, denn man stößt in der Psychologie an vielen Stellen auf Spuren von Sterns Einfluss, ohne dass sein Name fällt. So hat Stern erfolgreich gearbeitet in der Wahrnehmungspsychologie, in der Diagnostik, in der Entwicklungspsychologie, in der Forensischen Psychologie, in der Persönlichkeitspsychologie und in weiteren Bereichen (Deutsch, 1991, Bühring, 1996, Probst, 2014). Aber trotz dieses enormen Einflusses wirkt »dieses Werk (…) in der Psychologie unserer Zeit wie ein verlassener Steinbruch« (Bittner und Deutsch, 1990, S. 59). Warum? Vor allem, weil der *Kritische Personalismus*, den Stern als seine Hauptleistung ansah, heute nur noch wenig beachtet wird.

Louis William Stern (den ersten Vornamen ließ Stern später fallen) wurde am 29. April 1871 als einziger Sohn des Kaufmanns Sigismund Stern und seiner Frau Rosa in Berlin geboren (Stern, 1927). William Stern entstammte einer deutsch-jüdischen Familie, deren Stammbaum bis zum 17. Jahrhundert zurückreichte und die sich seit Generationen der deutschen Kultur zugehörig fühlten.

Hinweise auf William Sterns Kindheit und Jugend finden sich in einem Knabentagebuch, das er 1925 veröffentlichte. Der Tagebuchschreiber – durchgehend mit »A.« bezeichnet – müsse anonym bleiben, schreibt Stern dazu einleitend, er sei ein guter Bekannter aus seiner Jugendzeit (S. 5). Inzwischen ist klar, dass es Sterns eigenes Tagebuch war, dass er fast 40 Jahre später herausgab. In »A.« begegnen wir also dem vielseitig aufgeschlossenen Schüler William Stern, der sich für historische Vorgänge, für moralische Forderungen, für gedankliche Inhalte der Religion und für den pädagogischen Aufbau des Unterrichts interessierte. Er war an Literatur und Theater, besonders aber musikalisch interessiert und komponierte später selbst. Und nicht zuletzt ging William jede Woche zum reformierten jüdischen Gottesdienst.

Noch bevor er 18 Jahre alt wurde, begann Stern in seiner Heimatstadt mit dem Studium der Philosophie und Psychologie, das er 1892 mit der Promotion abschloss. Er wurde während seines Studiums mit gegensätzlichen Lehrauffassungen

konfrontiert, denn damals fand die bedeutende Auseinandersetzung zwischen Wilhelm Dilthey und Hermann Ebbinghaus
zur Methodologie der Psychologie statt. Später versuchte Stern,
»mit dieser ›Krisen‹-Situation fertig zu werden, indem er vermittelnde Positionen bezog und Synthetisierungsversuche unternahm« (Eckardt, 1989, S. 5).

Wenn William Stern heute in erster Linie als Entwicklungs-
psychologe und als Begründer der sogenannten *Differentiellen
Psychologie* gewürdigt wird, kommt dabei ein wenig zu kurz,
dass er eine experimentalpsychologische Ausbildung genossen
hatte und in den ersten Jahren seiner wissenschaftlichen Arbeit
wichtige Beiträge zur Wahrnehmungspsychologie leistete – bis
hin zur Entwicklung des Tonvariators zur Untersuchung von
Veränderungsmessungen. Unter dem Einfluss der Lehrer (und
späteren Kollegen) Hermann Ebbinghaus, Carl Stumpf und
Friedrich Schumann entstanden zudem mehrere Arbeiten über
die Wahrnehmung von Helligkeitsveränderungen, Bewegungen und Tonhöhenveränderungen. Später arbeitete Stern kaum
noch experimentell, da er die experimentelle Psychologie für
seine Fragestellungen inhaltlich als zu begrenzt ansah.

Entwicklungspsychologie

William Sterns entwicklungspsychologische Studien sind ohne
die Mitwirkung seiner Frau Clara Stern (geb. Joseephy) nicht
vorstellbar. Sie war zwar keine ausgebildete Psychologin und bezeichnete sich selbst als Hausfrau, leistete jedoch weit mehr als
nur Hilfsdienste. Die Tagebücher über die Entwicklung der drei
Kinder Hilde, Günther und Eva wurden von William und Clara Stern Jahrzehnte später für neuartige entwicklungspsycholo-

gische Fragestellungen genutzt – unter anderem für die Psychologie der Sprachentwicklung (Behrens & Deutsch, 1991).

Die Tochter Hilde (1900–1961) wurde Sozialfürsorgerin. Während der NS-Zeit war sie im Widerstand aktiv, wurde 1934 bis 1936 inhaftiert, konnte dann aber in die USA emigrieren. Nach dem Zweiten Weltkrieg kehrte sie in die sowjetische Besatzungszone zurück und engagierte sich später in der Friedensbewegung. Günther Stern (1902–1992) wollte zunächst Musik studieren und entwickelte starke philosophisch-philologische Interessen. Später änderte er seinen Namen in Günther Anders, unter diesem Namen entstanden seine Erzählungen, Gedichte und seine moralphilosophischen und technikkritischen Arbeiten. Nach längerer Zeit in den USA kehrte Günther Anders 1950 nach Europa zurück und engagierte sich unter anderem in der Anti-Atom-Bewegung. Er lebte bis zu seinem Tod in Wien. Eva (Michaelis-)Stern (1904–1992) arbeitete während der NS-Zeit unter Lebensgefahr unter anderem für eine jüdische Organisation, die Kinder aus Deutschland rettete. Sie lebte später in Israel.

Zusammen mit Otto Lipmann begründete Stern bereits 1906 ein »Institut für angewandte Psychologie und psychologische Sammelforschung«, das unter anderem psychologische Tests entwickelte und Schriften herausgab.

Intelligenzdiagnostik

Die ersten Tests für Kinder waren bereits 1905 in Frankreich entwickelt worden, wurden dann schnell in Deutschland adaptiert und weiterentwickelt. Stern war an dieser Entwicklung interessiert, unter anderem, weil ihm die angemessene Beschulung der Kinder wichtig war und ihn Hochbegabung von Kindern beschäftigte. Bei diesen ersten Intelligenztests mussten die Kinder definierte Aufgaben für unterschiedliche Alterstufen lösen, erhielten dafür Punkte, die addiert wurden. Von diesem Wert, dem *Intelligenzsalter,* wurde das Lebensalter abgezogen. Ein methodisches Problem dieses Tests bestand jedoch darin, dass der Unterschied in der Intelligenzentwicklung zwischen dem sechsten und siebten Lebensjahr bedeutend größer ist als zum Beispiel zwischen dem elften und zwölften Lebensjahr. Dadurch war die Subtraktionsmethode ungeeignet, wenn das Intelligenzalter von Schülern verschiedener Altergruppen miteinander verglichen werden sollte. Daher übernahm William Stern den schon früher geäußerten Vorschlag, das Lebensalter nicht vom Intelligenzalter abzuziehen, sondern das Intelligenzalter durch das Lebensalter zu teilen, also einen Quotienten zu bilden.

William Stern konnte durch Untersuchungen an größeren Stichproben die Überlegenheit dieses Verfahrens nachweisen. Er prägte dafür den Begriff *Intelligenzquotient.* Bereits vor dem Ersten Weltkrieg wurden Sterns Arbeiten in den USA aufmerksam verfolgt. Der Begriff »Intelligenzquotient« wurde im Englischen zunächst mit *mental quotient* oder *mental ratio* übersetzt, bevor Lewis Terman (1877–1956) den deutschen Originalbegriff und die Abkürzung *IQ* von Stern übernahm. Terman war es auch, der den Quotienten in seinen Arbeiten mit 100 multiplizierte. Die Abkürzung *IQ* und dieses Verfahren setzten sich dann weltweit durch (Schmidt, 1994).

Für die Entwicklung der empirischen Pädagogik beziehungsweise der pädagogischen Psychologie waren die Arbeiten von Stern und seinen Mitarbeitern von beträchtlicher Bedeutung. Das Testen von Kindern zur Ermittlung der Schulreife oder zur Diagnose der Hochbegabung setzte sich allerdings auch in einer Weise durch, die William Stern ablehnte. Kinder in »Schnellverfahren« zu testen, wie es teilweise üblich wurde, stand Sterns Überzeugung entgegen – er war auf die ganze Person ausgerichtet, nicht auf einzelne Leistungsaspekte.

William Stern war zunächst als Professor in Breslau tätig und erhielt nach langer Zeit, 1915, einen Ruf auf eine Professur für Philosophie und Psychologie in Hamburg, den er annahm. Dort unterrichtete er vor allem angehende Lehrer. Er setzte sich zudem erfolgreich für die Errichtung einer Universität in Hamburg ein.

Zeugenausssagen

Stern untersuchte als Erster mit wissenschaftlichen Methoden die Glaubwürdigkeit von Zeugenaussagen. Seine Methode der experimentellen Darbietung von Bildern und der anschließenden Befragung nach Einzelheiten erbrachte wichtige Erkenntnisse über die Glaubwürdigkeit von jugendlichen Zeugen. In Gerichtsverfahren wurde Stern als Sachverständiger gehört. In diesem Zusammenhang enstand eine heftige Kontroverse mit dem sehr streitbaren Psychiater Albert Moll (1862–1939), wobei es auch um die Rolle der sachverständigen Psychologen in Gerichtsverfahren ging, denn Mediziner wie Moll beanspruchten diese Kompetenz für ihr Fach.

Gegen die Kinderpsychoanalyse

Ein anderer Streit, den der sonst gemäßigte William Stern ebenfalls in der Öffentlichkeit austrug, war sein Angriff auf die Psychoanalyse – und insbesondere auf die psychoanalytische Behandlung von Kindern: 1913 veröffentlichte Stern einen Aufruf gegen die Übergriffe der Kinderpsychoanalyse. Mitunterzeichner waren namhaften Pädagogen, und der Text erschien in vielen Zeitschriften. Die Verteidigungsreaktion der Psychoanalytiker fiel eher schwach aus, und es ist wahrscheinlich, dass es auch Sigmund Freud selbst nicht behagte, was in dieser Zeit im Bereich der Kinderanalyse durch seine Schülerinnen und Schüler gemacht worden war (Graf-Nold, 1991). Persönlich ist Stern mindestens zweimal Sigmund Freud begegnet: 1909 bei der gemeinsamen Reise in die USA, bei der Stern, Freud und C. G. Jung Ehrendoktorwürden erhielten. Und ein zweites Mal 1928, als Stern seinen wissenschaftlichen Gegner in Österreich besuchte und ein »zweistündiges Gespräch mit Freud, bei aller Gegensätzlichkeit in den angenehmsten Formen« führte.

Der Kritische Personalismus

Doch Sterns Hauptanliegen war weder die Entwicklungspsychologie noch die Differentielle Psychologie, noch die Aussagenpsychologie – sondern sein philosophisches *System des Kritischen Personalismus*, das er über Jahrzehnte entwickelte – unterbrochen durch andere Aufgaben. Im Mittelpunkt dieses Systems steht die Kategorie der Person.

> *»Alles eigentliche Sein (...) ist in der Form von Perso-*
> *nen zu denken. Das Kennzeichnende der ›Person‹ ist*
> *die konkrete, zieltätige Ganzheit: die Welt besteht aus*
> *Wesenheiten, welche sind, indem sie wirken; welche*
> *Einheiten sind, indem sie eine Mannigfaltigkeit in sich*
> *sinnvoll gestalten; welche Träger einer teleologischen*

*Kausalität sind, indem der Totalsinn des Ganzen die
Verwirklichung der ihm eingeordneten Teilzwecke bestimmt; welche konkret und individuell sind, indem sie
allem Abstrakten und Allgemeinen erst Sinn und Bedeutung verleihen.« (Stern, 1927, S. 36).*

Nach Stern ist die Person Ganzheit, aber auch »Viel-Einheit«:
unitas multiplex. Die Person zeigt eine reiche Gliederung von
miteinander in Beziehung stehenden Teil-Ganzheiten verschiedener Ordnung: Organe, Funktionen, Zweckrichtungen, Erlebnisse und so weiter. Natürlich ist für Stern auch die Entwicklung der Person keine Aneinanderreihung von Elementen oder
Geschehnissen, sondern ein sinnvolles Sich-Entfalten der Person, wobei *Wachstum*, »*Ausgliederung*« (zunehmende Struktu-
riertheit) und *Wandlung* die drei Strukturmerkmale darstellen.

Ein Kernstück dieser in Aufsätzen und mehreren Büchern
dargelegten Theorie ist das *Konvergenzprinzip*. Das Verhalten
eines Menschen sei niemals lediglich allein das Ergebnis von
Außeneinflüssen oder von Begabungen, sondern erst im Zu-
sammentreten von Ererben und Erwerben trete das Seelenleben
hervor. Die Welt sei für die Person zwar Nicht-Ich, also Außenwelt, sie sei aber auch Um-Welt: Anreiz und Werkzeug persönlichen Wirkens, Hilfsmittel persönlicher Gestaltung. Die Person
bedürfe der Welt, um sich zu vollenden.

Mit dem Konvergenzprinzip nimmt Stern eine vermittelnde
Position ein, betont aber (zum Beispiel im Gegensatz zum Behaviorismus) die zielstrebige, individuelle Einheit der Person.
Später haben andere Autoren das Konvergenzprinzip als Kräfte-
parallelogramm von Anlage und Umwelt veranschaulicht, aber
schon diese mechanistische Darstellung wäre vermutlich nicht
in Sterns Sinn gewesen.

Die Kategorien Raum und Zeit nahmen in Sterns Theorie einen wichtigen Platz ein: Sterns Assistentin Martha Muchow führte 1931 in Hamburg Untersuchungen über Kinder in der Großstadt durch: Dabei ermittelte sie unter anderem empirisch die Streifzüge der Kinder in die Umgebung (Muchow & Muchow, 1935) und legte mit diesen Untersuchungen ein Fundament zur ökologischen Psychologie.

In Hamburg gelang Stern der Auf- und Ausbau eines der bedeutendsten psychologischen Institute der Weimarer Zeit (Lück, 1991). Mehrfach hat William Stern ausführlich über das von ihm und Ernst Cassirer beziehungsweise später Heinz Werner geleitete Institut Bericht abgelegt (vgl. Stern, 1922, 1931). Seine Berichte zeugen von einer beachtlichen Expansion und von der ungewöhnlichen Vielseitigkeit der Forschungs- und Lehraktivitäten des Instituts. Diese Vielseitigkeit war durchaus beabsichtigt – Stern sah sie als Beitrag zur Überwindung der schon damals diskutierten »Krise der Psychologie« an.

Die Atmosphäre des Instituts hat Fritz Heider, der einige Zeit Assistent bei Stern war, als sehr positiv beschrieben (1984, S. 79): »Stern und Cassirer kamen gut miteinander aus, und auch zwischen den Assistenten schien es so etwas wie kleinliche Eifersüchteleien und kindische Streitereien nicht zu geben.«

Im Jahr 1931 tagte in Hamburg die Deutsche Gesellschaft für Psychologie. An dem Kongress, den Stern mit seinen Mitarbeitern ausrichtete und durch mehrere Ausstellungen ergänzte, nahmen über 850 Personen teil – so viele wie nie zuvor, und weit mehr, als die Gesellschaft überhaupt Mitglieder (339) hatte (Kafka, 1932, S. 470). Der Kongress wurde ein beachtlicher Erfolg für die Psychologie, die als Beruf bisher praktisch noch nicht bestand. Durch die Mitgliederversammlung beim Hamburger Kongress wurde Stern zum Vorsitzenden der Deutschen Gesellschaft für Psychologie gewählt. Er hatte nun den Höhepunkt seiner akademischen Laufbahn erreicht. Zu seinem 60. Geburtstag – 14 Tage nach dem Hamburger Kongress – konnte Stern eine stattliche Festschrift in Empfang nehmen.

Repressalien und Emigration

Nur zwei Jahre später wendete sich das Blatt komplett und die antisemitischen Repressalien trafen William Stern mit voller Wucht: Im Herbst 1933 tagte die Deutsche Gesellschaft für Psychologie in Leipzig, und der neue Vorsitzende der Gesellschaft, Felix Krueger, erwähnte in seiner Rede seinen berühmten Vorgänger mit keinem Wort. Sterns Name war bereits aus der Mitgliederliste entfernt worden. Auch die Universität hatte Stern entsprechend der rassistischen Politik in den vorzeitigen Ruhestand geschickt. Stern durfte das von ihm ausgebaute Institut nicht mehr betreten. William Sterns Sohn Günther Anders beschreibt die Wirkung dieser Schicksalsschläge (Stern-Anders, 1971):

> »*Dem, was sich nun ereignete, stand mein Vater vollkommen unvorbereitet gegenüber. Als er von einem Tage zum anderen von seiner Lehrtätigkeit, von seinen Zeitschriftenredaktionen, seinem großzügig aufgebauten Hamburger Psychologischen Institut ausgeschlossen wurde, stürzte in ihm eine Welt zusammen« (S. XV).*

Eigentlich schon der Emeritierung nahe, emigrierte Stern mit seiner Frau zunächst in die Niederlande, wo er seine *Allgemeine Psychologie auf personalistischer Grundlage* (1935) veröffentlichen konnte. Dann, nachdem die Rückkehr nach Deutschland praktisch unmöglich wurde, emigrierte das Ehepaar Stern in die USA. William Stern hielt dort auf Englisch Vorlesungen, erhielt ehrende Angebote und arbeitete an der Ausarbeitung seines philosophischen Systems, an dem in den USA allerdings zu dieser Zeit kaum noch Interesse bestand. William Stern starb am 27. März 1938 in Durham, North Carolina. Clara Stern überlebte ihren Mann um ein Jahrzehnt.

C. G. JUNG

Analytische Psychologie, Typen der Persönlichkeit und die Archetypen

Freud, Adler und Jung gelten als die drei Begründer der Tiefenpsychologie. Ähnlich wie bei Freud und Adler sind auch bei Carl Gustav Jung Leben und Werk eng miteinander verflochten. Er selbst sagte:

> *»Meine Werke können als Stationen meines Lebens angesehen werden; sie sind Ausdruck meiner inneren Entwicklung, denn die Beschäftigung mit den Inhalten des Unbewussten formt den Menschen und bewirkt seine Wandlung (…) Alle meine Schriften sind sozusagen Aufträge von innen her; sie entstanden unter einem schicksalhaften Zwang … und ich musste das sagen, was niemand hören will« (Jaffé, 1962, S. 225).*

Wie Adler trennte sich auch Jung von seinem väterlichen Freund und Mentor Freud – teils aus fachlichen, teils aus persönlichen Gründen. Carl Gustav Jung nannte die von ihm begründete Richtung *Analytische Psychologie,* später *Komplexe Psychologie.*

Geboren wurde Jung 1875 als Sohn eines Pfarrers im schweizerischen Kesswil am Bodensee, aber er wuchs in der Nähe von Basel auf. Wie Freud und Adler studierte Jung Medizin. Nach seinem Staatsexamen ging er 1900 als Arzt an das noch heute bestehende Krankenhaus Burghölzli in Zürich. Dort war sein Chef Eugen Bleuer (1857–1939), Professor für Psychiatrie, auf den die noch heute verbreiteten Begriffe *Autismus* und *Schizophrenie* zurückgehen. Bleuer stand der Psychoanalyse lange Zeit aufgeschlossen gegenüber, zählte jedoch nicht zu den Freud-Schülern, schließlich stammte er aus der Generation Freuds. Im Jahr 1902 promovierte Jung in der Medizin mit einer Arbeit über okkulte Phänomene. Danach studierte er ein Jahr lang bei dem Psychiater Pierre Janet (1859–1947) in Paris, bevor er seine Tätigkeit am Burghölzli wieder aufnahm. Von Janet, der vom »Unterbewussten« sprach, war bereits Freud beeinflusst worden.

Jungs zentrale Frage während seiner Zeit am Burghölzli war: Was geht in den Geisteskranken vor? Ein Versuch, sich der Geisteskrankheit experimentell zu nähern, bestand für Jung in seinen Assoziationsexperimenten: Jung gab im Einzelversuch ein Wort vor und forderte seine Versuchspersonen auf, mit einem anderen Wort zu reagieren, zum Beispiel »Himmel« – Reaktion »blau«. Jung maß die Reaktionszeiten und bildete später für die Reaktionswörter bestimmte Kategorien, etwa Klangassoziationen wie Fisch/Tisch oder inhaltliche Assoziationen. In diesen

Experimenten kam er auch zu Befunden, die für die Behandlung wichtig waren: So stellte Jung unter anderem verzögerte Reaktionszeiten bei Themenbereichen fest, die dem Probanden unangenehm waren. Auch gab es Unterschiede im Verhalten von Patienten mit verschiedenen psychischen Erkrankungen.

Jung erzählte später: »In dieser Situation wurde Freud wesentlich für mich (...). Seine Auffassungen zeigten mir einen Weg zu weiteren Untersuchungen und zum Verständnis der individuellen Fälle. Freud brachte die psychologische Frage in die Psychiatrie, obwohl er selber kein Psychiater, sondern Neurologe war« (Jung, 1963, S. 121).

Jung heiratete 1903 Emma Rauschenbach (1882–1955), die auch seine Schülerin und Mitarbeiterin wurde. Aus der Ehe gingen vier Töchter und ein Sohn hervor.

1905 nahm Jung Kontakt zu Freud auf, zwei Jahre später reist er nach Wien und lernte Freud persönlich kennen. Beide führten ein viele Stunden dauerndes Gespräch, in dem Freud seine Sexualtheorie verbindlich machen und Jung okkulte Phänomene in die Psychoanalyse einbringen wollte. Als es bei dem Gespräch einmal heftig im Schrank knallte, führte Jung das auf ein »katalytisches Exteriorisationsphänomen« zurück, aber solche Deutungen lehnte Freud ab. Die Gemeinsamkeiten überwogen trotzdem, jedenfalls begrüßte Freud den nicht jüdischen Schweizer Pastorensohn Carl Gustav Jung als willkommenes Mitglied im Kreis der Psychoanalytiker. Zwischen Freud und dem 19 Jahre jüngeren Jung entstand schnell eine Vater-Sohn-Beziehung. Jungs Selbstständigkeit in der Theorieentwicklung wurde von Freud ignoriert oder widerwillig toleriert – sah doch Freud in Jung sogar den »Kronprinz« der psychoanalytischen Bewegung. Jung wurde ab 1908 Redakteur des *Internationalen Jahrbuches für psychoanalytische und psycho-pathologische Forschung*.

1909 verließ Jung das Burghölzli und zog nach Küsnacht am Zürichsee, wo er sich niederließ und bis zu seinem Lebensende blieb. Er arbeitete als Psychotherapeut und Autor, befasste sich mit Völkerkunde, Kulturanthropologie, aber auch mit der Antike, Esoterik, Alchemie und Mystik.

Amerika

Jung hatte erst sei kurzer Zeit mit Freud Kontakt, da wurden beide zusammen mit William Stern von G. Stanley Hall an die Clark University in Worcester (USA) zu Vorträgen eingeladen, wo sie auch die Ehrendoktorwürde erhielten. Über die gemeinsame Schiffsreise über den Atlantik ist viel spekuliert und geschrieben worden. Ziemlich sicher war es so, dass sich Freud, Jung und der mitreisende Psychoanalytiker Sándor Ferenczi damit die Zeit vertrieben, sich gegenseitig ihre Träume zu deuten. Ein eindrucksvoller Traum Jungs mit einem alten Haus und zwei verfallenen Schädeln im Keller wurde dabei von Freud in einer Weise gedeutet, die Jung nicht angemessen fand. Doch Freud ließ nicht locker, und Jung stimmte schließlich zu – ohne davon überzeugt zu sein. Als die Reihe an ihn kam, brach Freud das Spiel allerdings ab – Jung war sich später sicher, dass sich Freud nicht den Deutungen seiner Gefährten beugen wollte. Viele Biografen sind sich einig, dass diese »Traumreise« der Anfang vom Ende der Beziehung Jungs zu Freud war.

Von 1910 bis 1914 amtierte Jung als Präsident der *Internationalen Psychoanalytischen Vereinigung*, aber schon bald wuchsen die Differenzen zu Freud, sodass im Januar 1913 nach heftigem

Briefwechsel der Kontakt abbrach. 1914 legte Jung den Vorsitz in der Vereinigung nieder.

Es folgte für Jung eine Zeit der Besinnung und Neuorientierung. Er reiste nach Nordamerika zu den Pueblo-Indianern, danach nach Ostafrika und später auch nach Indien. Sein erstes großes Werk erschien 1921, es behandelte die *Psychologischen Typen* – ein Thema, das die Psychologie in Europa bis nach dem Zweiten Weltkrieg intensiv beschäftigten würde. Eduard Spranger erhob in seinen *Lebensformen* (1922) dominierende Wertvorstellungen zur Typologie. Der Psychiater Ernst Kretschmer postulierte in seinem Buch *Körperbau und Charakter*, das ebenfalls 1921 erschien, einen Zusammenhang zwischen Konstitution (»leptosom«, »pyknisch« und »athletisch«) und Temperament. Jung stellte in seinem 700-Seiten-Band typologische Ansätze dar, wie er sie vor allem in der Literatur fand, und ihnen stellte er seine eigene Typologie gegenüber.

Persönlichkeitstypen nach Jung

Jung unterscheidet zwei Einstellungstypen und Arten des Reaktionshabitus: *Extraversion* und *Introversion*. Die Extraversion ist durch eine positive Beziehung des Subjekts zum Objekt gekennzeichnet, die Introversion tendenziell durch das Gegenteil, eine negative Einstellung. So lässt sich der Introvertierte vor allem durch subjektive, eigene Faktoren bestimmen, während sich der Extravertierte stärker nach gültigen sozialen Normen ausrichtet – er verlegt sein Interesse aus dem Subjekt hinaus auf das Objekt, während beim Introvertierten das Objekt eher sekundärer bleibt. Darüber hinaus kannte Jung vier verschiedenen psychische Grundfunktionen, das *Denken*, *Fühlen*, *Empfinden*

C. G. Jung

und *Intuieren*. Durch die Kombination der Einstellungen und der Grundfunktionen ergaben sich nun acht seelische Verfassungen: extravertierter Denktyp, introvertierter Denktyp, extravertierter Fühltyp, introvertierter Fühltyp und so weiter. Jungs Ideen waren noch weit komplizierter, aber schon hier kann man ahnen, dass Jung eine kunstvolle Typologie der Patienten beziehungsweise der Menschen insgesamt schuf, die nicht solide genug durch Forschungsergebnisse untermauert war.

Im Alltag ergeben sich vor allem dann Konflikte, wenn Menschen eine engere Beziehung eingehen, die unterschiedlichen Einstellungstypen angehören. Jung ermittelte diese Typen in der Psychotherapie, und nicht etwa durch standardisierte Tests, wie sie später vor allem von Hans-Jürgen Eysenck entwickelt wurden. In diesen Tests werden Extraversion und Introversion als Gegenpole einer Skala aufgefasst. Extraversion erfährt darin auch eine kleine Bedeutungsverschiebung und wird vorwiegend im Sinn von sozialer Kontaktbereitschaft, Geselligkeit und Führung interpretiert.

Es kam nie zu einem persönlichen Kontakt zwischen Jung und Eysenck. Das lag vielleicht auch daran, dass Eysenck die Tiefenpsychologie sehr kritisch beurteilte.

Träume, kollektives Unbewusstes und Archetypen

Jung beobachtete, dass Träume ihre eigene Gesetzmäßigkeit haben und mit den Regeln des Bewusstseins nicht zu verstehen sind, ja sogar oft in deutlichem Gegensatz zum Bewusstsein stehen. In dieser selbstständigen Funktion der Träume erkannte Jung eine *Autonomie des Unbewussten*. Freud hatte angenom-

120

men, dass Träume wichtige Inhalte des Seelenlebens kaschieren, verdecken, aber Jung war nicht dieser Meinung, sondern glaubte, einen Mechanismus erkannt zu haben: Ist die Einstellung des Bewusstseins zur Lebenssituation in hohem Maße einseitig, dann stellt sich der Traum auf die Gegenseite. Wenn das Bewusstsein aber korrekt oder annähernd korrekt ist, dann »begnügt« der Traum sich damit, Inhalte des Bewussten zu variieren. Allein die Kenntnis der Träume lässt nach Jung noch keine klaren Rückschlüsse auf die Person zu. Diese muss in der Therapie und bei der Deutung mitwirken, um zu den entscheidenden Erkenntnissen gelangen zu können.

Jung folgte Freud in der Unterscheidung zwischen Bewusstem und Unbewusstem, aber er erkannte eine weitere Ebene. Doch der Reihe nach: Nach Jung verfügt der Mensch erstens über ein Bewusstsein, einen bewussten Verstand. Hinzu kommt – ähnlich wie bei Freud – zweitens das individuelle Unbewusste. Anders als Freud verortet Jung hier nicht die sexuelle Natur der Libido, sondern Libido ist für Jung gleichbedeutend mit der Energie als allgemeine Lebensenergie, zu der auch die Sexualität gehört. Als drittes Element kommt nun das sogenannte *kollektive Unbewusste* hinzu. Mit diesem Begriff definiert Jung jenen Teil des Unbewussten, den wir alle erben und der in uns allen identisch von Geburt an vorhanden ist. Das kollektive Unbewusste besteht aus präexistenten Formen, den *Archetypen*, die – wie das individuelle Unbewusste – erst bewusst gemacht werden müssen. Jung hatte 1912 noch von *Urbildern* gesprochen, 1919 verwendete er zum ersten Mal den Begriff *Archetyp*, der sich durchgesetzt hat.

Hier versammeln sich nach Jung die Erfahrungen unserer Vorfahren, die jedoch nicht als Erfahrungen an sich, sondern als Bahnungen vererbt werden. Weniger theoretisch ausgedrückt und auf archetypische Bilder begrenzt: Die Tatsache, dass Blut rot ist, führt dazu, dass mit der Farbe rot – trotz aller kultureller Unterschiede – Leben assoziiert wird. In vielen Kulturen ist die Sonne das Symbol für die Mutter – verbunden offenbar mit Wärmen, Nähren und Helligkeit. Der Archetyp ist damit ein psychosomatisches Konzept, das Körper und Psyche, Instinkt und Bild verbindet. Da Jung selbst zugesteht, dass Archetypen nicht eindeutig feststellbar sind, wird die Sachlage aber wieder unklar – für Jungs Theorien nicht ungewöhnlich (Jacobi, 1977).

Würdigung

1948 wurde in Zürich durch Mitwirkung von Jung das C. G. Jung-Institut gegründet, das bis heute die Ausbildung in Analytischer Psychologie anbietet. Jung selbst hielt gelegentlich Vorträge im In- und Ausland und veröffentlichte Arbeiten bis zu seinem Lebensende. Er erhielt eine Vielzahl von Ehrungen.

Immer wieder geriet Jungs Haltung zu Judentum und Nationalsozialismus in die Kritik. Tatsächlich finden sich in seinen Texten Passagen, in denen er sich antisemitisch äußert. 1933 postulierte er beispielsweise, das arische Unbewusste habe ein höheres Potenzial als das jüdische, und er sprach Freud eine Kenntnis der »germanischen Seele« ab. Solche Äußerungen, von denen sich Jung leider auch später nicht distanziert hat, sind weder heute noch im damaligen Kontext zu rechtfertigen – schließlich lebte Jung in der neutralen Schweiz. Scharf kritisiert beispielsweise Josef Rattner: »Der geistreiche und vielseitige Forscher, der mit kühnem Neuerungssinn in die Bilderwelt des Unbewußten vordrang, fiel auf die Stufe seiner abergläubischen, frömmelnden, reaktionären und vernunftfeindlichen Kindheit zurück« (1990, S. 87).

Insgesamt war Jung ein Psychiater und Psychologe, dessen Leben und Werk bis in die Gegenwart stark polarisiert. Nicht zu bestreiten ist aber, dass nach wie vor Psychotherapeutinnen und Psychotherapeuten erfolgreich nach seiner psychodynamischen Therapie arbeiten (Pongratz, 1983).

WILLY HELLPACH

Grundsteine zur Umweltpsychologie

Es ist gut möglich, dass Psychologiestudenten den Namen Willy Hellpach während ihres gesamten Studiums kein einziges Mal hören. Trotz seiner über 1.000 Veröffentlichungen und der Bedeutung, die Hellpach in Deutschland zwischen den beiden Weltkriegen hatte, galt sein psychologisches Werk zwischenzeitlich als veraltet. Aber Hellpachs Arbeiten waren zum Teil wegweisend – und sein Leben und Werk haben in den vergangenen Jahren zunehmend die Beachtung erfahren, die ihnen zukommt (Stallmeister & Lück, 1991, Kaune, 2005).

Willy Hugo Hellpach kam 1877 in Oels (Schlesien) zur Welt. Nach seiner Schulausbildung studierte er in Greifswald Medizin, brach das Studium jedoch 1898 ab und nahm in Leipzig das Studium der Philosophie auf. Dort hörte er unter anderem Wilhelm Wundt und promovierte 1899 bei ihm mit einer Dissertation zur Wahrnehmungspsychologie. Neben Wundt beeinflussten ihn vor allem der Psychiater Emil Kraepelin (1856–1926), der Geograf Friedrich Ratzel (1844–1904) und der Historiker Karl Lamprecht (1856–1915). Doch das Medizinstudium war nicht vergessen, Hellpach schloss es 1903 in Heidelberg ebenfalls mit der Promotion ab.

1904 ließ sich der junge Nervenarzt in Karlsruhe nieder, habilitierte sich 1906 in Heidelberg für die Technische Hochschule Karlsruhe, wo er zunächst als Privatdozent und dann als außerordentlicher Professor lehrte. Im Ersten Weltkrieg war Hellpach zeitweilig als Kriegsarzt tätig, danach nahm er seine universitäre Karriere wieder auf: 1920 wurde er in Karlsruhe ordentlicher Professor. Doch neben seiner wissenschaftlichen Ausrichtung war Hellpach auch ein politisch aktiver Mensch, und schon Ende 1922 verließ er die Technische Hochschule zeitweise, denn er wurde zum Unterrichtsminister ernannt und bekleidete 1924 für ein Jahr sogar das Amt des Badischen Staatspräsidenten (vergleichbar dem heutigen Ministerpräsidenten). Er kandidierte danach auch für das Amt des Reichspräsidenten, allerdings erfolglos. Seit seiner Abitur- und frühen Studienzeit übte Hellpach eine umfangreiche qualifizierte Literatentätigkeit aus, deren Schwerpunkt die gesellschaftspolitische Lage war und bei der er sich auch mit sozialpathologischen Phänomenen beschäftigte. Zunächst war sein Schreiben sozialethisch und reformsozialistisch orientiert, ab etwa 1902 schwenkte er über zum konservativen Liberalismus. Er engagierte sich zudem in der ärztlichen Berufsvertretung als Schriftleiter des Verbandsblattes und begeleitete die Wende vom Kaiserreich zur Republik politisch-journalistisch. Seit Ende des Ersten Weltkrieges war er aktives Mitglied der Deutschen Demokratischen Partei und wurde zeitweise Mitglied des Vorstandes. Er vertrat seine Partei von 1928 bis 1930 im Reichstag, zog sich dann aber aus der Politik zurück (Kaune,

2005). 1926 wurde Hellpach ordentlicher Honorarprofessor an der Universität Heidelberg, wo er bis zu seinem Tod lehrte. Während der NS-Zeit führte Hellpach überwiegend ein Gelehrtenleben, nachdem er zunehmend Anfeindungen ausgesetzt war und einige seiner Bücher verboten wurden. Publizistisch blieb es beim Abschied von der Politik, und in der Nachkriegszeit betätigte er sich vor allem als Lehrbuchautor. So schrieb und veröffentlichte er Lehrwerke zur Sozialpsychologie (1933), Völkerpsychologie (1938), Klinischen Psychologie (1946), Religionspsychologie (1951b) und Kulturpsychologie (1953).

Völker- und Sozialpsychologie

An der Technischen Hochschule Karlsruhe begründete Hellpach 1920 das erste Institut für Sozialpsychologie an einer deutschen Hochschule. Gilt die Sozialpsychologie heute als Grundlagenwissenschaft, so hatte Hellpach ganz andere Vorstellungen: Es sollte ein Institut werden, »in dem der Seelenkunde der menschlichen Arbeit und namentlich ihrer gewerblichen neuzeitlichen Erscheinungs- und Betriebsformen besondere Sorgfalt gewidmet werden« (Hellpach, 1949, S. 130). Offenbar war die Ausrichtung des Instituts auf das Profil der Technischen Hochschule abgestimmt. Das Institut verfügte nur über einen bescheidenen Etat, allerdings erhielt Hellpach erhebliche materielle Unterstützung durch die Firma Benz in Gaggenau (Hellpach, 1948, S. 487). Mit dem Ingenieur Richard Lang veröffentlichte Hellpach 1922 ein richtungsweisendes Buch zur *Gruppenfabrikation,* das auf dem Versuch basierte, bei der Firma Daimler in Untertürkheim im Bereich der Bearbeitung des Kurbelgehäuses die Gruppenfabrikation im Gegensatz zur bisherigen Massenfabrikation einzuführen. Lang und Hellpach nahmen hier sowohl das Konzept der autonomen Arbeitsgruppen als auch Überlegungen zur Ökologischen Psychologie der Arbeit vorweg. Hellpach prägte außerdem mit dem *Ideo-Realgesetz* eine psychische Gesetzmäßigkeit, die nicht nur das (ungewollt-automatische) Mitvollziehen einer Bewegung bezeichnet (sogenannter *Carpenter-Effekt*), sondern auch Gefühlsansteckung, Ausdrucksübertragung, ideomotorische Vorstellungen und ideomotorische Handlungen sowie Suggestion und Hypnose. Hellpach: »Jeder subjektive Erlebnisinhalt schließt einen Antrieb zu seiner objektiven Verwirklichung ein« (1933, S. 48).

Hellpach blieb allerdings auf Distanz zur experimentellen Sozialpsychologie, und er bezog an keiner Stelle jene sozialpsychologischen Arbeiten ein, die heute als Klassiker gelten. Es ist jedoch unklar, ob diese Arbeiten zu seiner Zeit überhaupt in Deutschland zugänglich waren.

Anfänge der Umweltpsychologie

Inzwischen gilt Hellpach aber vor allem als ein Begründer der Umweltpsychologie, da er in seinem bereits 1911 erschienenen Buch *Die Geopsychischen Erscheinungen* (spätere Auflagen unter dem Titel *Geopsyche*) Zusammenhänge zwischen geografisch-klimatischen Faktoren und psychischer Befindlichkeit hergestellt hat. Hellpach reiste gerne, er wanderte viel und hatte so ein besonderes Verhältnis zu Natur und Landschaft. Dies wurde ergänzt durch sein völkerkundliches Interesse. Als Nervenarzt und Psychologe war Hellpach besonders befähigt, über die Auswirkungen von Wetter, Klima und Landschaft auf Gesundheit und psychische Verfassung des Menschen zu sprechen.

Die Arbeiten seines Lehrers Friedrich Ratzel bildeten den Nährboden für Hellpachs *Geopsychische Erscheinungen,* (s. S. 1911), ein Buch, das mehrfach überarbeitet wurde und bis heute insgesamt sieben Auflagen erreichte. Die je nach Erdteil, Klima und Landschaft verschiedenen Konstitutionen, Hautfarben, Physiognomien und Temperamente hatten – wenn man von der Antike absieht – mit Beginn der Aufklärung zu Vermutungen über den Einfluss der natürlichen Umwelt auf den Menschen geführt.

Später beschäftigten sich Autoren wie Adolphe Quetelet (1796–1874) und Cesare Lombroso (1835–1909) mit den Auswirkungen des Klimas. Eine Fragestellung betraf hierbei die Verteilung der Häufigkeit krimineller Delikte. Friedrich Ratzel wiederum hatte in seinen Arbeiten zur sogenannten *Anthropogeografie* auf die Bedeutung der Landschaftsgestaltung für das menschliche Verhalten, insbesondere für Völker und Staaten, hingewiesen. Dabei hob er unter anderem Burgbau, Hafenbau, Siedlungsformen und Anbau hervor. Ratzel orientierte sich dabei an der Evolutionstheorie, aber auch an der Vorstellung vom Staat als Organismus. Hellpach warf Ratzel deswegen eine analogistische und organizistische Terminologie (1917, S. 330) und eine »ästhetisch wertende Behandlungsweise« (S. 331) vor.

Auch Hellpachs Vorgehen war beschreibend und interpretierend, doch er versuchte, interdisziplinär zu arbeiten und alle verfügbaren Erkenntnisse über den Einfluss von Wetter, Klima, Boden und Landschaft auf das Befinden des Menschen zusammenzutragen – für Hellpach stellten sie die geopsychischen Tatsachen dar, von denen er die sozialpychischen trennte. Hellpach arbeitet das im Lauf der Jahrhunderte veränderte Verhältnis des Menschen zur Natur heraus, benutzte Statistiken, beispielsweise über jahreszeitliche Unterschiede im Schlafverlauf, Erkenntnisse über die Abhängigkeit der Leistung vom Wetter, über Wirkungen des Seeklimas oder des Vollmondes. Er griff ergänzend auf Lebenserfahrungen und eigene Beobachtungen zurück und forderte systematischere Untersuchungen.

Als Redner auf psychologischen, balneologischen und meteorologischen Tagungen trug Hellpach zeit seines Lebens zu einem größeren Bewusstsein für klimatische Einflüsse bei. Er selbst führte keine ökologisch-psychologischen Untersuchungen durch, wenn man von seinen zahlreichen eigenen Beobachtungen absieht.

Hellpach verwendete den Begriff Ökologie nicht, obwohl er ihn mit hoher Wahrscheinlichkeit in Leipzig bei Ernst Haeckel gehört hat, der ihn in die Biologie eingeführt hat. Von *psychologischer Ökologie* sprach erstmalig Kurt Lewin – aber erst 1943.

In der neueren Ökologischen Psychologie des Lewin-Schülers Roger G. Barker und anderer, durchweg aus der Sozialpsychologie kommender Psychologen, konnten Hellpachs Arbeiten keine direkten Spuren hinterlassen. Kein Wunder, denn die einschlägigen Arbeiten Hellpachs wurden nicht ins Englische übertragen. Zudem besteht ein erheblicher methodologischer Unterschied zwischen Hellpachs phänomenologisch-deskriptivem Vorgehen und der empirisch-analytisch ausgerichteten Ökologischen Psychologie. Gleichwohl gibt es – bei aller Unabhängigkeit und einigen Jahrzehnten wissenschaftlicher Entwicklung – zwischen Hellpachs Arbeiten und der Ökologischen Psychologie auffallende Übereinstimmungen (Miller, 1986).

Nachkriegszeit

Nach dem Krieg wurde Hellpach wieder publizistisch aktiv: In den Jahren 1945 bis 1955 veröffentlichte er allein 26 Bücher. Seine *Einführung in die Völkerpsychologie* (1938) passte er an die neuen Verhältnisse an (Hellpach, 1946, 1954). An mehreren Hochschulen gehörte dieses Buch zum Kanon, wie auch die dritte Auflage seines *Elementaren Lehrbuchs der Sozialpsychologie* (1951a). Die Themen seiner Vorlesungen deckten sich mit den Inhalten seiner Bücher: Auseinandersetzungen mit der Gesellschaft als Sozialorganismus, Betrachtungen über den Einfluss des Klimas auf menschliches Handeln, Physiognomik und vieles mehr in Darstellungen, die wegen Hellpachs Freude an Sprachschöpfungen schon damals nicht mühelos zu verstehen waren. Theodor Scharmann bemerkt dazu im Rückblick: »Wir fragten uns oft, was dieser einfallsreiche Kopf hätte leisten können, wenn ihm rechtzeitig ein Laboratorium und Mitarbeiter zur experimentellen Prüfung seiner ingeniösen, manchmal auch skurrilen Hypothesen zur Verfügung gestanden hätten« (Scharmann, 1979, S. 295). Hellpach brillierte eher als großer Redner: Viele seiner Hörerinnen und Hörer waren von seiner Vortragskunst gefesselt.

Hochgeehrt starb Hellpach 1955.

JOHN B. WATSON

Der Paukenschlag zu Beginn des Behaviorismus

Der Begriff *Behaviorist* stammt möglicherweise von dem amerikanischen Psychologen James R. Angell, den Begriff *Behaviorismus* (amerikanische Schreibweise: behaviorism, englische Schreibweise: behaviourism) verwendete jedoch sein Schüler John B. Watson (1878–1958) erstmals 1913 im Titel eines Manifestes. Die Wurzeln des Behaviorismus reichen weit in die Vergangenheit zurück und sind vor allem in der deutschen und russischen Physiologie des 19. Jahrhunderts sowie in amerikanischen Philosophieströmungen zu suchen.

John Broadus Watson wurde 1878 in einem kleinen Dorf in der Nähe von Greenville im US-Staate South Carolina als viertes Kind einer armen Farmerfamilie geboren. Er war handwerklich geschickt, aber auch ein »Feuerkopf«. Wegen Prügeleien und Schusswaffengebrauch geriet er als junger Mann mehrmals in

Konflikt mit der Polizei (Schwartz, 1988, S. 49). Nach seinem Examen an der Furman University in South Carolina begann er ein Graduiertenstudium an der Universität Chicago, damals eine finanziell gut ausgestattete Neugründung, an der Aufbruchstimmung herrschte (Bruder, 2014, S. 12). Die Hochschule verfolgte unter anderem das anspruchsvolle Ziel, sich in ihrem Wirken positiv auf die Stadt Chicago und die Gesellschaft auszuwirken. Während seines Studiums arbeitete Watson experimentell, interessierte sich aber auch für die Psychoanalyse. Nach nur drei Jahren promovierte Watson, er war zu dieser Zeit erst 24 Jahre alt.

Watson erhielt mehrere Angebote, arbeitete aber zunächst noch eine Zeit an der Universität Chicago, um dann 1908, mit 29 Jahren, eine Professur für Psychologie an der Johns Hopkins Universität in Baltimore anzutreten. Dort lehrte er die damals übliche Psychologie, an der ihm aber immer mehr Zweifel kamen. Er erkannte bereits die Bedeutung von Pawlows Experimenten für die Psychologie, wurde aber auch von seinem Kollegen, dem Psychiater Adolf Meyer, tiefer in psychoanalytische Theorie eingeführt (Watson, 1936, Schorr, 1984, S. 30ff.). Watson gefiel die Unvoreingenommenheit, mit der die Psychoanalyse an sexuelle Tabus rührte – die Methoden der Psychoanalyse wiesen in seiner Sicht jedoch deutliche Unschärfen auf. Seine eigene experimentelle Psychologie hielt er für sehr viel exakter. Watson war sicher ein »zupackender Typ, der sich aufs Machen verstand« (Bruder, 2014, S. 14). Folglich war für ihn das Laboratorium der richtige Ort.

Watsons Behaviorismus

1913 veröffentlichte Watson sein behavioristisches Manifest. Es beginnt mit einem Paukenschlag:

»*Psychologie, wie sie der Behaviorist sieht, ist ein vollkommen objektiver, experimenteller Zweig der Naturwissenschaften. Ihr theoretisches Ziel ist die Vorhersage
und Kontrolle des Verhaltens. Introspektion spielt keine wesentliche Rolle in ihren Methoden, und auch der
wissenschaftliche Wert ihrer Daten hängt nicht davon
ab, inwieweit sie sich zu einer Interpretation in Be-
wusstseinsbegriffen eignen. Bei dem Bemühen, ein ein-
heitliches Schema der Reaktionen von Lebewesen zu gewinnen, erkennt der Behaviorist keine Trennungslinie
zwischen Mensch und Tier an. Das Verhalten des Menschen in all seiner Feinheit und Komplexität macht
nur einen Teil der behavioristischen Forschungen aus*«
(Watson, 1913, S. 158).*

Ein solches Forschungsprogramm war neu und absolut provo-
zierend. Der Angriff richtete sich gegen philosophische, pädagogische und psychologische Strömungen, die sich alle auf die
Methode der Introspektion stützten. Dagegen erhob Watson
Einspruch: Seele, Gemüt, ja selbst Bewusstsein wollte er aus der
Psychologie ausklammern. Er forderte die drastische Beschnei-
dung der Psychologie auf sichtbares Verhalten – und machte
damit den menschlichen Organismus zur *black box*, in die man
nicht hineinsehen konnte und die lediglich auf bestimmte Reize bestimmte Reaktionen lieferte. Selbst Gefühle und Persönlichkeit wollte Watson so als erworbene Reaktionsbereitschaf-
ten erklären.

Watsons angestrebte radikale Selbstbegrenzung der Psychologie ging letztlich auch auf Charles Darwins Thesen zurück –
die Untersuchung des Bewusstseins und die Methode der Introspektion waren bei der experimentellen Verhaltensforschung

an Tieren natürlich ausgeschlossen, gleichzeitig sollte kein nennenswerter Unterschied zwischen Mensch und Tier gemacht werden, denn die Evolutionstheorie von Charles Darwin zeigte, dass wir in einer Entwicklungslinie stehen. Bemerkenswert an Watsons Einführung ist ebenfalls, dass sein Ziel nicht die Entwicklung von Theorien war – ihm ging es um die Vorhersage und die Kontrolle des Verhaltens, mehr wollte er nicht. Das klingt nach Zweckmäßigkeit und Machbarkeit, nach sozialtechnischen Regeln der Verhaltenssteuerung. Entsprechend unterstellte man Watsons Behaviorismus eine gewisse Nähe zu Taylorismus und Psychotechnik.

Nach einem Einsatz als Militärpsychologe im Ersten Weltkrieg kehrte Watson an die Johns Hopkins Universität zurück und stellte die Grundlagen des Behaviorismus in seinem Lehrbuch *Psychology from the standpoint of a Behaviorist* (1919) dar.

Der kleine Albert

Das bekannteste und heute natürlich undenkbare Experiment führten Watson und seine Doktorandin Rosalie Rayner mit einem elf Monate alten Waisenkind durch, das im Bericht später Albert B. genannt wurde (Watson & Rayner, 1920). Albert war ein gesunder, aber etwas phlegmatischer Säugling. Watson verfolgte das Ziel, bei Albert eine Phobie zu erzeugen. Dazu zeigten die Wissenschaftler Albert eine weiße Ratte, vor der er zunächst keinerlei Furchtreaktionen zeigte. Dann änderte Watson die Vorgehensweise: Immer wenn Albert die Ratte erblickte, schlug ein Mitarbeiter unmittelbar hinter Alberts Kopf mit einem Hammer auf eine 2,5 Zentimeter dicke und etwa 90 Zentimeter lange Eisenstange. Der Säugling reagierte eindeutig schreckhaft auf das laute Geräusch.

Einige Tage später konfrontierte man Albert erneut mit der Ratte, da hatte er offensichtlich Angst, die Ratte zu berühren. Nach weiteren Versuchsphasen genügte es, Albert die Ratte zu zeigen, um ihn direkt zu Furchtreaktionen zu bringen. Albert wies also eine Phobie auf, die auch nicht auf Ratten beschränkt war – er reagierte auch ängstlich auf ein Kaninchen, einen Hund und einen Pelzmantel, nicht dagegen auf Bauklötze.

Watson und Rayner nutzten in ihrem Experiment das sogenannte *klassische Konditionieren*, wie es auch Iwan P. Pawlow benutzt hatte. Sie interpretierten ihre Untersuchungsergebnisse als Beleg für das Entstehen von Phobien – und als Alternative zum psychoanalytischen Erklärungsmodell. Das Experiment wurde von Watson und Rayner gefilmt, und dieser Film trug zur Bekanntheit des Experimentes bei.

Natürlich wurde der Versuch aus forschungsmethodischen und forschungsethischen Gründen scharf kritisiert. Generationen von Psychologiestudenten haben sich seither gefragt, was aus dem kleinen Albert wohl geworden ist. Watson hat den richtigen Namen nie preisgegeben, sodass es bisher nur Vermutungen gibt: Im Jahr 2009 behauptete eine Autorengruppe, Albert B. sei ein geistig behindertes Kind mit Namen Douglas Merritte gewesen, das mit sechs Jahren verstarb. Doch die Beweislage hierfür ist dünn. Sehr viel wahrscheinlicher ist es, dass es sich bei Albert B. um William Albert Barger handelte, das uneheliche Kind einer 16-jährigen jungen Frau: Denn nicht nur der Name, sondern auch die Übereinstimmungen von recherchiertem Geburtsdatum, -gewicht, Entlassungstag und andere Fakten mit den Angaben von Watson und Rayner sind beachtlich (Digona, Powell & Smithson, 2014). Die Mutter von Albert heiratete kurze Zeit nach dem Experiment, sodass Albert Barger bald Albert Martin hieß. Dieser Mann lebte bis 2007. Als er starb, war er 87 Jahre alt und hat vielleicht nie erfahren, dass er eine der berühmtesten Versuchspersonen der Psychologie war – wenn denn alles stimmt.

Watsons wissenschaftliche Laufbahn geriet 1920 in Turbulenzen, denn er hatte sich in seine Mitarbeiterin Rosalie Rayner verliebt. Watson ließ sich schließlich scheiden. Als das alles sogar Thema der Tagespresse wurde, musste Watson die Johns Hopkins Universität verlassen. Watson und Rayner heirateten schließlich, aber Watsons akademische Karriere bekam einen Knick. Watson arbeitete sich danach erfolgreich in der Werbebranche hoch und schrieb für illustrierte Zeitschriften wie *Harpers Magazine*.

Watsons Utopien

Einige bislang weniger beachtete Illustriertenaufsätze geben Hinweise, wie Watson sich die Zukunft der Welt unter dem Regiment behavioristischer Techniken vorstellte (Schorr, 1985). Watson wendete sich gegen Korpulenz (zu der er selbst neigte), forderte handwerkliche Tätigkeit (die ihm selbst sehr lag) und warnte vor zu viel Mutterliebe beziehungsweise vor zu viel Zärtlichkeit gegenüber Kindern und lehnte beispielsweise das Stillen ab. In seinem Utopia sollten die Kinder immer wieder von einem Elternpaar zum nächsten weitergegeben werden, sodass keine falschen Gewohnheiten und Bindungen entstehen sollten. Hemmungslos trug er zudem Euthanasiepläne vor.

Erziehung erinnert in Watsons Utopie an ein gigantisches psychologisches Experiment, in dem die Eltern die Versuchsleiter und die Kinder die Versuchspersonen sind: »Jeder Haushalt ist mit einer Einwegscheibe ausgestattet, sodass die Eltern ab und zu einen Blick auf das Kind werfen können, ohne gesehen zu werden. Das Kind lernt tätig zu sein, ohne gesehen zu werden« (Watson, 1985, S. 127).

Trotz solcher Pläne zeigen Watsons utopische Entwürfe einer behavioristischen Gesellschaft auch deutlich konservative Züge, ablesbar an der von Watson vorgesehenen Rolle der Frau als Hausfrau und Mutter, die sich selbst »jung und schön und nützlich« zu erhalten habe. Watsons Utopie wird ihre Anhängerschaft wohl hauptsächlich unter Laien gefunden haben; aber reine Unterhaltungsliteratur war es nicht, denn längere Zeit galt Watson durchaus als Autorität in Erziehungsfragen. Berühmt ist auch eine Passage von Watson, in der er schreibt, man solle ihm ein Dutzend gesunder Kinder geben, und er wolle sie ungeachtet ihrer Talente, Neigungen und ihrer Vorfahren zu Künstlern, Wissenschaftlern oder auch Bettlern und Dieben machen, wenn man ihn die Kinder nur in der entsprechenden Umgebung erziehen lasse (Watson, 1930/1968, S. 121).

Watson vertrat damit eine radikale *Milieutheorie*. Die Vorstellung der Chancengleichheit für Menschen aller Herkunft und aller Rassen passte zur amerikanischen Lebensphilosophie und musste als wissenschaftlich begründete Erfüllung jener Glaubensüberzeugung in der Unabhängigkeitserklärung gelten, nach der alle Menschen gleich und von ihrem Schöpfer mit gleichen, unveräußerlichen Rechten ausgestattet sind. So fand Watsons Behaviorismus nicht nur unter Wissenschaftlern, sondern wohl vornehmlich in der Mittelschicht, die sich vom Ballast genetischer Vorbestimmungen nun endgültig befreit fühlte, begeisterte Anhänger (Bruder, 1982). Seine beiden Söhne aus zweiter Ehe erzog Watson nach behavioristischen Prinzipien (Schorr, 1985, S. 115).

Experimentelle Befunde und Affären – was ist geblieben?

John B. Watson zog sich nach seiner Tätigkeit in der Werbung ganz aus dem Berufsleben zurück und lebte 20 Jahre lang auf seiner Farm. Er starb 1958. Seine Frau Rosalie Raynor war schon 1935 verstorben. Der Erfinder des Behaviorismus genießt heute in der Psychologie immer noch große Bekanntheit und Bedeutung, denn der Behaviorismus dominierte die amerikanische Psychologie ein halbes Jahrhundert lang. In der aktuellen psychologischen Fachliteratur wird Watson zwar kaum noch zitiert, aber bei einer Befragung amerikanischer Psychologinnen und Psychologen zu den bedeutendsten Vertretern ihres Fachs landet Watson noch zur Jahrtausendwende auf dem vierten Rang (Haggbloom, 2002, S. 142). Behavioristisches Denken und Forschen reichte vom Forschungsthema »Lernen« in weite Bereiche der Psychologie, bis in die Persönlichkeitspsychologie und die Sozialpsychologie hinein.

Merkwürdig bleibt, dass diese Schule der Psychologie fast nur in den USA weite Anerkennung fand. Einige frühe behavioristische Arbeiten wurden zwar schon zur Weimarer Zeit ins Deutsche übersetzt, zum Beispiel Watsons Buch über psychische Erziehung (1929). Eine breite Rezeption des klassischen Behaviorismus setzte eigentlich erst ein, als eine neue Generation von Psychologinnen und Psychologen in den 1960er-Jahren die Lerntheorien für sich erarbeitete und nutzte – unter anderem für die Entwicklung der Verhaltenstherapie. Zu diesem Zeitpunkt zeichnete sich in den USA bereits die *Kognitive Wende* ab, und sehr bald danach fanden kognitive Theorien (von Piaget, Lewin, Festinger, Heider, Bandura und anderen) in der ganzen Welt größere Beachtung und Wertschätzung.

Die Reduzierung auf sichtbare Verhaltensweisen machte den klassischen Behaviorismus nach Watson auch für die empirische Forschung attraktiv. Aber diese Selbstbeschränkung bewirkte, dass viele Fragestellungen unter den Tisch fielen und als nicht behandelbar gelten mussten. Neben dem positivistischen Konkretmachen der Psychologie für experimentelle Forschung rechnet man dem Behaviorismus etwas anderes positiv an, nämlich die Ausarbeitung experimenteller Forschungsmethoden. Dazu zählt die Trennung von sogenannten *unabhängigen* und *abhängigen Variablen* und die Umsetzung von Variablen in messbare Größen, die sogenannte *Operationalisierung.* Wissenschaftsgeschichtlich interessant ist die Tatsache, dass sich die Behavioristen dieses Methodenrepertoire auch erst aneignen mussten, es war keine »Erfindung« von Watson und seinen Kolleginnen und Kollegen.

Die heutige Psychologie ist ganz weitgehend kognitiv-psychologisch orientiert und hält den Behaviorismus allgemein für überwunden. Aber das stimmt nicht ganz. Sowohl in der Methodologie als auch in den Theorien lebt der Behaviorismus weiter, wie Kochinka (2014) feststellt: »Behaviorism is not dead, it just smells funny.«

MAX WERTHEIMER

Die Begründung der Gestalttheorie

Als Max Wertheimer 1943 starb, schrieb Wolfgang Köhler in seinem Nachruf, die Psychologie habe gegen Ende des 19. Jahrhunderts gespürt, dass die bislang vorherrschende analytische Psychologie an Grenzen gestoßen sei, denn die Zerlegung psychischer Vorgänge in immer einfachere Komponenten habe nicht mehr zum Ziel geführt. »Aber die Kritiker kannten kein funktionierendes Prinzip, das das analytische Verfahren der akademischen Psychologie in Form der Zerlegung der gegebenen Tatsachen in einfachere Komponenten hätte ersetzen können. Der erste, der solch ein Prinzip entdeckte, war Max Wertheimer« (Köhler, 1944, S. 143). Es gibt nicht viele Psychologinnen und Psychologen, über die man sagen kann, dass sie einen solchen Paradigmenwechsel herbeigeführt haben.

Tatsächlich wirkte Wertheimer wohl kaum wie ein Revolutionär: Er war klein, »mit tiefen, durchdringenden Augen, einem

mächtigen Schnurrbart und Locken im Nacken. Er erinnerte, obwohl der Vollbart fehlte, etwas an einen alttestamentli-
chen Propheten. Er war unerschöpflich an Einfällen«, erinnert
sich sein früherer Mitarbeiter Wolfgang Metzger (1963, S. 17).
Wertheimer »machte gegen seine eigenen Annahmen immer
neue Einwände und nötigte uns, seine Zuhörer, immer aufs
Neue zu überlegen, was man wohl tun könnte, um das Gewicht
der Einwände zu prüfen und sie zu sichern oder sie zu wider-
legen« (Metzger, 1963, S. 17). Wertheimer baute offenbar vor
seinen eigenen Gedanken immer wieder neue Hindernisse auf,
»für den jungen Zuhörer fast zu viele« (Metzger). Trotzdem fanden seine Ideen Zuspruch: Als er in Berlin eine Vorlesung hielt,
kam Bluma Zeigarnik, eine Studentin im ersten Semester, nach
der Lehrveranstaltung zu ihm, um ihm unbefangen zu sagen:
»Mir gefällt die Gestaltpsychologie sehr.« Darauf Wertheimer
ganz ernst: »Mir auch!« (Zeigarnik, 1984, S. 103).

Geboren wurde Max Wertheimer 1880 in Prag, das damals
zu Österreich-Ungarn gehörte. Sein Vater Wilhelm war – obwohl er selbst nur eine einfache Schulbildung erhalten hatte – sehr bildungsorientiert, er brachte es bis zum Direktor
einer privaten Handelsschule und schrieb Bücher zur Buchfüh-
rung und Geschäftskorrespondenz, die hohe Auflagen erreichten. Die Mutter Rosa war sehr an Erziehungsfragen interessiert
und spielte Geige (Michael Wertheimer, 1980, S. 7). Bei der
Hausmusik wurde sie von ihrem Sohn Max am Klavier begleitet. Nach dem Gymnasium schrieb sich Max Wertheimer an
der Kaiserlich-Königlichen Karl-Ferdinand-Universität (später
Karls-Universität) ein und studierte auf Wunsch seines Vaters
zunächst Jura, wechselte dann aber zur Philosophie, sodass er
auch bei dem jungen Christian von Ehrenfels hörte, und ging
schließlich nach Berlin, wo er bei Carl Stumpf experimentell

arbeitete. In der Berliner Zeit lernte er den Musikethnologen Erich Moritz von Hornbostel kennen und die beiden freundeten sich an. Wertheimer promovierte schließlich im Wintersemester 1905/05 in Würzburg bei Oswald Külpe mit einer Untersuchung zur Tatbestandsdiagnostik. In dieser Arbeit, die noch keinen Bezug zur Gestalttheorie hatte, legte Wertheimer die Grundlagen, die später zur Konstruktion des »Lügendetektors« führten.

Wertheimer verfolgte anschließend mehrere Jahre verschiedene Interessen und arbeitete an unterschiedlichen Instituten.

Der Beginn der Gestaltpsychologie

Zur Geburtsstunde der Gestaltpsychologie gefragt, erzählte Wertheimer gern eine Geschichte: 1910 reiste er von Wien aus mit dem Zug ins Rheinland, um dort Erholungsurlaub zu machen. Während der Reise beobachtete er die stroboskopischen Bewegung der abwechselnd aufleuchtenden Lichter der Eisenbahn, und dabei stellte sich ihm eine Frage, sodass er – anders als geplant – spontan in Frankfurt ausgestig und mit einem Kinder-Stroboskop (eigentlich ein sogenanntes Zoetrop; gr.: zoe = Leben, tropo = wenden) im Hotelzimmer experimentierte. Von dort rief er schließlich Professor Schumann an der Handelshochschule an, der ihm zunächst seinen Mitarbeiter Wolfgang Köhler schickte und schließlich erlaubte, mit dem an seinem Institut vorhandenen Tachistoskop zu experimentieren.

Diese Geschichte klingt interessant, ist aber sicher etwas geschönt (Wertheimer, 1980), denn Wertheimer kannte das neue Rad-Tachistoskop – ein großes Gerät zur kurzzeitigen Darbietung von optischen Reizen – in Frankfurt. Schumann hatte auf dem ersten und zweiten Kongress der Gesellschaft für experimentelle Psychologie Ergebnisse von Experimenten mit dem Gerät referiert, und Wertheimer hatte an diesen Kongressen teilgenommen. Zudem kannten sich die beiden aus Berliner Zeiten, genauso wie auch die Mit-Experimentatoren Kurt Koffka und Wolfgang Köhler. Wir können also sicher sein, dass Wertheimer nicht zufällig gerade in Frankfurt ausgestiegen ist.

Wertheimers Fragestellung war folgende: Sieht man abwechselnd erst links eine vertikale und dann unten eine horizontale Linie, dann können grundsätzlich drei Eindrücke entstehen, je nachdem, wie lange die Bilder dem Auge präsentiert werden. Wechseln die Bilder sehr langsam, sehen wir schlicht zwei verschiedene Bilder, wechselt die Darbietung sehr schnell, dann sieht man gleichzeitig zwei leicht flackernde, aber stabile Linien. Nur bei einer mittleren Geschwindigkeit (etwa 60 Millisekunden) der Darbietung entsteht der Eindruck einer Bewegung, vergleichbar einem schnellen Scheibenwischer. Dieses Phänomen nannte Wertheimer Phi-Phänomen.[4] Es war als Phänomen zwar bekannt und Wissenschaftler hatten schon vor Wertheimer Theorien darüber entwickelt, so galt das Phänomen bislang als Täuschung. Wertheimers einfache Vorversuche zeigten nun aber, dass die tachistoskopische Darbietung in der beschriebenen Weise nicht von einer echten Bewegung zu unterscheiden ist. Wertheimer fand sie zunächst »rätselhaft«.

---

4   Es ist unklar, warum Wertheimer den griechischen Buchstaben φ nahm; es ist möglich, dass Phi für »Phänomen« steht. – Auf dieser Internetseite ist das Phi-Phänomen mit zwei Punkten zu sehen und selbst bezüglich Geschwindigkeit und Punktabstand vom Betrachter zu steuern: http://www1.psych. purdue.edu/Magniphi/SimpliPhi.html

Im Herbst und Winter 1910 experimentierte Wertheimer intensiv mit dem Schumann'schen Tachistoskop. Köhler, Koffka, und Koffkas Frau dienten ihm dabei als Versuchspersonen. Die bisherige psychologische Forschung hatte versucht, das Phänomen durch Zerlegung in Elemente und durch Detailuntersuchungen zu erklären. Wertheimer wählte einen neuen Weg: »Der psychische Sachverhalt sei – ohne irgendeine Präjudiz mit a φ b bezeichnet. (…) φ bezeichnet, was außer den Wahrnehmungen von a und b da ist, was zwischen a und b (…) vor sich geht; was zu a und b hinzukommt« (Wertheimer, 1912, S. 186).

Die Versuchspersonen wussten, dass es zwei verschiedene Bilder waren, trotzdem erlebten sie die Bewegung eines Objektes. Eine Täuschung wäre – nach Aufklärung der Versuchspersonen – vielleicht verschwunden, das Phi-Phänomen blieb. Wurden die beiden Wahrnehmungsreize verschieden gestaltet, blieb das Phänomen ebenfalls erhalten: Selbst wenn die Linien a und b unterschiedlich gefärbt waren, verschwand der Bewegungseindruck nicht – sondern zur Bewegung kam lediglich die Farbveränderung hinzu. Entscheidend für den Bewegungseindruck blieben die Geschwindigkeit und der Abstand der beiden Reize.

Die Frankfurter Untersuchungen ergaben, dass weder die Augenbewegungen noch Nachbilder das Phi-Phänomen erkären konnten. Die phänomenologisch eindeutig beschriebene Bewegung musste etwas Ursprüngliches sein, keine Täuschung. Ganz schlüssig konnte Wertheimer zwar nicht erklären, wie es zum zwingenden Eindruck der Bewegung kam, aber er wusste, dass die bisherigen Forschungen dazu falsch lagen, weil sie von der »Identität des Objekts« ausgingen. »Der lebendige Eindruck des Hinauf, Hinunter, des Drehens (oder gar der Eindruck einer charakteristischen organischen Bewegung)«, so Wertheimer, sei

»in seinem Wesentlichen, in sich Spezifischen« bei den früheren Versuchen »nicht ganz zu seinem Rechte« gekommen (S. 236). Wertheimer nahm schließlich an, dass es eine noch nicht erforschte, psycho-physiologische Grundlage des Phi-Phänomens gäbe.

Neben der wegweisenden Arbeit von Wertheimer über das Sehen von Bewegungen gab es einige weitere Arbeiten ähnlicher Art, die Schumann betreut hat (Gundlach, 2014), doch das mindert nicht Wertheimers Leistung, sondern zeigt, dass Schumann an der Entwicklung der experimentellen Gestaltpsychologie stärker beteiligt war, als bisher angenommen wurde. Anders als Wertheimer war Schumann allerdings auch an einer Typologie der Versuchspersonen (»akustischer« und »visueller Typus«) interessiert.

Berlin, Frankfurt und New York

Sowohl Köhler und Koffka als auch Max Wertheimer habilitierten sich schließlich bei Schumann an der Handelshochschule in Frankfurt. Mit Beginn des Ersten Weltkriegs ging Wertheimer als Privatdozent nach Berlin, um dort zunächst gemeinsam mit seinem Freund Erich Moritz von Hornbostel ein Hörgerät für militärische Ortungen zu entwickeln, dass analog zum Scherenfernrohr gebaut war: Die beiden Hörrohre wurden erheblich verlängert, um die Hörbasis der Ohren zu vergrößern und eine genauere Lokalisation zu ermöglichen. Wertheimer und von Hornbostel erwarben für diesen *Richtungshörer* 1915 ein Patent und wurden 1916 als befristete Beamte eingestellt (Hoffmann, 1994). Wertheimer lehrte anschließend an der Berliner Universität. Gemeinsam mit Köh-

ler, Koffka, Adhemar Gelb, Kurt Goldstein und Hans Gruh-
le begründete er 1921 die Zeitschrift *Psychologische Forschung*,
die zunächst der gesamten Psychologie gewidmet war, die bald
aber die führende Zeitschrift der Berliner Gestaltpsychologen
wurde. Mit der Berufung Köhlers zum Nachfolger von Carl
Stumpf begann endgültig die Blütezeit der Gestaltpsychologie
in Deutschland.

Wertheimer selbst widmete sich in dieser Zeit vor allem dem
produktiven Denken. Er hielt Vorlesungen[5] und Vorträge – und
er publizierte wenige, aber gehaltvolle Arbeiten zur Gestaltpsychologie. Gemeinsam suchten die Wissenschaftler nach den
Gestaltgesetzen. Wertheimer und seine Mitstreiter waren davon
überzeugt, dass es Bereiche der Psychologie gibt, in denen nicht
induktiv vom Detail aufs Ganze geschlossen werden kann, sondern in denen phänomenologisch top-down – vom Ganzen
»nach unten« – geforscht werden muss.

1929 erhielt Wertheimer den Ruf, die Nachfolge Schumanns
an der Universität Frankfurt anzutreten. (Die Handelshochschule war inzwischen zur Universität umgewandelt worden.)
Nach Zögern nahm Wertheimer an und wurde endlich – mit
49 Jahren – ordentlicher Professor.

Doch er lehrte dort nur kurze Zeit, denn als Wertheimer
1933 kurz vor der Machtergreifung eine Rede Hitlers im Radio hörte, erkannte er die Gefahr für sich und seine Familie und
zog zunächst nach Marienbad in der damaligen Tschechoslo-
wakischen Republik und wanderte kurz darauf in die Vereinigten Staaten aus. Noch im gleichen Jahr begann er, an der New

---

5 Erhalten ist die Mitschrift eines Doktorandenkolloquiums, an dem auch
Wertheimer als Dozent teilnahm. Besonders einfühlsam befragte er hier
Doktoranden nach ihren Eindrücken und Erlebnissen in ihrer Rolle als Ver-
suchspersonen (van der Veer & Lück, 2002, Dembo, 2002).

School for Social Research in New York zu lehren. Dort hatte er Kontakt mit Kollegen aus Berlin und Frankfurt, wie zum Beispiel dem Theologen Paul Tillich. Trotz seiner Schwierigkeiten mit der englischen Sprache genoß Wertheimer in den USA hohes Ansehen – es war kein Zufall, dass er einige bedeutende Schüler hatte, unter ihnen Solomon E. Asch.

Erst nach seinem Tod erschien Wertheimers Buch über produktives Denken (1945), das er 1943 nach langen Vorarbeiten vollenden konnte. Das Buch behandelt die Frage, was eigentlich passiert, wenn das Denken wirklich voranschreitet und nicht nur auswendig gelerntes Wissen wiedergegeben wird. Zwar hatte Wertheimer an der New School nicht experimentieren können, aber er hatte Schulklassen besucht, Schüler befragt und Lehrern Hinweise gegeben. Sein Buch diskutiert klassische Probleme – wie die Flächenberechnung des Parallelogramms –, behandelt aber auch typische gestalttheoretisch erklärbare Hindernisse, Fehler und Lösungsmöglichkeiten im Schulunterricht. Für sein Buch konnte Wertheimer auch auf seine bereits 1916 in Berlin geschlossene Freundschaft mit Albert Einstein zurückgreifen und beschreiben, wie das Denken bei der Lösung komplexer Probleme abläuft, dargestellt an den zehn »Akten«, in denen sich Einsteins Entwicklung der Relativitätstheorie vollzog.

Max Wertheimer starb 1943 in New Rochelle in den USA. Die Deutsche Gesellschaft für Psychologie verlieh ihm postum die Wilhelm-Wundt-Medaille.

ELTON MAYO

Die Hawthorne-Studien und die Human-Relations-Bewegung

Heute ist uns selbstverständlich klar, dass die sozialen Beziehungen am Arbeitsplatz Auswirkungen auf die Arbeitszufriedenheit, das Betriebsklima und die Motivation der Beschäftigten haben. Zwar deutete sich diese Einsicht bereits in Hugo Münsterbergs sozialer Psychotechnik an. Doch erst in den 20er- und 30er-Jahren des 20. Jahrhunderts setzte in den USA durch groß angelegte Untersuchungen eine Forschungstätigkeit ein, die bis heute enorme Auswirkungen hat – und damit eng verbunden ist der Name Elton Mayo (Trahair, 1984, Walter-Busch, 1989).

Mayo wurde 1880 in Adelaide, Australien, als zweites von sieben Kindern geboren und wuchs in einem intellektuellen Klima auf. Er studierte in Australien und Großbritannien Medizin (ohne Abschluss), war kurz in Afrika, lehrte danach in

London an einem College für Arbeiter. Mayo ging dann wieder zurück nach Australien und studierte schließlich Sozialwissenschaften und Psychologie bis zum Studienabschluss 1911 – inzwischen war er bereits 30 Jahre alt. Besonders interessierte ihn damals die Psychoanalyse. Er nahm seine Tätigkeit als Dozent wieder auf und lehrte zwölf Jahre lang in Queensland philosophische sowie sozialwissenschaftliche Themen und publizierte unter anderem im Bereich der Philosophie. Mayo emigrierte 1922 in die USA, hielt Vorträge, besuchte führende Universitäten und kam in Kontakt mit namhaften Wissenschaftlern. 1926 wurde er Professor für Industrial Research an der Harvard Business School, wo er bis 1947 lehrte. Mayo erhielt fast 20 Jahre lang beträchtliche persönliche Zuwendungen und Forschungsmittel aus der Rockefeller-Stiftung. Er verkörperte eher den gebildeten Engländer als den typischen Australier oder Amerikaner, und er schloss in seinen Jahren in der USA auch wenige persönliche Freundschaften. Von 1929 bis 1939 hielt er sich in den Sommermonaten in Europa auf – und die meiste Zeit davon in England.

Mayos Name ist untrennbar mit zwei Begriffen verbunden: den Hawthorne-Studien und der Human-Relations-Bewegung. Bei den Hawthorne-Studien handelt es sich um medizinische, soziologische und psychologische Untersuchungen in den Hawthorne-Werken der Western Electric Company, die in der Nähe von Chicago lagen. Die Studien starteten 1924 und endeten erst über ein Jahrzehnt später – mit der schweren Wirtschaftskrise von 1933. An den Untersuchungen arbeiteten mehrere Forschergruppen, teilweise zeitlich parallel.

Die damals modernen Rationalisierungsmaßnahmen im Sinne von Frederick Winslow Taylor (1856–1915) und andere Maßnahmen in den Jahren 1908 bis 1923 hatten in der Western Electric Company bereits ihre Wirkungen gezeigt: Das Unternehmen arbeitete nach diesen Reorganisationen Anfang der 1920er-Jahre sehr erfolgreich. Die Arbeiterschaft bestand in dieser Zeit überwiegend aus den Nachkommen von Einwanderern. Die meisten Aufgaben im Werk konnten von angelernten Kräften verrichtet werden. Industriearbeit von unverheirateten Frauen war inzwischen üblich, sodass es eine vergleichsweise hohe Frauenquote gab. Und doch bestanden weiterhin hartnäckige Probleme, wie zum Beipsiel eine hohe Fluktuation der Arbeiterschaft. Die Western Electric Company führte in den 10er- und 20er-Jahren bereits eine Reihe von Sozialleistungen ein, die über die tayloristischen Prinzipien hinausreichten, um die Arbeiter stärker an das Unternehmen zu binden: eine Betriebsrente (ab 1906), ein System, nach dem Mitarbeiter verbilligt Unternehmensanteile erwerben konnten (ab 1915), betriebsärztliche Versorgung (ab 1908), wöchentliche Konzerte in der Mittagspause (ab 1909), Sportplätze (ab 1921), Sportvereine, einen Hawthorne Club sowie eine Turnhalle (1927) (Gillespie, 1991, S. 18 f.). Als die Hawthorne-Untersuchungen einsetzten, war also die Bedeutung sozialer Faktoren vom Management nicht nur erkannt, sondern bereits in zahlreichen Maßnahmen umgesetzt worden. Die oft zu lesende Behauptung, mit den Hawthorne-Studien sei erstmals die Bedeutung sozialer Faktoren für die industrielle Produktion erkannt worden, ist also unzutreffend.

Zu den bekanntesten Versuchsreihen der Hawthorne-Studien zählen die mehrjährigen Experimente im *Relay Assembly Test Room*. In den Werkshallen in Hawthorne fertigten die Arbeiter jährlich mehrere Millionen Relais in vielen verschiedenen Typen, die für die Telefonvermittlung benötigt wurden. Diese Relais wurden aus Einzelteilen von Hand zusammengesetzt und kontrolliert. Fünf Arbeiter oder Arbeiterinnen saßen nebeneinander, eine sechste Kraft (layout operator) bestückte die fünf Arbeitsplätze. In einem Saal saßen mehrere hundert Personen in solchen Sechsergruppen zusammen. Für das Experiment wurden im April 1927 sechs Arbeiterinnen ausgewählt, die in einem Testraum Relais fertigten und dabei einem Beobachter gegenüber saßen, der die Leistungen erfasste und Vorkommnisse wie zum Beispiel Unterhaltungen der Arbeiterinnen registrierte.

Im Untersuchungszeitraum kam es zu Leistungssteigerungen, die teilweise mit dem Gruppenakkord erklärbar waren, und die Fehlzeiten gingen zurück, aber es kam auch zu Protesten der Arbeiterinnen gegen die regelmäßigen medizinische, Untersuchungen, die Teil des Experiments waren. Insgesamt erzeugten die Wissenschaftler über Wochen und Monate eine sehr große Datenflut, doch die Befunde daraus waren nicht eindeutig. Dies lag auch daran, dass die Daten durch Änderungen während des laufenden Versuchs nicht eindeutig vergleichbar waren: Man tauschte zum Beispiel einzelne, als ungeeignet erscheinende Arbeiterinnen während der Versuchsreihen aus. Da zeigte sich, dass zum Beispiel zwei neue Arbeiterinnen von Anfang an weit mehr leisteten als die aus dem Versuch ausgeschlossenen jungen Frauen. Wie sollte man diese Daten nun auswerten? Zur Interpretation wurden nun weitere Wissenschaftler herangezogen, einer von ihnen war Elton Mayo. Insgesamt deutete vieles darauf hin, dass die Beachtung, die die Frauen erhielten, weit wichtiger für deren Befinden und deren Arbeitsleitung war als die direkten äußerlichen Arbeitsbedingungen wie Beleuchtung, Arbeitszeiten, Pausenregelung und so weiter. Bis heute hält sich hierfür der Begriff »Hawthorne-Effekt«, der lange nach den Untersuchungen geprägt wurde, vor allem in den Sozialwissenschaften populär ist, aber in sehr verschiedenen Bedeutungen verwendet wird und daher umstritten ist (Lück, 2009).

Wie kam das Unternehmen auf Elton Mayo? T. K. Stevenson, der Personaldirektor der Western Electric Company, hatte im Herbst 1927 einen von Mayos Vorträgen an der Harvard University gehört und war begeistert. Deshalb bat er Mayo, die vorliegenden Daten zu interpretieren. Mayo schlug vor, die Untersuchungen um physiologische Messungen zu erweitern. Diese erbrachten jedoch keine wichtigen neuen Erkenntnisse.

Zusammen mit seinem Schüler Fritz Jules Roethlisberger von der Harvard-Universität und William John Dickson, einem Manager der Western Electric Company, führte Mayo nun weitere Studien zu Arbeitsbedingungen und Arbeitsleistungen durch. Zwar hatte es schon vor Mayos Zeit in den Hawthorne-Untersuchungen Mitarbeiterbefragungen gegeben, aber nun dehnte Mayo diesen Bereich beträchtlich aus. 1929 entwickelte er ein neues Konzept für die Interviews, und er schlug eine Befragungstechnik vor, die als nicht autoritäres Interview (non-authoritarian interviewing) in die Geschichte einging. Ein Jahrzehnt später erschien eine Beschreibung dieser Methode in dem Buch von Roethlisberger und Dickson *Management and the Worker* (1939) – bereits damals ein Verkaufserfolg und heute ein Klassiker der Arbeits- und Organisationspsychologie. Frederick Taylors Wissenschaftliche Betriebsführung (scientific management) hatte viele Aufgaben in monotone und frustrierende Tätigkeiten verwandelt, denn die Arbeiter hatten auf diese Tätigkeiten keinen Einfluss. Mayos Bemühungen setzten hier an: Analog zum Begriff der Kriegsmoral ging es ihm um die Arbeitsmoral, um die Einstellungen der Mitarbeiter. Mayo nutzte bei seiner Befragungstechnik die »Piaget-Methode«, mit der Jean Piaget Kinder befragt hatte, denn Mayo vermutete, dass einfache Arbeiter eher Kindern ähnlich seien. Zudem nutzte er seine psychoanalytischen Kenntnisse. So vermutete Mayo, dass die Befragung der Mitarbeiter deren Selbstwahrnehmung steigern würde, sodass sie sich stärker auf die Arbeit und die Leistungssteigerung konzentrieren könnten. Aus *Management and the Worker* kann man die Kennzeichen des nicht autoritären Interviews ableiten:

- Das Interview unterscheidet sich von der gewöhnlichen Konversation.
- Der Interviewer soll nicht mit eigenen vorgefassten Meinungen in das Interview gehen.
- Der Interviewer soll dem Befragten in geduldiger und freundlicher Weise zuhören.
- Der Interviewer soll keinerlei Autorität ausüben.
- Der Interviewer soll nicht zu viele Fragen stellen; dem Befragten folgen, statt das Interview zu leiten.
- Der Interviewer darf zu den wörtlichen Äußerungen der Arbeiter keine Wertungen, moralischen Urteile und so weiter nahelegen oder annehmen.
- Der Interviewer soll nicht mit dem Arbeiter diskutieren. Er soll nicht die Meinungen des Befragten ändern. Oft ist es gut, die Position des Befragten zu wiederholen und noch deutlicher zu wiederholen, als sie der Befragte zum Ausdruck gebracht hat.

Die persönlichen Befragungen sollten den Mitarbeitern helfen, emotionale Belastungen zu bewältigen, Probleme zu lösen und die sozialen Beziehungen im Unternehmen bis hin zur Unternehmensleitung zu verbessern. Gleichzeitig sollten die Befragungen eine wichtige Informationsquelle für die Unternehmensleitung sein.

Unter Mayos Leitung wurden insgesamt 20.000 Mitarbeiter von einem Team von Interviewern nach deren Arbeitsmotivationen befragt. Die Befragungen und anschließende Untersuchungen führten zur Erkenntnis, dass die sozialen Beziehungen in der Arbeitswelt von großer Bedeutung sind. Deutlicher als je zuvor wurde der Einfluss informaler sozialer Normen auf die Leistung von Arbeitsgruppen und Personen ermittelt.

Mayos Vorgehen, das er selbst als *Klinische Soziologie* (clinical sociology) bezeichnete, war gekennzeichnet durch die sorgfältige Beobachtung und die Vertrautheit des Forschers mit den Phänomenen. Dieses Vorgehen ist später mit der *Ethnomethodologie* verglichen worden. Mayos Vermutung war, dass die Industriegesellschaft das Individuum entwurzelt habe. Da der Einzelne sein Selbstbild in sozialen Beziehungen konstruiert und aus diesen Beziehungen auch entsprechende Zufriedenheit zieht, konnte für ihn die Lösung nur darin bestehen, die sozialen Beziehungen vom Vorgesetzten zum Mitarbeiter und der Mitarbeiter untereinander zu verbessern. *Human Relations* (soziale Beziehungen) wurde zum Begriff, mit dem diese neue Bewegung benannt wurde. Die Entwicklung einer eigenen sozialwissenschaftlichen Theorie ist Mayo nicht gelungen, dies war allerdings auch nicht sein Ziel gewesen. In der Organisationspsychologie kamen solche Theorien erst später auf, so zum Beispiel durch Frederick Herzberg, der die Motiv-Ziele untersuchte und in Gruppen einteilte.

Die von Mayo entwickelte Gesprächsführung zeigt viele Parallelen mit der klientenzentrierten Beratung, die wenige Jahre später Carl R. Rogers (1902–1987) entwickelte. Sicher kein Zufall, denn Rogers kannte *Management and the Worker* und Mayo kannte die frühen Veröffentlichungen von Rogers zur Gesprächspsychotherapie. Es kam später sogar zu einer direkten Zusammenarbeit zwischen Roethlisberger und Rogers. Zudem arbeitete Carl R. Rogers nicht nur mit Therapieklienten, sondern entwickelte und erprobte auch innerbetriebliche Beratungsmethoden. Roethlisberger empfahl später seinen Studierenden Rogers' Buch zur *Client-Centered Therapy*.

Rezeption und Kritik

Mehrere Autoren haben betont, dass Mayos Konzept der Human Relations ungewöhnlich schnell aufgegriffen und akzeptiert wurde. Human Relations – das war die Gegenbewegung zum *Scientific Management* von Frederick Winslow Taylor. So waren die Hawthorne-Studien angelegt und so wurden die Human Relations etwa 1945 bis 1955 in den USA und Großbritannien, kurze Zeit später auch auf dem europäischen Kontinent, bekannt und populär. Als Elton Mayos frühes Buch (1933) im Jahr 1949 in deutscher Sprache erschien, löste es ein positives Echo aus, versprachen die Erkenntnisse doch, dass sich durch Human Relations nicht nur die sozialen Beziehungen in einem Unternehmen, sondern auch die Arbeitsleistung der Angestellten verbessern würden. Waren Taylorismus und Arbeitszeitstudien noch rein naturwissenschaftlich und logisch ausgerichtet, kam es durch Mayo zu einem Paradigmenwechsel – auch wenn Mayos Ansatz im Vergleich zum Taylorismus als weicher galt: Während das Management bisher der Vernunft folgte, sollte es nun die vielfältigen und manchmal auch sehr persönlichen Gründe für menschliches Verhalten erkunden und beeinflussen. In einigen Betrieben gab es hier durchaus Widerstand.

Wenige Jahre nach Mayos Tod ebbte die Human-Relations-Bewegung ab. Neue Konzepte, insbesondere Führungstheorien, wurden populär, und Mayos Arbeiten gerieten nun aus verschiedenen Gründen in die Kritik. Ein Vorwurf lautete, dass Mayo die Befunde interessenbedingt beeinflusst hätte: Durch die von Mayo verfassten oder unterstützten Publikationen zieht sich als roter Faden die »Entdeckung« der sozialen Bedingungen menschlicher Arbeitsleistung und die Behauptung, dass die von ihm eingeführten Maßnahmen zu erheblichen Produktionssteigerungen geführt hätten. Beide Aussagen sind tatsächlich nur teilweise oder gar nicht zutreffend. War Mayos These, dass nicht die Entlohnung, sondern die informalen Beziehungen am Arbeitsplatz für die Arbeitsmotivation ausschlaggebend seien, so zeigten andere Forscher, dass auch in den Hawthorne-Untersuchungen die Bezahlung ein bestimmender Faktor gewesen war (Sykes, 1965).

Trotzdem ist bis heute unbestritten, dass sich Elton Mayo mit seinen Untersuchungen, der Entwicklung einer wegweisenden Interviewtechnik, mit seinen drei Monografien und über 30 Aufsätzen zu den Hawthorne-Untersuchungen große Verdienste erworben hat. Mayo propagierte in vielen Vorträgen in den USA und Europa die Human Relations zur Überwindung des Taylorismus. Er war ein ausgezeichneter Redner, aber weniger ein sorgfältiger Forscher – und gar kein Theoretiker. Ohne je einen Doktortitel erworben zu haben, war sein Einfluss auch in der akademischen Welt beträchtlich. Mayo zog 1947 nach England, in das Land, zu dem er sich besonders hingezogen fühlte. Dort starb er 1949.

EDUARD SPRANGER

Jugend und Lebensformen in der verstehenden Psychologie

Eduard Spranger wurde am 27. Juni 1882 in Großlichterfel-
de bei Berlin als Sohn eines selbstständigen Spielwarenkauf-
manns geboren. Er studierte zwischen 1900 und 1905 an der
Friedrich-Wilhelms-Universität Berlin Philosophie, Geschichte
und Germanistik – unter anderem bei Wilhelm Dilthey und
Friedrich Paulsen. Prägend für die philosophische Position von
Spranger war Diltheys Unterteilung der Wissenschaften in Na-
tur- und Geisteswissenschaften, wobei er Diltheys Vorstellungen von einer geisteswissenschaftlichen Psychologie folgte.
Spranger promovierte 1905 bei Paulsen und Carl Stumpf mit
einer Dissertation über *Die erkenntnistheoretischen und psychologischen Grundlagen der Geschichtswissenschaft* und habilitierte
sich 1909 in Berlin für Philosophie und Pädagogik mit einer
Arbeit über *Wilhelm von Humboldt und die Humanitätsidee*. Im

Jahr 1911 wurde er außerordentlicher und ein Jahr später ordentlicher Professor für Philosophie und Pädagogik an der Universität Leipzig; 1920 bis 1945 lehrte er in Berlin.

Die 20er-Jahre in Berlin waren für Spranger besonders fruchtbar: 1922 erschienen die *Lebensformen* in Buchform, 1924 die *Psychologie des Jugendalters.* 1925 folgte die Begründung und Mitherausgabe der einflussreichen Zeitschrift *Die Erziehung*; ab 1927 erschien die von Spranger herausgegebene kritische Pestalozzi-Ausgabe.

In der NS-Zeit befürwortete Spranger, der deutsch-national gesonnen war, zunächst die neuen Verhältnisse, doch seine Haltung änderte sich rasch. Am 25. April 1933 reichte er aus mehreren Gründen ein Rücktrittsgesuch beim preußischen Kultusminister Bernhard Rust ein. Unter anderem war er verärgert über die Einrichtung und Besetzung eines Ordinariates für politische Pädagogik, die ohne Rücksprache mit ihm vorgenommen worden war. Und zwar hatte der Minister den linientreuen Alfred Baeumler berufen. Es kam zum Kompromiss, zu dem gehörte, dass Spranger auf Kosten der Regierung 1936 und 1937 als Austauschprofessor in Japan lehrte.

1934 heiratete Spranger Susanne Conrad, Tochter eines ostpreußischen Gutsbesitzers. Im gleichen Jahr wurde Spranger in die Mittwochsgesellschaft aufgenommen, eine seit 1863 bestehende Gruppe von stets nur 16 Mitgliedern. Die Gesellschaft tagte reihum bei ihren Mitgliedern, also ab 1934 auch in Sprangers Haus in Berlin-Dahlem. Zur Mittwochsgesellschaft gehörten berühmte Wissenschaftler wie Ferdinand Sauerbruch, aber auch Männer, die später zum Widerstand zählten. 1944 wurde Spranger daher im Zuge der Ereignisse um den 20. Juli 1944 verhaftet und für über zehn Wochen im Gefängnis Moabit gefangen gehalten.

Im Mai 1945 übernahm Spranger kommissarisch das Rektorat der zerstörten Universität Berlin, mit dem Ziel, die Universität und die akademische Lehre zu erhalten. Die Lage war wegen der Zerstörung der Stadt, fehlender Verkehrsmittel und anderer Gründe äußerst schwierig, vor allem auch deswegen, weil die Hochschule (ab 1946 Humboldt-Universität) im russischen Sektor lag. Carl Diem schlug Spranger die Verlegung der Hochschule in das weitgehend unzerstörte Reichssportfeld im Britischen Sektor vor (Lück & Quanz, 1995). Die Besatzungsmächte kooperierten aber in der Frage der Universität nicht genügend, sodass sich der Plan zerschlug. Spranger nahm schließlich den Ruf auf eine Professur für Philosophie in Tübingen an, wo er 1950 emeritiert wurde, aber noch bis 1958 Vorlesungen hielt. Er wirkte in zahlreichen Ämtern und Gremien, unter anderem 1951 bis 1955 als Vizepräsident der Deutschen Forschungsgemeinschaft. Mit dem gleichaltrigen Carl Diem verband Spranger ein kollegiales Verhältnis seit der Berliner Zeit und eine Altersfreundschaft.

Psychologie des Jugendalters

1924 veröffentlichte Spranger seine mehr als 300 Seiten umfassende *Psychologie des Jugendalters*, die ausdrücklich eine »verstehende Psychologie« (1932, S. 2) sein wollte. Verstehen war für Spranger die sinnvolle Auffassung geistiger Zusammenhänge als geisteswissenschaftliches Erkenntnisverfahren. Dieses Verstehen ging nach seiner Auffassung über den Standpunkt des unmittelbaren Lebensbewusstseins hinaus. So könne man »Jugend nur dann verstehen, wenn man nicht mehr in ihr befangen ist« (1932, S. 5). Dabei ging es Spranger nicht um das getreu abbildende Nacherleben, denn dies war für ihn unzureichend. Da der Mensch auf Werteverwirklichung angelegt ist, sind Strukturen des Seelischen erkennbar. Spranger forderte daher ein Verstehen, das auf einer sogenannten *Strukturpsychologie* beruhen sollte: »Strukturpsychologie ist also jede Psychologie, die die seelischen Einzelerscheinungen aus ihrer wertbestimmten Stellung im einheitlichen Ganzen und aus ihrer Bedeutung für solche totalen Leistungszusammenhänge versteht« (1932, S. 10).

Spranger fasste »Jugendalter« nicht als biologisch-physiologische Kategorie auf. Es war für ihn »das Lebensalter zwischen der typisch unentfalteten Geistesstruktur des Kindes und der festen Geistesstruktur des erwachsenen Mannes oder der Frau« (1932, S. 18). Die *Psychologie des Jugendalters* befasste sich mit dem Fantasieleben, mit Erotik und Sexualität, mit der sittlichen Entwicklung, dem Rechtsbewusstsein, der Politik und der religiösen Entwicklung. Und im letzten Kapitel entwarf Spranger eine *Typologie des jugendlichen Lebensgefühls*.

Seinem Wissenschaftsverständnis entsprechend stützte sich Spranger nur ausnahmsweise auf Untersuchungen anderer Autoren – vielmehr dienten ihm eigene Erinnerungen, Briefe von Jugendlichen und Tagebuchaufzeichnungen als Grundlagen. Bedingt durch seine Methode stand daher der männliche bürgerliche Jugendliche im Blickfeld.

Sprangers Buch entsprach dem Zeitgeist. Zwar waren in diesen Jahren schon mehrere einführende Bücher zur Kinder- und Jugendpsychologie erschienen, aber keines erlebte die Beachtung und Verbreitung wie dieses. Noch im Jahr der Erstauflage wurde die Zweitauflage erforderlich, 1929 druckte der Verlag bereits die 11. Auflage, und noch nach dem Zweiten Weltkrieg erlebte das Buch mehr als zehn weitere Auflagen. Spranger hat das Buch nie grundlegend überarbeitet. Dabei war ihm schon bald klar, dass in die Darstellung manche Aspekte eingeflossen waren, die für die Generation der Jugendbewegung charakteristisch waren. Das Buch wurde schon in den ersten Jahren nach seiner Veröffentlichung in sehr viele Sprachen übersetzt, und für lange Zeit galt es vor allem in der Lehrerausbildung als Orientierung. Der Erfolg des Buches lag wohl begründet in der Anschaulichkeit und Verständlichkeit sowie in der Betonung des Lebensgefühls des »normalen« Jugendlichen dieser Zeit.

Die zeitgenössische Rezeption der Arbeit Sprangers war überwiegend positiv, obwohl namhafte Psychologen seinen Ansatz als veraltet kritisierten. Karl Bühler stieß sich vor allem an der Konzeption eines überindividuellen, objektiven Geistes (Bühler, 1927, S. 142): Die »Bemühungen aller anderen modernen Psychologen gehen dahin, die Begriffe ›Volksseele‹, ›Volksgeist‹ und dergleichen mehr unvollziehbare Erbstücke aus den Zeiten Herders und der Romantik zu eliminieren, nur Spranger fährt mit vollen Segeln noch in diesem Winde« (Bühler, 1927, S. 142f.). Entsprechend fand auch Sprangers Kritik an einer »Elementenpsychologie« wenig Zustimmung. Mit diesem heute meist nur für die Wundt'sche Bewusstseinspsychologie verwendeten Begriff bewertete Spranger pauschal den Großteil der damals aktuellen experimentellen Psychologie.

Lebensformen

Schon vor der *Psychologie des Jugendalters* war Sprangers Buch *Lebensformen* (1922) erschienen, basierend auf der Idee, dass er eine eigene, neue Psychologie schaffen wollte, die weder auf dem Physischen noch auf dem Psychischen, sondern vielmehr auf dem Geistigen aufzubauen sei. Erst eine solche Psychologie würde sich den Sinnzusammenhängen des Lebens nähern, so war er überzeugt.

In *Lebensformen* entwarf Spranger eine Typologie: Ausgehend von der vorwiegenden Sinnbezogenheit erkannte er den theoretischen, ökonomischen und ästhetischen Menschen, ferner den sozialen, den Machtmenschen und den religiösen Menschen. Anschließend stellte Spranger einzelne Personen dar, die dieser Typologie entsprachen. Typologien waren stets idealtypische Systematisierungsversuche. Sie sollten nicht die Realität abbilden, sondern als Typen zu vergleichenden Beurteilungen anregen.

Eine interessante Kritik an Sprangers Ansatz äußerte 1925 der Psychologe und Psychotechniker Fritz Giese, denn er bemerkte treffend, dass Spranger einigen Lebensbereichen hilflos gegenüberstand, »denen seine eigene Struktur nicht gewachsen« (S. 221) war, beispielsweise dem Sport, den Naturwissenschaften und der Technik. Auch zum Bereich der Arbeit sei nichts Entscheidendes zu finden, so Giese.

Neben der Kritik fand seine Typologie aber auch viel Zustimmung. So fand seine Typenlehre modifiziert in einem Testverfahren zur Erfassung von Wertorientierungen von Gordon W. Allport und Philip E. Vernon mit dem Titel *Study of Values* (1931) Verwendung. So wird Spranger pikanterweise heute regelmäßig in einer Ausrichtung der Psychologie zitiert, die er selbst ablehnte.

Rezeption und Nachwirkungen

Eduard Spranger starb 1964 hochgeehrt in Tübingen. Wie kaum ein anderer Geisteswissenschaftler hat Spranger über Jahrzehnte hinweg die Erziehungswissenschaften und die Lehrerausbildung geprägt (Meyer-Willner, 1986, Plaum, 1988).

In der heutigen Psychologie ist Spranger fast vergessen. Studierende werden seinen Namen kaum hören. Das liegt auch an der Psychologie. »An den eigentlichen Anliegen Sprangers geht die moderne Psychologie vorbei« (Plaum, 1988, S. 127). Es gibt aber etliche neuere Arbeiten zu Spranger. In vielen dieser Veröffentlichungen geht es um Sprangers politische Position, seine Rolle als Rektor der Friedrich-Wilhelms-Universität 1945 und unter anderem um sein Verhältnis zum Frauenstudium. Seltener sind Arbeiten, in denen Sprangers Typologien zum Gegenstand empirischer Untersuchungen gemacht werden (zum Beispiel Waschulewski, 2002).

WOLFGANG KÖHLER

Gestalttheorie, Lernen durch Einsicht, Isomorphieprinzip

Im Dezember 1913 landete ein junger Mann mit Frau und zwei Kindern in Puerto Orotava auf Teneriffa, um für ein Jahr die Leitung einer deutschen Forschungsstation zu übernehmen. Er führte dort Untersuchungen durch, mit denen er weltberühmt werden sollte. Der junge Mann war der Gestaltpsychologe Wolfgang Köhler mit seiner Frau Thekla.

Wolfgang Ulrich Köhler wurde 1887 in Reval (damals zum Russischen Reich gehörend, heute Tallinn, Estland) als Sohn des deutschen Gymnasialdirektors Franz Eduard Koehler geboren. Die Familie zog 1893 zurück nach Wolfenbüttel. Dort fand Wolfgang Köhler einen verständnisvollen Mentor in seinem Physik- und Mathematiklehrer Hans-Friedrich Geitel, mit dem er auch später als Student und sogar noch von Teneriffa aus korrespondierte (Jaeger, 1988). Nach dem Gymnasium studierte Köhler Mathematik, Naturwissenschaften und Philosophie in Tübingen, Bonn und ab 1907 in Berlin. Zu seinen akademischen Lehrern gehörten Wissenschaftler wie Max Planck und Walther Nernst. Köhler promovierte 1909 bei Carl Stumpf in Berlin mit einer experimentellen Untersuchung über akustische Wahrnehmung, die ihn vor große technische Schwierigkeiten stellte. Durch seine naturwissenschaftliche Expertise gelang es Köhler jedoch, die Probleme zu überwinden und Neuland zu betreten. In seinem Gutachten zur Dissertation schrieb Stumpf: »Es ist ihm nach vielen Fehlschlägen und außerordentlichen Geduldsprüfungen endlich gelungen, zum ersten Male optische Bilder von den Schwingungen des Trommelfells zu erhalten (…) Schon die Einführung dieser Methode bedeutet einen sehr wichtigen Fortschritt und eine ausgezeichnete Leistung« (Stumpf, 1909).

Köhler nahm dann eine Assistentenstelle bei Friedrich Schumann an der Akademie für Sozial- und Handelswissenschaften in Frankfurt (später Universität) an, wo die Gestaltpsychologie nun zu Köhlers wissenschaftlicher Orientierung wurde und er gemeinsam mit Max Wertheimer und Kurt Koffka die wegweisenden Untersuchungen durchführte. Köhler habilitierte sich bereits 1911 in Frankfurt und bekam kurze Zeit später ein Angebot aus Berlin, das seinen Lebensweg änderte.

Die Primatenuntersuchungen

Die Preußische Akademie der Wissenschaften in Berlin verfolgte damals das Ziel, die natürlichen, biologischen Grundlagen der Moral zu untersuchen. 1912 schlug der Berliner Neurologe Max Rothmann (1868–1915) deshalb die Einrichtung einer Anthropoidenstation auf Teneriffa vor. Die Leitung der Station sollte jährlich wechseln, und mit dem Aufbau der Station wurde Eugen Teuber (1889–1958), ein junger Mitarbeiter von Rothmann, betraut. Teuber konnte südöstlich von Puerto de la Cruz (damals Puerto Orotava genannt), unweit des Botanischen Gartens, einen Teil einer Bananenpflanzung pachten. Ein dort vorhandenes Haus, »La Costa«, diente dem Ehepaar Teuber und später der Familie Köhler und einem Tierpfleger als Unterkunft. Dieses Haus wird auf Teneriffa wegen seiner Farbe bis heute »Casa Amarilla« – das gelbe Haus – genannt.[6] Sieben Schimpansen, von denen sechs aus der damaligen deutschen Kolonie Kamerun stammten, fanden Platz in einem Freigehege, an das ein Schlafraum angrenzte.

Teubers Nachfolger für das Jahr 1914 wurde nach längeren Verhandlungen schließlich Wolfgang Köhler. Er handelte sehr gute Bedingungen aus, obwohl er weder Biologe noch Tierpfleger war, reiste nach Teneriffa und übernahm die Leitung (Ash, 1995a, S. 148ff.). Zu dieser Zeit war weder über die Haltung von Schimpansen noch über deren Intelligenzleistungen und Sozialverhalten viel bekannt. Köhler konnte sich nur an einigen Erfahrungen aus zoologischen Gärten und an wenigen Veröffentlichungen orientieren. Da sein Vorgänger bis Anfang Januar 1914 blieb, konnten Köhler und Teuber einige Experimente gemeinsam durchführen (Köhler, 1973, S. 6). Köhler berichtete dem Vorsitzenden der Albert-Samson-Stiftung, Professor Waldeyer, von seinen Untersuchungen, und dieser reagierte begeistert.

---

6 Das Wohnhaus »Casa Amarilla« (Position: 28° 24'52.23« N, 16° 31'47.93« W) war seit Köhlers Aufenthalt bis lange nach dem Zweiten Weltkrieg praktisch unverändert geblieben und wurde 1994 von der Inselregierung von Teneriffa unter Denkmalschutz gestellt. Dessen ungeachtet wurde das Gebäude Mitte Mai 1995 mit schwerem Gerät beschädigt und leider bisher nicht restauriert. 1995 wurde die *Asociación Wolfgang Köhler* gegründet, die sich für die Erhaltung der Primatenstation einsetzt.

In seinen Versuchen orientierte sich Köhler nicht am frühen amerikanischen Behaviorismus Edward Lee Thorndikes, da dieser nach seiner Meinung die Versuchstiere überfordert hatte, sondern vor allem an Tierbeobachtungen und Experimenten des Engländers Leonard T. Hobhouse (Lück, 1987). Köhler stellte den Tieren hingegen Aufgaben, die zwar schwer, aber lösbar waren und meist Werkzeuggebrauch oder Umwegverhalten erforderten. Die Schimpansen stapelten zum Beispiel Holzkisten, um an Futter an der Käfigdecke heranzukommen, oder sie benutzten einen herumliegenden Stock, um damit Futter (das »Ziel«), das außerhalb des Käfigs lag, heranzuschieben, bis sie es mit dem Arm packen konnten. Köhlers Beschreibungen der ersten Versuche nach Hobhouse waren zunächst anschaulich-vorwissenschaftlich:

> *»Nueva wurde am sechsten Tage ihres Stationsaufenthaltes (...) geprüft: Etwas über einen Meter von dem Gitter ihres Käfigs entfernt lag das Ziel, ein weicher Strohhalm war darangebunden und reichte mit dem freien Ende über den sonst leeren Grund bis an das Gitter; kaum hatte Nueva das Ziel gesehen, so griff sie nach dem Halm und zog vorsichtig das Ziel damit heran« (Köhler, 1921, 1973, S. 18).*

Bei den schweren Aufgaben dauerte es eine Weile, bis die Tiere die Lösung fanden. Nueva zum Beispiel hat zwar den Stock zum Heranschieben der entfernten Nahrung in ihrem Käfig liegen, jammerte zunächst aber, weil sie das Futter nicht mit dem Arm erreichen konnte. »So vergeht zwischen Bitten und Klage eine Weile«, notiert Köhler, »bis – etwa sieben Minuten nach dem Niederlegen des Zieles – das Tier bei einem Blick in Richtung des Stockes verstummt, diesen ergreift, hinausführt und etwas ungeschickt, aber doch erfolgreich, mit ihm das Ziel heranzieht« (Köhler, 1921, 1973, S. 23).

Die Lösung solcher Aufgaben war nach Köhlers Beobachtungen ein Ergebnis der *Einsicht* der Tiere. Hatten die Tiere die Lösung gefunden, blieb ihnen der Lösungsweg im Gedächtnis. Diese Einsicht ähnelte dem, was Karl Bühler wenige Jahre zuvor als *Aha-Erlebnis* bezeichnet hatte. Aber die Tiere waren unterschiedlich intelligent: Der Schimpanse Sultan steckte sogar zwei Bambusstöcke ineinander, um damit Futter heranzuholen, wenn ein Stock zu kurz war.

Sehr früh begann Köhler, die Versuche zu filmen (Kohler, o. J.), und wahrscheinlich sind dies die ersten Filmaufnahmen, die überhaupt auf Teneriffa erstellt wurden. Köhler wollte die Intelligenzleistungen der Tiere dokumentieren, denn die hatte man bisher nicht für möglich gehalten.

Zunehmend benutzte Köhler bei seinen Experimenten mit den Primaten nun den Ansatz, den er selbst mitentwickelt hatte, die Gestaltpsychologie. Lag ein Stock als Werkzeug nicht als gerader Gegenstand im Käfig, sondern befand sich noch als Ast am Baum und musste von dort also »herausgelesen« und angefertigt werden, hatten sowohl die Wahrnehmung der Tiere als auch das Handeln Gestaltcharakter. Eine andere Beobachtung ergab, dass der Stock eher als Hilfsmittel zum Heranholen verwendet wurde, wenn er in der Nähe des Futters lag, als wenn er sich weit hinten im Käfig befand (zu den Filmen siehe Lück, 1986).

Während Köhlers Aufenthalt brach der Erste Weltkrieg aus und machte Köhlers Lage im Sommer 1914 prekär: Er war wehrpflichtig, konnte die Insel aber nicht verlassen, weil die Gewässer um die kanarischen Inseln von feindlicher Marine kontrolliert wurden. Zudem wurde Köhler von englischer Seite der Spionage verdächtigt – ein Gerücht, das sich bis in die Gegenwart gehalten hat (Ley, 1990), für das es aber bis heute keinerlei Beweise gibt. Also blieb Köhler.

Weitgehend unbeirrt arbeitete er weiter und verfasste 1917 einen Bericht, der 1921 erweitert in Buchform erschien. Er gilt wegen der immer wieder bestätigten Befunde heute als Klassiker der Psychologie und der Biologie. Köhlers weitere Tierexperimente, unter anderem ab 1916 an zwei Orang Utans, blieben jedoch zu seinen Lebzeiten unveröffentlicht (Jaeger, 1988). Durch die einsetzende Hyperinflation in Deutschland stand die Existenz der Station infrage, und Köhler musste sie schließlich abwickeln: Die Affen wurden an den Berliner Zoo verkauft, und Köhler kehrte Ende Mai 1920 nach Deutschland zurück.

Die Anthropoidenstation der Preußischen Akademie der Wissenschaften war nicht die erste Primatenstation der Welt (Glaser, 1996), aber sie war die erste, die bedeutende Forschungsergebnisse erbrachte. Die Befunde Köhlers sind heute so bekannt, dass sie zum Schulbuchwissen zählen. Köhler hat nach seinen bedeutenden Untersuchungen auf Teneriffa nie wieder Tierversuche durchgeführt, gelegentlich jedoch auf seine Untersuchungen Bezug genommen.

Köhler als Leiter des Berliner Instituts

1922 erhielt Köhler den Ruf als Nachfolger von Carl Stumpf nach Berlin. Das Psychologische Institut war schon unter der Leitung von Carl Stumpf 1920 in das Berliner Stadtschloss gezogen, das durch die Abdankung des Kaisers frei geworden war.

Hier begann die »goldene Zeit« der Berliner Psychologie (Metzger, 1963). Im »Zweiten Zwischenstock«, ursprünglich für Bedienstete geschaffen, fand das Institut seine Heimat: Hier arbeiteten Mitarbeiter, Doktorandinnen und Doktoranden an wahrnehmungspsychologischen Fragestellungen mit gestalttheoretischer Perspektive (Ash & Ebisch, 2010). Einige der Wissenschaftler kamen aus den USA, Japan und Osteuropa. Das galt auch für die angewandte Abteilung, die schon zu Stumpfs Zeiten der Österreicher Hans Rupp leitete, es galt erst recht für die Doktoranden um Kurt Lewin und dessen Arbeiten zur Willens- und Affektpsychologie, mit denen er auf dem Weg zur Feldtheorie war.

Köhler leitete das Institut demokratisch und mit großem Geschick. Ein Student beschrieb ihn als »groß, schlank, lebhaft, von Lessing'scher Schärfe des Gedankens und des Ausdrucks« (Metzger, 1963, S. 17). Auch seine etwas kühle, preußische Art zeigte gegenüber Hochschulleitung und Ministerium Wirkung. Durch Vortragsreisen ins Ausland, unter anderem in die USA und nach Südamerika, machte er die Arbeiten des Instituts bekannt. In den USA wurden ihm Professuren angeboten, die er aber ablehnte. Um die Gestalttheorie im englischsprachigen Bereich bekannt zu machen, verfasste er die Einführung *Gestalt Theory* (1929), das wiederum 1933 in deutscher Übersetzung erschien. Dieses Buch setzte sich kritisch mit dem Behaviorismus auseinander, der aber noch mehrere Jahrzehnte lang in den USA dominieren sollte.

Eine wichtige Aktivität des Berliner Instituts bestand in der Herausgabe der Zeitschrift *Psychologische Forschung*, die ab August 1921 regelmäßig erschien. Sie war zwar ursprünglich für die Psychologie in ihrem gesamten Ausdehnungsbereich angekündigt worden, entwickelte sich aber rasch zur führenden

Zeitschrift der Gestalttheoretiker. Das lag auch an den Mitherausgebern Wolfgang Köhler, Kurt Koffka und Max Wertheimer, den führenden Köpfen der Gestaltpsychologie, aber auch daran, dass das Berliner Institut schnell produktiv wurde.[7] In den 20er und 30er-Jahren des 20. Jahrhunderts genossen die Begriffe Gestalt und Ganzheit dann außerordentliche Popularität und waren in verschiedenen Fächern und Zusammenhängen in der Diskussion.

Isomorphieprinzip

Wolfgang Köhler verfolgte das Ziel, das Gestaltkonzept weiter zu fassen als bisher üblich, er wollte es aber auch genauer begründen. Schon auf Teneriffa entwickelte er die Theorie, dass Gestalten nicht nur unsere Wahrnehmung bestimmen und dass unser Handeln gestalthaft ist, sondern dass Gestalt sogar ein universelles Prinzip darstellt, das Bedeutung für andere, weit ältere Wissenschaften wie Physik und Biologie hat. Er verfasste für sein naturphilosophisches Buch über die physischen Gestalten (1920) deshalb bewusst ein Vorwort für Philosophen und Biologen – und ein zweites für Physiker. Gestalt »sollte nicht nur als Einheit anschaulich gegebener Erlebenszusammenhänge gelten, sondern durch die Beziehung auf materielle physische Realitäten ebenso an die Wirklichkeit der Physik und Chemie angeschlossen werden« (Ley, 1996, S. 201).

Max Wertheimer hatte bereits die Frage aufgeworfen, ob die menschliche Wahrnehmung in der Art der Hirnvorgänge eine

---

7   Köhler leitete die Herausgabe noch von den USA aus, seit 1974 trägt die Zeitschrift den Titel *Psychological Research.* (Zur Geschichte der Zeitschrift siehe Ash, 1985, Scheerer, 1988.)

Entsprechung besitze. (Dies wird gelegentlich als *Wertheimer-Problem* bezeichnet.) Köhler griff diese Frage auf und wurde – wohl auch bedingt durch seine naturwissenschaftliche Ausbildung – zu dem Gestalttheoretiker, der besonderen Wert auf die Frage der physiologischen Verankerung von Gestaltprinzipien legte: So hatte die anschauliche Ordnung (zum Beispiel die Wahrnehmung von Gestalten) nach Köhler auf einer bestimmten Stufe der psychophysischen Verarbeitung ihre organische Entsprechung. Die Wahrnehmung einer hellen Figur vor einem dunklen Hintergrund hatte nach seiner Meinung ihre Entsprechung in Erregungen der Sehrinde (Isomorphiepostulat), nicht aber auf den dazwischenliegenden Stufen der Reizaufnahme und der Nervenleitung.

Michael Ley bemerkt, dass heute in der Psychologie das Isomorphiekonzept von Köhler eher als spezielles Problem der Gestalttheorie gilt, es sei für die meisten »nur noch von historischem Interesse«, und man würde es »am liebsten vernachlässigen« (1996, S. 201). Das stimmt und liegt zum einen an den heute schwer zu lesenden Texten von Köhler und zum anderen daran, dass das Postulat der Isomorphie – der Entsprechung von Gestalt und physiologischen Prozessen, die dieser Wahrnehmung genau entsprechen – kaum noch »geglaubt« wird. In vielen Lehrbüchern steht beispielsweise, dass Köhlers These widerlegt sei, doch das trifft nicht ganz zu, denn noch heute bestätigen manche Forschungsergebnisse Köhlers These in Teilen, so etwa die Entdeckung der sogenannten Spiegelneuronen. Trotzdem hat sich Köhlers Vorgehen, das Gestaltkonzept »von der Physik aus« zu begründen, als nicht sinnvoll erwiesen. Nachfolgende Psychologen wie Kurt Lewin verzichteten auf eine solche physiologische Begründung und konzentrierten sich auf die Erarbeitung einer psychologisch begründeten Theorie.

NS-Zeit und Emigration

Köhler stellte sich nach der Machtergreifung mutig den Nationalsozialisten entgegen. Er war der einzige Professor für Psychologie, der öffentlich gegen die Politik der NSDAP protestierte. In einem Artikel in der *Deutschen Allgemeinen Zeitung* vom 28. April 1933 erhob Köhler Einspruch gegen die Entlassung des Nobelpreisträgers James Franck (1882–1964) und anderer jüdischer Wissenschaftler in Deutschland. Der Text war zwar diplomatisch abgefasst, aber eine solche Veröffentlichung war trotzdem riskant. Dazu wehrte sich Köhler als Institutsdirektor gegen Übergriffe von nationalsozialistisch gesinnten Studenten. Nachdem die Verhältnisse unerträglich wurden und auch mehrere Institutsangehörige aus rassistischen und politischen Gründen die Hochschule verlassen mussten, wurde Köhler 1935 auf eigenen Antrag entpflichtet und emigrierte noch im gleichen Jahr in die USA.[8] Köhler fand am Swarthmore College in der Nähe von Philadelphia eine Position, die er bis zum Eintritt in den Ruhestand 1955 behielt. Danach wechselte er zum Dartmouth College in Hanover/New Hampshire, wo er weiter Vorlesungen hielt. Obwohl die Gestalttheorie keine große Verbreitung in den USA hatte, genoss Köhler hohes Ansehen. Er wurde 1958/1959 Präsident der American Psychological Association und erhielt in den USA und in der Bundesrepublik zahlreiche hohe Auszeichnungen. Köhler starb 1967 im Alter von 80 Jahren in seinem Wohnort Enfield.

Heute erinnert beispielsweise das Wolfgang-Köhler-Primatenforschungszentrum in Leipzig an das Wirken des Wissenschaftlers.

---

8 Zur weiteren Geschichte des Instituts siehe Ash & Ebisch, 2010.

JACOB LEVY MORENO

Psychodrama und Soziometrie

Als im Jahr 2015 Flüchtlingsströme aus Kriegs- und Krisengebieten Deutschland erreichten, wusste man sich kaum zu helfen und brachte 60, 90 oder gleich mehrere hundert Flüchtlinge aus verschiedenen Regionen in gemeinsame Notunterkünfte. In diesen Unterkünften gab es bald Rangeleien zwischen den Flüchtlingen. Das war für viele Deutsche unverständlich. Die Gründe waren aber eigentlich naheliegend: Die Personen kamen aus sehr verschiedenen Ländern, Kulturen und Schichten, viele von ihnen waren traumatisiert und zwischen ihnen bestand dazu eine unausgesprochene Rivalität: Wer würde abgeschoben werden? Wer würde als Flüchtling anerkannt werden? Und wann würde die lange Wartezeit enden?

Diese Beobachtungen sind aber nicht ganz neu. 100 Jahre früher, während des Ersten Weltkriegs, arbeitete Jacov Levy als Arzt in einem Baracken-Flüchtlingslager in Niederösterreich und machte ähnliche Beobachtungen. Er folgerte, dass Personen, die in Gruppen zusammen leben oder zusammen arbeiten müssen, nicht willkürlich zusammengebracht werden sollten, sondern erst nach eingehenden Befragungen der Gruppenmitglieder zu den jeweils anderen Personen (Müller, 2013, Scherr, 2014). Diese Erfahrung brachte Dr. Levy später zum Psychodrama und zur Soziometrie.

Der Arzt, Psychologe, Schriftsteller und Schauspieler Jacob Levy Moreno (1889–1974) war eine interessante Persönlichkeit. Er wurde als Jacov Moreno Levy (auch: Levi) in Bukarest geboren und wird im Folgenden Moreno genannt, obwohl er diesen Namen erst in den USA annahm. Die Familie war rumänisch. Das Ehepaar und die Kinder sprachen zu Hause Ladino, das Spanisch der sephardischen Juden. Der Vater hatte einen türkischen Pass, so erhielt auch Jacob zunächst die türkische Staatsangehörigkeit.

Als Geburtsdatum hat Moreno später den 16. Mai 1892 angegeben. Dieser Tag war nicht zufällig erfunden, es war der Gedenktag der Vertreibung der Juden aus Spanien, und zu seiner eigenen Geburt hat Moreno erzählt, er sei auf einem Schiff während einer nächtlichen Fahrt vom Bosporus zum rumänischen Constanța geboren worden. Durch diese und andere Geschichten hat er seine Biografie gern künstlerisch ausgestaltet, womit er es den Biografen schwer gemacht hat, Fakten und Fiktion zu trennen (Marineau, 1989).

Stegreifspiele

Die Familie zog dann 1895 oder 1896 von Bukarest nach Wien. Jacob besuchte hier bald die Schule. Als die Familie später nach

175

Sachsen zog, ging der jugendliche Jacob bald von dort allein wieder zurück nach Wien. In Wien verdiente er seinen Unterhalt als Hauslehrer und besuchte vier oder fünf Jahre lang das Gymnasium. As Jude nahm er am Bar-Mitzwa-Ritual teil. Der Vater war ein nicht sehr erfolgreicher Händler und viel auf dem Balkan. Es wurde auch erzählt, er habe dort eine zweite Familie gegründet.

Jacob hatte künstlerische Interessen und begann eine schriftstellerische Tätigkeit. Ab 1907 entwarf er Stegreifspiele, die damals in Wien sehr modern waren. In den Wiener Parkanlagen gab es etliche Bühnen, auf denen Laienschauspieler für Kinder spielten. Dazu gehörte, dass das Spiel durch Zurufe der Kinder einen neuen Verlauf bekommen konnte. Zuschauer konnten durchaus mitspielen. Moreno entwarf Szenen und spielte natürlich auch selbst. Es ging wohl in erster Linie um das Vergnügen, aber die Wirkungen auf Mitspieler aus dem Publikum waren nicht zu übersehen: Ein verwahrlostes Mädchen, das im Stegreifspiel eine treu sorgende Mutter spielen sollte, erlebte und lernte im Spiel Wichtiges.

Tatsächlich ist die Idee einer befreienden und heilenden Wirkung des Theaters alt. Sie findet sich in der reinigenden Katharsis-Vorstellung der griechischen Antike und im Kulturgut vieler Völker (Petzold, 1984). Auch eine medizinische Tradition gibt es: Schon 100 Jahre vor Moreno hatte der Arzt Johann Christian Reil (1759–1813) für die Therapie von Geisteskranken eine bestimmte Art von Theater gefordert, bei dem das Anstaltspersonal einzelne Rollen übernehmen sollte.

Ob der junge Moreno mit diesen frühen Ansätzen vertraut war, ist fraglich. Er war zu der Zeit, als er Stegreifspiele entwarf, noch Schüler, holte aber die Reifeprüfung nach und studierte ab Wintersemester 1909/10 in Wien Philosophie und Psychologie.

1909 gründete er das Haus der Begegnung, ein Asyl für Flüchtlinge und Einwanderer, das bis 1914 betrieben wurde.

Moreno wechselte bald vom Studium der Philosophie und Psychologie zur Medizin und schloss dieses Studium 1917 ab.

Auf dem Weg zum Psychodrama

Moreno war nun Arzt. Es war aber Krieg und Morenos erste Tätigkeit war die eines Lagerarztes im Flüchtlingslager Mitterndorf an der Fischa. Dort waren mehr als 10.000 Österreicher, die aus Südtirol geflohen waren, untergebracht. Als die Flüchtlinge nach Kriegsende zurückkehren konnten, wurde Moreno Gemeindearzt in Vöslau, südlich von Wien. Diese Tätigkeit sagte ihm allerdings wenig zu. Viel mehr lag ihm das Theater.

Moreno führte 1921 in Wien vor großem Publikum als Soloschauspieler ein expressionistisches Theaterstück auf, das dadaistische Züge hatte und – wie er sagte – ganz improvisiert war. Autoren, durch die Moreno beeinflusst wurde, waren unter anderem Friedrich Nietzsche und Søren Kierkegaard. Er lernte bedeutende Künstlerinnen und Künstler in Wien kennen, darunter die Schauspielerin und Regisseurin Elisabeth Bergner (1897–1986), die Schauspieler Peter Lorre (1904–1964) und Alexander Moissi (1879–1935) und die Schriftsteller Alfred Polgar (1873–1955) und Franz Werfel (1890–1945). Moreno begründete dann 1923 mit Freunden in Wien ein eigenes Theater, das nur kurze Zeit bestand, in dem aber mehrere der genannten Personen, die später weltbekannt wurden, auftraten und von Moreno lernten: Elisabeth Bergner, Peter Lorre und Alexander Moissi. (Moreno erwähnte später auch Begegnungen mit Sigmund Freud und Alfred Adler, mit Leo Trotzki und Adolf Hitler. Ob es diese Begegnungen wirklich gab, ist aber nicht sicher.) Das Theater fasste 40 Personen, es war immer gut gefüllt und entwickelte sich zu einem Treffpunkt von Künstlern. Es wurden vermutlich oft Improvisationsstücke gespielt. Für das Publikum war dies neu. Es war Darbietungen und eine eher passive Haltung gewohnt. Wenn Personen aus dem Publikum einbezogen wurden, kamen diese sich leicht verulkt vor. Eine ernsthafte Mitwirkung der Zuschauer musste offenbar erst gelernt werden.

Ende 1925 emigrierte Jacob Moreno in die USA. Dort lebte schon einer seiner Brüder, der ihn finanziell unterstützte. Nach einigen beruflichen Umwegen kam Moreno auf sein eigenes Arbeitsgebiet – die Psychiatrie. Sein Abschluss des Medizinstudiums in Wien wurde in den USA zunächst nicht anerkannt, sodass er weiter studieren musste. 1927, mit 37 oder 38 Jahren, bekam er die Erlaubnis, als Arzt praktizieren zu dürfen. Moreno nahm im gleichen Jahr den Vornamen seines Vaters als seinen Familiennamen an.

Er begann dann 1928 mit Stegreifspielen für Kinder, bald auch für Erwachsene, 1931 begründete er die Zeitschrift *Impromptu*, entwickelte wissenschaftliche Interessen an Gruppen, prägte vermutlich noch vor Kurt Lewin den Begriff *Gruppendynamik* und gestaltete die angewandte Gruppendynamik zur Gruppenpsychotherapie aus.

Den heute üblichen Begriff Psychodrama verwendete Moreno erst spät. Gedruckt finden wir ihn erst 1937. Moreno sprach von Improvisationstheater, Soziodrama und *spontaneity training and impromtu*.

Heute wird der Begriff Psychodrama für das sogenannte triadische System verwendet, das heißt für die Verbindung von Gruppentherapie, Soziometrie und eigentlichem Psychodrama.

Im Psychodrama gibt es eine Leiterin oder einen Leiter (director). Eine Person (protagonist) stellt ihr Problem dar, danach können dann andere Teilnehmer bestimmte Rollen übernehmen, unter anderem die des Hilfs-Ichs. Zu den verwendeten Techniken gehören der Rollentausch, die Dopplung und das Spiegeln. Man unterscheidet verschiedene Phasen des Psychodramas: Erwärmungsphase, Spielphase und Integrationsphase. Heute sind viele Psychodramatrainer psychoanalytisch oder verhaltenstherapeutisch ausgebildet, schließlich ist der Verlauf nicht vorhersehbar, und der Protagonist hat vielleicht ernsthafte Probleme, die im Psychodrama deutlich werden.

Aber zurück zu Moreno! Vermutlich war es Morenos Bruder, der ihm die Möglichkeit gab, 1935 eine Psychiatrische Klinik zu gründen. 1936 begründete er ein kleines Theater in Beacon, New York, dazu dort einen eigenen Verlag.

1934 erschien Morenos Buch *Who shall survive? A new approach to the problem of human interrelations.*

Who shall survive?

Dieses Buch gilt heute als Morenos Hauptwerk (Dollase, 2000), obwohl der Buchtitel mit der Frage »Wer wird überleben?« dies nicht vermuten lässt. Immerhin lautete der spätere Untertitel »Foundations of Sociometry, Group Psychotherapy and Sociodrama«. Als 20 Jahre später die deutsche Übersetzung erschien, klang dieser Titel weit nüchterner: *Grundlagen der Soziometrie. Wege zur Neuordnung der Gesellschaft.* Tatsächlich war es Morenos religiös begründetes Ziel, mit seiner Arbeit und mit diesem Buch eine Veränderung der Gesellschaftsordnungen zu erreichen.

In seinem Vorwort zur deutschen Übersetzung von *Who shall survive* (1954) kritisierte der Soziologe Leopold von Wiese: »Moreno hat sich mit großer Unbefangenheit wenig um die (...) Terminologie gekümmert (...) mit dem Ergebnis, daß die Verwirrung erheblich ist« (1996, S. XXXVI). Dann stellte von Wiese aber einen interessanten Vergleich an: Der Soziologe Emile Durkheim lehne die Psychologie als Grundlage gesellschaftlicher Vorgänge grundsätzlich ab, erkläre vielmehr die Menschen aus ihrem kollektiven Dasein. Moreno dagegen könne man als Antipoden ansehen. Er vertrete das Gegenteil, einen Psychologismus, bei dem aller Kulturwert bei dem Einzelmenschen liege und gesellschaftliche Normen eher als Zwänge erscheinen, die überwunden werden müssten.

Dies war richtig erkannt, und vielleicht war das auch gerade der Grund der Beliebtheit einiger Gedanken von Moreno. Dazu kam, dass Moreno ein besonderes Charisma hatte. Er trat mit weitem Mantel und Gefolge wie ein Künstler auf, fesselte sein Publikum, und er war ja auch davon überzeugt, ein Messias einer neuen Gesellschaftsordnung zu sein.

Erfassung von Gruppenstrukturen durch Soziometrie

Morenos Ziel war es, Gruppen zu gestalten, lebens- und arbeitsfähig zu machen und Gruppenkonflikte sichtbar zu machen und zu lösen. Damit war klar, dass Gruppen keine statischen Gebilde waren, sondern dass es eine Gruppendynamik gab. Morenos Methode zur Erfassung der Beziehungen in einer Gruppe war vor allem die Soziometrie.

Kern dieser Methode ist die Befragung der einzelnen Gruppen-mitglieder nach anderen Mitgliedern, etwa nach dem Wunsch, mit wem jemand am liebsten zusammenarbeiten möchte. Auch negative Wahlen sind in der Soziometrie möglich. Es geht also um Wer-Wen-Beziehungen in einer Gruppe. Solche Befragungen hat es schon Jahrzehnte vor Morenos Buchveröffentlichung gegeben, doch er hat die Methode intensiv therapeutisch genutzt und ver-bessert. Die soziometrischen Wahlen werden heute in der Regel in eine Tabelle »Soziomatrix« eingetragen, um sie vielseitig auswer-ten zu können. Veranschaulichen lassen sich die Wahlen inner-halb einer Gruppe als Soziogramm. Im Soziogramm werden Per-sonen als kleine Kreise mit Nummern oder Namenskürzeln darin dargestellt, die Wahlen als Pfeile. Gegenseitige Wahlen sind dann leicht als Verbindungslinien mit Doppelpfeilen erkennbar. Im So-ziogramm lassen sich auch Cliquen und zum Beispiel Stars als be-sonders beliebte Personen und so weiter erkennen. Zusätzlich las-sen sich unter anderem Indikatoren berechnen, die Aussagen über einzelne Personen, Gruppen oder Untergruppen erlauben.

Die ersten Soziogramme stellte Moreno 1933 in einem Vor-trag vor. 1937 begründete Moreno eine Zeitschrift mit dem Ti-tel *Sociometry*. Die Soziometrie entwickelte sich dann zuneh-mend zu einer sozialwissenschaftlichen Forschungsmethode. Dies lässt sich an den Inhalten der Zeitschrift ablesen, die über die Jahre immer methodischer und mathematischer wurden. Ur-sprünglich war diese Entwicklung nicht im Sinn der therapeuti-schen Ziele von Moreno. Faktisch hat er diese Entwicklung aber gutgeheißen und gefördert. Dies trug zu seiner Bedeutung in der Soziologie und Sozialpsychologie bei. Auch kamen zu Moreno viele Psychologen, die später als Sozialpsychologen in den USA bekannt wurden, unter ihnen einige Schüler von Kurt Lewin. Dass es dann in den Kreisen um Moreno und Lewin zu Diskussionen um die Priorität von Gedanken und Fachbegriffen kam, ist nicht überraschend (siehe unter anderem Petzold, 1980).

Jacob Levy Moreno starb 1974 kurz vor seinem 85. Geburtstag. Seine Frau, Zerka Moreno, setzte die Arbeit im Sinne ihres Mannes fort.

Resonanz

Das geistige Erbe von Moreno nahm eine seltsame Entwicklung, denn Morenos Zielrichtung der gesellschaftlichen Reformen und der Entwicklung eines Soziometrischen Systems als Erweiterung und Weiterentwicklung des Marxismus stieß nur auf sehr geringe Resonanz in der akademischen Psychologie. Seine missionarischen Ziele waren vielleicht auch zu hoch oder zu weit gesteckt und passten nicht zur politischen Weltlage. In Russland und Osteuropa wurde er abgelehnt, weil er den Marxismus mit seinen wirtschaftlichen und gesellschaftlichen Zwängen ablehnte. In den USA und Westeuropa pickte man dagegen meist das aus seiner Lehre heraus, was sich verwenden ließ.

Zum Beispiel wurde die Soziometrie in den 1960er- und 70er-Jahren in Deutschland gerade unter Erziehungswissenschaftlern zum Bestandteil der Lehrerausbildung. Es war damals meist eher eine Übung, Schulklassen zu befragen, seltener war es ein Mittel wirklicher sozialer Veränderungen in Schulklassen oder sozialen Einrichtungen, wie dies Moreno gefordert hatte. Dass sich eben viele Ideen von Moreno verselbstständigten, er nicht mehr als Urheber gesehen wurde und nur bedingt der Wissenschaftlergemeinschaft der akademischen Psychologie zugerechnet wurde, hatte mit seiner Persönlichkeit zu tun. Er nahm es mit Humor. Das 21. Jahrhundert werde ihm Recht geben, meinte er, und die Frage im Titel seinen Hauptwerkes habe er doch geschickt gewählt: Wer würde überleben? Er selbst und seine Ideen!

Moreno hat etwa 300 Veröffentlichungen hinterlassen, er hatte viele Anhänger und seine gruppentherapeutischen Ideen haben diese Anhängerschaft begünstigt. Auch in Deutschland ist die Psychodramabewegung aktiv (von Ameln & Wieser, 2014, Hutter & Schwehm, 2009, Wieser & Stadler, 2014). Manche therapeutischen Methoden, selbst solche, die Jahrzehnte später Mode wurden, wie die sogenannte *Familienaufstellung*, haben ihre Wurzeln im Psychodrama von Moreno.

KURT LEWIN

Feldtheorie, Gruppendynamik und Handlungsforschung

Kurt Lewin (1890–1947) wird oft der Berliner Schule der Gestaltpsychologie und manchmal der zweiten Generation der Gestaltpsychologie zugerechnet. Allerdings gehört Lewin von seinem Alter her der Wissenschaftlergeneration von Wolfgang Köhler an. Er entwickelte – von der Gestaltpsychologie und der Willenspsychologie ausgehend – seine eigene Theorie, die er Dynamische Theorie, Topologische Psychologie, dann Vektorpsychologie oder Feldtheorie nannte. Der heute übliche Begriff der *Feldtheorie* setzte sich endgültig erst nach Lewins Tod durch, vermutlich durch einen postum erschienenen Sammelband, den einer seiner Schüler herausgegeben hat (Lewin, 1951).

Lewin wurde 1890 in Mogilno – damals Westpreußen, heute Polen – geboren. Sein Vater besaß etwas Land und betrieb einen Laden. Nach Besuch der Volksschule kam Kurt Lewin zunächst auf ein Gymnasium in Posen, bevor die Familie 1905 nach Berlin zog (Marrow, 1969). Nach der Schule studierte Lewin studierte in Freiburg, München und Berlin Medizin, Philosophie und Psychologie. Lewin schloss sich der sogenannten Freistudentenschaft an, einer Studentengruppe, die ein Gegengewicht zu den traditionellen Studentenverbindungen schaffen wollte. Ihr gehörten Studentinnen und Studenten an, die im 20. Jahrhundert soziale Reformen einleiteten.[9]

Die wichtigsten Lehrer Lewins waren die Philosophen Ernst Cassirer und Aloys Riehl sowie der Philosoph und Psychologe Carl Stumpf. Lewin war also nicht Schüler der bekannten Gestaltpsychologen, aber er stand der Gestaltpsychologie sehr nahe. Wie viele junge Männer jüdischer Herkunft diente auch Kurt Lewin im Ersten Weltkrieg als Freiwilliger und wurde verwundet. Er verfasste 1917, in der Zeit seines Kriegsdienstes, seine programmatische Arbeit über die Kriegslandschaft. Noch während der Kriegszeit konnte er in Berlin promovieren; er habilitierte sich auch dort.

Neben einigen angewandt-psychologischen Arbeiten setzte sich Lewin in den Berliner Jahren das Ziel, eine eigene Psychologie zu entwickeln. Sie sollte lebensnah sein und menschliche Bedürfnisse einbeziehen. Lewin wandte sich gegen die Typenbildungen, wie sie damals verbreitet waren, und gegen Aussagen zu »Durchschnittswerten«. Psychologische Befunde sollten aus seiner Sicht nicht nur für einen begrenzten Bereich gültig sein. In wissenschaftstheoretischen und methodologischen Arbeiten stellte er seine Forderungen dar. Seine Berliner Doktorandinnen und Doktoranden untersuchten auf methodisch innovati-

---

9   Zur Freistudentenschaft gehört unter anderem Walter Benjamin, Rudolf Carnap, Alfred Döblin, Adolf Grimme, Karl Korsch, Helmuth Plessner, Hans Reichenbach, Alexander Rüstow, Otto Suhr und Arnold Zweig (Wipf, 2004, S. 14).

ve Weise Fragestellungen zur Psychologie des Ärgers (Tamara Dembo, 1931), des Behaltens (Bluma Zeigarnik, 1927), der psychischen Sättigung (Anitra Karsten, 1928) und des Anspruchsniveaus, das heißt des Schwierigkeitsgrades, den sich eine Person abverlangt, nach Erfolgs- und Misserfolgserlebnissen (Ferdinand Hoppe, 1930).

Begriffe wie *Anspruchsniveau* und *psychische Sättigung* sind in die Fachsprache eingegangen. Die Arbeit von Hoppe markiert den Beginn der Leistungsmotivationsforschung, die Arbeit von Dembo wird später im Zusammenhang zur Frustrations-Aggressions-Hypothese aufgegriffen, der Themenbereich der psychischen Sättigung – inhaltlich von der Ermüdung zu trennen – erlangte durch Lewin selbst unmittelbar Relevanz für Fragen der Pädagogik und für berufliche Tätigkeiten (Lewin, 1928). Sogar aktuell verbreitete psychische Probleme wie Burnout sind durch Lewins Konzept der psychischen Sättigung erklärbar.

Das experimentelle Vorgehen von Lewin war originell: Wie Max Wertheimer hielt er es für angemessen, die Gesamtsituation zu berücksichtigen. So sah Lewin den Versuchsleiter als Teil des Experimentes – und eine anschließende Befragung der Versuchspersonen, in der sie schilderten, wie sie den Versuch wahrgenommen hatten, wurde erstmals zu einem wichtigen Teil der Forschung.

Feldtheorie

Die moderne Physik von Maxwell und Einstein prägte die Vorstellung von Energie- und Kraftfeldern und beeinflusste damit auch die Biologie und andere Wissenschaftsdisziplinen, darunter die Soziologie und die Psychologie (Mey, 1965). Bereits die

Gestaltpsychologen setzten den Feldbegriff für die Wahrnehmung ein, Lewin »psychologisierte« nun die Vorstellung eines Kraftfeldes, indem er vom *Lebensraum* der Person sprach: Der Lebensraum ist die Umgebung der Person. Besser gesagt: Der Lebensraum bildet den Gesamtbereich dessen, was das Verhalten (V) in einem Moment ausmacht. Die Person (P) und ihre Umwelt (U) sind Teil des Lebensraums (Lr). Die universelle Verhaltensgleichung Lewins lautet daher: V = f (P, U). Die Beziehung zwischen P und U ist mathematisch nicht genau bestimmbar, deswegen steht in der Formel lediglich ein Komma.

Der Lebensraum wird von der Person wahrgenommen, er ist nicht homogen und er befindet sich in ständiger Veränderung. In ihm finden sich einzelne Regionen mit unterschiedlichem *Aufforderungscharakter* (unterschiedlicher Valenz). Die *Feldkräfte* wirken nun in Richtung auf das Ziel oder auf mehrere Regionen mit positiver Valenz. Oft ist das Erreichen einer Region mit positivem Aufforderungscharakter nur möglich, wenn ein Bereich mit negativem Aufforderungscharakter »durchschritten« wird. (Dieses »Durchschreiten« nennt Lewin *Lokomotion*.) Ein Beispiel: Das Examen ist nur durch Lernen und Üben erreichbar. Im Lebensraum finden sich immer auch Barrieren, das heißt Bereiche, die nicht oder nicht direkt zugänglich sind – entweder wegen physischen Hindernissen oder auch ganz praktisch wegen fehlendem Geld, moralischen Normen, Grenzen der eigenen sozialen Rolle oder Hindernissen ganz anderer Art. Der Übergang vom Jugendlichen zum Erwachsenen lässt die Veränderungen der Barrieren im Lebensraum deutlich werden: Mit gesetzlich festgelegtem Alter darf er oder sie Auto fahren lernen oder in der Öffentlichkeit Alkohol trinken. Gleichzeitig entstehen neue Barrieren, denn als Erwachsener ist kindliches Verhalten in der Öffentlichkeit nicht mehr angemessen.

Die von Kurt Lewin genutzte topologische Darstellung des Lebensraums ist die Jordan-Kurve, eine meist oval gezeichnete Fläche, benannt nach einem französischen Mathematiker. Die *Jordan-Kurve* mit ihren verschiedenen Regionen, Barrieren und Valenzen war für Lewin nicht nur eine Veranschaulichung – er verfolgte das Ziel, die Psychologie insgesamt durch die Mathematisierung in Form der Topologie (nicht der Statistik!) auf eine solidere Grundlage zu stellen.

Gruppendynamik

Nachdem Lewin sehr schnell erkannt hatte, dass das Leben unter der Herrschaft der Nationalsozialisten unerträglich werden würde, emigrierte er 1933 in die USA. Er trat dort eine Stelle an der Cornell University an und nutze diese für seine Forschungsinteressen. Er änderte seine Fragestellungen und engagierte sich nun vor allem im Bereich der Sozialpsychologie.

»Als Einzelperson habe ich mich stets ziemlich unfähig gefunden, produktiv zu denken«, schrieb Kurt Lewin 1936 an Wolfgang Köhler. Tatsächlich war Lewin ein Mensch, der gern in Gruppen arbeitete. Da war die »Quasselstrippe«, eine Gruppe von Studenten, die er in Berlin im Schwedischen Café um sich hatte und da war die »Topology Group«, eine informelle Gruppe von Kolleginnen und Kollegen, die sich ab 1933 bis lange nach Lewins Tod meist zwischen Weihnachten und Neujahr traf, um Fragen der Psychologie und besonders zur topologischen Psychologie zu diskutieren (Lück, 1989). Was lag bei dieser Freude am Gruppengeschehen für Lewin näher, als Gruppenprozesse zum Forschungsthema zu machen?

In den Jahren 1937 und 1938 führten Kurt Lewin und seine Mitarbeiter Ralph K. White und Ronald Lippitt in der Forschungsstelle für Kinderfürsorge der Universität Iowa jene Untersuchungen zu den Wirkungen verschiedener Führungsstile durch, mit denen Lewin berühmt wurde. Lewin war begeistert von der amerikanischen Demokratie, entsprechend interessierte er sich für die Auswirkungen, die demokratische und autokratische Führungstile hatten. Zwei Fünfergruppen von zehnjährigen Jungen trafen sich im ersten Experiment wöchentlich, um Masken für ein Theaterstück zu basteln. Eine Gruppe wurde vom Versuchsleiter autokratisch geführt, die andere demokratisch. Wie Lewins Mitarbeiter diese Führungsstile auszuführen hatten, war zuvor genau festgelegt worden. Einige Zeit später folgte ein zweites, umfangreicheres Experiment, das wieder von Ralph K. White und Ronald Lippitt durchgeführt wurde. Vier neue Gruppen von zehnjährigen Jungen wurden nun fünf Monate lang untersucht. Alle sechs Wochen wechselte der Leiter einer Gruppe. So konnten die Wirkungen von Führungsstilen, die Wirkungen des Führungsstilwechsels und die Eigenarten der Leiter untersucht werden. Die Kinder führten wieder Bastelarbeiten aus. In der jetzt zusätzlich untersuchten *Laissez-faire-Atmosphäre* hielt sich der Führer vom Gruppengeschehen völlig fern.

Die Wissenschaftler werteten anschließend das sehr umfangreiche Datenmaterial aus und kamen zur Schlussfolgerung, dass autoritäre Führung die gruppeninterne Aggressivität und Rivalität steigerte: Hier kam es zu 30-mal mehr Streitigkeiten und achtmal mehr aggressivem Verhalten als in den demokratisch geführten Gruppen. Äußerungen mit Wir-Charakter hingegen kamen in der Demokratie doppelt so oft vor wie in der Autokratie. Fast alle Kinder in den autoritär geführten Gruppen zeigten ein anderes Verhältnis zum Versuchsleiter, sie waren ihm gegenüber nachgiebig, doch ihre Spannungen reagierten sie an einem Prügelknaben aus der Gruppe ab. In den Gruppen mit Laissez-faire-Atmosphäre wurde fast die gleiche Häufigkeit aggressiver Verhaltensweisen beobachtet wie in den autoritär geführten Gruppen (Lewin, Lippitt & White, 1939). Lewin ging es also weder um die Wirkungen einzelner Merkmale des Führungsverhaltens, noch um die Gruppenleistung unter verschiedenen Führungsstilen, sondern – getreu seiner Überzeugung, von der *Analyse der Gesamtsituation* auszugehen – um Auswirkungen der Atmosphäre insgesamt.

Lewin führte weitere gruppendynamische Untersuchungen durch, teilweise im Auftrag von Regierungsinstitutionen. So verglich er in einer Untersuchung zur Änderung von Ernährungsgewohnheiten zwei Untersuchungsbedingungen: eine Gruppendiskussion mit Hausfrauen und abschließender Gruppenabstimmung zum gewünschten Veränderungsverhalten und im Vergleich dazu ein informativer Vortrag vor einer ähnlich zusammengesetzten Gruppe. Das Ergebnis war eindeutig: Eine Gruppe, die sich gemeinsam dazu durchringt, bestimmte Gewohnheiten zu ändern, erweist sich als wirkungsvoller als ein gut dargebotener Vortrag. Entscheidend ist hier offenbar das *commitment*, die Selbstverpflichtung der Gruppenteilnehmer.

Handlungsforschung

Kurt Lewins Ziel war die *innere Verflechtung* von Theorie und Praxis, und das gelang ihm in den 1940er-Jahren in hervorragender Weise in der Aktions- oder Handlungsforschung (*action research*). Zwar stammte der Begriff *action research* nicht von ihm, doch Lewin griff ihn auf und präzisierte ihn. Zu seinem Programm der Handlungsforschung gehörten drei Elemente: verantwortungsvolle Intervention, Forschung (vor allem von deren Wirkungen) und Training. Lewin verglich diese drei Elemente mit den Ecken eines Dreiecks – jede Ecke gehört dazu, keine darf fehlen.

Die so entwickelte Handlungsforschung ging zum überwiegenden Teil aus der sozialpädagogischen Arbeit von Kurt Lewin hervor. Ihn beschäftigten die Rassenprobleme (Vorurteile, Selbstachtung, Erziehungsfragen, Wohnungswahl), gegen die er wissenschaftlich abgesichert vorgehen wollte. Sein Ziel umfasste eine Verbesserung sowohl der *Interventionen* als auch der *Forschung*. Lewin wollte praxisbezogene Hypothesen aufstellen, dementsprechend intervenieren und dann ermitteln, welche Intervention am wirkungsvollsten war (*social change*). Die Grundzüge der Aktionsforschung legte Lewin in einem Aufsatz dar, der 1946 erschien (Lewin, 1946, deutsch 2009, S. 248f.):

> *»Die für die soziale Praxis erforderliche Forschung lässt sich am besten als eine Forschung im Dienste von Social Management oder Social Engineering kennzeichnen. Sie ist eine Art Aktionsforschung, eine vergleichende Erforschung der Bedingungen und Wirkungen verschiedener Formen des sozialen Handelns und eine Forschung, die zu sozialem Handeln führt. Eine Forschung, die nichts anderes als Bücher hervorbringt, genügt nicht.*
>
> *Das bedeutet keinesfalls, dass die benötigte Forschung in irgendeiner Hinsicht weniger wissenschaftlich oder ›niedriger‹ ist als die, welche für die reine Wissenschaft*

des Sozialverhaltens erforderlich ist. Ich bin geneigt, das
Gegenteil für wahr zu halten.«

Lewins Arbeiten zur Aktionsforschung wurden lange Zeit wenig rezipiert – wohl weil die Aktionsforschung der damals vorherrschenden Methodologie der Psychologie und Sozialwissenschaften widersprach. In Lewins Ansatz war es zudem schwer
abzusehen, welche Richtung ein Aktionsforschungsprojekt nehmen würde, denn die Beforschten wurden einbezogen: Welche
Interessen haben sie? Wie weit können sie den Forschungsprozess akzeptieren? – Das sind nur zwei der vielen Fragen, denen
die Wissenschaftler nachgehen mussten. Die Erforschten sollten nicht mehr länger »Objekte« der Forscher sein, sie sollten in
den Forschungsprozess als Beteiligte integriert werden. Der Ak-
tionsforscher ist also einer besonderen Belastung ausgesetzt. Die
kleine Gruppe von Lewins Sozialpädagogen und Psychologen
war mit dem ehrgeizigen Programm vielleicht auch überfordert.

Erst etwa 25 Jahre nach Lewins Arbeiten fand die Idee der
Aktionsforschung in Deutschland eine gewisse Verbreitung, als
der Ansatz auf die Zeitströmungen und eine sich kritisch und
fortschrittlich definierende Sozialwissenschaft traf. Doch insgesamt verflog die anfängliche Begeisterung schnell, und die meist
skeptisch beurteilten Aktions- und Handlungsforschungspro-
jekte blieben bis heute die seltene Ausnahme im Forschungsbe-
trieb. Eine Literaturstudie ergab vor Kurzem, dass die Aktions-
und Handlungsforschung in Deutschland fast ausgestorben ist.

Doch das gilt nicht für den Rest der Welt: Unter dem Begriff *participatory action research* (PAR) hat sich inzwischen eine
neuere Richtung der Aktionsforschung in Indien, Südamerika,
Frankreich und anderen Ländern entwickelt – und die Wissenschaftler berufen sich explizit auf Lewins Aktions- und Hand-

lungsforschung.[10] An der Entstehung der PAR waren unter anderem die Bürgerrechtsbewegung, die feministische Psychologie und die Ökologiebewegung beteiligt. Dieses Beispiel zeigt, dass es noch Jahrzehnte später zu Weiterentwicklungen der Arbeiten Kurt Lewins kommt, obwohl Lewin nie eine eigene psychologische Schule begründen wollte, denn er hielt die Zeit der Schulen schon damals für überwunden. Wichtig waren ihm sein Wissenschaftsverständnis und seine Methodologie, doch gerade in diesen Punkten sind ihm seine Schüler – etwa Leon Festinger – nicht gefolgt.

Kurt Lewin starb völlig unerwartet am 11. Februar 1947 in seinem Haus in Newtonville bei Boston an den Folgen eines Herzinfarkts; er war nur 56 Jahre alt geworden. Zur Eröffnung einer akademischen Trauerfeier hielt Edward C. Tolman eine kurze Ansprache: »Freud, der Kliniker – und Lewin, der Experimentator – dies sind die beiden Männer, deren Namen in der Geschichte der Psychologie vor allen stehen werden« (Tolman, 1947, S. 3).

Selten sind Lebenslauf und Forschungsinteressen bei einem Psychologen so eng verwoben wie bei Kurt Lewin: Als freiwilliger Soldat schreibt er über die Kriegslandschaft. Sozialistischen Kreisen nahestehend erforscht er die Sozialisierung des Taylorismus. Als Zwangsemigrant vergleicht er die Erziehung in den USA mit der im nationalsozialistischen Deutschland. Als begeisterter Demokrat untersucht er die positiven Wirkungen demokratischer Erziehung. Als kontaktfreudiger, Gruppen

---

10 Zur Übersicht und zu Literaturhinweisen sei auf *participatory action research* als Stichwort in der englischen Ausgabe von *Wikipedia* verwiesen. (Zum Zeitpunkt der Abfassung dieses Textes fehlt der Begriff noch in der deutschen Ausgabe von *Wikipedia*.)

liebender Wissenschaftler untersucht er verschiedene Gruppenprozesse. Und als Jude und Zionist spricht und schreibt er über
jüdische Erziehung.

Die Zusammenhänge zeigen, dass die Beschäftigung mit der
Biografie Kurt Lewins den Zugang zu seinem vielfältigen Werk
sehr erleichtern kann. Im deutschen Sprachbereich gibt es inzwischen umfangreiche Literatur von Lewin (1936/1969, 1951,
1981ff., 2008) und über ihn und sein Werk (Antons & Stützle-Hebel, 2015, Lück, 2001, Marrow, 1969/1977, Schönpflug,
2007).

ISAAK N. SPIELREIN

Psychotechnik in der Sowjetunion

Isaak Naftulievic Spielrein (neue Schreibweise: Isaak Naftul'evič Špil'rejn[11]) war ein russischer Psychologe und Psychotechniker. Er wurde 1891 in Rostow am Don geboren, wo auch seine Geschwister zur Welt kamen. Der Vater Nikolai stammte aus Warschau, hatte die Stadt aber verlassen und konnte in Rostow am Don einen erfolgreichen Getreidehandel aufbauen. In der Familie wurde zunächst Jiddisch gesprochen, aber bald lernten die Kinder auch Deutsch und andere Sprachen. Die Kinder – das waren Sabina (geb. 1885), Jean (in der Familie Jascha genannt, geb. 1887), Isaak (genannt Sanja, geb. 1891), Emilia (geb. 1895) und Emil (geb. 1899).

Sabina Spielrein galt lange Zeit lediglich als Randfigur in der Geschichte der Psychoanalyse – bis es 1977 in Genf zu einem

---

11   Im Jiddischen findet sich auch die Schreibweise Itshe-Meyer Shpilrayn.

sensationellen Fund kam: Im ehemaligen Psychologischen Institut der Univeristät Genf wurde ein Koffer gefunden, der die
Briefwechsel zwischen Sabina Spielrein, Sigmund Freud und C.
G. Jung und einige weitere Dokumente enthielt. So wurde sie
erst Jahrzehnte nach ihrer Ermordung durch Nationalsozialisten (1942) für die Psychologie »entdeckt« (Richebächer, 2005).

In diesem Zusammenhang geriet auch Isaak Spielreins un-
glaubliche Biografie wieder ins Blickfeld der Psychologiege-
schichte: Schon als Schüler zeigte Isaak Spielrein revolutionäre
Neigungen. Er trat in die illegale Partei der Sozialrevolutionä-
re ein, die auch Attentate verübte. Zu Hause versteckte Isaak
Propagandamaterial im Kachelofen, und als eine Hausdurchsu-
chung der Polizei drohte, versuchte er sich das Leben zu nehmen: Er schoss sich in den Mund, doch er überlebte. Sein Vater
bestach die Polizei und brachte seinen Sohn nach Frankreich,
wo er weiter medizinisch behandelt wurde und schließlich auch
wieder vollkommen genas. 1909 kehrte Isaak kurz nach Russland zurück, um seine Abschlussprüfung abzulegen. Dann studierte er in Heidelberg bei Wilhelm Windelband und anschließend in Leipzig bei Wilhelm Wundt. Die Begeisterung für die
Psychologie hatte ihn nun gepackt. In seiner alten Heimatstadt
Rostow am Don erhob er im Frühjahr 1913 Daten für eine psychologische Kinderuntersuchung (Spielrein, 1916a).

Als der Erste Weltkrieg ausbrach, befand sich Isaak Spielrein
noch in Deutschland, wurde aber als russischer Staatsbürger Zi-
vilgefangener und durfte Deutschland nicht verlassen. In dieser
Zeit lebte er in Berlin und hatte dort Kontakt zu den Berliner
Psychologen sowie zu William Stern in Hamburg. Spielrein
war ungewöhnlich sprachbegabt und befasste sich intensiv
mit dem Jiddischen, beispielsweise publizierte er mehrfach für
Martin Bubers Zeitschrift *Der Jude* über jiddische Schreibwei-

se und Aussprache (Spielrein, 1916b, 1917). In den Aufsätzen, die zurückhaltend als Rezensionen bezeichnet wurden, kritisierte Spielrein, dass das Jüdische (Jiddisch) vor allem in Deutschland nie als Sprache anerkannt wurde, während ein großer Teil der russischen Juden Jiddisch sprach. Er kategorisierte Jiddisch in drei Aussprache-Regionen. Spielreins eigenes Jiddisch rechnete er der südlichen Gruppe zu, die Aussprache seines Vaters sah er als typisch für die mittlere Gruppe und das litauische Jiddisch betrachtete er als die nördliche Variante. Für diese Dialektgruppen nannte er in seinen Artikeln Aussprachregeln und gab Lautumschriften an.

Spielrein heiratete die russische Jüdin Rakhil Iosifowna Naphtulewitsch, die in Paris Medizin studiert hatte. Das Ehepaar kehrte nach dem Ersten Weltkrieg nach Russland zurück und lebte in Moskau. Dort setzte er seine – damals noch politisch willkommenen – Studien zum Jiddischen fort, verfolgte aber weiterhin seine Interessen in der Politik und in der Psychotechnik. 1920, in der Zeit der Kulturrevolution, trat er in die Bolschewistische Partei ein. Nach marxistischer Auffassung war die bisherige Kultur durch die herrschenden Klassen geprägt worden und musste nun durch eine neu zu schaffende sozialistische Kultur abgelöst werden. Wie diese aussehen sollte, war zunächst unklar, die Entwicklung verlief uneinheitlich und viele verschiedene Strömungen wurden zunächst nebeneinander geduldet. Viele Menschen erlebten eine positive Aufbruchstimmung, unterschiedlichste künstlerische Bewegungen enstanden, und es entstanden einmalige Verbindungen von Wissenschaft und Kunst. Auch die Psychoanalyse fand damals Akzeptanz.

Die frühen Arbeiten der wissenschaftlichen Betriebsführung und der Arbeitszeitstudien von Taylor, Gantt und Gilbreth wurden bereits bis 1913 komplett in Russisch veröffentlicht –

noch bevor sie in westeuropäische Sprachen übersetzt wurden (Ebbinghaus, 2008). Industrieunternehmen und Techniker versuchten, den frühen Taylorismus durchzusetzen, da die Industrialisierung in Russland gegenüber westlichen Ländern weit zurückgeblieben war – doch dies scheiterte am Widerstand der Arbeiterschaft. Die russischen Arbeiter lehnten die Methoden des Taylorismus nicht nur ab, sondern sabotierten die Produktion sogar aktiv. Viele von ihnen zogen sich in ihre bäuerlichen Gemeinschaften zurück, aus denen sie zumeist gekommen waren. So sank die Produktivität drastisch, anstatt zu steigen – trotz des scharfen Durchgreifens seitens der Regierung. Insgesamt verlief die Industrialisierung Russlands weitaus schleppender als in der westlichen Welt: Ein sehr großer Teil der Bevölkerung konnte nicht lesen, und eine Arbeiterschicht, die an Industriearbeit und ein städtisches Leben ohne Landwirtschaft gewöhnt war, existierte praktisch nicht. Hinzu kamen kulturelle Unterschiede und ethnische Spannungen im riesigen Vielvölkerstaat UdSSR – ganz zu schweigen von den massiven Problemen bei Infrastruktur und Logistik.

Im Januar 1921 fand die erste *Allrussische Konferenz für Initiativen der wissenschaftlichen Arbeitsorganisation und Betriebsführung* in Moskau statt. Zwar war das Taylor'sche Lohnanreizsystem umstritten, aber grundsätzlich befürworteten die politischen Führer zu dieser Zeit eine Verbindung von Taylorismus und bolschewistischer Propaganda. Die Konferenz beschloss deshalb, den Taylorismus weiterhin gegen jeden Widerstand durchzusetzen. Der Zentralrat der Gewerkschaften gründete 1920 in Moskau das Zentrale Arbeitsinstitut, das Aleksej Kapitonowič Gastev leitete und das in den kommenden Jahren zunehmend institutionelle Anerkennung fand. In diesem Institut arbeitete Isaak Spielrein ab 1921, und ein Jahr

später errichtete er ein Laboratorium für industrielle Psychotechnik im Unions-Forschungsinstitut für Arbeitsschutz. 1924
wurde er Professor an der Zweiten Moskauer Universität. Er
schrieb seine bekannteste Arbeit, ein russisches Handbuch der
psychotechnischen Berufsauswahl, und er sah sich bald als »Vater der russischen Psychotechnik«.

Für die Entwicklung der Psychotechnik spielten die Internationalen Kongresse für Psychotechnik, die in unregelmäßi-
gen Abständen stattfanden, eine zentrale Rolle. Isaak Spielrein
nahm an diesen Kongressen von 1928 bis 1933 teil, und Ende
September 1931 fand der Kongress auf Einladung von Spielrein
sogar in Moskau statt. Trotz nennenswerter Schwierigkeiten
(Visa, Devisen, Reisemöglichkeiten) kamen 300 Personen aus
18 Ländern nach Moskau – unter ihnen William Stern, Otto
Lipmann, Hans Rupp, Richard Meili und Manès Sperber. Die
Veranstalter nutzten den Kongress, um den westlichen Teilneh-
mern vorzuführen, dass die Psychotechnik in der Sowjetunion
einen unvergleichlichen Aufschwung genommen hatte und dass
sie der westlichen Psychotechnik überlegen war. Den Teilneh-
mern wurde unter anderem ein großes Besichtigungsprogramm
geboten. Zudem sollten die westlichen Gäste propagandistische
Erklärungen unterstützen. Gegen diese Vereinnahmung protes-
tierten Lipmann und Stern, vermutlich aber ohne Wirkung.

Spielrein selbst war in der UdSSR inzwischen unter Druck
geraten. Bereits 1930 hob in ganz Russland eine Welle der Kritik und Selbstbezichtigung an, in der auch Spielrein scharf
angegangen worden war. Vor der Tagung schwor er die sow-
jetischen Teilnehmer deshalb auf eine gemeinsame stalinisti-
sche Richtung ein. Entsprechend übten die russischen Redner
Selbstkritik an eigenen früheren Arbeiten, kritisierten aber auch
die westlichen Beiträge.

Der Kongressvortrag von Spielrein (in deutscher Sprache 1933 erschienen) enthält vor allem begründete Kritik an der bisherigen (von ihm »bürgerlich« genannten) Psychotechnik: Sie sei zu statisch, Begabung und Eignung würden als unveränderlich betrachtet (S. 33), sie berücksichtige zu wenig dynamische Entwicklungen, sie diene eben der Bourgeoisie, der Festschreibung im Interesse der Erhaltung der Klassen. Unter dem »Deckmantel von Intelligenzprüfungen« würden bei Kindern in den USA »Kenntnisprüfungen« vorgenommen, und zwar zu Kenntnissen, die »nur bei Angehörigen der herrschenden bürgerlichen Klasse Amerikas zu erwarten sind« (S. 38). Der Zweck sei klar: »Kommandoposten« in Industrie und Militär sollten nur »von Vertretern derselben Klasse« besetzt werden. Nach dieser Kritik warb Spielrein dann für die angeblich stark expandierende und erfolgreiche »Sowjetpsychotechnik«: Sie veranstalte nicht mehr lebensfremde Prüfungen, sondern werde zu einem Teil der allgemeinen Bildungsarbeit (S. 47).

Die Moskauer Konferenz fand damals international große Beachtung, waren doch internationale wissenschaftliche Tagungen in Russland überhaupt äußerst selten. Die Propaganda zeigte Wirkung, und die Wissenschaftler zeigten sich beeindruckt. In einem umfangreichen Bericht zum Kongress schrieb etwa Hans Rupp: »Man möchte fast mit Neid auf das viel weitere Betätigungsfeld und auf die größeren Mittel der russischen Fachkollegen blicken« (1932, S. 24).[12]

---

12 Jenseits der russischen Psychotechnik für Personalauslese, -schulung und Arbeitsplatzsicherheit gab es in den 1920er-Jahren in der Sowjetunion eine interessante Verbindung zwischen Psychotechnik und Architektur, Kunst und insbesondere Film, die es in keinem anderen Land gab (Vöhringer, 2007). Spielrein hatte zu diesen Richtungen allerdings kaum Verbindungen.

Der Widerstand der Arbeiterschaft gegenüber Rationalisierungen, die durch sogenannte Stachanow-Trupps durchgesetzt werden sollte, blieb allerdings ungebrochen. In Ergebnisberichten wurde dies allerdings kaschiert, und auch Spielrein »log (…) angesichts unseres heutigen Wissens (…) während der Stalin-Ära hemmungslos« (Ebbinghaus, 2008, S. 8).

Schließlich wendeten sich die politischen Machthaber gegen die Psychotechnik: Schon zwei Jahre später, 1934, wurde das große Netz psychotechnischer Einrichtungen wieder abgeschafft. Im September dieses Jahres referierte Spielrein noch auf der achten Internationalen Konferenz in Prag, doch sein Tonfall war eher bescheiden und weit weniger propagandistisch geprägt. Doch schon wenige Monate später, im Frühjahr 1935, wurde er verhaftet und zunächst zu fünf Jahren Arbeitslager verurteilt. Spielrein glaubte an einen Irrtum und verteidigte sich, aber es war der Beginn der stalinistischen »Säuberungen« und Schauprozesse – und auch Spielrein fiel Denunziationen zum Opfer. Möglicherweise versuchte Spielrein noch, den Kopf aus der Schlinge zu ziehen: Alexander Netschajew, ein bedeutender russischer Psychologe, der in dieser Zeit nach Sibirien verbannt wurde, erklärte später, sein Name habe auf einer Liste von Spielrein gestanden, er sei von ihm denunziert worden.

Aber es kam trotzdem zum Schlimmsten: Am 26. Dezember 1937 wurde Spielrein vom Militärkollegium des Obersten Gerichtshofes der UdSSR wegen »Spionage und Teilnahme an einer konterrevolutionären Organisation« zum Tod durch Erschießen verurteilt und noch am gleichen Tag hingerichtet. Seine beiden Brüder, in anderen Gebieten tätig, erlitten das gleiche Schicksal, während Sabina Spielrein im August 1942 durch ein deutsches SS-Sonderkommando ermordet wurde. Alle vier Geschwister überlebten diese Jahre nicht.

Der frühe Tod von Spielrein, die NS-Zeit, der Zweite Weltkrieg, die Zeit des Kalten Krieges und schließlich auch die Entwicklung der Psychologie unter amerikanischem Einfluss haben bewirkt, das Isaak N. Spielreins umfangreiche Veröffentlichungen weitgehend in Vergessenheit geraten sind. Wenn er auch selbst keine eigene psychologische Theorie entwickelt hat, so hat er doch die Geschichte der Psychotechnik mitgeprägt.

Großstadtkinder erobern ihre Lebensräume

Ganz vergessen war Martha Muchow eigentlich nie, obwohl ihr interessantes Werk durch ihren frühen Freitod im Jahr 1933 unvollendet blieb. Andere pädagogische Psychologen rückten in den Vordergrund – natürlich auch bedingt durch den Nationalsozialismus und die frühe Nachkriegszeit. Aber in den vergangenen Jahren hat Muchows Werk eine Neubewertung erlebt und Anerkennung gefunden.

Martha Marie Muchow wurde 1892 als Kind des Zollinspektors Johannes Muchow in Hamburg-Altona geboren. Ihr jüngerer Bruder Hans Heinrich kam 1900 zur Welt, und die Geschwister hatten ein enges Verhältnis. Hans Heinrich Muchow bemühte sich bis zu seinem Lebensende, das Werk seiner Schwester durch die Herausgabe ihrer Veröffentlichungen lebendig zu erhalten. Martha Muchow wurde nach ihrem Abitur im Jahr 1912 Lehrerin in Tondern und Hamburg. »Ich habe mich dem Lehrberuf bisher mit Liebe und Freudigkeit gewidmet«, versichert sie in ihrem Lebenslauf drei Jahre später. Ergänzend schreibt sie, sie sei evangelisch-lutherisch erzogen worden, und schließt mit der Bemerkung: »Ich bin groß, kräftig, bisher selten krank gewesen und lebe in geordneten Verhältnissen.« Ihr damaliger Kollege am Hamburger Institut, Fritz Heider, erinnerte sich ganz ähnlich: »Sie war eine große und kräftige, empfindsame und phantasievolle Frau, die interessante Artikel über ihre Beobachtungen an Kindern veröffentlichte. Sie war eine sehr achtenswerte Frau, norddeutsch im besten Sinne« (Heider, 1984, S. 79). Tatsächlich stammten Martha Muchows Eltern aus dem hohen Norden Deutschlands, und Muchow verstand daher den Dialekt der Kinder und Erwachsenen sehr gut. Wenn jemand zu einer jungen Mutter sagte: »Mit dem kriegen Sie aber noch mal gehörig was abzusetzen!«, dann verstand sie natürlich, dass damit gemeint war: »Der wird Ihnen noch viel zu schaffen machen!« (Muchow, 1929, S. 9f.).

Sie war aber weiterhin wissbegierig, denn neben ihrer Tätigkeit als Lehrerin besuchte sie Lehrveranstaltungen des Hamburger Vorlesungswesens. (Hamburg hatte zu diesem Zeitpunkt noch keine Universität.) Zudem wirkte Martha Muchow in einem besondern Projekt mit. Aus den etwa 2.000 Volksschülern wollte die Stadt Hamburg die begabtesten auswählen – die dann in besonderen Volksschulen (»F-Zug«) unterrichtet werden sollten und dort unter anderem Fremdsprachenunterricht erhalten sollten. Für das Auswahlverfahren fragte man William Stern und seine Mitarbeiter an. Stern, eigentlich ein vorsichtiger und selbstkritischer Mensch, sah die Chance, Mitarbeiter und Lehrer zu schulen und für die Psychologie zu gewinnen. So stimmte er zu, das umfangreiche

Projekt umzusetzen, obwohl es sein Institut an die Grenzen brachte. Seine Mitarbeiter wählten 1.355 Viertklässler aus und testeten diese vier Stunden lang. Ausschlag für die Entscheidung zur Aufnahme in die Förderklassen gab jedoch der Konsens mit den Lehrern. Anschließend verbesserten die Wissenschaftler die Tests. Das Ausleseverfahren für eine zunehmende Schülerzahl wurde in den nächsten Jahren komplett vom Institut organisiert, Sterns Mitarbeiter teilten die Stadt dafür in 32 Auslesebezirke ein, und in allen Bezirken wurden die Kinder in Probeklassen sechs Tage lang unterrichtet. Die Tests waren weiterhin wichtiger Bestandteil des Verfahrens, doch entschied über deren Einsatz schließlich die Oberschulbehörde. Die Mitwirkung an diesem logistischen Großprojekt war für Martha Muchow – die als Lehrerin an der Auslese beteiligt war – eine bedeutende Aufgabe. Sie war dafür viel in Hamburg unterwegs, wies Lehrer in die Beobachtung mit Beobachtungsbögen ein und half bei deren Auswertungen.

Martha Muchow wurde als Lehrerin an die neu gegründete Hochschule abgeordnet und promovierte 1923 bei Stern mit dem Thema *Studien zur Psychologie des Erziehers. Methodologische Grundlegung einer Untersuchung der erzieherischen Begabung*. Nach ihrer Promotion übernahm sie verschiedene Aufgaben. So reiste sie mit einer Kindergruppe nach Wyk auf Föhr, um dort die Wirkungen des Seeklimas auf die Psyche der Kinder zu untersuchen (Muchow, 1926). Bemerkenswert sind weitere Untersuchungen von Martha Muchow und Heinz Werner über magische Verhaltensweisen bei Kindern. Es entstanden rund 600 Protokolle von jeweils ein bis fünf Seiten Länge, die die Grundlage von Veröffentlichungen von William Stern und Arbeiten von Martin Scheerer wurden.

Martha Muchow rezensierte darüber hinaus Fachliteratur in den von Stern herausgegebenen Zeitschriften, sie hielt Vorträge über psychologische Probleme der frühen Erziehung (Muchow, 1929) und sie besuchte – durch ihren Kontakt zum *Bund zur Erneuerung der Erziehung* – internationale Kongresse in Dänemark, Schweden, Finnland, Frankreich und in der Schweiz. Hier lernte sie Maria Montessori und viele Kolleginnen und Kollegen aus der Pädagogik und Psychologie kennen. Sie trat kämpferisch für eine Zeugnisreform ein (Muchow, 1930b), indem sie zwar ausschließlich Leistungsbeurteilung und nicht Wesensbeurteilung des Schülers verlangte, aber die Abschaffung beziehungsweise Ergänzung der Schulnoten um psychologisch begründete Urteile forderte. Sie berichtete in Zeitschriften über die Kongresse und äußerte offen Kritik – etwa an der unzureichenden Organisation der deutschen akademischen Pädagogen und deren Auftritt auf Kongressen (Muchow, 1930a). Sie hörte 1925 Jean Piaget und Édouard Claparède bei einem Sommerkurs in Genf. Vermutlich kannte sie sich in der zeitgenössischen Fachliteratur besser aus als viele ihrer Kolleginnen und Kollegen.

Auch den Auffassungen ihres Doktorvaters und Institutsleiters William Stern folgte sie nicht immer: Sie zeigte eine weitaus positivere Einstellung zu Montessori (Muchow, 1927) als Stern und war auch der psychoanalytischen Arbeit mit Kindern – zum Beispiel von Oskar Pfister – zugeneigt. 1931 beteiligte sich Muchow intensiv an der Vorbereitung und Durchführung des Kongresses der *Deutschen Gesellschaft für Psychologie* in Hamburg, dem für lange Zeit größten Kongress, den diese Gesellschaft erlebt hat. Martha Muchows Hauptleistung wird heute aber vor allem in ihren Untersuchungen über das Leben der Kinder in der Großstadt gesehen.

Der Lebensraum der Großstadtkinder

Die klassische Studie von Muchow zum Lebensraum der Kinder ist nur richtig zu verstehen, wenn man den Wissensstand der Entwicklungspsychologie zu dieser Zeit bedenkt: Die vorherrschende Herangehensweise der Wissenschafler bestand darin, die formale Struktur und Entwicklung des Kindes und des Jugendlichen in Gesetzen (Phasen, Entwicklungsstufen und so weiter) zu erfassen. Martha Muchow erkannte jedoch, dass dies nicht ausreichte, um das Erleben und Verhalten der Kinder zu verstehen. Ihr Ziel bestand deshalb in einer kulturtypologischen Entwicklungspsychologie. Dabei bezog sie sich einerseits auf Kurt Lewin mit seinem Konzept des Lebensraumes und mit der damals im Entstehen befindlichen *Feldtheorie*. Andererseits war sie von Jakob von Uexkülls *biologischer Umweltlehre* beeinflusst, zu dem die Hamburger Psychologen in engem Kontakt standen und der bei seinen Untersuchungen von Tieren die Merkwelt und Wirkwelt unterschieden hatte. Doch natürlich ist auch Sterns *kritischer Personalismus* ein wichtiger Einflussfaktor gewesen, da Stern die Persönlichkeit immer als Wechselbeziehung von Person und Umwelt ansah und von der *personalen Welt* sprach. Nicht Person und nicht Welt – sondern das »Dazwischenseiende« war es, das es zu erforschen galt (Muchow, 1932, S. 391).

In ihren empirischen Forschungen wurde dieser Raum durch Martha Muchow ganz konkret gefasst: Kindern im Alter von 9 bis 14 Jahren aus dem Hamburger Stadtteil Barmbeck[13] wurde aufgetragen, in einem Stadtplan von Hamburg mit blauer Farbe jene Straßen und Plätze zu markieren, die sie genau kannten,

---

13   Die heutige Schreibweise ist (seit 1946) Barmbek.

wo sie oft spielten, durch die sie oft gingen und die sie sich vorstellen konnten. Dieses Gebiet nannte Muchow den *Spielraum*.
Dann sollten die Kinder mit roter Farbe Bereiche kennzeichnen, durch die sie schon gekommen waren, die sie aber nicht
so genau kannten. Diesen Bereich nannte Muchow den *Streifraum*. Spielraum und Streifraum zusammen bildeten für sie den
Lebensraum der Kinder.

Die Ergebnisse zeigten eine erhebliche Variation der Antworten, sodass sie nur bedingt verallgemeinert werden konnten. Auffällig war jedoch, dass die Jungs einen weit größeren
Streifraum angaben als die Mädchen und dass weniger begabte
Kinder einen deutlich eingeschränkteren Spielraum markierten
als die mittel und höher begabten Kindern.

Diese originelle Befragung mit Landkarten stellte aber nur
einen Ansatz der Studie dar, die von sehr verschiedenen Methoden Gebrauch machte. Weitere Befragungen zeigten, dass mehr
als die Hälfte der befragten Kinder Großstadtstraßen als bevor-
zugten Spielraum angaben. Beliebte Spiele waren »Tobespiele«
wie Verstecken oder Fangen. In Straßenkampfspielen verteidig-
ten Jungen ihre »Heimat« gegen Jungen aus anderen Straßen-
zügen. Auch zum Wochenablauf befragte Muchow die Kinder
und es stellte sich heraus, dass die Sonntage deutlich vom Rest
der Woche abwichen. Hier berichten Jungen und Mädchen ohne Pathos und erstaunlicherweise weit übereinstimmend über
das, was sie am vergangenen Sonntag gemacht haben: im Haushalt helfen, gemeinsam spazieren gehen, mit Bekannten und
Verwandten zusammen sein.

Die »flush-light-Methode« (Muchow & Muchow, 1935/1998,
S. 99) zählte ebenfalls zu den eingesetzten Methoden: Helferin-
nen und Helfer von Muchow absolvierten in begrenzter Zeit in
einem vorgeschriebenen Beobachtungsbezirk einen Rundgang

und befragten dabei die Kinder, die in dieser Zeit gerade vor Ort waren. Dabei stellte sich heraus, dass sich der Lebensraum der Kinder markant von dem der Erwachsenen unterschied. Ein Holzzaun, der den Gehweg von einer Böschung trennte, war für Erwachsene eher eine optische Abgrenzung – für Kinder hatte der gleiche Zaun Aufforderungscharakter: Mal wurde mit einem Stock dagegen geschlagen, kleinere Kinder kletterten hindurch und kamen so auch zurück, Jugendliche kletterten darüber – und kaum ein Kind konnte ohne irgendeine Berührung daran vorbeigehen. Die Lebenswelt der Kinder umfasst offenbar gerade jene Bereiche, die für Erwachsene nicht zur Lebenswelt zählen.

Besonderen Reiz übte auf Kinder und Jugendliche das moderne Warenhaus in Barmbeck aus. Ein Pförtner stand dort an der Tür und kontrollierte die große Zahl der Menschen, die hineingingen. Da Kinder ohne elterliche Begleitung nicht hineingelassen wurden, mussten diese Tricks anwenden, wenn sie hinein wollten. Darin erwiesen sich die Kinder als sehr erfinderisch (1998, S. 141ff.). Im Gegensatz zur Straße war dies hier ein neutraler Bereich, der es erlaubte, sich in der »großen Welt« zu fühlen, sich fachmännisch beraten zu lassen, kleine Einkäufe zu machen – und eben so zu tun, als ob man erwachsen sei. Besonders die Mädchen konnten hier im Warenhaus »den Erwachsenen spielen«. Beobachtet wurden zum Beispiel zwei Mädchen, A. und B., etwa 13 und 14 Jahre alt:

> »Beide gehen hinein; nach kurzer Zeit entwickelt sich ein (…) Gespräch über ausgestellte Sachen, bei denen (…) A. als diejenige sich gibt, die gegebenenfalls (…) einen Kauf tätigen würde. Sie spielt diese Rolle auch mit großer Sicherheit der Verkäuferin gegenüber, von de-

nen eine sie nach ihren Wünschen fragt, worauf sie ›vor-
läufig‹ dankend ablehnt. B. spielt (…) ebenfalls ausge-
zeichnet die Erwachsene imitierend, die Beraterin, die
man zum Einkauf mitgenommen hat, um freundschaft-
lich beraten zu sein. Charakteristisch sind im Verlauf der
Szene die ›Erwachsenen-Allüren‹, die beide im Tonfall,
Gebärde und Haltung angenommen haben. In ihrer
Sprache wird das besonders deutlich. (…) Sie sind nicht
»Kinder«, (…) sondern sie tun, als ob sie diese Dinge
völlig und im Ernst aus eigener Machtvollkommenheit
und Selbständigkeit zu entscheiden und zu vollziehen
hätten« (Muchow & Muchow, 1935/ 1998, S. 145 f.).

Das Buch *Der Lebensraum des Großstadtkindes* ist zwar ein kurzer Text von nur etwa 80 Seiten. Er glänzt aber durch seine
Vielfalt an Forschungsmethoden, die sich gegenseitig ergänzen,
durch phänomenologische Beobachtungen, anschauliche Beschreibungen und durch ein besonderes Verständnis für die Bedürfnisse und die Lebenswelt der Kinder und Jugendlichen in
einem ansonsten wenig ansprechenden Stadtteil von Hamburg.

Martha Muchow konnte noch Vorarbeiten zu dieser Arbeit
veröffentlichen, doch das Buch hat ihr Bruder 1935 herausgegeben. Verbreitung fand es erst lange Jahre nach dem Zweiten
Weltkrieg durch Jürgen Zinnecker (1978).

Das Ende

Mit dem »Gesetz zur Wiederherstellung des Berufsbeamten-
tums« vom 4. April 1933 wurden alle jüdischen Mitarbeiter aus
dem öffentlichen Dienst entlassen. William Stern, Heinz Wer-

ner, Bettina Katzenstein wurden so gezwungen, das Institut zu verlassen – und schließlich auch in die Emigration zu gehen. Martha Muchow musste als übrig gebliebene »Arierin« zunächst das praktisch zerschlagene Institut kommissarisch leiten. War dies schon schwer genug, so wurde sie zudem als »judenfreundlich« und (wegen ihrer früheren Mitgliedschaft im »Wandervogel«) als marxistisch beschimpft. Die Anfeindungen kamen von nationalsozialistischen Studenten – da aber auch Pädagogen an der Übernahme des Instituts und an der Neubesetzung der Stellen interessiert waren, hatte Muchow einen schweren Stand. Bereits im September 1933 übernahm dann der nationalsozialistische Erziehungswissenschaftler Gustav Deuchler die Leitung des Instituts. Im gleichen Arbeitsgang wurde Martha Muchow zurück in den Schuldienst geschickt, den sie vor vielen Jahren aufgrund ihrer wissenschaftlich-pädagogischen Interessen verlassen hatte. Zwei Tage später unternahm sie einen Suizidversuch, wurde zu Hause aufgefunden und überlebte schwer verletzt, verstarb aber zwei Tage später, am 29. September 1933, im Krankenhaus.

Eine studentische Mitarbeiterin von Muchow, Annelise Westermann, erinnerte sich später: »Ich habe Martha Muchow als eine stille, verstehende, helfende, aber dennoch führende Persönlichkeit in Erinnerung, die uns Erziehungswissenschaftlern sehr verbunden war. Sie war sehr exakt und vorsichtig in ihren Arbeitsschritten und wahrhaftig und überzeugend in den Urteilen« (Westermann, 1998, S. 160).

Heute zählt *Der Lebensraum des Großstadtkindes* zu den klassischen Untersuchungen der Entwicklungspsychologie. Diese Studie ist es, die im Kontext der Umweltpsychologie die Arbeiten von Martha Muchow wieder in den Fokus gerückt hat.

Die Universität Hamburg hat 2007 die Bibliothek der Fakultät für Erziehungswissenschaft, Psychologie und Bewegungswissenschaft nach Martha Muchow benannt. Seit 2012 gibt es eine Martha-Muchow-Stiftung für Nachwuchswissenschaftlerinnen und -wissenschaftler, die mit ihrer Forschung zu einem besseren Verständnis der Lebenswelten und Kulturen von Kindern beitragen. Inzwischen setzt auch eine Rezeption ihrer Arbeiten im englischsprachigen Bereich ein (Mey & Günther, 2015) – und es ist ein Film über Leben und Werk von Martha Muchow entstanden (Mey & Wallbrecht, 2014).

Eine Theorie der menschlichen Entwicklung von großer Tragweite

Der Schweizer Psychologe und Erkenntnistheoretiker Jean Piaget hat ein riesiges wissenschaftliches Werk von über 500 Veröffentlichungen hinterlassen. Diesem Werk kann man sich auf unterschiedlichen Wegen nähern. Da Piaget bei seiner Theorie der Entwicklung des Menschen in gewissem Umfang von sich selbst ausgegangen ist (Vidal, 1983), bietet sich der Weg über die Hintertreppe an. Schauen wir also Piaget bei der Arbeit zu!

Wir finden ihn in seinem großen Arbeitszimmer, er sitzt in einem Sessel an seinem Schreibtisch. Überall liegen Bücher, Manuskripte und Briefe herum, aber dies ist für ihn nicht Unordnung. »Es gibt nur zwei Arten von Ordnung«, sagt er, »die geometrische und die vitale. Meine ist eindeutig vital!« (Bringuier, 2004, S. 23). Tatsächlich türmen sich die Dokumente nach einem gewissen System auf: Die häufiger gebrauchten Texte und Daten liegen näher als die seltener gebrauchten. Wenn ältere Dinge gebraucht werden, dann muss er eben suchen. Das Arbeitszimmer, seine Pfeife, eine Katze in seiner Nähe – alles macht den Eindruck eines einsamen Gelehrten. Tatsache ist aber, dass Piaget über viele Jahrzehnte mit sehr verschiedenen Menschen aktiv zusammengearbeitet hat. »Man braucht Kontakte und vor allem Widerrede«, sagt Piaget. »Und dann braucht man ein Team. Ich glaube an die interdisziplinäre Forschung« (Bringuier, 2004, S. 45f.).

In jedem Fall hat Piaget die Entwicklungspsychologie und viele andere Wissenschaftsbereiche so nachhaltig geprägt, dass er als besonders wichtiger Psychologe gelten muss. Aber er ist bekannter als sein Werk (Heidbrink, 1993).

Jean Piaget wurde 1896 in Neuchâtel (Neuenburg) in der Schweiz geboren. Sein Vater war wissenschaftlich tätig und Piagets Mutter beschrieb der Forscher später als »sehr intelligent, energisch und im Grund von einer wirklichen Güte«. Aber: »Ihr neurotisches Temperament gestaltete unser Familienleben recht schwierig« (Piaget, 1979, S. 150). Diese Konstellation war es wohl, die den jungen Piaget dazu brachte, dass er »schon sehr früh das Spielen zugunsten ernsthafter Arbeit vernachlässigte, teils um seinen Vater nachzuahmen«, teils um sich »in eine Welt zurückzuziehen, die zugleich persönlich und nicht erfunden war« (1979, S. 150). So entwickelte er früh Interesse an der Biologie – und veröffentlichte bereits als Schüler seine Beobachtungen an Weichtieren in Fachzeitschriften! Daraufhin bot man ihm eine Stelle als Konservator an, aber Piaget musste ablehnen, da ihm »noch zwei Jahre Schulbesuch bevorstünden bis zur Matura« (1979, S. 152).

Die Zeit seiner Jugend und des frühen Erwachsenenalters war durch verschiedene religiöse und philosophische Krisen gekennzeichnet. Rückblickend führten ihn viele seiner Beobachtungen und Auseinandersetzungen mit Philosophen wie beispielweise Henri Bergson letztlich auf Umwegen zur Psychologie: »Hätte ich damals (1913–1915) die Arbeiten Wertheimers und Köhlers gekannt, so wäre ich wohl Gestaltpsychologe geworden«, erinnert er sich 1979 (S. 157).

Erst nach seinem Studium der Naturwissenschaften und der Promotion mit einer Doktorarbeit über Weichtiere wandte sich Piaget der Psychologie zu. Dazu ging er nach Zürich, wo er sich auch für die Psychoanalyse interessierte. (Einige Jahre später, 1922, referierte Piaget sogar auf dem VII. Internationalen Kongress für Psychoanalyse in Berlin – den Eröffnungstag hatte Sigmund Freud persönlich geleitet.) Ab Herbst 1919 forschte Piaget für zwei Jahre an der Sorbonne. Hier in Paris, wo er nach dem Tod von Alfred Binet (1857–1911) dessen damals nicht genutztes Laboratorium übernahm, wiederholte er Befragungen, die bereits in England durchgeführt worden waren. Im Rahmen dieser Untersuchungen entdeckte er, dass bestimmte logische Aufgaben von Kindern bis zum Alter von elf Jahren noch nicht gelöst werden konnten.

Im Anschluss an seine Pariser Zeit nahm er ein Angebot aus Genf an, lehrte dort an der Universität und an anderen Hochschulen. Er begann mit den Untersuchungen an Kindern, die er bald auf die genaue Beobachtung seiner drei Kinder ausdehnen konnte. In schneller Folge entstanden nun die wichtigsten Aufsätze und mehrere Bücher, die seinen Ruf begründeten.

Kognitive Entwicklung

Alina Szemińska (1907–1986), eine Mitarbeiterin von Piaget, führte mehrere Versuche zum Konstanzproblem durch und entwickelte neue Untersuchungsmethoden (Gołąb, 2012). In einem berühmten Versuch von 1933 war es das fünfjährige Mädchen Madeleine, mit dem die Wissenschaftlerin arbeitete. Szemińska stellte zwei Gläser vor sie, eins davon befüllt mit blauem Saft und das andere mit rotem Saft. In beiden Gläsern befand sich exakt die gleiche Menge Flüssigkeit. Szemińska fragte: »In den Gläsern ist gleich viel Saft. Stimmt das?«

Madeleine prüft die Höhe: »Ja.«

Szemińska gießt den Inhalt des Glases mit dem blauen Saft in zwei Gläser und deutet auf die beiden Gläser mit dem blauen Saft: »Die gehören Renée. Habt ihr immer noch dieselbe Menge zu trinken?«

Madeleine: »Nein, Renée hat mehr, weil sie zwei Gläser hat.«

»Was müsstest du tun, um wieder gleich viel zu haben?«

Madeleine: »Auch in zwei Gläser umgießen.«

Madeleine gießt den Inhalt ihres Glases in zwei Gläser um.

Szemińska: »Habt ihr gleich viel?«

Madeleine betrachtet lange die vier Gläser: »Ja«, sagt sie schließlich.

Szemińska verteilt Renées blauen Saft auf drei Gläser, den roten von Madeleine auf vier. Jetzt ist Madeleine davon überzeugt, dass sie mehr Saft hat. Als Szemińska die beiden Flüssigkeiten in das ursprüngliche Glas zurückgießt und sie genau gleich hoch steigen, ist Madeleine verwirrt.

Madeleine: »Es ist gleich viel!«

»Wie kommt das?«

Madeleine: »Ich glaube, man hat ein bisschen nachgefüllt. Jetzt ist es wieder gleich viel.«

Kleinere Kinder wie Madeleine orientieren sich bei der Mengenschätzung der Flüssigkeiten sowohl an der Höhe des Flüssigkeitsspiegels als auch an der Anzahl der Behältnisse. Wenn sie nur wenige Jahre älter sind, dann ist den Kindern klar, dass sich die Mengen nicht geändert haben können, nur weil sie beispielsweise von einem auf zwei Gefäße verteilt wurden. Ähnliche Ergebnisse lassen sich experimentell mit anderen Aufgaben und anderem Material erreichen, etwa mit einer Knetkugel, die in zwei kleinere Kugeln aufgeteilt wird.

Bärbel Inhelder (1913–1997), Piagets langjährige Mitarbeiterin, erinnerte sich: »Am Tag meines zwanzigsten Geburtstags schlug mir Piaget vor, eine kleine Untersuchung durchzuführen, die später große Bedeutung bekam und zahlreiche weitere Untersuchungen anregte: Es handelt sich darum, ein Stück Zucker vor den Augen eines Kindes in Wasser aufzulösen und zu versuchen, herauszubekommen, wie das Kind über den Prozeß der Auflösung und die verschiedenen Stadien einer Substanz denkt« (Inhelder, 1997, S. 36). Die beiden Wissenschaftler untersuchten dabei Kinder von vier bis zwölf Jahren. Die jüngeren Kinder waren der Meinung, dass sich der Zucker vollständig auflöse und nichts davon übrig bleiben würde, bestenfalls der Geschmack des Wassers. Ältere Kinder, durchschnittlich ab einem Alter von elf Jahren, glaubten, dass der Zucker in irgendeiner Form weiterbestehen würde. Ein zehn Jahre altes Kind sagte beispielsweise: »Der Zucker ist vollständig im Wasser. Er ist in winzigen Teilchen, aber derartig klein und so zerstreut, daß man sie nicht mehr sehen kann, aber ich kann sie in meinem Kopf zusammentun und dann weiß ich, dass dort die gleiche Menge von Zucker vorhanden sein muß« (Inhelder, 1997, S. 38). An Erklärungen wie dieser wird deutlich, wie schwer es ist, sich die Erhaltung des Zuckers im Wasser vorzustellen.

Stellen wir uns Piaget selbst bei seinen Untersuchungen vor. Da sehen wir einen freundlichen, etwas gemütlich wirkenden

Jean Piaget

Herrn, wie er sich interessiert einem sechsjährigen Jungen zu-
wendet. Er erzählt etwa Folgendes:

> *»Ein kleiner Junge namens Hans ist in seinem Zimmer.*
> *Man ruft ihn zum Essen. Er geht ins Speisezimmer.*
> *Aber hinter der Tür stand ein Stuhl. Auf dem Stuhl*
> *war ein Tablett, und auf dem Tablett standen fünfzehn*
> *Tassen. Hans konnte nicht wissen, dass all dies hinter*
> *der Tür war. Er tritt ein und: Die Tür stößt an das Ta-*
> *blett und bums!, die fünfzehn Tassen sind zerbrochen.*

> *Es war einmal ein kleiner Junge, der hieß Heinz. Eines*
> *Tages war seine Mama nicht da, und er wollte Marme-*
> *lade aus dem Schrank nehmen. Er stieg auf einen Stuhl*
> *und streckte den Arm aus. Aber die Marmelade war zu*
> *hoch, und er konnte nicht daran kommen. Als er doch*
> *versuchte daran zu kommen, stieß er an eine Tasse. Die*
> *Tasse ist heruntergefallen und zerbrochen.«*

Es entsteht ein Gespräch mit folgendem Verlauf (nach Piaget,
1973, S. 134ff.):

Piaget: Hast du diese Geschichte gut verstanden?
Junge: *Ja.*
Was hat der erste getan?
Er hat elf Tassen zerbrochen.
Warum hat der Erste die Tassen zerbrochen?
Weil die Tür daran gestoßen ist.
Und der zweite?
Er hat eine falsche Bewegung gemacht. Als er die Marmelade
suchte, fiel die Tasse herunter.

Ist einer schlimmer als der andere?

Der erste, weil er zwölf Tassen fallen gelassen hat.

Wenn du der Papa wärst, wen würdest du mehr bestrafen?

Den, der zwölf Tassen zerbrochen hat.

Warum hat er sie zerbrochen?

Die Tür ist zu stark zugeschlagen, sie hat daran gestoßen. Er hat es nicht absichtlich gemacht.

Und der zweite, warum hat er eine Tasse zerbrochen?

Er wollte Marmelade nehmen (...)

Warum wollte er Marmelade nehmen?

Weil er ganz allein war, er hat ausgenutzt, dass seine Mama nicht da war.

Piaget hatte eine Gesprächstechnik entwickelt, die ihm erlaubte, die kognitive Entwicklung und – in diesem Fall – die moralische Urteilsfähigkeit des Kindes in Erfahrung zu bringen. Dabei interessierte ihn natürlich die Entwicklung des Kindes allgemein, nicht des bestimmten einzelnen Kindes: Er fand eine ganz regelmäßige Entwicklung in Abhängigkeit vom Alter, genauer: in Abhängigkeit von vier aufeinanderfolgenden Entwicklungsstufen:

Das sensomotorische Stadium besteht in dem Erwerb grundlegender Fähigkeiten des Säuglings und Kleinkindes. Die räumliche Umgebung wird mit den Sinnen erfasst, und das Kind lernt, sich in dieser Umgebung zu orientieren und zu bewegen.

Das präoperationale Stadium entfaltet sich mit dem Erwerb der Sprache, der Vorstellungen und der Denkprozesse. In dieser zweiten Phase wird die Grundlage gelegt für den intelligent denkenden, sprechenden und handelnden Menschen. Im präoperationalen Denken unterscheidet das Kind bereits Vergangenheit, Gegenwart und Zukunft.

Das *Stadium der konkreten Operationen* beginnt etwa mit dem sechsten Lebensjahr. Das Kind orientiert sich an der sinnlichen Wahrnehmung, es kann Sachverhalte logisch kombinieren. Aber wie die Untersuchungsbeispiele zeigen, ist dem Kind die Wahrnehmung der Identität von physikalischen Größen wie Mengen, Länge, Gewicht oder Zeit noch nicht möglich.

Im anschließenden *Stadium des formal-operativen Denkens* entsteht die Fähigkeit zu formal-logischem Denken, zur Abstraktion, und zum Entwickeln und Anwenden von Theorien. Hierzu gehört auch die kritische Reflexion des eigenen Denkens und Handelns. Piaget gibt den Beginn dieser Phase etwa mit dem zehnten Lebensjahr an.

Erfahrungen und Kritik

Diese hier sehr einfach dargestellte Abfolge der Entwicklungsstufen wurde von verschiedenen Seiten kritisiert. Aus der Perspektive der Lernpsychologie wandte man ein, dass sich durch entsprechende Schulung Entwicklungsstufen früher erreichen lassen, als von Piaget angegeben. Das schloss Piaget nicht aus, er sah seine Beobachtung aber durch zahlreiche Untersuchungen seiner Forschergruppe und anderer Wissenschaftler grundsätzlich bestätigt.

Ein weiterer Kritikpunkt war, dass Piaget in seiner Betrachtung zunächst Affekte und Persönlichkeitsmerkmale unberücksichtigt gelassen habe. Dem stimmte Piaget zu, er hielt Affekte durchaus für wichtig, aber nicht für primär. Piaget war zudem überzeugt, dass die Entwicklung in der Stufenabfolge zwar in verschiedenen Kulturen beschleunigt oder verzögert verlaufen kann, aber dass es kaum Unterschiede bezüglich der sozialen Herkunft der Kinder gibt. Auch dies wurde immer wieder kritisiert.

Schließlich wurde Piagets Methode als solche infrage gestellt. Die Gesprächssituation ähnele einer Testsituation, lautete der Vorwurf, aber tatsächlich ging es Piaget nicht um die Diagnostik des Einzelkindes. Er selbst betonte, dass die Wissenschaftler in der Gesprächsführung vor allem auf zwei Aspekte achten müssen: Das Kind darf nicht das Interesse verlieren und sich gelangweilt oder frustriert abwenden. Und die Forscher dürfen keine suggestive Fragetechnik anwenden. Dies ist besonders schwer, weil sich Kinder gern an Erwachsenen orientieren – vor allem, wenn sie bei der Lösung einer Aufgabe unsicher sind, wie dies hier oft der Fall ist. Die Wissenschaftler mussten in der Gesprächsführung die Balance halten, und der Erwerb der entsprechenden Kompetenz erforderte teilweise wochenlanges Training mit den Versuchsleitern.

Insgesamt war Piaget vielleicht einer der am meisten kritisierten Psychologen seiner Zeit. Trotzdem ging er unbeirrt seinen Weg und nahm vergleichsweise wenig Notiz von anderen Meinungen und anderen Theorien. Er gab unumwunden zu, dass er wenig Fachliteratur lese. Ausschlaggebend waren für ihn die Untersuchungen in seinem Team und die Montagsgespräche in der Runde der Erkenntnistheoretiker.

Zur Wirkungsgeschichte

Da zur gleichen Zeit in den USA der Behaviorismus dominierte, war es unwahrscheinlich, dass ein kognitiv-psychologischer Ansatz wie der von Piaget dort viel Begeisterung wecken würde. Trotzdem gab es Autoren, die schon in den 1920er-Jahren immer wieder auf Piaget hinwiesen, so vor allem Samuel W. Fernberger (1887–1956). Aber die Resonanz blieb verhalten. Drei Aspekte hielten amerikanische Psychologen von Piaget ab: die genannte Dominanz des Behaviorismus, die amerikanische Begeisterung für die Psychoanalyse und schließlich – der Zweite Weltkrieg. So kam es in den USA erst spät zu einer umfassenden Rezeption der Theorien von Piaget – vermutlich später als in einigen europäischen Ländern (Hsueh, 2002).

Ein Teil von Piagets Wirken fand aber schon früher seinen Weg: So setzte Elton Mayo, der Propagandist der Human-Relations-Bewegung, bereits 1929 bis 1932 die von ihm als »Piaget-Methode« bezeichnete Befragungstechnik in den Hawthorne-Werken ein (siehe das Kapitel über Elton Mayo). Ein paar Jahre später erhielt Piaget in diesem Zusammenhang die Ehrendoktorwürde der Harvard University.

Lawrence Kohlberg

1958 verfasste Lawrence Kohlberg (1927–1987) seine Doktorarbeit über die moralische Entwicklung des Menschen – und erweiterte damit die Theorie von Piaget erheblich. Bei Kohlberg ist der Prozess der Moralentwicklung nicht an ein Lebensalter gebunden. Er unterscheidet drei Ebenen mit je zwei Unterstufen, sodass sechs Orientierungen entstehen.

Präkonventionelle Ebene
1. Stufe: Die Orientierung an Strafe und Gehorsam
2. Stufe: Die instrumentell-relativistische Orientierung

Konventionelle Ebene
3. Stufe: Interpersonelle Konkordanz-Orientierung (»good boy«/»nice girl«)
4. Stufe: Orientierung an Gesetz und Ordnung

Postkonventionelle Ebene
  5. Stufe: Die legalistische Orientierung am Sozialvertrag
  6. Stufe: Die Orientierung am universellen ethischen
     Prinzip

Für jede Person kann nach Kohlberg ermittelt werden, auf welcher Stufe sie sich befindet, indem sie ein Interview absolviert. Wie wird eine Person argumentieren, wenn sie vor (fiktive) Konflikte gestellt wird? Bei dieser Befragung geht es also nicht um richtige oder falsche Antworten, sondern um die Argumente, die eine Person verwendet. Bei der Anwendung des Interviews lässt sich beobachten, dass Kinder eher Begründungen der frühen Stufen liefern. Höhere Stufen werden erst mit zunehmendem Alter und zunehmender Reife erreicht. Die höchste Entwicklungsstufe in Kohlbergs Modell wird nach seinen Befunden nur von wenigen Menschen erreicht. Kohlberg selbst und andere Autoren haben die Stufenfolge teilweise modifiziert, was aber hier nicht zur Diskussion stehen soll.

Im Vergleich zu Piagets Modell ist dieses Modell in einigen Aspekten praktischer, leichter quantifizierbar und damit empirisch besser zu handhaben. Es ist jedoch weiter von Piagets Zielen einer psychologischen Erkenntnistheorie entfernt.

Kulturgeschichte

Piaget betrachtete sich nicht als Philosoph (obwohl er früher Philosophie gelehrt hatte), trotzdem bemerkte er gelegentlich – wenn auch halb im Spaß –, er sei kein Psychologe, sondern Epistemologe (Erkenntnistheoretiker). Tatsächlich hielt er seine Untersuchungsergebnisse für so tragfähig, dass sie auch die

Grundlage für weitergehende Erklärungen jenseits der Entwicklungspsychologie bilden konnten. Mehrfach wies er beispielsweise darauf hin, dass die Kulturgeschichte der Menschheit möglicherweise ähnlich abgelaufen sei wie die Entwicklung des einzelnen Individuums (Ontogenese). Ein Wissenschaftler, der diesen Gedanken aufgenommen und vertieft hat, ist Georg W. Oesterdiekhoff (2008). Seine These lautet entsprechend, dass die formalen Operationen überwiegend ein Merkmal moderner industrieller Gesellschaften sind, während die kognitive Entwicklung vormoderner Populationen in der Regel im präformalen Bereich endet. Oesterdiekhoff stützt sich auf die Ergebnisse einer umfassenden kulturvergleichende Forschung, die seit den 30er-Jahren des 20. Jahrhunderts exisitiert. Hunderte von Untersuchungen hätten gezeigt, so Oesterdiekhoff, dass die Entwicklung von konkreten Operationen in unterentwickelten Regionen »selektiv und bruchstückhaft erfolgt« (2006, S. 209). Formal-operationales Denken finde sich in vorindustriellen Kulturen so gut wie gar nicht. Der Verfasser geht noch weiter und nimmt an, dass auch Moralentwicklung in verschiedenen Kulturen unterschiedlich ist – je nach Entwicklungsstufe der Gesellschaft. Grausamkeiten und Sadismus, wie etwa noch in der Zeit des alten Rom, als im Colosseum tausende unschuldiger Menschen zum Vergnügen der Zuschauer umgebracht wurden, sieht Oesterdiekhoff als Beleg an. Die Abschaffung dieser Gewaltorgien, die Zivilisierung der Unterhaltungskultur, die Humanisierung des Strafrechts und die Verkündung der Menschenrechte seien Folgen der Evolution des formal-logischen Denkens.

Fazit

Eingangs hatten wir angenommen, ein Teil der Entwicklung von Piagets Theorie habe mit seiner eigenen, persönlichen Entwicklung zu tun. Dafür sprechen nicht nur seine Äußerungen in Interviews und Gesprächen, sondern bereits die Untersuchungen aus der Zeit, als Piaget Schüler und Abiturient war und seine ersten wissenschaftlichen Arbeiten zur Naturforschung veröffentlichte (Vidal, 1983). Diese Arbeiten und auch ein autobiografisch geprägter Bildungsroman, den Piaget mit 20 Jahren verfasste, zeigen, dass Piagets Theorie Züge seiner eigenen Entwicklung trägt. Anders gesagt: Auch Piaget selbst kann mit seiner Biografie als Bestätigung seiner eigenen Theorie gelten.

Sein Verhältnis zu den Kindern in seinen Untersuchungen beschreibt Piaget zum Schluss am besten selbst.

Mögen Sie Kinder?

Piaget: Sehr.

Als Versuchskaninchen?

Piaget: Aber nein! Die Beschäftigung mit ihnen ist lebendig, einfach herrlich. Es ist erfrischend. Ach, einfach wunderbar.

FRITZ HEIDER

Laienpsychologie, soziale Wahrnehmung und kognitive Balance

Es ist schon ungewöhnlich, wenn ein Wissenschaftler zu seinen
Lebzeiten wenig Beachtung findet, dann aber gleich aus mehreren Gründen zum wichtigsten Vertreter der Theoriebildung seines Fachs aufsteigt. Dies trifft auf Fritz Heider und die Sozialpsychologie zu. Ganz offenbar war er seiner Zeit voraus – wie
man so sagt.

Fritz Heider wurde 1896 in Wien geboren und wuchs in
Graz auf. Seine Mutter Eugenie, in der Familie »Schnitzel«
genannt, war eine begabte Amateurschauspielerin. Sein Vater Moritz war Architekt und weckte in Fritz früh das Interesse an Kunst und Naturwissenschaften. Fritz Heider genoss eine
für die damalige Zeit erstaunlich liberale Erziehung, allerdings
führte eine schwere Augenverletzung, die er sich beim Spiel mit
einer Spielzeugpistole zuzog, früh zur Erblindung eines Auges.

Vielleicht verursachte diese Behinderung auch Heiders späteres Interesse an der Wahrnehmungs- und der Gestaltpsychologie? Nach der Matura begann Fritz Heider zunächst mit dem Architekturstudium und wechselte bald zum Jurastudium. Schließlich betrieb er eine Art *Studium Generale* in Innsbruck, Wien und Graz und wendete sich dabei immer mehr der Philosophie und Psychologie zu. Spät und zur Überraschung seiner Familie schloss Heider doch noch 1920 mit einer Promotion bei dem Grazer Philosophen und Psychologen Alexius Meinong (1853–1920) ab. Meinong bildete mit Christian von Ehrenfels (1859–1932) das Zentrum der sogenannten Grazer Schule der Gestaltpsychologie.

Nach erfolgreicher Promotion folgte eine Zeit, die Heider selbst als Wanderjahre bezeichnete: Er reiste viel, zog schließlich nach Berlin und arbeitete – ohne feste Anstellung – am Berliner Psychologischen Institut, wo er unter anderem Kurt Lewin kennenlernte. Seinen Lebensunterhalt in Berlin bestritt Heider durch verschiedene Jobs, unter anderem als Elektriker. Dann wurde er Mitarbeiter von William Stern in Hamburg, wo er auch durch Heinz Werner (1890–1964) und Ernst Cassirer (1874–1945) geprägt wurde. In der Hansestadt erlebte Heider das »goldene Zeitalter in der Geschichte des Instituts« (Heider, 1984, S. 79) – bis das Psychologische Institut der Hamburgischen Universität, wie es seit kurzer Zeit hieß, im Jahr 1933 aus politisch-rassistischen Gründen ein gewaltsames Ende fand. Heider war bereits im August 1930 ausgeschieden, denn Stern hatte ihm eine Anstellung beim Gestaltpsychologen Kurt Koffka verschafft, der kurz vorher in die USA emigriert war. Ohne lange zu überlegen, sagte Heider zu und blieb dann – abgesehen von wenigen Europareisen – bis zu seinem Tod in den USA.

Inhaltlich vertrat Heider Positionen, die im Widerspruch zu allen bedeutenden Theorien der damaligen Zeit standen: dem Behaviorismus, der Psychoanalyse und der Charakterologie, die in Deutschland dominierte. Dabei war Heider besonders an interpersonellen Beziehungen interessiert, einem zentralen Thema der Sozialpsychologie.

Heider arbeitete gern im Stillen, erging sich in langen Spaziergängen, wenn er eine Lösung für ein Problem gefunden hatte, machte wenig Reklame für seine Forschung, veröffentlichte wenig und hatte fast keine Schüler. Dies trug zwar nicht zu einer verbreiteten Rezeption seiner Theorien bei – andererseits kursierten Rohfassungen von seinen Arbeiten lange vor einer Drucklegung, sodass Psychologen wie Leon Festinger und andere früh von Heiders Ideen profitierten. Erst 1958, nach Zeiten der Unsicherheit, Selbstzweifel und auch Arbeitsüberlastung, entstand Heiders Hauptwerk *The Psychology of Interpersonal Relations* – Heider stand zum Zeitpunkt der Veröffentlichung bereits im 62. Lebensjahr. Die deutsche Übersetzung erschien 1977, erst knapp 20 Jahre später.

Nun fanden seine Thesen und Forschungen immer mehr Aufmerksamkeit und lösten schließlich eine inzwischen nicht mehr zu überschauende Literaturflut aus. Aus heutiger Sicht begründete Heider drei Richtungen beziehungsweise Ansätze innerhalb der Psychologie: die sogenannte *naiv-psychologische Betrachtung,* die Attributionstheorie und das (hier nicht behandelte) *Balancemodell.*

Fritz Heider vertrat die Überzeugung, dass die Psychologie bislang wenig geleistet habe. Wenn man sich die Psychologie »wegdenken« würde, dann sähe die Welt nicht viel anders aus. Gerade im sozialen Bereich verfügten die Menschen bereits über brauchbare Instrumente, um in Beziehungen zurechtzu-

kommen. Heider forderte nun, von diesen Erfahrungen auszugehen. (Für die Physik zum Beispiel sei das dagegen wenig
sinnvoll, da sie schon weit entwickelt sei.) Heider sammelte daher Personenbeschreibungen, las Spinoza und andere Philosophen, studierte Belletristik, Fabeln, Märchen, ließ Studenten
ihre Mitstudenten beschreiben und so weiter – und suchte dabei nach Regeln und Gesetzmäßigkeiten. Da er für einen Ansatz
kaum Vordenker in der Psychologie fand, kam er nur langsam
voran. Und er stieß immer wieder auf äußere Widerstände: Sein
Buchmanuskript wurde zuerst abgelehnt, da es ja »nur« Alltags-
psychologie enthalte.

Diese Common-sense-Betrachtungen brachten Heider unter
anderem zur Frage, welche Ursachen Menschen den Ereignissen
in ihrer Umgebung zuschreiben (attribuieren). Am Anfang der
Attributionsforschung stand eine kleinere experimentelle Studie, die Heider zusammen mit seiner Studentin Marianne Simmel am Smith College durchführte (Heider & Simmel, 1944).
Marianne L. Simmel (1923–2010) lehrte später als Professorin für Psychologie an der Brandeis University, Waltham, Mas-
sachusetts. Die Arbeit von Heider und Simmel ist höchstwahr-
scheinlich die erste psychologische Publikation überhaupt, in
der der Begriff *attribution* auftaucht.

Zunächst produzierten die Forscher einen kleinen Zeichen-
trickfilm, in dem nicht Menschen, sondern drei geometrische
Figuren die »Akteure« waren. Im Film war ein stilisierter Kasten (Raum oder Haus) mit einer Tür zu sehen, die Figuren be-
wegten sich offenbar zielgerichtet auf der Bildfläche. Die Aufgabe der Versuchspersonen bestand darin, nach Betrachtung des
Films zu beschreiben, was sie gesehen hatten. Die These der
Wissenschaftler: Die Probanden würden den Figuren und ihren
Aktionen menschliche Eigenschaften zuschreiben.

Und so war es: Die abstrakten geometrischen Figuren, die im Film Ortsveränderungen in Raum und Zeit durchführen, wurden nicht abstrakt erlebt und beschrieben, sondern als handelnde Personen aufgefasst – ihre Bewegungen hatten *Ursachen*, und die »Personen« schienen *Ziele* anzustreben. Nur sehr wenige Versuchspersonen sahen im Film Fische oder Vögel. Einige Personen bemühten sich darum, die Benennung der geometrischen Figuren beizubehalten, doch trotzdem wurden Begriffe gebraucht, die menschliches Handeln umfassen (mögen, wollen, können und so weiter).

In der Wahrnehmung des Geschehens wurden den Figuren also Motive und Absichten zugeschrieben. Diese Attributionen erfolgten offenbar ganz selbstverständlich – und zwar auch dann, wenn die geometrischen Figuren nicht als Personen benannt wurden. Die Zuschreibungen erfolgten zudem mit großer Übereinstimmung; viele Betrachter waren sich einig in der Beschreibung von Handlungen und Motiven. Nur wenige Szenen, wie zum Beispiel die gradlinige Bewegung von zwei hintereinander angeordneten Objekten in gleicher Geschwindigkeit, blieben unklar: War es ein Anführer und eine andere Person, die ihm folgte? Oder war es die Flucht vor einem Verfolger? Die Bedeutung derartig mehrdeutiger Szenen wurde von den Versuchspersonen aus dem Zusammenhang des Geschehens erschlossen.

Die Heider-Simmel-Studie wurde mit dem Originalfilm mehrfach repliziert und hat meist zu vergleichbaren Ergebnisse geführt. Inzwischen scheint es allerdings veränderte Sehgewohnheiten zu geben, denn durch Film und Fernsehen sind jüngere und ältere Zuschauer inzwischen gewohnt, dass Symbole »Handlungen« ausführen können (Lück, 2006).

Diese Alltagstheorien helfen den Menschen, sich in der un-
endlich vielfältigen Welt zurechtzufinden. Wir geben uns nicht
damit zufrieden, die Dinge und Vorgänge um uns herum neutral zu registrieren, sondern wir möchten diese Dinge auf *In-*
varianzen unserer Umwelt beziehen. Besonders die Motive anderer Personen stellen solche Invarianzen dar, die für uns die
Realität der Umwelt ausmachen. Eine wichtige Unterscheidung stellt dabei die nach Faktoren innerhalb der *Person* und
Faktoren innerhalb der *Umwelt* dar. Am Beispiel einer Person,
die über einen See rudert, zeigt Heider, wie das Ergebnis einer Handlung in der naiven Psychologie durch verschiedenste sprachliche Ausdrücke als Ergebnis von *Person-* oder *Umwelt-*
faktoren beschrieben werden kann:

> *Wir sagen: »Sie versucht, das Boot über den See zu ru-*
> *dern«, »Sie hat die Fähigkeit, das Boot über den See zu*
> *rudern«, »Sie kann das Boot über den See rudern«, »Sie*
> *will das Boot über den See rudern«, »Es ist schwierig,*
> *das Boot über den See zu rudern«, »Heute hat sie Gele-*
> *genheit, das Boot über den See zu rudern«, »Es ist pu-*
> *res Glück, daß es ihr gelungen ist, das Boot über den See*
> *zu rudern« (Heider, 1977, S. 102).*

»Glück«, »Zufall«, »Gelegenheit«, »Schwierigkeit«, aber auch
»dürfen« verweisen auf verschiedene Aspekte der Umwelt –
»können«, »Fähigkeit«, »wollen«, »versuchen« auf Aspekte der
Person.

Der Nutzen einer naiven Beschreibung solcher Wahrnehmungen und Bewertungen von Ereignissen wird klar, wenn wir
uns das weitere Verhalten und Befinden einer Person anschau-
en – denn beides hängt ganz wesentlich von den eigenen Inter-

pretationen der Ereignisse ab. Führt ein Lehrer in seiner »Privatdiagnose« die schlechten Leistungen eines Schülers auf dessen mangelnde Fähigkeit zurück, so wird er sich diesem Schüler gegenüber anders verhalten, als wenn er auf fehlendes Glück attribuiert.

Aus diesen Überlegungen entstand Heiders *Attributionstheorie* (Heider, 1958), die zwei Jahrzehnte später zur wichtigsten sozialpsychologischen Theorie werden sollte – mit Auswirkungen auf Anwendungsbereiche wie Pädagogik, Klinische Psychologie und Gesundheitspsychologie.

Mit Bezug auf Kurt Lewin, der das Verhalten (V) als Funktion (f) der Person (P) und der Umwelt (U) ansah und in seiner universellen Verhaltensvergleichung V = f (P, U) zum Ausdruck brachte, sah Heider das Ergebnis einer Handlung als Ergebnis wirksamer persönlicher Kraft und wirksamer Umweltkraft. Die persönliche Kraft oder Macht liegt nach Heider vor allem in der Fähigkeit der Person, aber beispielsweise auch im Temperament. Heider »ist versucht« (1977, S. 103), die Beziehung von Person und Umwelt *additiv* zu formulieren, um das Ergebnis zu erklären. Ein *Handlungsergebnis*, das ausschließlich ein Ergebnis einer der beiden Kräfte ist (wobei der andere Wert Null ist), ist dann ebenfalls vorstellbar – etwa beim Segler, der einschläft, aber vom Wind (= wirksame Umweltkraft) an Land getrieben wird.

Die Faktoren auf Seiten der Person teilen sich auf in *Machtfaktoren* (häufig durch Fähigkeit repräsentiert) und *Motivationsfaktoren*. Diese wiederum beziehen sich nach Heider auf das, was eine Person zu tun versucht, das heißt, ihre *Absichten* – und darauf, wie sehr sie es versucht zu tun, also auf ihre *Anstrengungen*.

Resonanz

Wie gesagt entfaltete Heiders Ansatz seinen enormen Einfluss mit zeitlicher Verzögerung. Die Wissenschaftler kritisierten zunächst, dass sich im Bereich der Attributionen keine gesicherten empirischen Befunde gewinnen ließen – doch so stimmte dies nicht, denn Forscher fanden beispielsweise den sogenannten *fundamentalen Attributionsfehler*. Er bezeichnet die menschliche Tendenz zu Personenattributionen und der damit einhergehenden Unterschätzung verhaltensbestimmender Situationseinflüsse. Der fundamentale Attributionsfehler wird vor allem bei der Erklärung des Verhaltens anderer gemacht, wogegen die Ursachen für das eigene Verhalten vorwiegend in den spezifischen Umständen gesehen werden (*Handelnder-Beobachter-Unterschied*). Das kennen wir aus dem Alltag: »Warum hast du denn die Schüssel hinfallen lassen?« – »Ich konnte nichts dazu, die war so glatt.«

Eine weitere systematische Verzerrung im Attributionsprozess betrifft die Konsensusinformation und wird als *falscher Konsensus* bezeichnet. Dieser Begriff bezeichnet eine Überschätzung der Repräsentativität eigenen Verhaltens beziehungsweise eigener Urteile und Einstellungen – wir halten eigenes Verhalten und eigene Meinungen und Überzeugungen für verbreiteter, als sie tatsächlich sind.

Solche systematischen Verzerrungen haben große Bedeutung für die Wahrnehmung anderer Personen, für Erziehung, Verkehrspsychologie und Rechtsprechung – bis hin zur Gesundheit. Ein Beispiel: Wenn eine Person die Gründe für ihre Erkrankung in ihrer eigenen Person sieht, ist dies für den Heilungsprozess im Allgemeinen nachteiliger, als wenn sie die Gründe auf die Umgebung attribuiert. Dieser Unterschied kann im Durchschnitt für eine größere Patientenzahl sogar ein paar Tage Krankenhausaufenthalt mehr ausmachen.

Zu den Ehrungen, die Heider erhielt, zählte die Ehrendoktorwürde der Universität Graz. Fritz Heider verstarb am 2. Januar 1988 im Alter von 91 Jahren.

FRANZISKA BAUMGARTEN

Von der praktischen Psychologie zur Lebensberatung

Eine siebenjährige Schülerin muss jeden Tag einen längeren Weg durch die Stadt zur Schule gehen. Freitags hat sie davor besondere Angst, denn an diesem Tag ist Markttag. In der Nähe des Marktes stehen Bettler in schmutzigen, zerfetzten Lumpen an einem langen Zaun. Manche haben Krücken, viele leiden an Augenkrankheiten, manche sind blind. Die Bettler rufen laut und aufdringlich nach Almosen, wenn das Mädchen vorbeigeht. Es ist zum Fürchten!

Einmal erschrickt sich das Mädchen so sehr, dass es zu laufen anfängt und dabei den Inhalt ihres Frühstückskörbchens auf dem Weg verliert. Die Bettler machen sich natürlich darüber her, sodass Franziska in der Schule nichts zu essen hat. Zu Hause erzählte sie später nichts davon, aus Angst davor, dass man ihr nicht glauben wird. Die Bettler hingegen merken sich, wie

sie das Mädchen erschrecken können. So wiederholt sich dasselbe Malheur einige Wochen lang. Schließlich fällt die Sache
in der Familie auf und man schickt ein Hausmädchen mit, damit dieses einen neuen Schulweg findet, der nicht an den Bettlern vorbeiführt.

Dieses Mädchen war die spätere Psychologin und Psychotechnikerin Franziska Baumgarten, die diese Erlebnisse in ihrer Heimatstadt Lodz machte – ursprünglich polnisch, war die
Stadt russisch besetzt. Die Episode mit den Bettlern prägte
Franziska stark: Augen und Augenkrankheiten wurden für sie
zum Tabuthema, sodass sie noch lange Zeit später eine wissenschaftliche Arbeit zu einem Thema über das Sehen ablehnte.

Wie Stern, Münsterberg oder Spielrein war auch Franziska (auch: Francisca) Baumgarten jüdischer Herkunft. Sie wurde 1883 als zweites von fünf Kindern eines Textilfabrikanten
geboren. Die Familie sprach polnisch, die Kinder lernten aber
auch früh Deutsch. Um das Abitur zu erhalten, besuchte Franziska Baumgarten das russische Gymnasium. Sie entwickelte
schon als Schülerin eine starke soziale Gesinnung, veröffentlichte in verschiedenen Zeitungen und studierte dann in Krakau, Paris und Zürich unter anderem Naturwissenschaften. So
kam es, dass sie in Paris auch Marie Curie hörte. In Zürich
promovierte sie schließlich mit einem philosophiegeschichtli-
chen Thema – später bereute sie dies und sah die Zeit der Promotion als vertan an. Aber noch war sie auf der Suche nach ihrem Weg.

Kurze Zeit arbeitete sie experimentalpsychologisch in Bonn
bei Oswald Külpe, doch 1911 ging sie nach Berlin, wo sie Hugo Münsterbergs Gastvorlesungen zur Wirtschaftspsychologie
hörte. Dies war nun das Erweckungserlebnis für ihre weitere
wissenschaftliche Arbeit, auch wenn sie zunächst wieder zurück

nach Polen ging und dort unter anderem journalistisch tätig war. Sie schrieb auch über Psychoanalyse und Erziehung und stellte in Vorträgen Münsterbergs Ansatz vor, noch bevor dessen Buch erschien. Mit dem Beginn des Ersten Weltkriegs kehrte sie nach Berlin zurück, wo sie mit William Stern, Otto Lipmann und anderen Psychologen in Kontakt kam. Nun begann eine besonders produktive Zeit in ihrem Leben (Daub, 1996), die durch die Psychotechnik geprägt war. Ermöglicht durch ihre guten Sprachkenntnisse knüpfte sie Kontakte mit vielen bedeutenden Psychologen wie Walter Blumenfeld, Isaak N. Spielrein, Edouard Claparède und anderen, die sie zum Teil auf den Kongressen der Internationalen Gesellschaft für Psychotechnik kennenlernte. Gleichzeitig arbeitete sie sich in die Psychotechnik ein.

1924 heiratete sie den Psychiater Moritz Tramer und zog – für einige ihrer Freunde überraschend – in die Schweiz, wo sie bis zu ihrem Tod blieb. Franziska Baumgarten (verheiratete Baumgarten-Tramer) erwarb durch ihre Eheschließung das Schweizer Bürgerrecht, doch dort nahm man sie oft nicht als Schweizerin wahr, sondern als polnische Jüdin, zumal sie auch mit Akzent Deutsch sprach.

In der Schweiz wurde Baumgarten zur führenden Psychotechnikerin und war als solche ausgesprochen streitbar – zum Beispiel in einem Jahrzehnte dauerndem Streit mit den Psychotechnikern eines privaten Instituts in Zürich, die sie für inkompetent hielt. Diese Unbeirrbarkeit und die Tatsache, dass sie eine der ersten Frauen war, die an der Universität Bern lehrte, behinderten ihre Karriere. Erst kurz vor dem Eintritt in den Ruhestand wurde sie Honorarprofessorin – trotz der breiten internationalen Anerkennung, die ihre Forschungen und ihre Veröffentlichungen genossen. Sie verfasste über 40 Bücher und über

100 Aufsätze in Fachzeitschriften, dazu mehrere 100 Zeitungs-
aufsätze (vgl. die Bibliografie bei Daub, 1996, mit rund 450
Titeln).

Psychotechnische Forschung

Noch in ihrer Berliner Zeit war Franziska Baumgarten-Tramer
an der Entwicklung psychotechnischer Apparate beteiligt und
hielt daher auch Patentrechte. Zu den Werken, die die größte Verbreitung und Beachtung fanden, zählt ihr Buch *Die Berufseignungsprüfungen* (1928): Auf über 700 Seiten stellte sie die
Grundlagen der Eignungsprüfungen dar – heute unter anderem als Testgütekriterien Reliabilität, Validität und so weiter bezeichnet. Danach gab sie einen Überblick über die zu dieser
Zeit in verschiedenen Ländern entwickelten und erprobten Verfahren. Schließlich diskutierte sie einige grundlegende Probleme, wie die Schwächen von Auswahlverfahren bei komplexeren
leitenden Tätigkeiten, dazu Trends und Erwartungen.

Baumgarten zählte zu den ersten Autorinnen und Autoren,
die Fragen der gesellschaftlichen und politischen Position des
Praktikers diskutierten. Sie machte unmissverständlich ihr Eintreten für die Arbeiterschaft deutlich – eine Haltung, mit der
sie in intellektuellen Kreisen der Schweiz nicht nur Sympathie
erntete. Wissenschaftlich war Baumgarten auf der Seite der akademischen Psychotechnik (William Stern, Otto Klemm, Hans
Rupp, Kurt Lewin) zu finden, obwohl sie in Berlin länger mit
praktischen Psychotechnikern wie Walther Moede und Curt Pi-
orkowski zusammengearbeitet hatte. Das Buch über Berufseignungsprüfungen von Baumgarten wurde positiv aufgenommen
und in mehrere Sprachen übersetzt. Um 1930 herum wurde

Baumgarten besonders häufig in der Literatur genannt – häufiger noch als in den Nachkriegsjahren.[14]

Manche Veröffentlichungen von Baumgarten hatten populärwissenschaftlichen Charakter, ihre Darstellungen war anschaulich, eingängig, ja teils sogar unterhaltend, beispielsweise ein kleineres Buch über die Tragik menschlichen Handelns oder Aufsätze über Wunderkinder. Der größte Teil ihrer Schriften befasste sich jedoch mit psychologisch-diagnostischen Fragen. Neuartig war ihre Untersuchung über die Mentalität von Angestellten, wobei sie Mentalität – im Gegensatz zu Charakter – stärker in Verbindung zu moralischen Wertvorstellungen sah. Sie sammelte dazu 240 Sprichworte und legte sie in einem großen Schweizer Industriebetrieb 98 Angestellten zur Beurteilung vor. Die Teilnehmer sollten jeweils acht Sprüche auswählen, die sie richtig fanden, und acht, denen sie nicht zustimmten. Zusätzlich bat man sie um eine Begründung für ihre Auswahl. In diesem sogenannten *Sprüchetest* ging es vor allem um Sprichwörter aus dem Bereich der Arbeit, wie »Arbeit schändet nicht« und »Ohne Fleiß keinen Preis«. Bei der Auswertung der Ergebnisse fand Baumgarten unter anderem heraus, dass die Angestellten durch ihre Arbeit keineswegs abgestumpft waren, sondern dass sie überwiegend moralisch hochstehende Ansichten vertraten.

Die Moralistin

Baumgarten schrieb in der Kriegs- und Nachkriegszeit über die Wirkungen des Krieges auf Kinder, über moralische Erziehung,

---

14 Diese Angaben sind dem Programm Ngram Viewer leicht für den Namen Franziska Baumgarten zu entnehmen.

über Charakter und Demokratie und verwandte Themen. Heute erscheint Baumgarten als Moralistin unter den Psychologen: Sie prangerte das Verhalten ihrer deutschen Kollegen während der Nazizeit an: »Die soziale Verantwortung, die auf einem Psychologen lastet, nämlich aus seiner Erkenntnis der menschlichen Seele objektive Folgerungen zu ziehen, ist bei deutschen Psychologen nicht zu finden. Sie haben daher in schweren Zeiten der Menschheit völlig versagt« (Baumgarten, 1948, S. 400).

Entwicklungs- und Lebenspsychologie

Vielen, die Ende der 1960er-Jahre in Bonn dabei waren, wird dieser Vortrag in Erinnerung geblieben sein: Eine für die damalige Zeit auffällig geschminkte Dame, etwa Mitte 70, betritt im großgeblümten Kleid die Bühne des alten Hörsaals im Schloss, setzt sich auf den Dozentenhocker hinter dem hölzernen Katheder und dankt Hans Thomae, der sie mit wenigen Worten vorgestellt hatte. Dann spricht Charlotte Bühler, die ihre Prägung durch 30 Jahre in den USA nicht verleugnen kann und will, frei, anschaulich und mit leichtem Akzent über das Leben als Entsagung und Erfüllung – ihr wissenschaftliches Lebensthema, das sicher alle Zuhörerinnen und Zuhörer berührte: Wer strebt nicht ein erfülltes Leben an?

Charlotte Bertha Bühler wurde 1893 als Tochter des Ehepaares Rose und Hermann Malachowski in Berlin geboren. Ursprünglich jüdischen Glaubens, hatten sich die Eltern assimiliert, und Charlotte wurde getauft und später konfirmiert. Der Vater war Regierungsbaumeister und durch Spekulationen wohlhabend geworden, verlor aber gelegentlich durch seine Spielsucht Teile seines Vermögens. Seine Frau war der Bildung zugetan und unterhielt einen kleinen Salon mit prominenten Gästen. Charlotte war offenbar ein selbstbewusstes Mädchen, das sich für Kunst und Literatur interessierte, weniger jedoch für Musik. Als junge Frau studierte sie dann in Freiburg, Kiel, Berlin und München, legte das Lehrerinnenexamen ab und heiratete 1916 Karl Bühler, der zu dieser Zeit Privatdozent und Assistent von Oswald Külpe in München war. 1917 promovierte Charlotte Bühler in München über *Gedankenentstehung. Experimentelle Untersuchungen zur Denkpsychologie.* 1918 erhielt Karl Bühler eine Professur in Dresden, und dort habilitierte sich Charlotte Bühler 1920 über die *Entdeckung und Erfindung in Literatur und Kunst* – zu einem Zeitpunkt, als Habilitationen von Frauen im Deutschen Reich noch äußerst selten, ja an manchen Hochschulen sogar unmöglich waren. Charlotte Bühler lehrte kurze Zeit in Dresden Ästhetik und Entwicklungspsychologie, ging dann 1923 mit ihrem Mann nach Wien, wo das Psychologische Institut der Universität unter der Leitung des Ehepaars Bühler eine Blüte erlebte (Ash, 1988, Benetka, 1990, Bühring, 2007).

Der Erfolg des Institutes beruhte zum Teil darauf, dass das Institut bestens vernetzt war: Neben einer vertraglich vereinbarten Zusammenarbeit mit der Kinderübernahmestelle existierten zahlreiche Kooperationen mit Rundfunk, Wirtschaftsunternehmen, Gewerkschaft und so weiter. Durch Untersuchungen und Vorträge zu Themen von allgemeinem Interesse gelang es den Bühlers, die interessierte Bevölkerung so stark einzubeziehen wie an keinem anderen Psychologischen Institut im deutschen Sprachbereich. Förderlich waren auch Charlotte Bühlers längere Amerikaaufenthalte und die Einwerbung von Mitteln aus der Laura Spelman Rockefeller Foundation, die über ein ganzes Jahrzehnt hinweg zur Verfügung standen. Mit diesen Mitteln konnten in Wien unter anderem mehrere Mitarbeiterstellen finanziert werden. Das Institut zog Doktoranden aus vielen Ländern an und auch Professoren aus den USA waren zu Gast, unter ihnen Edward C. Tolman.

Während Karl Bühler durch seine Vorbildung als Arzt und durch seine Arbeiten zur Entwicklungs- und Sprachpsychologie Anerkennung genoss, fand Charlotte Bühler durch ihre Arbeiten zur Kinder- und Jugendpsychologie Beachtung. Anders als ihr Mann, der sich auf die Entwicklung von Leistungen und Fähigkeiten der Kinder (wie Wahrnehmung, Gehör oder Sprache) spezialisiert hatte, erforschte sie den Bedeutungszusammenhang von Handlungen. Ein Beispiel: Legte man einem Baby eine Stoffwindel auf das Gesicht, dann reagierte das Kind mit Enttäuschung, es weinte vielleicht. Vielleicht gelang es dem Kind aber auch, die Windel zur Seite zu ziehen, dann lachte es und empfand vielleicht auch den Erfolg der eigenen Anstrengung. Vor diesem Hintergrund entwickelte Bühler und ihr Team die Kleinkindertests. Zusammen mit Hildegard Hetzer, Lotte Schenk-Danziger und anderen Mitarbeiterinnen führte Charlotte Bühler dafür großangelegte Untersuchungen über die »normale« Entwicklung des Kindes durch. So fand die französische Simon-Binet-Tradition der Intelligenzdiagnostik Eingang in die Entwicklungspsychologie. Hinzu kamen Verfahren der standardisierten Beobachtung von Kindern, die sich durch Natürlichkeit und Lebensnähe auszeichneten. Ein Ergebnis dieser Arbeiten war der Bühler-Hetzer-Kleinkindertest zur Diagnose der Entwicklung von Kleinkindern.

1931 besuchte eine Gruppe von Wissenschaftlern aus Bonn das Wiener Institut. In dem Reisebericht heißt es:

>»*Sehr viel Zeit widmete uns Frau Prof. Charlotte Büh-*
>*ler. Sie war außerordentlich herzlich und zuvorkom-*
>*mend; ihre gebildete und gepflegte Erscheinung und die*
>*Klarheit, mit der sie die großen Linien ihrer gegenwär-*
>*tigen Forschungen darstellte, erregten unsere Sympathie*
>*und Bewunderung. Sie zeigte uns in der Kinderüber-*
>*nahmestelle ihre bekannten Experimente. Ihre Absicht*
>*ist nicht so sehr, das Individuelle zu erforschen, sondern*
>*eine allgemeine Entwicklungspsychologie des Menschen*
>*aufzubauen, derart, dass man etwa für jedes bestimm-*
>*te Alter des Kindes angeben kann, was es leisten kann.*
>*Sie untersucht nicht so sehr die Intelligenz mit Tests, als*
>*die Handlungen. Die Experimente gelangen außeror-*
>*dentlich gut, so daß sie lachend sagte: ›Das klappt ja so*
>*gut, dass man meinen könnte, die Kinder seien auf die-*
>*se Fragen abgerichtet.‹*« *(Casimir, von Renthe-Fink &*
>*Schneider, 1997, S. 36).*

Psychologie des Lebenslaufs

Charlotte Bühler besuchte regelmäßig die wichtigen psychologischen Kongresse in Europa, gelegentlich auch in den USA. Sie publizierte eine ganze Reihe von Büchern, Schriften und Aufsätzen, aber vor allem ihr Buch über das *Seelenleben des Jugendlichen* eröffnete eine neue Sichtweise in der Entwicklungspsychologie. Grundlage des Buches waren ausgewertete Jugendtagebücher, zunächst (1922) lediglich drei, doch in den weiteren Auflagen immer mehr – für die fünfte Auflagen waren es 76, später verfügte das Institut schließlich über 93 Tagebücher, die meist von jungen Mädchen aus der Mittelschicht stammten. Die Nutzung von Tagebüchern war in der Psychologie zwar nicht neu, aber Bühler analysierte sie umfassend und konnte so besonders die seelische Situation von Jugendlichen in der Zeit der Pubertät sichtbar machen und systematisieren. Das Buch fand ein breites Publikum und wurde überwiegend positiv rezensiert. Manche Themenbereiche, wie die sozioökonomische Situation der Jugendlichen, blendete Bühler allerdings weitgehend aus, obwohl es am Wiener Institut durchaus Wissenschaftler gab, die soziale Fragestellungen wie zur Kindheit und Armut erforschten und die eine sozialkritische Haltung vertraten, etwa Marie Jahoda und Paul Lazarsfeld.

Aus heutiger Sicht vollzog Charlotte Bühler dann mit ihrem Buch *Der menschliche Lebenslauf als psychologisches Problem* (1933) den Schritt weg von der Kinder- und Jugendpsychologie und hin zu einer umfassenden Entwicklungspsychologie. Ein großer Mitarbeiterstab wertete dazu fast 200 Autobiografien und Biografien überwiegend bedeutender Persönlichkeiten aus und ergänzte diese um Biografien von »normalen« Personen, unter anderem etwa 50 Bewohnern eines Wiener Altersheims, die Marie Lazarsfeld (geb. Jahoda) befragt hatte.

Vor dem Hintergrund einer biologischen Entwicklungskurve, die Bühler für den Menschen aufgrund medizinischer Befunde in fünf Abschnitte einteilte – von der Geburt bis zum 15., 25., 35., 55. und 70. Lebensjahr –, beschrieb sie Lebensläufe verschiedener Persönlichkeiten und unterschied Ereignisse, innere Erlebnisse und die »Produktion« eines Menschen. Dazu trug sie wichtige Werkdaten (verfasste Romane, Kompositionen, Auftritte, eingetragene Patente, Ehrungen) auf der

Zeitachse ein. Sie konnte so zeigen, dass die Höhepunkte bei vitalen Leistungen (zum Beispiel bei Leistungssportlern) früher erreicht wurden als bei mentalen Leistungen. Schließlich versuchte sie Lebenslauftypen zu unterscheiden und führte jeweils beispielhafte Lebensläufe auf. In jedem Fall sah sie Kindheit und Jugend als Vorwegnahme und »provisorischen Aufriss des Lebens, dem das Leben als die definitive Ausführung folgt« (S. 325).

Schon in dieser Arbeit stellt Bühler heraus, dass manche Menschen als höchstes Stadium die »Selbstbestimmung auf Erfüllung« erreichen, wenn es ihnen gelingt, Bedürfnisse, Ansprüche und Gegebenheiten aufeinander abzustimmen.

Spätere Kritik an Charlotte Bühlers Buch zum Lebenslauf ging meist dahin, dass man ihr vorwarf, die von ihr genannten Altersabschnitte seien durch Akzeleration und längere Lebenserwartung hinfällig geworden. Diese Kritik überzeugt aber nicht ganz, denn die biologische Lebenskurve bildete für Bühler den Hintergrund für die Frage nach den Leistungen in verschiedenen Lebensphasen. Bühler hielt daher auch in der Zweitauflage ihres Buches (1959) an ihrer Einteilung fest.

Emigration und Neubeginn

Mit dem Einmarsch der deutschen Truppen und dem »Anschluss« Österreichs an das Deutsche Reich fand das bedeutende Institut ein schnelles Ende. Karl Bühler wurde aus bis heute ungeklärten Gründen sechs Wochen lang inhaftiert, während sich Charlotte Bühler von Norwegen aus intensiv um die Freilassung ihres Mannes bemühte (Bühler, 1965, 1972). Immer wieder hatte das Ehepaar Bühler in früheren Jahren Angebote namhafter amerikanischer Universitäten ausgeschlagen, so war nun die Emigration in die USA plötzlich schwierig geworden. Nach einigen Jahren gelang es Charlotte Bühler schließlich, dort eine neue Existenz aufzubauen und wieder Ansehen zu erwerben, nachdem sie 1940 eine Professur in Norwegen aufgab und ihrem Mann in die USA folgte. Dort dominierte der Behaviorismus und im klinisch-psychologischen Bereich die Psychoanalyse – zu beiden Richtungen hatten Karl und Charlotte Bühler in den Wiener Jahren ein kritisches Verhältnis. Charlotte Bühler hatte aber schon in den Jahren vor der Emigration erkannt, dass sie sich den menschlichen Motivationsprozessen stärker widmen musste, um ihre Lebenspsychologie zu ergänzen. In den USA nahm sie deshalb an einem Kurs von Bruno Klopfer zur Arbeit mit dem Rorschachtest teil und ließ sich psychoanalytisch ausbilden. Aber bei allen Bemühungen – sie konnte sich trotz ihrer »Bewunderung für das Prinzip der tiefenpsychologischen Exploration« (1965, S. 191) nicht mit der Psychoanalyse identifizieren und lehnte vor allem die psychoanalytische Triebtheorie ab. So entwickelte sie ihre eigene Methode der Beratung, die sie an der Westküste als Einzel- und Gruppenberatung praktizierte.

Als sich in den USA die humanistische Psychologie unter der Führung von Abraham Maslow formierte, war auch Charlotte Bühler aktiv beteiligt. Bühler und Maslow verband, dass sie von den Motiven und Wertvorstellungen des gesunden Menschen ausgingen – und dass beide sowohl den Behaviorismus als auch die Psychoanalyse ablehnten. Bühlers Auffassung vom menschlichen Streben nach Erfüllung, die sie schon in ihrem Buch 1933 dargelegt hatte, entsprach weitgehend dem Konzept der Selbstaktualisierung von Maslow – allerdings fand sie Maslows Ausdruck nicht treffend.

Auch im hohen Alter war Charlotte Bühler aktiv und produktiv. Ihr Buch *Psychologie im Leben unserer Zeit* (1962) wurde ein Bestseller. Sie hielt Vorträge wie jenen in Bonn, warb in mehreren Ländern für die humanistische Psychologie und erhielt Ehrungen. Die letzen Lebensjahre verbrachte sie in einem Altersstift in Stuttgart, wo sie 1974 verstarb.

CARL R. ROGERS

Therapie und Beratung durch Einfühlung und Verstehen

Für den Weg zu Carl Rogers benötigt man eigentlich keine Hintertreppe, denn der *personzentrierte Ansatz*, wie er heute in Deutschland genannt wird, basiert auf einem anschaulichen Menschenbild und konkreten Zielsetzungen. Er stellte das Bedürfnis des Menschen nach Selbstverwirklichung, Anerkennung und innerem Wachstum heraus. Diese Ziele soll der Klient in sich finden. Aber auch Rogers selbst erleichtert uns den Zugang, weil er über sich und seine Erfahrungen immer wieder sehr offen berichtet hat.

Carl Ransom Rogers wurde 1902 als viertes von sechs Kindern einer religiösen Familie in einem Vorort von Chicago geboren. Seine Eltern waren streng: Nach der Schule musste er im landwirtschaftlichen Betrieb mitarbeiten – Tanz, Theater, Kartenspiel oder Freunde gab es damals für ihn nicht. Carl fühlte sich deshalb einsam, wollte aber so erfolgreich sein, wie es seine Eltern erwarteten. Er studierte deshalb zunächst Agrarwissenschaften und wechselte dann zur Theologie. Entgegen der Überzeugung seiner Eltern wählte er aber eine liberal-protestantische Ausrichtung, und sein Studium ermöglichte Carl Rogers die Ablösung vom Elternhaus. Ein erster Höhepunkt in seiner eigenen Entwicklung war ein Studienaufenthalt in China und anderen asiatischen Ländern, wo er mit Studierenden der Theologie zusammenkam.

Schließlich – nach religiösen Zweifeln – wechselte Rogers zur Psychologie und studierte das Fach an der Columbia University in New York, damals eine Hochburg der amerikanischen behavioristischen Psychologie. Dort war John B. Watsons *Behavioristisches Manifest* entstanden, und dort traf Rogers unter anderem auf Edward Lee Thorndike als akademischen Lehrer. Rogers erwarb dort 1928 seinen Master und promovierte dann 1931 mit einer Arbeit über *Measuring personality adjustment in children nine to thirteen years of age.* Der Test, den er im Rahmen dieser Arbeit entwickelte – *Personality Adjustment Inventory* –, wurde über Jahrzehnte hinweg ein großer Verkaufserfolg. Rogers' umfangreiche Kenntnisse des Behaviorismus und der Psychodiagnostik überraschen heute, denn der personzentrierte Ansatz steht in klarem Gegensatz zum Behaviorismus und verzichtet auch auf die klassische Psychodiagnostik.

Rogers widmete sich der Therapieforschung, und seine Fragestellung war dabei nicht nur auf Therapieergebnisse ausgerichtet, sondern auch auf den Therapieprozess: Wann fühlen sich Klienten verstanden? Wann gibt es Verbesserungen vom Selbstbild in Richtung auf das Ich-Ideal? Ist es nicht möglich, durch empirische Forschung die Bedingungen des Therapieerfolges zu finden? So entstanden erstmals komplette Tonaufnahmen von Therapiesitzungen, was damals noch neu war (Groddeck, 2002).

Wenig bekannt, aber sehr einleuchtend ist der Einfluss, den Elton Mayo (1880–1949) und seine klinisch-soziologischen Interviews mit Arbeitnehmern der Hawthorne-Werke auf Rogers und seine Art der Gesprächsführung ausgebübt hat. Der Stil der Hawthorne-Interviewer – freundliches, geduldiges Zuhören, Verzicht auf Wertungen, Wiederholung des Gesagten mit eigenen Worten – zeigt viele Übereinstimmungen mit der Haltung der klientenzentrierten Psychotherapie. Auch wenn das einigen Biografen entgangen ist, war Rogers durchaus mit diesen Untersuchungen vertraut.

Rogers lehrte als Dozent 1935 bis 1940 an der University of Rochester, bevor er 1940 Professor für Klinische Psychologie an der Ohio State University wurde. Dort verfasste er sein Buch *Counseling and psychotherapy* (1942). 1945 baute er ein Beratungszentrum an der University of Chicago auf. Als er Chicago 1947 wieder verließ (und auch Präsident der *American Psychological Association* – APA – wurde), konnte er bereits 200 empirische Untersuchungen zur Therapieforschung vorweisen, gefördert durch erhebliche Forschungsmittel (Kriz, 2001). Dass Rogers ein anerkannter empirischer Forscher war, ist ein wenig in Vergessenheit geraten, weil er in seinen letzten Lebensjahren eine gewisse Neigung zu Spekulativem und zur Esoterik entwickelt hatte.

Durch seine Bücher sowie durch Therapie-, Beratungs- und Lehrtätigkeiten begründete Rogers die klientenzentrierte beziehungsweise personzentrierte Psychotherapie – in Deutschland lange Zeit *Gesprächspsychotherapie* (GT) genannt. Rogers lehrte zwischenzeitlich an der University of Wisconsin, bevor er 1963 an das Center for Studies of the Person in La Jolla, Kalifornien, wechselte.

Carl R. Rogers

Der personzentrierte Ansatz

Aufschlussreich ist eine Kindheitserinnerung von Rogers, die zunächst nichts mit Psychologie zu tun hat: Die Familie bewahrte ihre Kartoffeln im Keller auf, und der kleine Carl beobachtete, wie die Kartoffeln keimten und sich die blassen Schösslinge, einen halben oder dreiviertel Meter lang, in Richtung auf das darüberliegenden Fenster streckten – ein bizarr-aussichtsloser Versuch, ans Licht zu gelangen. »Sie würden nie zu Pflanzen werden, nie reifen, nie ihr eigentliches Potenzial erfüllen. Aber noch unter den ungünstigsten Bedingungen strebten sie danach zu ›werden‹« (Rogers, 1981, S. 70). Später musste Rogers bei Patienten, deren Leben stark deformiert war, und bei Menschen, die Jahre in psychiatrischen Einrichtungen verbracht hatten, an diese Keime denken, an den Lebenswillen, der immer wieder auch unter ungünstigsten Bedingungen sichtbar wurde. Die Versuche, sich im Leben zu verwirklichen, sind manchmal verzweifelt, aber die zielgerichtete Tendenz ist in jedem Menschen vorhanden, stellte Rogers fest: Hieran kann der Psychotherapeut anknüpfen. Deshalb soll er oder sie alle lenkenden, dirigistischen und auch deutenden Maßnahmen vermeiden, sich jedoch um Verwirklichung der drei Grundhaltungen (Basisvariablen) *Empathie*, *Wertschätzung* und *Kongruenz* bemühen.

Empathie – Einfühlung – bedeutet, den Klienten mit allen Facetten des Erlebens und Empfindens zu verstehen. Dies ermöglicht der anderen Person, sich verstanden zu fühlen und sich selbst auf (bislang) unbewussten Ebenen zu erforschen und sich damit zu entwickeln.

Wertschätzung bedeutet, dass der Klient voll und ganz akzeptiert wird, auch in seinen Wertvorstellungen, die von denen des Therapeuten abweichen können. Nur wenn der Klient sich akzeptiert fühlt, kommt er in die Lage, mit den eigenen Empfindungen konstruktiv umzugehen.

Kongruenz schließlich bedeutet, dass der Therapeut ehrlich ist und nicht an der Oberfläche bleibt.

Der Therapeut muss also auf Ratschläge, Bewertungen, »Diagnosen«, Deutungen und gängige, für Alltagsberatungen übliche »Erklärungen« (»Das kommt bei Ihnen sicher daher, dass Sie ...«) verzichten. In der Therapieausbildung erlernen die Therapeuten diese Haltung. Für den Klienten ist das anfangs eine ungewohnte und unerwartete Situation, denn er hat sicherlich mit Diagnosen und Ratschlägen gerechnet. Stattdessen erlebt er, dass er in neuartiger Weise verstanden wird. Dies hilft ihm, sich selbst zu finden und sich zu entwickeln.

Rogers' Ansatz der nichtdirektiven, klientenzentrierten beziehungsweise personorientierten Psychotherapie war eine Kampfansage an die Psychoanalyse (Rogers, 1951). Und er gewann den Kampf – obwohl er selbst kein großer Redner oder Rhetoriker war. Der Glaube, dass der Mensch eigentlich gut ist, dass er Selbstheilungskräfte in sich trägt und dass ein wirklich verständnisvoller Therapeut dem Klienten zu Wachstum verhelfen kann, setzte sich durch – unterstützt durch gut gesicherte empirische Forschungsergebnisse der Prozess- und Ergebnisforschung sowie durch Therapieerfolge, die zur (fast) weltweiten Verbreitung der personzentrierten Therapie und Beratung geführt haben.

Natürlich gab es auch Misserfolge und Rückschläge. Mit sehr großem Forschungsaufwand wollte Rogers die klientenzentrierte Therapie systematisch an psychisch schwerer erkrankten Menschen, vor allem Schizophrenen, erproben. Die Bedingungen waren jedoch ungünstig: Das Forschungsteam war nicht in schlechter Verfassung, ein Mitarbeiter stahl Forschungsdaten und setzte das Team damit unter Druck. Doch auch die Befunde waren schließlich enttäuschend: Es gab keinen nachweisbaren Therapieerfolg, der Unterschied zwischen Behandlungsgruppe und Wartegruppe war nicht signifikant. Für Rogers war dies einer der größten Misserfolge seines Lebens.

Humanistische Psychologie

Während Rogers und ein paar andere Psychologen nach neuen Wegen suchten, dominierte in den USA noch der Behaviorismus. Rogers hatte sich längst von den Thesen und Annahmen dieser Denkrichtung gelöst. Und auch seine Therapierichtung, die personzentrierte Psychotherapie, ist klar der *humanistischen Psychologie* zuzurechnen – die ab Anfang der 1960er-Jahre erheblichen Einfluss auf die Entwicklung weiterer Therapie- und Beratungsformen ausübte. Gemeinsam ist allen humanistischen Psychologen die Annahme, dass der Mensch nach Selbstverwirklichung strebt. Die Bedeutung von Trieben, die die Psychoanalyse in den Vordergrund stellte, wurde zurückgewiesen, und ebenso skeptisch war man gegenüber der Behauptung der Behavioristen, dass der Mensch vor allem das Resultat von Lernprozessen sei.

Die Begegnung mit Martin Buber

War Rogers als junger Mann noch recht schüchtern gewesen, so liebte er es später, mit andersdenkenden Fachkollegen zu diskutierten. Mit dem Behavioristen Burrhus F. Skinner traf sich Rogers nach intensiven Vorbereitungen und Absprachen insgesamt dreimal zu Streitgesprächen – Gespräche, die von vielen Menschen mit großem Interesse verfolgt wurden, schließlich befanden sich Behaviorismus und humanistische Psychologie in scharfem Gegensatz. Doch Rogers beschäftigte sich auch – wohl auf Anregung seiner Studenten – mit Arbeiten von Søren Kierkegaard und Martin Buber. Und mit Letzterem ergab sich eine Gelegenheit für einen Austausch. 1957 bereiste der bereits hochbetagte jüdische Religionsphilosoph die USA. Ein Schüler von Buber organisierte dann an der University of Michigan kurzfristig ein Gespräch mit Rogers. Von dem chassidischen Martin Buber stammte das wegweisende Buch über die Ich-Du-Beziehung (1923) – man konnte also sehr gespannt sein.

Für alle, die viele Gemeinsamkeiten erwartet hatten, verlief das Gespräch jedoch überraschend. In jedem Fall waren die anthropologischen Grundannahmen verschieden: Buber ging von religiösen Werten aus, Rogers nicht. Buber, der nie therapeutisch gearbeitet hatte, hatte bestimmte Vorstellungen vom therapeutischen Gespräch und betonte beispielsweise die Asymmetrie der Personen in der Therapiesituation. Rogers' Haltung, sich an die Seite des Klienten zu stellen und auf Selbstaktualisierung zu vertrauen, konnte er deshalb nicht akzeptieren.

Auch die zentrale Frage blieb strittig – war die therapeutische Situation eine Ich-Du-Beziehung im Sinn von Buber? Nach Buber ist der Mensch nicht in gute und böse Teilaspekte aufzuteilen, aber er finde sich in einem Spannungsverhältnis zwischen »Ja« und »Nein«, zwischen »Annahme und Ablehnung«. Die Vorstellung von Carl Rogers, die Person strebe durch Selbstaktualisierung danach, eine »fully functioning person« zu werden, fand Buber nicht plausibel.

Die Differenzen waren also größer als erwartet. Trotzdem – oder auch gerade deshalb – spricht einiges dafür, dass das Treffen sowohl Buber als auch Rogers noch für einige Zeit zu denken gegeben hat.

Gesprächspsychotherapie und personzentrierte Beratung in Deutschland

In der Bundesrepublik ist der Ansatz von Rogers früh rezipiert worden. Anne-Marie Tausch (1925–1983) und Reinhard Tausch (1921–2013) erwarben sich hier unbestrittene Verdienste durch Veröffentlichungen, Filme und empirische Forschung. Vor allem an der Universität Hamburg wurde eine große Anzahl Untersuchungen zur Wirkungen der Gesprächspsychotherapie – wie sie damals noch genannt wurde – durchgeführt. Dabei kamen, wie bei Rogers, Tonaufnahmen von Therapiesitzungen und verschiedenste Ratingverfahren zum Einsatz. So wurde die Gesprächspsychotherapie zu einer der am besten empirisch erforschten und abgesicherten Psychotherapierichtungen – gleichwohl sie bis heute nicht von den Krankenkassen anerkannt ist.

Erhebliche Wirkungen hatten das Ehepaar Tausch und ihre Schüler auf den Schulunterricht in der Bundesrepublik: Mit ihrem immer wieder überarbeiteten und neu aufgelegten Buch über Erziehungspsychologie (1963/1998) prägten sie Generationen von Lehrerinnen und Lehrern. Diese waren durchweg bemüht, sich verständnisvoll und demokratisch zu verhalten – nach den Erziehungsdimensionen des Ehepaars Tausch verständnisvoll (»emotionale Wärme«) und nur mittelstark lenkend, in jedem Fall *sozial reversibel*. Lehrer oder Lehrerin sollte sich bezüglich Takt und Anstand kein Verhalten herausnehmen, das man nicht auch Schülern erlauben würde. Vor allem bei

Konflikten mit einzelnen Schülern fielen Lehrkräfte aber leicht in jenes autokratische Verhalten zurück, das sie eigentlich ablehnten. Hier setzte die sozialintegrative Ausbildung von Psychologen, Lehrern und Erziehern an.

Trotz mancher Grenzen, die vielleicht bereits durch den personzentrierten Ansatz von Rogers begründet waren, war der sogenannte schülerzentrierte Unterricht viele Jahrzehnte lang ein Ziel, das sogar in Lehrplänen verankert war.

Carl Rogers starb hochgeehrt 1987 in La Jolla. Zu den Ehrungen, die er erhalten hatte, zählte die Ehrendoktorwürde der Universität Hamburg.

ERIK H. ERIKSON

Tiefenpsychologische Begründungen der psychosozialen Entwicklung

Nach Sigmund Freud durchläuft das Kind mehrere Entwicklungsphasen. Freuds Phasenlehre endet mit dem Eintritt des Kindes in die Pubertät. Viel spricht aber dafür, dass sich die psychosoziale Entwicklung über das ganze Leben erstreckt. Wie man sich diese Phasen vorstellen kann, hat der Freud-Schüler Erik Erikson gezeigt, dessen Arbeiten auch in der Soziologie und in den Literaturwissenschaften breit rezipiert wurden.

Erik Homburger Erikson wurde 1902 bei Frankfurt geboren und er erlebte eine ungewöhnliche Kindheit. Seine Mutter Karla Abrahamsen, eine Dänin jüdischer Herkunft, war zunächst mit Valdemar Salomson verheiratet, von dem sich die Mutter aber trennte, als sich zeigte, dass er ein Betrüger war. Kurze Zeit später ging Karla dann eine Beziehung mit einem Dänen ein, wahrscheinlich dem leiblichen Vater von Erik. Trotzdem wurde in der Geburtsurkunde von Erik der Betrüger Salomson als Vater festgehalten. Später heiratete seine Mutter dann den Kinderarzt von Erik, Dr. Teodor Homburger. Mit diesem Stiefvater wuchs Erik dann in Frankfurt auf.

Bei dieser verworrenen Familienkonstellation mit drei Vätern liegt die Vermutung nahe, dass Erik Erikson Grund genug hatte, sich mit der Thematik der *Identität* zu befassen: Wer war er eigentlich? Däne, Deutscher, Jude? War er Abrahamsen, Salomson oder Homburger? Tatsächlich erlebte Erik als junger Mann eine intensive Identitätskrise. Und ja: Identität und Identitätskrisen wurden auch zu einem wichtigen Inhalt seiner Entwicklungstheorien.

Nach der Schule begann Erik Homburger (wie er damals noch hieß) eine künstlerische Ausbildung als Bildhauer und bekam 1927 eine Einladung von einem Freund, der in Wien eine kleine Schule leitete. Dort unterrichtete er und lernte so auch die Psychoanalyse kennen. Er absolvierte bald eine Lehranalyse bei Anna Freud (Bresch, 2004). In seiner Auffassung von der Psychoanalyse wurde er tatsächlich mehr durch ihre Ich-Psychologie geprägt als durch die Theorie ihres Vaters Sigmund Freud. Homburger, der inzwischen auch eine pädagogische Ausbildung nach Maria Montessori gemacht hatte, konnte gut mit Kindern umgehen, und so wurde er auch in die Kinderpsychoanalyse eingeführt.

Bedingt durch den aufkommenden Faschismus ging Erik Homburger 1933 in die USA, wo er den Namen Erik H. Erikson annahm (Homburger wurde zum zweiten Vornamen). Erikson praktizierte dort als Kinderanalytiker und bekam – ohne über einen akademischen Abschluss zu verfügen – Stellen an Hochschulen, wo er therapeutisch arbeiten und ausbilden konnte. Seine Interessen waren weit gespannt: Er beobachtete mehrere Monate Indianer in einem Reservat und versuchte deren Verhalten mit frühkindlichem Erziehungsverhalten in Verbindung zu bringen. Er führte auch Beobachtungen von Kinderspielen durch, wobei er Spiel und Traum verglich. Eriksons Hauptwerk, mit dem er weithin bekannt wurde, erschien 1959: *Kindheit und Gesellschaft.* Hier entwickelte er seine Persönlichkeitstheorie, die – ähnlich wie die Theorien von Sigmund Freud, Abraham Maslow oder Jean Piaget – als biografische oder entwicklungspsychologische Theorie gelten kann. Hierbei erweiterte Erikson die Theorie Freuds zum Beispiel um eine Dimension, die bislang fehlte – die soziale Dimension der Ich-Identität. Für das in viele Sprachen übersetzte Buch bekam Erikson zahlreiche Preise und Anerkennungen.

Entwicklungstheorie

Erikson unterschied acht Phasen des menschlichen Lebens, von denen die ersten fünf auch in der sexuell begründeten Entwicklungstheorie von Sigmund Freud zu finden sind. Eriksons Theorie ist kompliziert und wurde von ihm selbst mehrfach überarbeitet. Ein Hauptgedanke besteht darin, dass wir im Leben verschiedene Lebensaufgaben meistern müssen: Lernen, Freundschaften, Berufsfindung, Partnerschaften, Familiengründung, Weitergeben von Erfahrungen und im Alter die Vorbereitung auf das Lebensende. Alle diese Lebensphasen bringen eigene Krisen mit sich. In jedem Lebensalter stehen Lebensziele miteinander im Konflikt, und jedes Lebensalter hat seine eigenen besonderen Sozialbeziehungen, die gelingen sollen. So reihen sich aneinander: Lebensstufe, Krise, Krisenbewältigung und Gleichgewicht auf nächster Stufe (Erikson, 1959, 1968).

Gelingt die Lösung der Konflikte nicht, dann werden ungelöste Konflikte in »höhere« Lebensalterstufen mitgenommen. Das gilt nach Erikson besonders für Beeinträchtigungen der Entwicklung in früher Kindheit.

Die Tabelle zeigt Eriksons Darstellung der acht Lebensalter mit den dazugehörigen Tugenden, Konflikten, Sozialbeziehungen und so weiter. Die Tabelle ist eine Zusammenstellung verschiedener Versionen, die sich bei Erikson finden, wobei sich die Entwicklungsphasen von I (unten) bis VIII (oben) »aufbauen«. Auf der linken Seite der Tabelle finden sich zunächst die fünf Phasen der menschlichen Entwicklung nach Sigmund Freud, dann die drei Phasen des Jugendlichen- und Erwachsenenalters.

Phasen	A Psychosoziale Krisen	B Umkreis der Beziehungspersonen	C Elemente der Sozialordnung	D Psychosoziale Modalitäten	E Psychosexuelle Phasen
VIII Reife	Ich-Integrität gegen Verzweiflung	»Die Menschheit«, »Menschen meiner Art«	Weisheit	Sein, was man geworden ist; wissen, dass man einmal nicht mehr sein wird	Weisheit
VII Erwachsenenalter	Generativität gegen Stagnation	Gemeinsame Arbeit, Zusammenleben in der Ehe	Zeitströmungen in Erziehung und Tradition	Schaffen, versorgen	Fürsorge
VI Frühes Erwachsenenalter	Intimität gegen Isolierung	Freunde, sexuelle Partner, Rivalen, Mitarbeiter	Arbeits- und Rivalitätsordnungen	Sich im anderen verlieren und finden	Liebe
V Pubertät/Adoleszenz	Identität gegen Rollenkonfusion	»Eigene«, Gruppen, »die Anderen«, Führer-Vorbilder	Ideologische Perspektiven	Wer bin ich? (Wer bin ich nicht?) Das Ich in der Gesellschaft	Treue
IV Schulalter	Leistung gegen Minderwertigkeitsgefühl	Wohngegend Schule	Technologische Elemente	Etwas »Richtiges« machen, etwas mit anderen zusammen machen	Kompetenz
III Spielalter	Initiative gegen Schuldgefühl	Familienzelle	Ideale Leitbilder	Tun (Drauflosgehen), »Tun als ob« (=Spielen)	Absicht/Entschlusskraft
II Kleinkindalter	Autonomie gegen Scham und Zweifel	Eltern	»Gesetz und Ordnung«	Halten (festhalten), lassen (loslassen)	Wille
I Säuglingsalter	Vertrauen gegen Misstrauen	Mutter	Kosmische Ordnung	Gegeben bekommen, geben	Hoffnung

Wie auch andere Autoren ging Erikson von einer durchschnittlich zu erwartenden Umgebung aus, unter anderem von Säuglingsalter, Kindergarten, Schule, Berufsausbildung und Beruf, Ehe, eigenen Kindern, Austritt aus dem Berufsleben, Alter. Unter anderen Lebensbedingungen, wie zum Beispiel in anderen Kulturen, können die einzelnen Phasen anders sein oder in anderer Reihenfolge verlaufen. Doch nahm Erikson an, dass es immer eine bestimmte Sequenz gibt. Jede Stufe beinhalte ihre Krise und ihre Lösung.

Die erste Krise sieht Erikson beispielsweise im Erwerb von Urvertrauen oder Urmisstrauen. Der Erwerb des *Urvertrauens* ist für Erikson die Basis einer gesunden Entwicklung. Das Kind fasst Vertrauen zu den immer gleichen und verlässlichen Bezugspersonen. Fehlt dieses Vertrauen, kann es nach Erikson im späteren Leben zu Regressionen in Richtung auf oralen Sadismus oder der Nichtannahme von Hilfe kommen.

Eine Theorie wie die von Erikson beschreibt praktisch den »Normalverlauf« der Entwicklung und der Persönlichkeitsentfaltung in verschiedenen Lebensaltern in einer bestimmten Kultur. Im Vergleich zu Freuds Entwicklungstheorie stellt die Ergänzung um Stufen des Erwachsenenalters einen Gewinn dar, und die genannten phasentypischen Konflikte und »Lebensaufgaben« sind durchaus realistisch. Natürlich haben Modelle wie dieses auch ihre Kehrseite: Führt Urmisstrauen tatsächlich zu »oralem Sadismus«, wie Erikson meint? Insgesamt wirkte Eriksons Theorie für die Psychotherapie und für viele Wissenschaftsdisziplinen anregend, besonders für die Pädagogik.

Der Psychohistoriker Erikson:
Luther und Gandhi

Bereits Sigmund Freud versuchte biografische Episoden von historischen Persönlichkeiten psychoanalytisch zu deuten. Schließlich war für ihn die Psychoanalyse nicht nur eine Behandlungsmethode, sondern auch ein Instrument zur Deutung kultureller Zeugnisse.

Auch Erikson war fasziniert von bedeutenden Personen wie Martin Luther oder Mahatma Gandhi. Sein Ziel bestand darin, das Studium des Lebens mit Mitteln der Psychoanalyse *und* der Geschichtswissenschaften voranzubringen. Bei großen Persönlichkeiten erkannte Erikson das, was er »historische Aktualität« nannte – diese Menschen versuchten, aus der Unordnung der Vergangenheit eine zukünftige Ordnung zu schaffen, und veränderten damit das Leben vieler Menschen – bei Luther durchaus aller damaligen sozialen Schichten. Große Persönlichkeiten erleben dabei oft konfliktreiche Kindheiten, in der Adoleszenz leiden sie an sozialen Ungerechtigkeiten und sie ringen intensiv um Lösungen der Probleme, die sie sehen. Schließlich kommt es zur Alles-oder-nichts-Entscheidung, mit der sie ihre innere Identität finden und die Probleme ihrer Zeit angehen.

In seinem Buch über den jungen Luther (1958/1964) stellte Erikson die vergleichsweise spät eingetretene große Lebenskrise Luthers dar, seine Traurigkeit, seine Erfahrung, mehr an der Umwelt zu leiden als andere. Luther bricht den von seinem Vater vorgesehenen Weg, Jurist zu werden, ab und geht ins Kloster, wo er wiederum eine heftige Krise durchlebt. Luthers Kampf gegen den Ablasshandel und seine Verweigerung gegenüber dem Papst entspricht Eriksons Überzeugung, dass diese bedeutenden Menschen »Schmutzarbeit« ihres Zeitalters erledigen. Auch auf gewisse Widersprüche machte Erikson aufmerksam, so zum Beispiel auf Luthers Verweigerung gegenüber dem Papst und seine im Gegensatz dazu stehende auffällige Obrigkeitsstreue gegenüber den Fürsten.

Natürlich stieß Erikson bei seiner Deutung an Grenzen: Nur begrenzt konnte er mit psychoanalytischen Begriffen und psychopathologischen Diagnosen, die auf Krankheitsbildern des 20. Jahrhunderts zurückgingen, das Leben im Reformationszeitalter erklären. Das Buch erlebte trotzdem starken, überwiegend positiven Zuspruch, auch in Kirchenkreisen und bei einer breiten Leserschaft.

Durch Vortragsreisen in Indien wuchs Eriksons Interesse an Mahatma Gandhi, der für ihn die alles überragende Gestalt des Jahrhunderts war. Bei Gandhi erkannte Erikson – im Gegensatz zur Krise Luthers – eine Krise der Lebensmitte. Gandhis Macht bestand in seiner unbestechlichen Liebe, mit der er die Massen begeistern und das Ende der britischen Kolonialherrschaft erzwingen konnte. Für die Recherchen zu seinem Buch unternahm Erikson eine weitere Indienreise, besuchte Wirkungsstätten Gandhis und interviewte Menschen, die mit ihm zu tun hatten. Seine spannende Darstellung (Erikson, 1969) ist wieder eine interessante Mischung aus psychoanalytischen Vermutungen und Deutungen sowie biografischen und sozialgeschichtlichen Recherchen. Bezogen auf seine Stufenlehre geht es Erikson hier um den Konflikt Generativität versus Stagnation, das zeugende Gestalten und Weitergeben von Erfahrung und Wissen gegen Stagnation. Natürlich hatte Erikson längst erkannt, dass die Lebensbedingungen, Traditionen und Werte in Indien anders waren als in der westlichen Welt. Daher musste er auch seine Phasenlehre entsprechend modifizieren.

Eine Wirkung von Eriksons beiden historisch-biografischen Büchern bestand darin, dass die Literaturwissenschaften die Psychoanalyse als weitere Methode der Textinterpretation aufgriffen. Häufig ging es dabei um psychoanalytische Deutungen der Entwicklung und Lebenslage der Autorin oder des Autors (zum Beispiel Thomas Manns pädophile Neigungen). Zunehmend sind aber auch die dargestellten Protagonisten und Situationen tiefenpsychologisch interpretiert worden (zum Beispiel Kafkas Erzählung *Vor dem Gesetz*).

So etablierte sich die Psychohistorie (*psycho-history*) als eine sozialwissenschaftliche Forschungsrichtung, die historische Vorgänge mit den Mitteln der Psychoanalyse und Psychologie interpretiert.

Wertung

Erikson kann man in erster Linie als klinischen Psychologen sehen, weniger als systematischen Theoretiker, obwohl die Lebensphasen eine gute Systematisierung darstellen. »Das, was Eriksons Schriften so überaus eingängig macht, ist die brillante Art des Erzählens, (...) es bleibt aber mitunter bei Andeutungen und Impressionen, und immer wieder gehen Themen ineinander über«, urteilt ewta Conzen (1996, S. 10). Etliche seiner Beobachtungen und Begriffe, wie zum Beispiel das Urvertrauen, sind in die Literatur und den alltäglichen Sprachgebrauch eingegangen. Man vermisst bei Erikson allerdings exakte Definitionen seiner wissenschaftlichen Begriffe. Vielleicht erkennt man hier noch den *self-made man* – selbst als er 1960 eine Professur an der renommierten Harvard University erhielt, hatte er immer noch keinen akademischen Abschluss.

Erikson konnte die Psychoanalyse aus dem düsteren Bereich des Unbewussten und der Triebe hinaus in die helleren Regionen des Bewusstseins führen – in den Bereich der alterstypischen Konflikte und Konfliktlösungen, wie sie uns durch den Alltag vertraut sind. Es gelang ihm damit auch, die Psychoanalyse von ihrer Fixierung auf die frühkindliche Sexualität zu befreien. Dies ist sicher ein gewichtiger Grund für die bis heute anhaltende Wertschätzung und die umfangreiche Literatur über ihn und seine Arbeiten (Coles, 19070, Conzen, 1996, Friedman, 1999, Hofmann & Stiksrud, 2004).

JULIUS BAHLE

Die Erforschung der künstlerischen Inspiration

Der Name Julius Bahle findet sich in keinem neueren Lehrbuch
der Psychologie – und doch handelt es sich bei ihm um eine besonders interessante Persönlichkeit der Psychologie im 20. Jahrhundert. Bahle war der wichtigste Schüler von Otto Selz (1881–
1943), er war ein origineller Forscher und produktiver Autor im
Bereich der Kulturpsychologie, vor allem in der Musikpsycho-
logie. Aber warum geriet er in Vergessenheit?

Julius Bahle wurde am 9. Januar 1903 in Tettnang/Würt-
temberg geboren. Er hätte gern Musik studiert, entschied sich
dann aber für Wirtschaftswissenschaften, die er 1922 bis 1924
an der Technischen Hochschule München und anschließend an
der Handels-Hochschule Mannheim studierte. Von 1929 bis
1933 arbeitete Bahle in Mannheim bei Otto Selz als Assistent.
In der Zwischenzeit promovierte er an der Universität Würzburg mit der Dissertation *Zur Psychologie des musikalischen Ge-*

staltens. Eine Untersuchung über das Komponieren auf experimenteller und historischer Grundlage, betreut hatte die Arbeit jedoch Selz in Mannheim. Als Selz 1933 aus rassistischen Gründen die Hochschule verlassen musste, wechselte Bahle an die Universität Jena, wo er bis 1935 als wissenschaftlicher Mitarbeiter tätig sein konnte. Dort habilitierte er sich 1935 mit einer Arbeit über den musikalischen Schaffensprozess. Besorgt bezüglich möglicher Repressalien, emigrierte Bahle zunächst in die Schweiz, kehrte 1938 aber nach Deutschland zurück, wurde eingezogen und diente von Februar 1941 bis Juni 1942 als Heerespsychologe. Er lebte mit seiner Familie in Hemmenhofen (1974 eingemeindet nach Gaienhofen) bei Radolfzell am Bodensee – unweit von Otto Dix, mit dem Bahle freundschaftlichen Kontakt pflegte.

Nach Ende des Krieges gründete Bahle in Hemmenhofen eine kulturpsychologische Arbeitsgemeinschaft, die als Keimzelle für ein Forschungsinstitut gedacht war. Das Vorhaben scheiterte, lediglich der angegliederte Kulturpsychologische Verlag konnte sich zunächst etablieren. In seinem Verlag veröffentlichte Bahle eine Reihe von Schriften, die sich meist der Weiterentwicklung seiner Kulturpsychologie beziehungsweise Schaffenstypologie widmeten. Dazu kamen später lebenspraktische Bücher mit Themen aus dem weiteren Bereich der klinischen Psychologie.

1950 ließ sich Bahle nach Marburg umhabilitieren. Er lehrte dort bis 1957 als Privatdozent. Seine Hoffnungen auf eine Professur erfüllten sich nicht. Bahle führte auch nebenher verschiedene Tätigkeiten aus, so arbeitete er für die Industrie und das Arbeitsamt Konstanz. In seinem Haus war er psychotherapeutisch tätig.

Quellen der Inspiration

Julius Bahle interessierte sich besonders für die Psychologie des künstlerischen Schaffensprozesses, denn am Geniekult des 19. Jahrhunderts, der zu seiner Zeit noch vorherrschte, zweifelte er. Um den Schaffensprozess besser zu verstehen, wollte er die empirisch arbeitende Psychologie nutzen. Er stützte sich dabei auf einen Ansatz seines Lehrers Otto Selz (obwohl dieser hinsichtlich dieses Forschungsvorhabens skeptisch war). Bahles Methode knüpfte an die Würzburger Schule der Denkpsychologie von Oswald Külpe und an die Sprachtheorie von Karl Bühler an, denn er kombinierte ein experimentelles Vorgehen mit dem verstehenden Einfühlen, von ihm als »historisch-experimentelle« Methode bezeichnet.

Die Darstellung in Bahles Doktorarbeit (1930) war induktiv: Er erwähnte zunächst zwar einige Forscher, baute seine Forschung aber nicht auf deren Modellen oder Ansätzen auf. So ging er fast ohne Theorie ins Labor, aber mit einem genauen Ziel: Bahle schickte 13 Komponisten einzeln in den Versuchsraum in Mannheim, in dem wohl lediglich ein Klavier stand, und gab ihnen verschiedene Aufträge. Unter anderem sollten sie Schmerz (als eine von acht Grundstimmungen) musikalisch ausdrücken und anschließend beschreiben, was sie zu bestimmten Gefühlen und Gestaltungsabsichten veranlasst hatte. Eine andere Aufgabe bestand darin, einen Geizhals (als eine von drei Darstellungsaufgaben) musikalisch darzustellen.

Die Schilderungen der Komponisten darüber, wie sie die Aufgaben gelöst hatten, erwiesen sich als differenziert und sehr aufschlussreich – diese Art von Untersuchung lohnte sich also. Die Ergebnisse zeigten, wie sich die Musiker in die jeweilige Stimmung brachten und wie sie dann von diesem Erlebnis aus die adäquate musikalische Form suchten. Auch Doktorvater Otto Selz zeigte sich von den Ergebnissen beeindruckt.

Insgesamt sah sich Bahle in seinen Vermutungen bestätigt: Die musikalische Inspiration ist weitgehend Resultat aktiver Suchprozesse und entsprechender Arbeit. Musikalisches Schaffen ist kein geheimnisvoller Prozess himmlischer Inspiration, sondern geht aus einem sinnvollen methodischen Vorgehen hervor. Hierbei spielt der Zufall als regulärer Faktor eine produktive Rolle. Und all das lässt sich mit psychologischen Forschungsmethoden untersuchen und erklären.

Die Musik hat drei Funktionen, die Bahle in Anlehnung an Karl Bühlers Sprachtheorie als *Kundgabe, Darstellung* und *Auslösung ästhetischer Formwirkung* benannte (S. 97). Während bei der Sprache die Darstellungsfunktion an erster Stelle stünde, dominiere in der Musik die Ausdrucksfunktion. Bahle unterschied nach Auswertung seiner Ergebnisse drei Dominanztypen der Komponisten. Wiederum in Anlehnung an Karl Bühler nannte er sie *Ausdruckstypus, Darstellungstypus* und *Formkünstler.* Zu den Letzteren zählt er zum Beispiel Arnold Schönberg und dessen Wiener Schule.

Bahles Befunde ermutigten ihn, in dieser Richtung weiterzuforschen. In seiner Arbeit *Der musikalische Schaffensprozeß* (1936) systematisierte er dann sein Vorgehen und führte das sogenannte *Fernexperiment* ein. Eine beachtlich große Gruppe von 32 zeitgenössischen Komponisten erhielt hierzu von Bahle acht Gedichte, mit der Bitte, eins davon zu vertonen. Die Komponisten – unter ihnen bedeutende Zeitgenossen wie Ernst Krenek (1900–1991), Arnold Schönberg (1874–1951) und Carl Orff (1895–1982) – wurden sehr ausführlich angeleitet, sich selbst beim Prozess der Gedichtwahl und der Vertonung zu beobachten und ihre Beobachtungen niederzuschreiben. Einige weitere Komponisten, etwa Richard Strauss, konnte Bahle zusätzlich schriftlich oder sogar persönlich befragen.

Durch die Ergebnisse sah sich Bahle darin bestätigt, dass künstlerische Inspiration nicht so sehr eine Angelegenheit unerklärlicher (»göttlicher«) Eingebung ist, sondern eher Resultat produktiver Erlebnisse (unter anderem durch Beobachtung) und zielgerichteter Arbeit (zum Beispiel Improvisation). Sein zentrales wissenschaftliches Thema stellte diese Theorie in einem weiteren Buch über den Schaffensprozess (1939) sehr gut begründet dar. Später sah Bahle seine Befunde auch in den Biografien und Werken mehrerer Dichter bestätigt. Dort unterschied er – wie bei den Komponisten – den Inspirationstypus und den Arbeitstypus.

Auf die Biografie des Künstlers bezogen unterschied Bahle drei Phasen: *Vorbildphase, Gegenbildphase* und *Leitbildphase.* Die meisten Künstler orientieren sich zunächst an ihrem Vorbild, oft an ihrem Lehrer. Danach folgt oft eine Phase, in der sie sich bewusst von ihrem Vorbild abgrenzen, Neues gestalten wollen. Nicht selten gibt es hier Zeiten der Unsicherheit und des Suchens, bis die Gegenbildphase erreicht ist. Sie ist dadurch gekennzeichnet, dass man sicher ist, »wie es nicht gemacht werden darf«. An die Stelle der früheren Unbefangenheit und Leichtigkeit tritt nun das Stadium des mühsamen Konstruierens und Spekulierens. Schließlich münden diese Bemühungen in die eigene Leitbildphase, in der Vorbild und Überwindung des Vorbildes nicht mehr ausschlaggebend sind und die Genialität des Künstlers voll zum Ausdruck kommt.

Bahle nutzte zur Bestätigung seiner Phasenlehre reichhaltiges historisches Material, besonders Selbstzeugnisse von Komponisten. Er konnte zeigen, dass selbst Komponisten wie Mozart und Schubert, die als frühvollendet gelten, diese Phasen durchlaufen und erlebt haben. Es braucht nicht viel Fantasie, um diese Schaffensfolge auch bei Wissenschaftlern zu sehen, die zunächst ihren Lehrern nacheifern, sich dann von ihnen ablösen und schließlich ihren eignen Weg finden.

Bahle erhielt für seine Befunde in den 1930er-Jahren sehr viel Anerkennung. Seine Bücher fanden international Beachtung, vor allem bei Musikwissenschaftlern, aber auch bei Psychologen. Doch es gab auch eine heftige Kritik aus einer bestimmten Richtung. Anlass war ein Artikel, den Bahle am 18. September 1935 in der *Frankfurter Zeitung* veröffentlichte und der den Titel »Wie wird komponiert?« trug. Dort stellte er seine Befunde aus dem umfangreichen Fernexperiment ausführlich dar. In einer Replik antwortete ihm der Komponist Hans Pfitzner, die am 9. Januar 1936 im *Völkischen Beobachter,* dem Parteiorgan der NSDAP, erschien. Pfitzner griff Bahle scharf an und bestand darauf, dass künstlerische Inspiration nicht so sehr ein Ergebnis zielgerichteter Anstrengungen, sondern eine himmlische Gabe sei. Der Ton von Pfitzner war auffällig herablassend. Er kanzelte Bahle wie einen dummen Jungen ab: Wer nicht selbst Künstler sei, könne sich kein Urteil erlauben, und experimentelle Untersuchungen seien völlig unangebracht, künstlerische Intuition zu erklären. Dabei spielte wohl auch eine Rolle, dass Pfitzner ebenso gebeten worden war, an dem Fernexperiment von Bahle teilzunehmen, er hatte aber abgesagt – und musste nun erkennen, dass eine stattliche Zahl von Komponisten mitgewirkt hatte und seine Meinung bei den Ergebnissen nicht zählte.

Bahle war entsprechend aufgebracht und verfasste mutig eine sachliche Gegendarstellung. Nun mobilisierte Pfitzner, der dem Nationalsozialismus sehr nahestand, offenbar seine Freunde. In der Zeitschrift *Die Musik*, ein amtliches Organ der NS-Kultur-

Julius Bahle

gemeinde, erschien im März 1936 ein anonymer Beitrag mit dem Titel »Ein Mann namens Bahle«. Dieser habe die Stirn, Pfitzners Gedankengänge anzugreifen. Pfitzner als »der größte lebende Meister der deutschen Musik« wird in diesem Beitrag in Schutz genommen, und es geht dem Autor auch um nationalsozialistische Ideale, die durch Bahle in Gefahr seien. Sehr wahrscheinlich stammte der Text (1935) von dem Pfitzner-Biografen und Komponisten Walter Abendroth (1896–1973), der damals in dieser Zeitschrift über Kulturpolitik schrieb und auch weitere nationalsozialistisch-tendenziöse Schriften verfasst hat.

Pfitzner fasste seine Kritik an Bahle schließlich in einem Buch (1940) zusammen, in dem nicht nur Bahle, sondern die gesamte empirisch arbeitende Psychologie diffamiert wurde. Pfitzner erinnerte sich darin an seinen Streit mit Paul Bekker und den »zersetzenden jüdisch-internationalen Geist« (S. 16): »Heute aber kann ich in Bezug auf Paul Bekker sagen: ›Sein Tod grämt mich doch schier, da viel üblere Schächer unerschlagen noch leben.‹« Mit diesem Zitat aus Richard Wagners *Siegfried* war natürlich Bahle gemeint, der diese Äußerung als Todesdrohung verstand. Pfitzner-Freunde assistierten Pfitzner mit eigener Polemik: Der Kulturhistoriker Ludwig Schrott rezensierte Pfitzners Buch unter der Überschrift »Von den Grenzen psychologischer Forschung«. So weitete sich die Kritik an Bahles Untersuchungen zu einer pauschalen Kritik an der Psychologie aus. Bahle war nun als Person in Gefahr, zumal er dem Nationalsozialismus sehr kritisch gegenüberstand, dazu einen jüdischen Lehrer gehabt hatte, zu dem er freundschaftlichen Kontakt hielt. Damals ging Bahle zunächst in die Schweiz, kehrte schließlich zurück, aber lebte dann zurückgezogen am Bodensee.

Die Pfitzner-Affäre fand ihren Abschluss durch ein schmales Buch von Bahle *Hans Pfitzner und der geniale Mensch. Eine psychologische Kulturkritik,* das 1949 erschien. Pfitzner reagierte hierauf nicht mehr, er starb am 22. Mai des gleichen Jahres in Salzburg. Bahle erhielt auf diese Buchveröffentlichung anerkennende Zuschriften unter anderem von Thomas Mann und Theodor W. Adorno. Auch Hermann Hesse schrieb an Bahle: »Eigentlich ist der dumm-böse Gnom, den Sie zur Strecke bringen, des Aufwandes nicht wert. Aber es ist doch immer noch mit der Mentalität zu rechnen, deren Sprecher und Nutznießer er war.«

Schöpferische Psychosynthese

Als spezielle psychologische Behandlungsmethode für Depressionen und Manien entwickelte Bahle die *schöpferische Psychosynthese* (Bahle, 1955). Er stellte diese der Psychoanalyse gegenüber. Die Psychoanalyse deute bestimmte Vorgänge meist in ihren sexuellen Inhalten. Demgegenüber wolle die schöpferische Psychosynthese – neben der Einsicht in die Krankheitsursachen – zu einem aktiven Aufbau des noch vorhandenen gesunden Seelenlebens und so zu einer neuen Lebensform verhelfen. Im Unterschied zur Psychoanalyse sei die Psychosynthese aktive Geistestherapie, indem sie die gesunde Persönlichkeitsstruktur wiederherstelle, steigere und dadurch die krankhaften Züge entwerte, um zu einer harmonischen Erneuerung der Gesamtpersönlichkeit zu gelangen.

Bahle untersuchte 1950 an der Universität Marburg die Wirkungen posthypnotischer Aufträge auf manische und depressive Reaktionen. Wurde den Versuchspersonen in der Hypnose

275

Julius Bahle

der Auftrag gegeben, nach dem Wachwerden alle ihre persönlichen Werte zerstört zu sehen, zeigten die Probanden depressive Reaktionen. Aus den Befunden leitete Bahle therapeutische Empfehlungen ab.

Julius Bahle starb am 3. September 1986 in Gaienhofen, Ortsteil Hemmenhofen, am Bodensee. Seine wertorientierte Psychotherapie hat – soweit erkennbar – wenig direkte Nachfolger gefunden, wenn sich auch einige seiner Gedanken durchgesetzt haben. Seine originellen Untersuchungen zum Schaffensprozess von Musikern sind vor allem in der Musikforschung aufgegriffen worden. Gründe für die vergleichsweise geringe Rezeption der originellen Arbeiten in der Psychologie hängen wohl auch damit zusammen, dass Bahle keine Professur erreicht hat und dass seine interessantesten Arbeiten zur NS-Zeit entstanden sind und deswegen nur geringe Verbreitung fanden, zumal er selbst Gegner des Nationalsozialismus war.

Radikaler Behaviorismus und dessen Anwendung

Burrhus Frederic Skinner war ein bedeutender Vertreter des Behaviorismus in den USA. Er war der Begründer des sogenannten *deskriptiven Behaviorismus*, den er selbst als *radikalen Behaviorismus* bezeichnete. Zudem war Skinner Erfinder, Autor und Sozialphilosoph. Wenngleich er in späteren Jahren auch kritisiert wurde, gilt Skinner bis heute als einer der wichtigsten Psychologen überhaupt. Bei einer Untersuchung zu den bedeutendsten Psychologen im 20. Jahrhundert nahm Skinner 2002 den ersten Platz ein, stand also noch vor Jean Piaget, Sigmund Freud oder Albert Bandura (Haggbloom, 2002). Dies hängt sicher zusammen mit der langen wissenschaftlichen Laufbahn und der Ausdauer, mit der Skinner seine Ziele verfolgte. »Ein Misserfolg ist kein Fehler, er ist vielleicht das Beste, was man unter den Umständen erreichen konnte. Der wirkliche Fehler ist, wenn man aufhört, es zu versuchen.« Äußerungen wie diese sind typisch für

B. F. Skinner, der die Psychologie des 20. Jahrhunderts mit Ehrgeiz, aber vor allem durch seine Kreativität geprägt hat. Skinner wurde in einer ländlichen Kleinstadt im US-Bundesstaat Pennsylvania geboren. Der Vater war Rechtsanwalt, die Mutter Hausfrau. Burrhus ging gern zur Schule, und er bastelte gern. Einige Zeit versuchte er, ein Perpetuum Mobile zu konstruieren – dies natürlich ohne Erfolg. Zwar war Skinner streng puritanisch erzogen worden, aber schon als Schüler ging er auf Distanz zum christlichen Glauben. High School und das Hamilton College waren für Skinner eher langweilig und frustrierend. Seinen Dozenten machte er immer wieder das Leben schwer. Eines Morgens verteilte er gemeinsam mit einem Freund Plakate in der Stadt, auf denen stand, Charlie Chaplin halte an diesem Tag auf Einladung des Englischdozenten in der Hochschule einen Vortrag. Die Wellen der Begeisterung in der kleinen Stadt schlugen hoch: Die Zeitung brachte auf der Titelseite der Mittagsausgabe ein Bild von Chaplin, hunderte von Menschen versammelten sich zur vermeintlichen Ankunftszeit am Bahnhof und etwa 400 Autos verstopften die Wege zum Campus. Natürlich kam Chaplin nicht, aber weitere Streiche folgten (Skinner, 1967).

Anerkennende Wort des Schriftstellers Robert Frost zu ein paar Texten von Skinner ermutigten ihn, weiterzuschreiben, denn er wollte zeitweise Schriftsteller werden. Er gab diese Ambitionen aber nach etwa einem Jahr auf, denn er musste einsehen, dass er nichts zu sagen hatte – wie er es später selbst ausdrückte. So beschloss er schließlich, Psychologie zu studieren. Dazu ging er an die Harvard University, wo er sich selbst ein strenges Arbeitsprogramm auferlegte, denn ihm war klar, dass er viel aufholen musste, wenn er noch Erfolg haben wollte. 1931 promovierte er und forschte mithilfe eines Stipendiums weiter. Sein Interesse galt der Tierpsychologie, schon als Schüler hatten ihn biologische Fragestellungen fasziniert, und zu Hause hatte er verschiedene Tiere gehalten. Skinners Auseinandersetzung mit Watsons *Behaviorism* und Hinweise von Dozenten auf andere Lehrbücher zum Behaviorismus brachten ihn schließlich dazu, die *operante Konditionierung,* eine sehr breit anwendbare Lerntheorie, zu entwickeln (siehe unten).

1936 heiratete Skinner Yvonne Blue, eine Anglistikstudentin. Er lehrte an der University of Minnesota und an der Indiana University. 1948 ging er zurück an die Harvard University, wo er bis zu seiner Emeritierung 1974 blieb. Doch auch danach war er bis zu seinem Tod weiter wissenschaftlich tätig.

Der Weg zum radikalen Behaviorismus

Skinner gehörte nicht zur ersten Generation der Behavioristen – die Pioniere waren John B. Watson, der auf Pawlow Bezug nahm, und Edward Lee Thorndike, der mit seinem *Effektgesetz* die Bedeutung der Bekräftigung bei Tieren untersucht hatte. Edwin R. Guthrie (1886–1959) und Clark Leonard Hull (1884–1952) hatten dann die Ansätze von Thorndike und Watson integriert und so den *Neobehaviorismus* entwickelt – ein Versuch, den Behaviorismus beizubehalten und den Organismus, auf den Reize wirken, einzubeziehen. So wurde das klassische Reiz-Reaktions-Schema S–R (für stimulus-response) im Neobehaviorismus zum S–O–R-Schema.

Skinner unterschied Mitte der 1930er-Jahre deutlich zwischen der sogenannten Typ-S-Konditionierung, von ihm auch *respondente Konditionierung* (heute meist klassische Konditionierung) genannt, und der Typ-R-Konditionierung, von ihm auch *operante Konditionierung* genannt. Waren Pawlows und Watsons

Arbeiten dem klassischen Konditionieren zuzurechnen, gehörten Thorndikes Versuche zum operanten Konditionieren. Von Hull übernahm Skinner das Konzept der Verstärkung (*reinforcement*). Skinner selbst untersuchte in den folgenden Jahren die Möglichkeiten, die das operante Konditionieren bot. War bei Pawlow der Lernvorgang zwingend an Reflexe (zum Beispiel den Speichelreflex des Hundes) gekoppelt, so war das operante Konditionieren fast bei jeder Verhaltensweise möglich.

Eine seiner berühmten Versuchsanordnungen ist die *Skinner-Box*, ein abgeschlossener Kasten, in dem ein Versuchstier – meist eine Taube – für bestimmte Verhaltensweisen nach einem bestimmten Schema mit Futter belohnt wird. Das Verhalten wird auf diese Weise verstärkt. Die Versuchsanordnung ähnelt der Thorndike'schen, ist aber sehr viel flexibler angelegt: Einzelne, kleine Verhaltensschritte können verstärkt werden, und so lässt sich die Wirkung bestimmter Verstärkungsprogramme genau erforschen. Zudem werden Störungen durch den Versuchsleiter weitgehend ausgeschlossen – das Verhalten des Versuchstiers kann in der Skinner-Box durch elektrische Kontakte und Zählwerke quantitativ erfasst werden.

Die Taube in der Skinner-Box wird wahrscheinlich zunächst in dem Behälter herumlaufen, Futter suchen und dabei vielleicht zufällig einen Hebel betätigen, sodass ein kleines Futterkügelchen (Pellet) in einen kleinen Futtertrog fällt (Konsequenz *C*). Das Betätigen des Hebels (Verhalten *R*) wird auf diese Weise verstärkt. Ob dies geschieht, hängt natürlich davon ab, ob das Tier Hunger hat, ob ihm das Futter schmeckt und so weiter. Unter günstigen Bedingungen findet dann ein Lernprozess statt, eben das operante Konditionieren (oder auch *instrumentelles Konditionieren* oder *Lernen am Erfolg* genannt.) Skinners Grundannahme lautet, dass sich die Auftretenswahrscheinlichkeit eines Verhaltens erhöht, wenn es positiv verstärkt worden ist. Lernvorgänge können aber recht kompliziert sein, so kann es auch verstärkend wirken, wenn ein unangenehmer Reiz (zum Beispiel Lärm) ausbleibt.

Die naheliegenden Fragen, wie oft und wie viel Bekräftigung erforderlich ist, um eine Verhaltensweise zu erlernen, hat Skinner mit seinem Team ebenfalls früh untersucht. Das interessante Ergebnis: Es muss nicht ständig positiv verstärkt werden, um eine Verhaltenweise einzuüben. Ja, die gelegentliche Verstärkung, die sogenannte *intermittierende Verstärkung,* führt meist sogar zu dauerhafteren Lernerfolgen. Das Team um Skinner weitete nun die Fragestellungen aus. Die Forscher untersuchten verschiedene Tiere und durch das sogenannte *shaping* erweiterten die Wissenschaftler die Lernvorgänge durch Hinzunahme neuer Lernschritte zu ganzen Verhaltenssequenzen. Skinner gelangen so spektakuläre Dressuren: In einer Versuchsreihe lernten zwei Tauben das Pingpongspiel und konnten anschließend einen kleinen Ball mit Mini-Schlägern, die sie im Schnabel hielten, hin- und herspielen.

Die Skinner-Box beschreibt Skinner in seinem frühen Hauptwerk *The behavior of organisms* (1938, S. 49). Dieses Buch stellt die wichtigsten Methoden und eine große Anzahl von Befunden zu Verstärkung, Löschung, Rekonditionierung und so weiter ausführlich dar – und war lange Zeit das Hauptwerk zur Psychologie des operanten Konditionierens. Bezeichnend ist diese Anekdote: Unter den Mitarbeitern Skinners hatte sich zeitweise ein Spiel etabliert. Jemand zitierte einen Satz aus dem Buch, und wer die betreffende Seite nennen konnte, auf der das Zitat stand, hatte gewonnen. Dabei hatte das Buch über 450 Seiten! Es war also wahrlich zur Bibel des Behaviorismus geworden.

Grundlagen

Skinner interessierte sich nicht für die Entwicklung oder Überprüfung von Theorien. Selbst den Begriff der Hypothese benutzte er kaum. Er sah sich vielmehr als Naturforscher, der durch Experimente Fakten ermittelt und diese exakt beschreibt. Mit diesem biologistischen Verständnis der Verhaltensanalyse nahm Skinner eine deutlich andere Position ein als beispielsweise der physikalistisch ausgerichtete Watson. Der amerikanische Behaviorismus profitierte von Skinners Nähe zur Biologie – sie war offener und dem Lernvorgang von Organismen angemessener (Smith & Woodward, 1996).

Einige Wissenschaftler haben später versucht, Skinners Wissenschaftsverständnis genauer zu ergründen. Inzwischen entdeckten die Forscher, dass sich Skinner stark an Francis Bacon (1561–1626) orientiert hat, den er sehr verehrte. Bacons Kritik an der Scholastik, also etwa seine Auffassung, das wahre Ziel der Wissenschaft sei Naturbeherrschung im Interesse des Fortschritts, und ebenso Bacons Aussage, die Natur könne man nur verstehen, indem man ihr gehorche (*natura parendo vincitur*), dienten auch Skinner als Leitgedanken. Bacon, mit diesen Haltungen ein Vorläufer der Aufklärung, plädierte also dafür, bei wissenschaftlichen Untersuchungen Vorurteile abzulegen, also zum Beispiel vermenschlichende Deutungen des Verhaltens von Tieren zu unterlassen. Auch Skinner wandte sich gegen bestimmte Wertorientierungen in der Wissenschaft, was ihm den Ruf des Provokateurs eintrug. Aber auch Skinners technologisches Wissenschaftsideal zeigt die Nähe zu Bacon: Verhalten solle »hergestellt« werden, und erst durch die Gestaltung der Untersuchungsbedingungen, durch das Experiment, gebe die Natur ihre Gesetze preis (Smith, 1992).

Institutionalisierung und Anwendung

Skinner war sehr von seinen eigenen Befunden überzeugt, er zeigte sich immer wieder als intolerant gegenüber anderen Erklärungsversuchen und galt als schwierig (Bjork, 1993, Schorr, 2000). Wurde er scharf angegriffen, wie zum Beispiel von Noam Chomsky, reagierte Skinner meist überhaupt nicht. Erlebte man Skinner in späteren Jahren, wirkte er allerdings still, formal korrekt und freundlich.

Er setzte sich nach seinen Erfolgen auch für die Institutionalisierung seiner Forschungsrichtung ein. 1946 fand die erste Versammlung der *Society of the Experimental Analysis of Behavior* statt. Mit seinem zunächst noch sehr kleinen Kreis begründete Skinner 1948 eine eigene Fachzeitschrift, das *Journal of Experimental Analysis of Behavior* (JEAB) – und erlebte damit fachlich den Durchbruch und den anschließenden Siegeszug. 1964 gelang die Gründung einer eigenen Fachgruppe innerhalb der *American Psychological Association* (Division 25, Experimental Analysis of Behavior). Zu diesem Zeitpunkt war der radikale Behaviorismus bereits die wichtigste wissenschaftliche Richtung der Psychologie in den USA geworden.

Bereits 1953 konstruierte Skinner seine erste Lernmaschine, und ab etwa 1960 weitete er seine Forschung erfolgreich auf pädagogische und klinisch-psychologische Fragen aus. So gilt Skinner heute als der Erfinder der *programmierten Unterweisung* – die auch in der Bundesrepublik auf positives Echo stieß, aber nicht zuletzt aus Kostengründen kaum eingesetzt wurde. Erst gegen Ende des 20. Jahrhunderts ermöglichte die rasante Entwicklung der Computertechnologie den kostengünstigeren Einsatz.

Starke Auswirkungen hatte das operante Konditionieren nach Skinner auch auf die Psychotherapie. Mit der *Token Economy*, das heißt der Belohnung erwünschter Verhaltensweisen durch Rosinen, Bonbons, Zigaretten, Geld oder andere *tokens*, konnten Skinnerianer bei geistig behinderten, psychisch erkrankten und verhaltensauffälligen Menschen bemerkenswerte Verhaltensänderungen auslösen. Die klinischen Psychologen erkannten in diesem Zusammenhang, dass nicht alle Klienten undifferenzierte Ängste hatten, sondern dass einige von ihnen zum Beispiel ihre Furcht vor Höhen, vor engen Räumen oder Spinnen klar benennen konnten. In vielen dieser Fälle bewährten sich Methoden, die zunächst vom klassischen Konditionieren und operanten Konditionieren abgeleitet wurden und in die *Kognitive Verhaltenstherapie* einflossen – heute eine bestens etablierte Psychotherapieform, die von vielen Psychotherapeuten praktiziert wird.

Kritik der Sozialtechnologie

Angesichts der Techniken, die durch Verstärkung möglich geworden waren, stellte sich vor allem in der Zeit der Studentenbewegung eine ganz andere Frage: Wer hatte die moralische Berechtigung, diese Macht über andere auszuüben? Auch Skinner wurde damit konfrontiert, wie der Umgang mit dieser Sozialtechnologie geregelt werden sollte. Schon während seiner Zeit als aktiver Experimentalpsychologe hatte er Texte verfasst, die eher der Belletristik zuzurechnen sind. Vor allem in *Beyond Freedom and Dignity* (1971, in Deutschland 1973 unter *Jenseits von Freiheit und Würde* erschienen) reagierte Skinner sachlich und kühl und forderte, die geheiligten Ideale von Freiheit und Würde radikal zu überdenken. Diese moralischen Vorstellungen hätten ihre Wirkungen gehabt, stellen aber in der heutigen Zeit einen gefährlichen Götzenkult dar, da sie an der traditionellen Bestrafungsethik festhielten. Die Menschen würden oft manipuliert – und dies angeblich, um die Freiheit zu bewahren. Er gestand zu, dass auch der Behaviorismus nicht außerhalb der Gesellschaft stehe – deshalb sei es wichtig, die Techniken der Verhaltensanalyse nutzbringend einzusetzen.

Auch Skinner konnte also letztlich nicht beantworten, wie die Kontrolleure in unserer Welt kontrolliert werden können (Bruder, 1982).

Nachklang

Skinner erhielt zeit seines Lebens eine Fülle von Auszeichnungen, darunter allein 20 Ehrendoktorwürden. 1990 ehrte ihn die American Psychological Association für sein Lebenswerk (seine Dankesrede ist als Film aufgezeichnet worden). Nur acht Tage später starb B. F. Skinner an Leukämie. Eine seiner beiden Töchter ist Psychologin und verwaltet die B. F. Skinner Foundation.

Die Wirkungen Skinners und seiner Arbeiten auf die Psychologie und die amerikanische Gesellschaft waren und sind noch immer beträchtlich. So geben seine dreibändige Autobiografie, etliche neuere Skinner-Biografien, aber vor allem seine Arbeiten weiterhin Anlass zu umfangreichen fachlichen und fachgeschichtlichen Diskussionen.

VIKTOR E. FRANKL

Logotherapie und die Suche nach dem Sinn des Lebens

In einer klinischen Vorlesung spricht Viktor Frankl vor rund 150 Studenten mit einer schwer krebskranken 80-jährigen Patientin (1985, S. 252ff.):

»Nun, liebe Frau Kotek, was halten Sie von Ihrem langen Leben heute, wenn Sie darauf zurückblicken? War es ein schönes Leben?«

Patientin: »Ach, Herr Professor, ich muss wirklich sagen, es war ein gutes Leben. Das Leben war so schön.«

Frankl: »Sie sprechen von so schönen Erlebnissen, Frau Kotek. Aber das wird doch nun alles aufhören?«

Patientin (nachdenklich): »Ja, das wird nun alles aufhören.«

Frankl: »Wie ist es nun, Frau Kotek, glauben Sie, dass damit all die schönen Dinge, die Sie erlebt haben, aus der Welt geschafft sind? Dass sie ungültig geworden sind – vernichtet sind?«

Patientin (noch immer nachdenklich): »Diese schönen Dinge, die ich erlebt habe ...?

Frankl: »Sagen Sie mir, Frau Kotek, kann irgendjemand das Glück ungeschehen machen, das Sie erlebt haben? Kann jemand das auslöschen?«

Patientin: »Sie haben recht, Herr Professor, niemand kann das ungeschehen machen.«

Viktor Emil Frankl wurde 1905 als zweites von drei Kindern in Wien geboren. Sein Vater Gabriel Frankl kam ursprünglich aus Mähren. Gabriel Frankl hatte als junger Mann ein Medizinstudium begonnen, musste es aber aus finanziellen Gründen abbrechen. Er ging dann in den Staatsdienst, zunächst als Regierungsstenograf, später wurde er Direktor im Sozialministerium. Die Mutter, Elsa, kam aus Prag. Viktor beschloss bereits mit drei Jahren, Arzt zu werden. Sein anderer Berufswunsch war Schiffsjunge, und bald verschmolz er beide Wünsche zum Schiffsarzt oder Militärarzt.

Als Schüler war Frankl Obmann der sozialistischen Mittelschüler Österreichs, und schon als Student hielt er Einführungskurse für jugendliche Arbeiter, Jungsozialisten und für Lehrer. Zu dieser Zeit korrespondierte er bereits mit Sigmund Freud, der sogar ein kleines Manuskript von ihm für den Druck annahm (Frankl, 1924), doch erst später traf Frankl den Begründer der Psychoanalyse persönlich. Zu diesem Zeitpunkt hatte Frankl bereits sein Interesse für Alfred Adler und dessen Individualpsychologie entdeckt, die in den 1920er-Jahren in Wien großen Einfluss hatte. Ab 1925 engagierte Frankl sich im Individualpsychologischen Verein und veröffentlichte in der *Internationalen Zeitschrift für Individualpsychologie*. Noch als Student gab er eine eigene Zeitschrift *Der Mensch im Alltag. Zeitschrift zur Verbreitung und Anwendung der Individualpsychologie* heraus. 1926 verwendete Frankl zum ersten Mal den Begriff *Logotherapie* in Vorträgen.

1927 kam es in Wien in der Gruppe um Adler zu heftigen Kontroversen, vor allem zwischen Adler und Rudolf Allers. Schließlich verließen Allers und Rudolf Schwarz die Gruppe. Frankl – der sich als Schüler dieser beiden Individualpsychologen sah – blieb zunächst, denn er hatte mit Adler ja keine persönlichen Konflikte, doch wenige Monate später wurde er von Adler formell ausgeschlossen. In der Folge beendete Frankl auch die Arbeit an seiner Zeitschrift. Für seine fachliche Entwicklung als Psychiater und Psychotherapeut waren Freud, Adler und dessen Schüler jedoch weiterhin wichtig, und mehrere Individualpsychologen blieben ihm auch gewogen. Später postulierte Frankl die Logotherapie als *dritte tiefenpsychologische Schule* neben der Psychoanalyse Freuds und der Individualpsychologie Adlers. Tatsächlich finden sich in Frankls Werken neben Bezügen zu Freud und Adler und deren Schülerinnen und Schülern auch bedeutsame Einflüsse der Philosophen Karl Jaspers (1883–1969) und Martin Heidegger (1889–1976). Und wiederholt sprach Frankl davon, dass es zwar Tiefenpsychologien gebe, aber sein Ziel sei die Schaffung einer »Höhenpsychologie«, das Streben nach Wert- und Sinnfindung im Leben und in der Therapie.

Ab 1928 richtete Frankl in Wien und anderen Städten Beratungsstellen ein, an die sich Jugendliche wenden konnten, denn gerade zur Zeit der Zeugnisvergabe waren Suizide unter Schülern besonders häufig. Es gelang Frankl mit diesen Beratungsstellen, die Selbstmordraten deutlich zu senken. Frankl war ein guter Redner und versuchte in seinen Vortragsthemen Wertfragen und Therapie zu verbinden, und bereits zu dieser Zeit wurde er international wahrgenommen. Die Frage nach dem Sinn des Lebens wurde auch zu seinem eigenen Lebensthema.

1931 und 1932 absolvierte Frankl die Weiterbildung zum Neurologen, und in den Jahren von 1933 bis 1937 leitete Frankl im Psychiatrischen Krankenhaus in Wien den sogenannten »Selbstmörderpavillon«, wo er zahlreiche selbstmordgefährdete Menschen behandelte – »nicht weniger als 3000 Patienten pro Jahr« (1973, S. 190).

NS-Zeit

Im Jahre 1937 eröffnete Frankl eine private Praxis als Facharzt für Neurologie und Psychiatrie, doch nur wenige Monate später erfolgte der »Anschluss« Österreichs an das nationalsozialistische Deutschland und die radikale Ausgrenzung und Verfolgung von Personen jüdischer Herkunft wurde auch auf Österreich ausgeweitet. Frankl bemühte sich vergeblich um ein Visum für die USA, arbeitete dann als Leiter des Rothschild-Spitals und hoffte in dieser Funktion auf einen gewissen Schutz für seine Eltern und sich. Er durfte als jüdischer Arzt nur noch Juden behandeln. In seiner Tätigkeit sabotierte er die angeordnete Euthanasie von Geisteskranken durch Angabe falscher Diagnosen – offenbar mit Duldung des Vorstands der Wiener Psychiatrisch-Neurologischen Universitätsklinik, Otto Pötzl, obwohl dieser Parteimitglied war.

Doch auch Frankl entkam den Deportationen nicht und wurde 1942 zunächst in das Konzentrationslager Auschwitz verschleppt. Er überlebte auch das KZ Dachau, wo er Ende April 1945 von amerikanischen Truppen befreit wurde. Sein eindrückliches Buch über diese Zeit (1946) wurde weltberühmt, in viele Sprachen übersetzt und erreichte vor allem in den USA riesige Auflagen. Frankl kam in seiner Rückschau zu dem Ergebnis, dass Menschen mit einem Lebensziel, mit Plänen, Absichten und Hoffnungen, die grausame Zeit der Konzentrations- und

Vernichtungslager besser durchstanden als Menschen ohne entsprechende Ziele. So sprach er vom KZ als dem *experimentum crucis* – dem entscheidenden »Experiment«, in dem sich zeigt, ob ein Mensch den »Willen zum Sinn« hat oder nicht. Frankl selbst verlor durch den Holocaust seine junge Frau, seine Eltern, seinen Bruder Walter und weitere Angehörige.

Existenzanalyse und Logotherapie

Jeder Mensch hat eine unbewusste Geistigkeit, ein »ethisch Unbewusstes« und ein »ästhetisch Unbewusstes«. Der Mensch besitzt eine körperliche (biologisch-physiologische) Grundstruktur, die Fähigkeit zu Gefühlen, zum Denken und zum Austausch mit anderen (psychologisch-soziologische Dimension) sowie eine geistige (geistig-noetische) Dimension, die ihn erst zum empfindenden Menschen mache. Inhalt der Existenzanalyse soll nach Frankl dieser dritte Bereich sein, wobei diese die Grundlage darstellt und die Logotherapie die entsprechende, von Frankl entwickelte Psychotherapieform. Beide Begriffe können Missverständnisse auslösen: Die Existenzanalyse hat nichts mit Analysen im naturwissenschaftlichen oder psychoanalytischen Sinn zu tun, und die Logotherapie – nicht zu verwechseln mit Logopädie – bezieht sich nicht auf die Logik, sondern auf den *Sinn* (vom griechischen λόγος [logos] = Sinn, auch: Wort, Vernunft, Argument).

Jeder Mensch trägt den Willen zu einem höheren Sinn in sich – das Bedürfnis, über sich hinauszuwachsen. Oft entstehen Störungen dadurch, dass Menschen diesen Sinn nicht erkennen. Ziel der Psychotherapie nach Frankl ist es daher, dass der Klient sich über diesen Sinn klar wird. Das therapeutische Gespräch zielt auf die Sinnfindung – trotz des Leidens in der Gegenwart. Zur therapeutischen Praxis hat Frankl weit weniger Regeln entwickelt als etwa Sigmund Freud, doch einige wirksame Techniken, beispielsweise die sogenannte *paradoxe Intervention*. Klientinnen und Klienten werden hier aufgefordert, sich Situationen, vor denen sie sich besonders fürchten, im Geiste auszumalen und zu durchleben. Es zeigt sich dann oft, dass die Furcht unbegründet ist. Eine weitere, von Frankl angewandte Technik ist die Aufforderung zur *Dereflexion*. Der Klient wird dabei gebeten, das störende Symptom möglichst nicht zu beachten, an ihm »vorbeizudenken«, sich auf ein besseres, angenehmeres Ziel zu konzentrieren, was dazu führen kann, dass das Symptom verschwindet.

Existenzanalyse und Logotherapie werden heute der *humanistischen Psychologie* zugerechnet. Doch im Gegensatz zu humanistische Psychologen wie Abraham Maslow stellte Frankl fest, dass es Aufgabe des Menschen ist, seinen Sinn im Streben nach Wahrheit und Schönheit, in Geduld, Liebe und – in letzter Konsequenz – im Annehmen seines Schicksals in Gott zu suchen. Obwohl Frankl seine Position nicht als Ideologie, sondern als Grundlage seiner Psychotherapie ansah, enthielt sie natürlich Bestandteile einer christlich-jüdisch geprägten Weltanschauung. Diese explizite und implizite »Werthaltigkeit« der Logotherapie hat möglicherweise dazu geführt, dass die Logotherapie heute in Deutschland weniger verbreitet ist als andere Therapien – auch wenn Frankls Ansatz in vielen Lehrbüchern der klinischen Psychologie dargestellt wird.

Frankl hat in vielen Veröffentlichungen, Vorträgen und Filmen immer wieder selbstbewusst für seinen Ansatz geworben (unter anderem 2002). Möglicherweise stellte er dabei einige Ereignisse und Fakten über seine Arbeit etwas zugespitzter dar, als sie waren, sodass er auch Kritiker auf den Plan rief (Pytell, 2005). Jedenfalls erhielt Viktor E. Frankl gegen Ende seines Lebens eine große Anzahl von Ehrungen, so durch mehrere amerikanische Universitäten, aber besonders durch seine Heimatstadt Wien, in der er 1997 starb. Im Jahr 2015 wurde in Wien ein Viktor-Frankl-Museum eröffnet.

Konformes Verhalten und die Beziehungen zwischen Gruppen

Der amerikanische Sozialpsychologe Muzafer Sherif wurde als Muzaffer Şerif Başoğlu 1906 in Ödemiş, Izmir, als Sohn einer muslimischen Familie geboren. Er studierte auf einem amerikanischen College in Izmir, erwarb dort Bachelor- und Mastergrad. Maßgebend für sein ganzes Leben waren seine Kindheits- und Jugenderfahrungen mit den kriegerischen Auseinandersetzungen der damaligen Zeit zwischen Griechen, Türken und Armeniern. Sherif sah früh Menschen sterben, und als Junge musste er selbst erleben, dass ein griechischer Soldat sein Gewehr auf ihn richtete, aber dann doch nicht schoss (Granberg & Sarup, 1992).

Diese frühen Erfahrungen prägten Sherif, sodass er sich sein Leben lang für Konflikte zwischen Gruppen, für Stereotype, für Aggressionen und für das Verhalten von Minderheiten interessierte – Themen, die er als Psychologe auf ganz neue Weise untersuchen sollte.

Sherif ging nach seinem Studium in die USA und erwarb dort seinen zweiten Mastergrad an der Harvard University. Nachdem er im Februar 1932 seine Prüfungen abgeschlossen hatte, reiste er nach Europa, traf unter anderem Jean Piaget, hörte Vorlesungen bei Wolfgang Köhler in Berlin und arbeitete sich in die Gestalttheorie ein. Sherif erlebte in dieser Zeit die Vorboten des Nationalsozialismus und entwickelte dazu schnell eine kritische Meinung. Das akademische Jahr von 1932 bis 1933 verbrachte er am Gasi Terbiye Institut in Ankara. In dieser Zeit wiederholte er zunächst Untersuchungen, die er in den USA durchgeführt hatte. Er experimentierte aber auch schon mit dem *autokinetischen Phänomen,* das er für Gruppenversuche nutzen wollte. Als er an die Harvard University zurückkehrte, fand er nicht viel Unterstützung für seine Forschungspläne, wohl vor allem wegen Gordon Allport, der damals als Persönlichkeitstheoretiker eher an den Unterschieden zwischen Personen interessiert war als an Gruppenprozessen. Sherif promovierte daher 1935 an der Columbia University bei Gardner Murphy und veröffentlichte 1936 sein Buch über soziale Normen, in dem er die Normbildung von Personengruppen mit dem sogenannten autokinetischen Phänomen beschrieb (Sherif, 1936).

Das Konformitätsexperiment

Ausgangspunkt war folgendes Täuschungsphänomen: Sieht man in einem völlig abgedunkelten Raum nach gewisser Adaptionszeit einen einzelnen Lichtpunkt, so gewinnt man den Eindruck, dass sich dieser bewegt – obwohl die Lichtquelle an einer Stelle bleibt. Dieser Eindruck ist selbst für Personen zwingend, die wissen, dass es sich um eine Täuschung handelt.

Sherifs Anweisung (1936, S. 95) an die Versuchteilnehmer lautete: »Wenn der Raum völlig dunkel ist, werde ich Ihnen das Zeichen (…) geben und dann einen Lichtpunkt zeigen. Nach kurzer Zeit wird sich das Licht bewegen. Bitte drücken Sie die Taste, sobald Sie die Bewegung sehen. Wenige Sekunden später wird das Licht verlöschen. Nennen Sie mir dann die Strecke, die sich der Lichtpunkt bewegt hat. Versuchen Sie, so genau wie möglich zu schätzen.«

Die Zeit vom Tastendruck bis zum Verlöschen des Lichtes betrug zwei Sekunden. Jede Versuchsperson musste im Einzelversuch 100 Schätzungen abgeben und dann nochmals abwechselnd mit einer anderen Versuchsperson in insgesamt 100 Schätzungen die Bewegungen des Lichtpunktes beurteilen. In einer zweiten Versuchsreihe wurde nach 100 Schätzungen in Zweiergruppen eine Serie von Einzelversuchen durchgeführt. Die beiden Versuchsreihen wurden mit weiteren Versuchspersonen sowie mit Dreiergruppen wiederholt.

Zunächst beobachtete Sherif, dass Versuchspersonen im Einzelversuch eine ihnen eigene persönliche *Norm* entwickeln. Das heißt, Personen sind bei ihren Schätzungen unsicher und schaffen sich für die Bewegungsschätzung und die Varianz der Schätzungen einen Bezugsrahmen, an dem sie sich anschließend orientieren.

Wurden die Schätzungen von zwei oder drei Versuchspersonen abwechselnd abgegeben, so zeigte sich, dass die Schätzungen im Verlauf stark konvergierten – das heißt, die Personen passten sich aneinander an. Die Schlussfolgerung: Gruppen entwickeln eine eigene Norm. Zusätzlich zeigte sich, dass sich die Mitglieder auch dann noch an diesen Normen orientierten, als sie nach dem Gruppenversuch ihre Schätzungen einzeln abgeben mussten. Sherif hat alle Versuchspersonen nach dem Versuch befragt. Hierbei zeigte sich unter anderem, dass den »Konformisten« nicht immer bewusst war, dass sie bei ihren Schätzungen durch andere Personen beeinflusst worden waren.

Zurück in der Türkei

Von 1937 bis 1944 arbeitete Sherif wieder in der Türkei, denn er hatte sich verpflichtet zurückzukehren. Sherif plante tatsächlich, dort zu bleiben und das Fach Sozialpsychologie aufzubauen. Aber es sollte anders kommen. Zusammen mit Studenten baute er ein Forschungslaboratorium auf und übersetzte amerikanische Lehrbücher ins Türkische. Seine wissenschaftlichen Schriften veröffentlichte er in dieser Zeit ebenfalls auf Türkisch. Auch politisch war der Wissenschaftler in dieser Zeit sehr aktiv. Sherif, der politisch links stand, schrieb für *Adımlar* (»Schritte«), ein Anti-Nazi-Periodikum. Die Türkei blieb im Zweiten Weltkrieg zwar neutral, aber trotzdem wurde der Forscher aufgrund seiner offenen Ablehnung des Nationalsozialismus 1944 wegen »Verstoß gegen nationale Interessen« zu der sehr hohen Gefängnisstrafe von 27 Jahren Haft verurteilt.

Glücklicherweise wurde er bereits nach 40 Tagen wieder freigelassen, offensichtlich hatte sich die Meinung der türkischen Machthaber geändert. Kein Wunder, denn es wurde immer deutlicher, dass die Alliierten den Krieg gewinnen würden. Zusätzlich setzten sich Personen wie sein früherer Lehrer Gordon Allport intensiv für eine Freilassung Sherifs ein. So kehrte Sherif unmittelbar nach seiner Freilassung 1944 wieder zurück in die USA. 1945 heiratete er dort, und viele seiner Untersuchungen führte er anschließend zusammen mit seiner Frau Carolyn Wood Sherif (1922–1982) durch, unter anderem die Ferienlagerexperimente.

Realistische Gruppenkonflikte im Ferienlager

Die Jugendlageruntersuchungen der Jahre 1949, 1953 und 1959 gelten als die ersten Vorstöße zur Untersuchung der Intergruppenbeziehungen unter natürlichen, aber gut kontrollierten Bedingungen. Die Idee dazu stammte vermutlich von Carolyn W. Sherif. Sie hatte als Kind an Zeltlagern teilgenommen und bereits bei der Lewin-Schülerin Marian Radtke in Iowa zur Gruppendynamik geforscht. Die folgende Darstellung der Experimente stützt sich auf die zahlreichen Publikationen der Sherifs (Sherif & Sherif, 1953, Sherif, 1956, Sherif & Sherif, 1969). Das erste Experiment soll dabei im Mittelpunkt stehen.

Die beiden Forscher gingen von folgenden Hypothesen aus: Wenn Personen, die sich bislang nicht kennen, in eine Gruppensituation mit gemeinsamen Zielen zusammengeführt werden, entwickeln sich hierarchische Gruppenstrukturen, Rollen und Normen. Zwei auf diese Weise gebildete Gruppen werden positive oder negative Einstellungen sowie freundschaftliche oder feindselige Verhaltensweisen gegenüber der anderen Gruppe entwickeln, je nachdem, ob die Gruppenziele miteinander in Einklang stehen oder sich gegenseitig ausschließen.

Diese beiden Kernhypothesen bilden den Hauptinhalt der Intergruppentheorie, die später als *Theorie des realistischen*

Gruppenkonflikts bezeichnet wurde. (Dieser Begriff stammt also nicht von den Sherifs.)

Um Gleichartigkeit der Versuchspersonen zu gewährleisten, wurden Jungen im Alter von etwa zwölf Jahren ausgesucht, die mehrere Auswahlkriterien erfüllen mussten. Alle Kinder stammten aus weißen protestantischen Familien in gesicherten Verhältnissen. Bezüglich ihrer Intelligenz lagen die Kinder, die sich vor dem Experiment nicht näher kannten, etwas über dem Altersdurchschnitt. In ihrer Entwicklung und Persönlichkeitsstruktur waren alle Kinder »normal«.

Das Forscherteam interviewte Lehrer, Eltern und andere Erwachsene aus der Umgebung der Kinder und zog Schulzeugnisse und medizinische Untersuchungsbefunde heran. Zudem wurde jeder Junge im natürlichen Umgang mit Gleichaltrigen und in der Schule beobachtet. Außerdem führte man verschiedene psychologische Tests durch.

Die Experimente fanden in einer abgeschiedenen hügeligen Gegend mit Wäldern und Flüssen statt. Die Unterkünfte bestanden aus Wohn- und Schlafräumen, einer Küche und einem Speisesaal, außerdem gab es eine Vielzahl von Sportmöglichkeiten. Den Kindern ließ man vor Ort sehr viele Freiheiten. Zwei ältere Studenten betreuten und beobachteten die Kinder. Sherif selbst spielte als Mr. Mussee die Rolle des etwas trotteligen Lagerleiters und tauchte gelegentlich auf, um unauffällig Daten für das Experiment zu erheben.

Bei der Datenerhebung nutzten die Wissenschaftler insgesamt eine Kombination von Methoden: Ton- und Filmaufnahmen mit versteckten Mikrofonen und Kameras, Protokollierungen von Spielen, systematische teilnehmende Beobachtung, Fragen nach der Beliebtheit von Spielkameraden (Soziogramme) und so weiter. Die Kinder bemerkten von diesen Dingen nur wenig: Ihnen und ihren Eltern hatten die Forscher lediglich gesagt, man wolle neue Lagermethoden ausprobieren.

In der ersten Versuchsphase, die insgesamt drei Tage dauerte, gab man den Kindern bei Sport und Spiel Gelegenheit, sich näher kennenzulernen und kameradschaftliche Beziehungen aufzubauen. Am Ende dieser Phase wurde jeder Junge formlos gefragt, wer sein bester Freund sei (soziometrische Wahlen).

Dann verteilte die Lagerleitung die Jungen für die zweite Versuchsphase auf zwei verschiedene Schlafräume. Das Ziel bestand dabei darin, dass sich der Großteil ihrer besten Freunde im anderen Schlafraum befanden. Danach unternahmen die Helfer getrennt mit den beiden Gruppen eine Nachtwanderung mit Übernachtung unter freiem Himmel – ein Abenteuer, das sich alle Kinder gewünscht hatten und das etwas über den Trennungsschmerz von ihren Kameraden hinweghelfen sollte. Die getrennt untergebrachten Gruppen entwickelten in den folgenden Tagen sehr schnell ihre eigenen Gewohnheiten und Normen, es gab bestimmte Aufgaben- und Rollenverteilungen, gruppenspezifische Ausdrücke, Spitznamen, Redewendungen, Lieder und Bräuche. In allen Experimenten legten sich die Gruppen selbst Namen zu. So gab es im 1949er-Lager die »Bull Dogs« und »Red Devils«, im 1954er-Lager waren es die »Rattles« und »Eagles«. Die Kindergruppen hatten ihre eigenen Bade- und Angelstellen, die sie teils geheim hielten, sie malten sich ihre Gruppensymbole auf ihre Hemden und selbst die unbeliebten »Schlusslichter« der Gruppen bezeichneten ihre Unterbringungen als ihr »Zuhause«. Kurz: Es entwickelten sich Ingroup-Gefühle, Loyalität und Solidarität in den Gruppen.

Am Ende dieser fünftägigen zweiten Versuchsphase ermittelte man erneut die Freundschaftsbeziehungen mit soziometrischen Fragen. 95 Pozent der Red Devils nannten jetzt Mitglieder der eigenen Gruppe als Freunde, bei den Bull Dogs waren es 88 Prozent. Gegenüber der ersten Phase hatten sich die Freundschaftsbeziehungen also fast völlig geändert. Bemerkenswert ist der Wunsch der Gruppen, sich mit der anderen Gruppe bei einem Wettkampf zu messen. Dieser Wunsch nach Wettbewerb und auch die spontane Abwertung der anderen Gruppe erklärten sich Sherif und das Team mit dem kulturellen Hintergrund der Jungen, die in einer Wettbewerbsgesellschaft sozialisiert worden waren.

Ausgesprochene Spannungen und Feindseligkeiten zwischen den beiden Gruppen brachen jedoch erst im dritten Versuchsabschnitt auf, als die Gruppen tatsächlich in Wettkämpfen gegeneinander antraten. Zunächst wurden, vorgeblich, um dem Wunsch der Kinder zu entsprechen, Spiele und Wettbewerbe wie zum Beispiel Tauziehen veranstaltet, bei denen die Gruppen Punkte gewinnen konnten. Die Gruppe mit der höchsten Punktzahl sollte schließlich zwölf Taschenmesser bekommen – für jedes Mitglied eines. Die begehrten Taschenmesser wurden den Kindern gezeigt.

Ab diesem Zeitpunkt eskalierte die Situation: Beschimpfungen und Beschuldigungen gehörten nun zur Tagesordnung. Hatten die Jungen die Wettkämpfe noch mit sportlich-fairer Haltung begonnen, so dauerte es nicht lange, bis sich die Gruppen gegenseitig als Lügner, Schmutzfinken und Mogelanten beschimpften. Beim Mittagessen kam es in der Warteschlange zu Drängeleien und Raufereien. Die Kinder bewarfen sich mit Speiseresten, und ein Helfer musste schließlich eingreifen, als ein Junge sein eigenes Taschenmesser herausholte. Zudem verübten die Jungen nächtliche Überfälle, bei denen beispielsweise die selbst gefertigte Flagge der gegnerischen Gruppe geraubt und anschließend verbrannt wurde. Ein Junge, der als Friedensmission bei der gegnerischen Partei auftauchte, musste in einem Hagel von grünen Äpfeln flüchten.

Sherif und seine Mitarbeiter hatten sich im Vorfeld darüber Gedanken gemacht, mit welchen für einzelne Gruppen frustrierenden Situationen sie die Konflikte zwischen den beiden Gruppen erzeugen würden. Doch nur sehr wenige dieser Maßnahmen wurden tatsächlich durchgeführt, denn die Spannungen nahmen so schnell beängstigende Ausmaße an, dass die Forscher schon nach fünf Tagen das Experiment abbrechen mussten, und stattdessen nach Wegen suchten, um die beiden Gruppen wieder miteinander auszusöhnen. Im ersten Lager (1949) war ein gemeinsames Softballspiel gegen eine Jugendgruppe aus der Nachbarschaft in dieser Hinsicht besonders wirksam.

Für die folgenden Jugendlagerexperimente planten Sherif und seine Kollegen sorgfältig eine vierte Versuchsphase zur Spannungsreduktion. Als mögliche Bausteine für diese Phase erwogen die Forscher zunächst sachliche Informationen über die Gegner, Verhandlungen zwischen den Führern und Einzelwettkämpfe. Doch Sherif konzentrierte sich schließlich auf eine dritte Hypothese: Wenn die im Konflikt befindlichen Gruppen unter Bedingungen miteinander in Kontakt kommen, die für die beteiligten Gruppen zwingende gemeinsame Ziele umfassen, die nicht von einer Gruppe mit ihren Kräften und Fähigkeiten allein erreicht werden können, dann werden die Gruppen im Allgemeinen kooperieren, um dieses Ziel zu erreichen.

Eine Situation dieser Art war der Zusammenbruch der Wasserversorgung, der natürlich von den Betreuern fingiert wurde. Die Lagerleitung rief alle Jungen zusammen und informierte über die »Krise«. Die Gruppen suchten dann von sich aus getrennt nach der Ursache und beseitigten den »Schaden« gemeinsam. Doch die alten Spannungen kamen schnell zurück, sodass die Forscher erneut intervenierten: Als Nächstes boten sie den Jungen an, für eine Filmvorführung einen spannenden Film auszuleihen. Beide Gruppen sammelten Geld (da die Lagerleitung angeblich nicht genug Geld hatte), stimmten ab, welchen Film sie sehen wollten, und nahmen gemeinsam und ohne Streit an der Vorführung teil.

Bei einem gemeinsamen Ausflug der zwei Gruppen sprang schließlich der Lastwagen nicht an – auch das war natürlich von den Forschern manipuliert worden. Die Gruppen holten ein Seil – dasselbe Seil, das sie beim Tauziehen benutzt hatten – und zogen den Wagen, bis er startete.

Nach und nach reduzierte diese Reihe von Ereignissen und Notsituationen den Konflikt zwischen den Gruppen spürbar. Die Jugendlichen beschimpften sich seltener und entwickelten auch wieder Freundschaften über die Gruppengrenzen hinweg. Bei bunten Abenden wechselten sich die Gruppen in ihrer Darbietung ab.

Die Heimreise traten die Gruppen auf gemeinsamen Beschluss nicht in getrennten Bussen, sondern in einem Bus an. Eine der beiden Gruppen verfügte noch über einen Gewinn von fünf Dollar. Bei einer Rast auf der Heimreise kaufte diese Gruppe dafür Erfrischungsgetränke, die sie mit den Jungen aus der anderen Gruppe freundschaftlich teilte.

Fazit

Aggressives Verhalten entstand in Sherifs genialen Experimenten fast aus dem Nichts. Die Kinder waren gesund, überdurchschnittlich intelligent und kamen aus den gesicherten Verhältnissen der weißen amerikanischen Mittelschicht. Es waren also nicht krankhafte Erscheinungen, die die Feindschaft zwischen den Gruppen verursachten, und auch kein Ergebnis eines so oft behaupteten »natürlichen Triebes«.

Eine weitere wichtige Erkenntnis: Die Feindschaft entstand nicht automatisch durch Aufteilung der Kinder in zwei Gruppen. Nennenswerte Aggressionen tauchten erst auf, nachdem eine Gruppe bestimmte Ziele auf Kosten der anderen Gruppe erreichte. Die Belohnung der Siegergruppe beim Tauziehen ist hierfür ein Beispiel. Die Verlierer konnten ihr Ziel nicht erreichen, sie waren frustriert und reagierten aggressiv.

Noch ein weiterer Befund Sherifs scheint beachtenswert: Gruppensolidarität und Wir-Gefühl waren dann am stärksten, wenn die Feindschaft nach außen am größten war. Eine harmonische Gruppe mit demokratischen internen Gruppenbeziehungen muss sich also nach außen keineswegs demokratisch gebärden. Dies hatte bereits Kurt Lewin in seinen Experimenten über demokratisch und autoritär geführte Gruppen beobachtet. In diesem Zusammenhang erwähnte Sherif eine geschichtliche Tatsache, die zu denken gibt: Großbritannien, ein Land mit langer demokratischer Tradition, hat zwischen 1850 und 1941 insgesamt 20 Kriege geführt – mehr Kriege als Japan (9), Deutschland (8) oder die Vereinigten Staaten (7).

Sicher sollten wir vorsichtig bei der Verallgemeinerung der Sherif'schen Ergebnisse sein. Vielleicht nicht so sehr, weil es sich um wenige und ausgewählte Kinder als Versuchspersonen handelte – sondern wohl mehr, weil mit Gruppen experimentiert wurde, die nicht ohne Weiteres mit größeren Sozialgebilden vergleichbar sind. Aber auch andere Untersuchungen ergaben, dass Versöhnung und Harmonie zwischen rivalisierenden Gruppen nur schlecht durch Aufklärung, Propaganda und soziale Kontakte erreicht werden kann. Erfolgversprechender ist Sherifs Weg: Das Schaffen übergeordneter Ziele, die beide Gruppen als erstrebenswert und dringend ansehen und die nur von beiden Gruppen in gemeinsamer Anstrengung erreicht werden können.

Sherifs Konformitätsexperimente, seine (hier nicht dargestellte) Theorie zum Ego-Involvement und seine Theorie des Gruppenkonflikts haben die Psychologie bereichert und zu Weiterentwicklungen geführt. In der Konformitätsforschung dauerte es einige Jahre, bis Solomon E. Asch die Ideen von Sherif aufgriff. Ebenso waren die Jugendlagerexperimente Vorläufer einer erst sehr viel später durch Henri Taijfel und andere einsetzenden Sozialpsychologie der Intergruppenbeziehungen.

Muzafer Sherif starb 1988 in Alaska, wenige Jahre nach dem frühen Tod seiner Frau Carolyn.

Mut zur sozialen Gerechtigkeit

Marie Jahoda wurde im Januar 1907 in Wien als drittes von vier Kindern in einem assimilierten jüdischen Elternhaus geboren. Der Vater besaß ein Geschäft für technische Papiere, die Mutter Betty, geborene Probst, stammte aus Galizien und war jung nach Österreich ausgewandert. Marie Jahoda engagierte sich bereits in ihrer Jugend politisch – da mag der Vater mit seinem sozial-liberalen Verständnis Vorbild gewesen sein. Als Schülerin schloss sie sich 1924 dem »Verein Sozialistischer Mittelschüler« an, den Paul Lazarsfeld gegründet hatte. Zwar trat Marie 1925 aus der israelitischen Kultusgemeinde aus, sie bezeichnete sich selbst aber weiterhin als Jüdin. Am 1. Mai 1926 hielt sie vor einer größeren Menschenmenge eine Rede zur Schulreform, was ihr heftigen Ärger mit ihrem Schulleiter einbrachte. Nach ihrer Matura schrieb sie sich 1926 sowohl an der Pädagogischen Akademie als auch an der Universi-

tät Wien ein, wo zu dieser Zeit auch der spätere Philosoph Karl
Popper studierte.

Marie Jahoda nutzte intensiv die Möglichkeiten, die Wien
bot, zum Erwerb psychologischer Kenntnisse: Sie studierte bei
Karl und Charlotte Bühler Psychologie, sie war im Kreis um
Alfred Adler tätig, der mit Unterstützung der sozialdemokratischen Stadtregierung ehrenamtlich Erziehungsberatung durchführte, und schließlich machte sie bei dem Psychoanalytiker
Heinz Hartmann eine Analyse. Geld verdiente sie durch gelegentliche Tätigkeit als Hilfslehrerin.

Marienthalstudie

Mit ihrer Studie *Die Arbeitslosen von Marienthal* (1933) fand
die damals erst 26-jährige Psychologin auf Anhieb breite Anerkennung bei den Forscherkollegen. Die Studie, an der sie zusammen mit Paul Lazarsfeld, Hans Zeisel und einem Team von
zwölf weiteren Personen arbeitete, gilt bis heute als Meilenstein
der Sozialwissenschaften. Marienthal liegt ungefähr 25 Kilometer südlich von Wien. Damals war der kleine Ort mit 1.500 Ein-
wohnern vor allem durch ein einzelnes Unternehmen der Tex-
tilindustrie geprägt worden, das aber zwei Jahre zuvor seine Tore
schließen musste. Dabei verloren 1.200 Menschen ihre Arbeit.
Das Ziel der Forschergruppe bestand nun darin, die Auswirkungen der Arbeitslosigkeit auf die betroffenen Personen, deren
Familien und das soziale Umfeld zu untersuchen. Paul Lazarsfeld hatte vom Ehepaar Bühler die Genehmigung zur Gründung einer »Wirtschaftspsychologischen Forschungsstelle« erhalten, und das erste Projekt dieser Forschungsstelle wurde die
Marienthalstudie.

Der Forschergruppe schwebte vor, exaktes Zahlenmaterial zu erheben und dies mit Beobachtungen und Beschreibungen zum Erlebnis der Arbeitslosigkeit zu verbinden. Heute würde man dies einen multimethodialen Ansatz nennen. Gleichzeitig wollten die Wissenschaftler die Daten auf verdeckte Weise erheben, um Verzerrungen zu vermeiden. Dazu nutzen sie ihre »ursprünglichen« Berufe als Sozialarbeiter, Ärzte, Sportler oder Psychologen – und erforschten so heimlich die arbeitslose Bevölkerung des Dorfes. Mehrere Forscher – beispielsweise Charlotte Danziger (später Lotte Schenk-Danzinger) – lebten sogar längere Zeit in Marienthal.

Die Forschungsstelle konnte auf finanzielle Mittel der Wiener Arbeitskammer und auf einen Fonds der Rockefeller-Stiftung zurückgreifen, der von Karl und Charlotte Bühler verwaltet wurde (Benetka, 1995). Die Gesamtleitung des Projekts lag bei Paul Lazarsfeld, aber Marie Jahoda verfasste schließlich den größten Teil des Berichtes. Das Datenmaterial war umfangreich – und äußerst bunt: Statistiken, Geschäftsbücher, Ausleihraten der Bibliothek, Gehgeschwindigkeit der Passanten, Gesprächsthemen der Menschen, Wohnverhältnisse, Befragungen von Experten und von Arbeitslosen, Schulaufsätze und Preisausschreiben von Schülern und so weiter. Aus diesen Daten erstellten die Wissenschaftler unter anderem Katasterblätter für die 478 Familien des Ortes und 62 Lebensgeschichten – und konnten damit einen umfassenden Eindruck von den lähmenden Wirkungen der Arbeitslosigkeit geben: Resignation und Apathie waren die Hauptfolgen der Arbeitslosigkeit, die sich in einer gewissen »müden« Stimmung, der psychologischen Einengung des Lebensraums, verlangsamtem Schritttempo sowie der Erosion der Zeitstruktur bei den arbeitslosen Männern niederschlugen.

Insgesamt hatten die Forscher mit Erfolg verdeckt gearbeitet – aber es kam trotzdem zu einem unerwarteten Effekt der Studie: Die Forscher wollten angesichts des Elends helfen, und sie sammelten in Wien Kleidung für die Menschen in Marienthal, organisierten Erziehungsberatungen, ärztliche Beratungen, einen Schnittmusterkurs für 50 Frauen und auch Sportangebote. Dies zusammen veränderte natürlich die Situation und das soziale Feld.

Blicken wir auf die Zusammensetzung der Forschungsgruppe, verwundert dieses soziale Engagement nicht: Das Durchschnittsalter der Wissenschaftler lag deutlich unter 30 Jahren, und fast alle Mitglieder dieses jungen Teams waren der Sozialdemokratie verbunden. Zudem waren weit mehr Frauen als Männer in der Gruppe tätig, und der überwiegende Teil kam aus jüdischen Familien. Das alles hat die Studie geprägt. Doch trotz mancher Besonderheiten, fehlender Vergleiche und noch unsicherer Methodologie: Es war ein riesiger Fortschritt, so verschiedenartige Daten in so einfallsreicher Weise zu gewinnen und zu kombinieren. So ist die Marienthalstudie zu einem Meisterstück der frühen empirischen Sozialforschung geworden, zu einem Klassiker für Soziologen und Psychologen. Marie Jahoda bemerkte später gelegentlich, man sehe sie nur in Verbindung mit der Marienthalstudie – gerade so, als wenn sie nichts anderes gemacht hätte! Ganz sicher hat die Studie aber die jungen Mitarbeiterinnen und Mitarbeiter nachhaltig geprägt.

1960 wurde die Studie nachgedruckt, in den 70er-Jahren folgte dann eine preiswerte Taschenbuchausgabe, die man heute immer noch mit Gewinn lesen kann. Interessante Hintergrundinformationen finden sich in vielen Darstellungen (zum Beispiel Wacker, 1992, Jahoda, 1995). Zur Marienthalstudie wurde ein Lehrfilm erstellt und sogar ein Spielfilm mit dem Titel

Einstweilen wird es Mittag (1988) – der Titel geht auf eine Äußerung eines arbeitslosen Mannes zurück (Jahoda et al., 1975, S. 84).

Weiterer Lebensweg

Mit dem Siegeszug des Austrofaschismus im Juli 1934 fanden alle sozialdemokratischen Träume ein jähes Ende. Marie Jahoda wurde nach kurzer Zeit wegen illegaler politischer Tätigkeiten verhaftet und verbrachte von November 1936 bis Juli 1937 acht Monate im Gefängnis. Trotz peinigender Verhöre gab sie nichts über die geheime Tätigkeit preis. Schließlich boten ihr die Behörden eine Haftentlassung an, allerdings unter der Bedingung, dass sie Österreich umgehend verlassen – und damit auch ihre österreichische Staatsbürgerschaft verlieren würde. Nach heftigen inneren Konflikten willigte sie ein und emigrierte nach England. Es war – wie sie selbst später sagte – die beste Entscheidung ihres Lebens. So entkam sie dem »Anschluss« Österreichs an das Deutsche Reich im März 1938: »Hätte ich mich dafür entschieden, in Österreichs Gefängnis zu bleiben, wären die Nazis auf ihre Weise mit einer jüdischen Sozialistin verfahren« (Jahoda, 2002, S. 62).

In England arbeitete Jahoda für verschiedene Unternehmen und unterstützte gleichzeitig österreichische Kolleginnen und Kollegen bei der Emigration. Einige Zeit engagierte sie sich auch für einen politischen Rundfunksender, der gegen den Nationalsozialismus agitierte. 1945 emigrierte sie schließlich in die USA, wo sie unter anderem mit Max Horkheimer an der Untersuchung zur autokratischen Persönlichkeit (*The Authoritarian Personality*) arbeitete und 1947 an der New York University

erstmals eine Professur erhielt. Sie forschte dort zu Vorurteilen und anderen sozialpsychologischen Themen. Beachtung
fand ein methodenkritischer Band von Christie und Jahoda zu
den Untersuchungen zur autokratischen Persönlichkeit. Adorno und Horkheimer waren sicher nicht erfreut über diese Publikation, aber das Werk war ein wichtiger Beitrag zur Methodologie der Forschung. Zudem entstand mit Claire Selltiz 1959
ein weiteres Buch über Forschungsmethoden, das weite Verbreitung fand. Nach 13 Jahren in den USA kehrte Marie Jahoda 1958 nach England zurück und heiratete den britischen La-
bourpolitiker Austen Harry Albu. Sie lehrte am Brunel College
of Advanced Technology in Uxbridge (ab 1962 Universität)
und wurde 1965 als Professorin für Sozialpsychologie an die
neugegründete Universität von Sussex berufen, wo sie bis zu ihrer Emeritierung 1973 blieb (Wacker, 1998, Fleck, 2001).

Marie Jahoda starb Ende April 2001 in ihrem Haus in Key-
mer (Sussex) in ihrem 95. Lebensjahr. Wenige Jahre vor ihrem
Tod erhielt sie eine Reihe von Ehrungen, unter anderem die Ehrendoktorwürde der Universität Bremen.

Wenn Sie nach Ihrem Lebensgefühl gefragt wurde, bemerkte sie: Hochtrabend könne man sagen, sie sei Weltenbürgerin,
aber ehrlicherweise sei sie ein Flüchtling ohne Wurzeln.

SOLOMON E. ASCH

Wahrnehmung unter sozialem Einfluss

Wir schreiben das Jahr 1914 oder 1915. Eine polnisch-jüdische Familie feiert den ersten Seder-Abend des achttägigen Pessach-festes, das an den Auszug der Israeliten aus Ägypten erinnert. Zum ersten Mal darf auch der etwa siebenjährige Solomon teil-nehmen. Er erinnerte sich später:

> »Alles war hergerichtet; es war eine großartige Zere-monie, und wir Kinder durften zum ersten Mal lan-ge aufbleiben. Dann sah ich, wie meine Großmutter für jeden von uns, auch für uns Kinder, ein Glas Wein ein-schenkte; zusätzlich ein weiteres Glas. Dann sah ich ei-nen Stuhl, auf dem niemand saß. Ich saß neben einem meiner Onkel und ich fragte ihn, was das bedeuten sol-le. Er sagte, dass der Prophet Elia zum Pessachfest in je-des jüdische Haus kommt. Deswegen gebe es einen Stuhl

für ihn und zum richtigen Zeitpunkt während der Ze-
remonie werde die Tür für ihn geöffnet, um ihn herein
zu lassen, er werde dann auch von seinem Wein trinken.

Ich war völlig fasziniert und staunte, dass der Prophet
Elia in einer Nacht zu allen jüdischen Familien auf
der ganzen Welt kommen würde. Ich sagte zu meinem
Onkel: ›Wird er wirklich einen Schluck trinken?‹, und
er sagte: ›Oh ja, pass auf, wenn die Zeit gekommen ist,
achte mal auf das Glas,‹ – das war bis zum Rand ge-
füllt – ›du wirst sehen, dass es weniger wird.‹ Als der
Augenblick kam, konnte ich die Augen nicht von dem
Glas des Propheten lassen; ich schaute und schaute und
dann sah es wirklich so aus, als ob es etwas weniger
werden würde.«

Diese frühe Erfahrung hatte wahrscheinlich keinen Einfluss
auf Aschs berühmtes Konformitätsexperiment, doch sah er dieses immer als sein »Pessachexperiment« an (Cerasco, Gruber &
Rock, 1990, S. 3f.).

Geboren wurde Solomon Eliot Asch 1907 in Warschau, das
damals noch von Russland besetzt war, und wuchs in jüdisch-
religiöser Umgebung in Łowicz (deutsch: Lowitsch) bei Warschau auf. Die Familie emigrierte 1920 nach New York, wo sich
der junge Asch zunächst schwertat. In der Schule verstand er
nichts, was sich zwar besserte, aber auch als junger Student am
City College und dann an der Columbia University war er noch
sehr schüchtern.

Schnell begeisterte er sich für die Psychologie – und besonders für die Gestaltpsychologie. Typisch für Aschs späteren An-

satz ist daher die *phänomenologische* Betrachtung, ein offener Blick auf das Ganze, ohne vorschnelle Bewertung. Damit stand Asch im Gegensatz zum Behaviorismus, der die USA dominierte. Unter dem klaren Einfluss der Gestalttheorie steht auch seine erste bekannte Untersuchung zur Eindrucksbildung aus dem Jahr 1946: Versuchspersonen erhielten eine Liste von Eigenschaften einer (fiktiven) Person. Diese Eigenschaften waren: *intelligent, skillful, industrious, warm, determined, pracitical, cautious*, etwa zu übersetzen als intelligent, geschickt, fleißig, warmherzig, entschlossen, praktisch und vorsichtig. Die Versuchspersonen sollten zunächst diese Person frei beschreiben und dann anhand einer Liste von Gegensatzpaaren beurteilen.

Eine zweite Gruppe von Versuchspersonen erhielt die gleiche Eigenschaftsliste, bei der jedoch die Eigenschaft *warm* durch *cold* ersetzt war. Es zeigte sich nun, dass sich die Beschreibungen der beiden Gruppen ganz erheblich unterschieden. Vergleiche an weiteren Versuchspersonengruppen, die wieder andere Listen erhielten, bestätigten, dass es sich bei *warm* gegenüber *cold* offensichtlich um ein Gegensatzpaar handelt, das den Gesamteindruck von einer Person viel stärker prägt als andere Eigenschaften und auch auf diese ausstrahlt. Das Merkmal *intelligent* erhält in der Beschreibung einer warmherzigen Person beispielsweise eine andere Bedeutung und Qualität als bei einer kaltherzigen Person. Asch sah die Warm-cold-Variable daher als eine *zentrale Eigenschaft*. Bei der Beurteilung anderer Personen ist unsere Wahrnehmung vermutlich besonders auf solche zentralen, den Gesamteindruck prägende Eigenschaften gerichtet.

Doch auch die Reihenfolge der vorgegebenen Eigenschaften machte einen Unterschied: Asch konnte zeigen, dass die zuerst genannte Eigenschaft besonders starke Wirkungen auf den Gesamteindruck der beschriebenen Person hat, und sprach daher

313

vom *primacy effect*, vom Effekt des ersten Eindrucks. In der Tat spielt dieser Effekt auch in der alltäglichen Personenwahrnehmung eine besondere Rolle. In späteren Untersuchungen ist zudem die Bedeutung des letzten Eindrucks *(recency effect)* herausgestellt worden.

Insgesamt 19 Jahre lang lehrte Asch am Swarthmore College, wo er unter anderem mit Wolfgang Köhler zusammenarbeitete – und wo er auch seine berühmten Konformitätsexperimente weiterführte.

Der Asch-Versuch

Für diese Experimente verwendete Asch zwei ähnliche Versuchsanordnungen. Die bekanntere Anordnung ist die folgende (Asch, 1955, 1956): Acht Personen werden vom Versuchsleiter zu einem Wahrnehmungsversuch in einen Raum geführt und gebeten, auf Stühlen Platz zu nehmen, die bereits in zwei Reihen aufgestellt sind. Die Versuchspersonen nehmen Platz, und der Versuchsleiter verliest die Instruktion: »Bei dieser Aufgabe geht es um die Unterscheidung von Linienlängen. Vor Ihnen stehen zwei Karten. Auf der linken Karte ist eine Linie zu sehen, auf der rechten Karte drei verschieden lange Linien. Diese drei Linien sind mit 1, 2 und 3 numeriert. Eine der drei Linien auf der Karte rechts hat die selbe Länge wie die Linie auf der linken Karte. Sie sollen jedes Mal entscheiden, welche Linie gleich lang ist. Ihr Urteil geben Sie bitte, indem Sie mir die Zahl der Linie nennen. Insgesamt werden es 18 Vergleiche sein.«

Der Versuchsleiter erläutert zudem, dass die Versuchspersonen ihre Urteile nacheinander, erste Reihe von links nach rechts und zweite Reihe von rechts nach links, abgeben werden, und erkundigt sich, ob jemand noch eine Frage zu diesem Versuch hat. Eine Person fragt, ob bei den Vergleichslinien auch immer eine ist, die genau solang wie die Standardlinie ist. Ja, das sei so, bescheidet der Leiter. Eine andere Versuchsperson fragt: »Können Sie uns noch einmal sagen, in welcher Reihenfolge wir die Schätzungen nennen sollen?« Auch das klärt der Versuchsleiter und lässt nun das erste Kartenpaar beurteilen.

Offensichtlich ist die Aufgabe leicht. Die erste Versuchsperson schätzt: »Karte Nummer zwei«, Person zwei: »Zwei«, Person drei: »Auch zwei«, Person vier: »Zwei«. Tatsächlich schätzen alle gleich und richtig. Der Versuchsleiter hat alle Schätzungen protokolliert und zeigt das nächste Kartenpaar. Auch hier gibt es keine Schwierigkeiten. Alle Linien sind gut sichtbar und lassen sich einfach vergleichen. Beim dritten Kartenpaar wird allerdings jemand unruhig. Person sieben, also die vorletzte, fängt an, unsicher auf dem Stuhl hin- und herzurutschen. Sie versucht sich beim Nachbarn zu vergewissern, ob sie die Aufgabe richtig verstanden hat, doch Abstimmungen sind nicht vorgesehen. »Das kann doch nicht sein«, denkt sie, »dass diese Gruppe nur aus Eseln besteht. Die richtige Linie ist doch Nummer drei und nicht Nummer eins! Nummer eins ist doch ein ganzes Stück zu lang.«

Was geschieht da? Versuchsperson Nummer sieben ist die einzige echte, die »naive« Versuchsperson. Alle anderen sind vom Versuchsleiter vorinstruierte Scheinversuchspersonen, die nach einem bestimmten Plan bei zwölf von den Vergleichen bewusst falsche Urteile abgeben.

Bei drei Durchgängen dieses Experiments mit unterschiedlichen Konstellationen in den Versuchspersonengruppen ermittelte Asch einen Durchschnitt von 36,8 Prozent Fehlurteile der naiven Versuchsperson, die durch den Druck der Mehrheit zustande kamen. Das heißt, ungefähr zwei Drittel der Entscheidungen blieben unbeirrt von der falsch urteilenden Mehrheit (Asch, 1956, S. 10, Tab. 3). Bezogen auf die urteilenden Personen zeigen die Daten, dass ungefähr 25 Prozent der Versuchspersonen durchgängig unabhängig (richtig) urteilten – und nur rund fünf Prozent der Versuchspersonen urteilten konsistent bei allen zwölf kritischen Urteilen mit der Mehrheit. Um sicherzugehen, dass es wirklich der Einfluss der Mehrheit war, der zu den Fehlurteilen führte, ließ Asch andere Versuchspersonen im Einzelversuch die gleiche Aufgabe lösen. Unter dieser Bedingung wurden nur 0,7 Prozent Fehler gemacht – die eigentlichen Aufgaben waren also leicht zu lösen.

Der Asch-Versuch, wie er auch einfach genannt wird, gehört heute zu den Klassikern der Kleingruppenforschung, und man spricht auch gern vom *Asch-Paradigma*, mit dem eine Fülle von Fragestellungen untersucht werden konnte.

Die Asch-Studien werden in vielen Lehrbüchern der Sozialpsychologie trotzdem etwas schief dargestellt, denn Asch war weniger am quantitativen Ausmaß der Konformität interessiert als vielmehr an der psychologischen Klärung der Bedingungen für *Unabhängigkeit*. Diesem Zweck dienten auch Befragungen, die Asch mit vielen seiner Versuchspersonen nach dem Versuch durchführte. Diese Interviews zeigen, dass kaum eine Versuchsperson den Versuch ohne ein Konflikterlebnis absolviert hat. Zweifel an der Richtigkeit des eigenen Urteils gab es sowohl bei unabhängigen als auch bei abhängigen Versuchspersonen. Die Art der Konflikte geht auch aus Interviews mit deutschen Studenten deutlich hervor, die am Asch-Versuch teilnahmen (Lück, 1998).

Mit dem Asch-Versuch wird eigentlich keine Theorie geprüft, und es geht auch nicht um die Feststellung von Persönlichkeitsmerkmalen: Vielmehr demonstriert Asch lediglich einen Sachverhalt – dies geschieht aber bei eindeutigem Reizmaterial so eindrucksvoll, dass der Versuch inzwischen zum sozialpsychologischen Grundwissen gehört. Von Asch selbst und in vielen nachfolgenden Untersuchungen wurden die Versuchsbedingungen variiert: Größe der Gruppe, Art der Teilnehmer, Eindeutigkeit des Reizmaterials und so weiter.

Natürlich täuschte Asch seine Versuchspersonen in diesem Experiment, doch er hielt dies für vertretbar. Die Personen wurden nach dem Versuch über die Täuschung aufgeklärt, einige zeigten sich erleichtert, andere ärgerten sich nachher über ihr angepasstes Urteil wider besseren Wissens. So brachte der Versuch die beteiligten Personen auch zum Nachdenken.

Asch starb im Alter von 88 Jahren 1996 in Pennsylvania. Seine wissenschaftlichen Arbeiten weisen zwei Besonderheiten auf: Er hat im Vergleich zu anderen Psychologen wenig veröffentlicht, und seine Publikationen sind thematisch weit gestreut. Aber eins ist klar: Seine Psychologie gehörte zwar in den USA nicht zum Mainstream, trotzdem – oder gerade deswegen – prägte er viele Bereiche der Psychologie nachhaltig (Rock, 1990). Wohl niemand hat so eindrucksvoll gezeigt, wie sehr unsere menschliche Wahrnehmung durch unsere Mitmenschen bestimmt wird wie Asch. Ob das Pessachfest mit dem Propheten Elia in seiner Kindheit vielleicht doch für den Lebensweg entscheidender war, als er selbst annahm?

ABRAHAM MASLOW

Selbstverwirklichung als oberstes Ziel

Manche Psychologen verbindet man mit einer ganz bestimmten Leistung, einem Modell, einer Theorie, einem bestimmten Test oder Begriff. Bei Abraham Maslow ist diese Verbindung ganz dominant, denn fast reflexartig werden viele Psychologinnen und Psychologen auf den Namen Maslow das Stichwort *Bedürfnis-hierarchie* nennen. Hierzu ein »Experiment«, das Sie selbst gern ausprobieren können: Geben Sie in eine Suchmaschine im Internet das Wort »Maslow« ein und suchen Sie dann nach Bildern. Sie erhalten hunderte von teils aufwendig und farbig gestalteten Pyramiden, die die Bedürfnisebenen nach Maslow darstellen! Offenbar gibt es nichts, was mit dem Namen Maslow enger verbunden ist.

Abraham Harold Maslow wurde 1908 als erstes von sieben Kindern in Manhattan geboren. Der Vater, Samuel Maslow, emigrierte bereits mit 14 Jahren aus Kiew nach Amerika – oh-

ne Geld und ohne Sprach- und Landeskenntnisse. Er stammte aus einer jüdischen Familie, in der Russisch und Jiddisch gesprochen wurde. Entsprechend musste sich Samuel in den USA
mühsam einleben. Schließlich heiratete er seine Kusine Rose,
mit der er bald einen Sohn bekam. Jüdischer Sitte entsprechend
wurde der erste Sohn Abraham (Rufname »Abe«) genannt.
Die Familie war nicht besonders intellektuell, doch wie in vielen jüdischen Familien schätzte man Bildung. Abrahams liebs-
te Beschäftigung als Junge war die Lektüre von Büchern. Das
Mutter-Sohn-Verhälnis war schwierig. Rose war offenbar wenig
herzlich, abergläubisch und manchmal sogar grausam. Als Abraham im Alter von 13 Jahren an der Bar-Mitzwa-Feier teilnahm
und er die übliche Rede halten sollte, brach er an der Stelle ab,
an der sich die Jugendlichen normalerweise bei ihrer »geliebten
Mutter« bedanken – er fand dies verlogen und rannte weg. Auch
die Ehe der Eltern ging später auseinander.

In der Schule interessierte sich Abraham für amerikanische
politische Führer, Sozialismus und Literatur. Immer wieder bekam er in seiner Jugend durch jugendliche Banden und sogar
durch einzelne Lehrer den auch in den USA herrschenden Antisemitismus zu spüren. Den Wunsch seines Vaters, ein Jurastudium zu absolvieren, konnte er nicht erfüllen, auch wenn es einige Zeit des Suchens und des Probierens dauerte, bis Maslow zur
Biologie und Psychologie fand. Maslow erwarb den B.A. 1930,
der M.A. folgte ein Jahr später. Harry F. Harlow, der wegen seiner Untersuchungen zum Bindungsverhalten von Rhesusaffen
berühmt wurde, nahm Maslow als Doktorand an – Maslow veröffentlichte dann einige Arbeiten zur Tierpsychologie, und er
promovierte 1934. Nach der Promotion kehrte er an die Columbia Universität zurück und forschte mit seinem Lehrer Edward L. Thorndike zum menschlichen Sexualverhalten.

Kontakt mit Alfred Adler

Es war Maslow sehr wichtig, bedeutende Psychologinnen und Psychologen seiner Zeit kennenzulernen. So kam er auch mit einigen europäischen Psychologen in Kontakt, unter anderem mit Alfred Adler, der ab 1926 häufiger in den USA war und ab 1935 in New York lebte. Zwischen Adler und Maslow entwickelte sich eine Bekanntschaft, sie sahen sich einige Zeit lang regelmäßig und trafen sich meist zum Abendessen. Eines Abends fragte Maslow Adler nach Sigmund Freud, worauf sich Adler erregt und lautstark davon distanzierte, Schüler von Freud zu sein. Das geschah offenbar so auffällig, dass sich andere Gäste an ihren Tischen umdrehten, um zu sehen, was dort geschah. Weitere seltsame Szenen folgten, so fragte Adler Maslow eindringlich, ob er denn nun für oder gegen ihn sei. Maslow antwortete nicht – und zog aus dieser Episode letztlich den Schluss, den Kontakt zu Adler erst einmal ruhen zu lassen. Durch den frühen Tod von Adler 1937 kam es zu keiner Klärung mehr.

Geistige Mentoren, die Maslow sehr verehrte, waren unter anderem Ruth Benedict, die bekannte Kulturanthropologin, und Max Wertheimer, der Mitbegründer der gestalttheoretischen Schule. In Maslows Schriften findet man gelegentlich Bezugnahmen auf diese Autoren – aber auch auf Adler.

Bedürfnishierarchie

Bereits in den 1920er-Jahren hielt der *Motivationsbegriff* Einzug in die Psychologie. Begriffe wie *Instinkt* oder *Assoziation*, die bis dahin die Diskussion bestimmten, erschienen den Wissenschaftlern nun als überholt. Henry Murray entwickelte mit dem

Thematic Apperception Test (TAT) zudem ein projektives Verfahren zur Erfassung verschiedener Bedürfnisse, das trotz aufwendiger Auswertung Verbreitung fand.

Geprägt durch die Arbeiten bei Harlow entwarf Maslow eine Struktur der Bedürfnisse und stellte 1943 erstmals seine Theorie in einem Aufsatz vor. Sein Modell, mittlerweile 70 Jahre alt und nie im üblichen Sinn »bewiesen«, gehört inzwischen zum Standardwissen der Psychologie, findet sich aber auch zum Beispiel in Management-Trainingskursen. Maslow unterscheidet darin fünf Arten von Bedürfnissen, die er in hierarchischer Abfolge sieht. Auf der untersten Ebene stehen die physiologischen Bedürfnisse, wie das Bedürfnis nach Luft, Wasser, Salz, Eiweiß und so weiter. Diese Bedürfnisse sind scharf voneinander getrennt, somatisch lokalisierbar und machen sich durch spezifische Defizite und Signale im Körper bemerkbar. Eine abschließende Aufzählung ist gleichwohl nicht möglich und nicht sinnvoll. Im Vergleich zu Liebe, Anerkennung oder Sicherheit ist zum Beispiel Hunger als physiologisches Bedürfnis sicher stärker. Wenn diese physiologischen Bedürfnisse befriedigt sind, entsteht Raum für »höhere« Bedürfnisse. Die nächsthöhere Ebene der Bedürfnisse umfasst das Sicherheitsbedürfnis. Die Menschen in westlichen Gesellschaften sind meist gut geschützt vor extremen Temperaturen, wilden Tieren oder Kriminalität, unsere Bedürfnisse sind hier weitgehend erfüllt. Gleichwohl haben Kinder ein höheres Sicherheitsbedürfnis, Struktur und Regelmäßigkeit ist entscheidend für deren Entwicklung.

Auf der dritten Ebene erkennt Maslow das Liebesbedürfnis, der Wunsch nach Gesellschaft, Freunden, nach dem Liebespartner, nach Familie und Kindern, und auf der vierten Ebene sieht Maslow das Bedürfnis nach Anerkennung: Menschen »in unserer Gesellschaft« streben nach Maslow nach Selbstachtung, Selbstwert, Anerkennung und Selbstvertrauen. Hier unterscheidet Maslow zwei Untergruppen: Erstens das Streben nach Leistung, Erfolg, Vertrauen in die Welt, Unabhängigkeit und Freiheit, und zweitens das Streben nach Ansehen, Prestige, Anerkennung, Aufmerksamkeit, Wichtigkeit und Würdigung. Diese Untergruppe der Bedürfnisse ist besonders von Alfred Adler und seinen Schülern herausgestellt worden.

Als fünftes und oberstes der Bedürfnisse in der Hierarchie nennt Maslow schließlich das Streben nach Selbstverwirklichung. Seine Beobachtung: Selbst wenn alle Bedürfnisse soweit befriedigt seien, bleibe bei manchen Personen eine Unruhe und der Wunsch, etwas zu schaffen. Maslow erwähnt hier Komponisten, Maler, Schriftsteller und andere Künstler. Den Begriff der Selbstverwirklichung übernimmt Maslow dabei von dem deutsch-amerikanischen Psychiater Kurt Goldstein, der der Gestaltpsychologie verbunden war. Maslow verwendet den Begriff aber in engerer Bedeutung: Er nimmt an, dass die grundlegenden Bedürfnisse der unteren Ebenen nur bei wenigen Menschen erfüllt seien, sodass der Wunsch nach Selbstverwirklichung selten sei. Maslow schätzt die Zahl der Menschen, die sich der Selbstverwirklichung als Bedürfnis widmen können, auf zwei Prozent der Bevölkerung – ein Wert, der natürlich fiktiv war. Viele Fragen (Entstehung, Diagnostik, Verbindung zu anderen Bedürfnissen und so weiter) seien zuvor noch zu erforschen, räumt er ein.

Ein Kennzeichen der Selbstverwirklichung nach Maslow ist das Gipfelerlebnis *(peak-experience):* Diese Menschen arbeiten, ohne auf andere Bedürfnisse zu achten, in einem besonderen Zustand der Ganzheit, der Weltverbundenheit, des Höhepunktes der Leistungsfähigkeit, der Macht und Kreativität. Die Person im Gipfelerlebnis ist entrückt, sie empfindet zugleich aber auch Leichtigkeit im Hier und Jetzt.

Die Bedürfnishierarchie findet sich, wie bereits erwähnt, auch in vielen Lehrbüchern zu Managementtechniken. Dort wird oft darauf hingewiesen, dass es wenig Sinn macht, höhere Bedürfnisse von Mitarbeitern zu befriedigen, solange grundlegendere Bedürfnisse nicht erfüllt seien. Eine solche Argumentation ist natürlich bedenklich, weil sie einerseits auf eine Bevormundung der Mitarbeiter hinausläuft. Außerdem entspricht sie nicht der Auffassung von Maslow, der die Bedürfnisse zwar in einer hierarchischen Ordnung sah, aber beispielsweise ausdrücklich darauf hinwies, dass das Liebensbedürfnis so stark sein kann, dass demgegenüber Hunger und andere »niedere« Bedürfnisse zurücktreten. Die Bedürfnisse sind also nicht in einer statistisch-diskreten Abfolge zu sehen, aber in der Regel muss ein untergeordnetes Bedürfnis einigermaßen gut befriedigt sein, bis das nächsthöhere hervortritt.

Humanistische Psychologie

Selbstverwirklichung – dieses eher seltene, aber psychologisch interessante Bedürfnis, sollte das bestimmende Thema von Abraham Maslows Forschungstätigkeiten in den Folgejahren werden. Und gleichzeitig wurde Selbstverwirklichung zum zentralen Begriff der humanistischen Psychologie. 1961 erschien erstmals das *Journal of Humanistic Psychology*, ein Jahr später gründeten Maslow und seine Kollegen die *American Association of Humanistic Psychology*, die Maslow zunächst leitete. Durch Carl R. Rogers, Charlotte Bühler und andere entwickelte sich die humanistische Psychologie zunächst zu einem hoffnungsvollen »dritten Strom« (Maslow) in der Psychologie – abgegrenzt von Behaviorismus und Tiefenpsychologie. Deutlich wurde das vor allem in der Psychotherapie – doch eine wirkliche Alternative zum »Mainstream« der Psychologie wurde die humanistische Psychologie nicht. Schuld daran waren auch die Forschungsmethoden. War die akademische Psychologie nach wie vor an allgemeingültigen Aussagen interessiert und untersuchte zu diesem Zweck größere Stichproben von Experimental- und Kontrollgruppen, entdeckte und propagierte die humanistische Psychologie die Einzelfallstudien, deren Ergebnisse nur sehr bedingt universelle Gültigkeit erlangten.

Von 1951 bis 1969 lehrte Abraham Maslow als Professor der Brandeis University. In dieser Zeit versuchte er, im Anschluss an die humanistische Psychologie als »vierten Strom« die *transpersonale Psychologie* zu etablieren – eine Weiterentwicklung der humanistischen Psychologie. Maslow war zur Erkenntnis gelangt, dass die Selbstverwirklichung doch nicht das höchste Ziel der menschlichen Entwicklung darstellte: Es gebe Menschen, die sich selbst verwirklichten, Gipfelerlebnisse hatten und dann eine transpersonale Ebene erreichten – also besondere spirituelle, religiöse oder mystische Erfahrungen hatten. Wenngleich Maslow dies gegen Ende seines Lebens nicht mehr als Pyramide dargestellt hat, kann man behaupten, es gebe zu den fünf Stufen der Bedürfnisbefriedigung nach Maslow noch eine sechste: Das *Bedürfnis nach Transzendenz*. Manuskripte und Tagebuchaufzeichnungen von Maslow sprechen dafür (Hoffman, 1996, Kolto-Rivera, 2006).

Schon längere Zeit war Maslow herzkrank, 1970 starb er im Alter von 62 Jahren den Herztod.

KRIPAL S. SODHI

Reform der Psychologie gegen den Strom der Zeit

Die westdeutsche Psychologie in der Nachkriegszeit und frühen Bundesrepublik wurde noch viele Jahre durch Hochschullehrer geprägt, die zuvor Charakterologie gelehrt hatten und lange Zeit von internationalen Entwicklungen abgeschnitten waren. Wie mühsam der Weg einer Modernisierung der Psychologie in dieser Zeit war, zeigt aber auch das Beispiel des Psychologen Kripal Singh Sodhi, dem die westdeutsche Psychologie wichtige Impulse verdankt (Rösgen, 2003).

Sodhi wurde 1911 in Roorkee in Indien geboren. Er entstammte einer angesehenen und vergleichsweise wohlhabenden Familie der Sikhs. Sodhi wollte zunächst, wie sein Vater, sein Großvater und andere Vorfahren, Arzt werden, aber er studierte schließlich doch Psychologie. Nach seinem Masterabschluss an der Universität Allahabad (1936) reiste er im September 1937 nach Berlin, um sich bei Wolfgang Köhler eingehender mit der Gestaltpsychologie zu befassen, denn Köhlers Buch *Gestalt Psychology* (1929) hatte ihn begeistert. Köhler war jedoch zwei Jahre zuvor aufgrund von Repressalien durch die Nationalsozialisten in die USA emigriert und auch die meisten anderen Gestaltpsychologen hatten Berlin inzwischen verlassen. Sodhi blieb trotzdem.

Als der Zweite Weltkrieg begann, forderte die Britische Botschaft ihn auf, nach England zu emigrieren. Sodhi blieb – auch deswegen, weil seine Familie ihn nicht unterstützen konnte. Als Inder wurde Sodhi von den Nazis als »Arier« eingestuft und nicht verfolgt. So erhielt er sogar ein Stipendium der Alexander-von-Humboldt-Stiftung. Mit einer Arbeit über Tiefensehen konnte er promovieren, und weitere wahrnehmungspsychologische Experimente sollten ihm die Habilitation ermöglich. Doch in der Nacht vom 24. zum 25. Februar 1945 beschädigte eine Fliegerbombe das Berliner Stadtschloss mit dem psychologischen Institut schwer. Dabei wurden auch alle Aufzeichnungen für Sodhis Habilitationsschrift vernichtet.

In den unmittelbaren Nachkriegsjahren lehrte Sodhi an der American University of Berlin, die 1945 für amerikanische Soldaten in Berlin eingerichtet worden war, aber bald wieder aufgelöst wurde. 1948 konnte Sodhi ein Forschungsstipendium in den USA annehmen, wo er endlich Wolfgang Köhler traf und Solomon E. Asch, Richard S. Crutchfield und andere amerikanische Psychologen kennenlernte. In diese Zeit fällt auch die Blockade Berlins durch die russischen Streitkräfte im Juni 1948. Besorgt um das Wohl seiner Familie kehrte Sodhi deshalb Ende 1948 in das abgeschnittene Berlin zurück.

Noch 1948 erreichte Sodhi an der im gleichen Jahr begründeten Freien Universität Berlin eine Diätendozentur. 1951 erschien schließlich seine Habilitationsschrift zur Urteilsbildung im sozialen Kraftfeld (Sodhi, 1953). 1956 – nach dem plötzlichen Tod Oswald Krohs – erhielt Sodhi eine außerplanmäßige Professur an der Freien Universität und wurde am 1. Januar 1959, mit fast 48 Jahren, schließlich Nachfolger von Oswald Kroh. Positive Gutachten von Wolfgang Köhler und Peter R. Hofstätter waren dabei eine wichtige Unterstützung gewesen. Angebote anderer Hochschulen lehnte Sodhi ab.

Kritik an der westeuropäischen Sozialpsychologie

1953 hielt Sodhi auf dem dritten Nachkriegskongress der Deutschen Gesellschaft für Psychologie ein kritisches Überblicksreferat über die mittel- und westeuropäische Sozialpsychologie – wahrscheinlich eines der ersten Male, dass Sodhi vor einer größeren Fachgesellschaft sprach. In seinem Vortrag zeigte Sodhi sehr deutlich, wie schlecht es um eine empirische Sozialpsychologie in Europa bestellt war. »Sozialpsychologie« sei eher ein soziologisches Interessengebiet geworden, in dem kaum empirisch gearbeitet werde. Die meisten sogenannten Sozialpsychologen hätten nur Ad-hoc-Ansichten über die Natur des Menschen formuliert, anstatt zu forschen (Sodhi, 1954, S. 10). Tiefenpsychologische Theorien »mit ihren dehnbaren Begriffen und ihrer souveränen Mißachtung der empirischen Verifikation« fänden eine kongeniale Umgebung in dieser Art von Sozialpsychologie: »Immer unbestimmt-charmant, sind sie in jeder Gesellschaft willkommen« (S. 16). Treffend formulierte Sodhi, die sozialpsychologische Forschung sei ein Gebiet geblieben, »mit dem Psychologen sich je nach Belieben beschäftigen konnten, und keiner verstand es als Versäumnis, wenn sie es nicht taten« (S. 8). Mit der Aufzählung von Wilhelm Wundt, William McDougall, Willy Hellpach, Richard Müller-Freienfels und Frederic C. Bartlett seien bereits die »hervorragenden Psychologen genannt, die sich ernsthaft und andauernd« (S. 8) in Europa mit dem Gebiet der Sozialpsychologie befasst hätten. Aber auch diese Wissenschaftler kritisierte Sodhi mit überzeugenden Argumenten. Wie sehr zum Beispiel auch Wundt mit seiner Völkerpsychologie im Irrtum gewesen sei, habe sich an der enormen Weiterentwicklung der wissenschaftlichen Psychologie gezeigt, »die sich ganz ohne Hilfe seiner Völkerpsychologie vollzog« (S. 13). Sodhi nannte dann einige wenige Autorinnen und Autoren, die wertvolle Einzeluntersuchungen durchgeführt hatten – zum Beispiel Charlotte Bühler und David Katz –, doch vermisste er in der Sozialpsychologie sowohl überzeugende psychologische Theorien als auch systematische experimentelle Forschung. Wenn Sodhi dies auch nicht explizit sagte: Vermutlich war ihm die Rückständigkeit der europäischen Sozialpsychologie nicht zuletzt durch seinen Aufenthalt in den USA so schmerzlich bewusst wie keinem anderen der anwesenden Kongressteilnehmer.

Bezeichnend für die damalige Situation ist eine Episode, die sich nach dem Kongress abspielte: Der Herausgeber des Kongressberichtes, Albert Wellek, nahm zunächst eigenmächtig Kürzungen in dem Manuskript von Sodhi vor und riet ihm außerdem, bestimmte Arbeiten zum Sozialorganismus, auch eine Arbeit von ihm selbst, zu berücksichtigen. Sodhi hatte es also nicht leicht, mit dem damaligen »Establishment« der Psychologie zurechtzukommen. Seine Haltung war erkennbar kritisch und mutig – und sie war aus heutiger Sicht völlig berechtigt.

Konformes Verhalten

Sodhis eigene Forschung konzentrierte sich vor allem auf die Bereiche der Konformitätsforschung und der Stereotypforschung. Seine
Habilitationsschrift zeigte den Versuch, die experimentelle Konformitätsforschung, wie sie Muzafer Sherif und Solomon E. Asch
in den USA betrieben hatten, in Deutschland zu replizieren und
auszuweiten. Durch experimentelle Untersuchungen wollte Sodhi
herausfinden, wie weit die individuelle Urteilsbildung von anderen Menschen beeinflusst wird. Exakte Replikationen der Untersuchungen von Sherif waren zur Zeit der Blockade aufgrund des
armselig ausgestatteten Instituts nicht möglich, so musste Sodhi
improvisieren: Mit einer Knipszange der Berliner Verkehrsbetrie-
be stellte sein Team hellgelbe runde Papierpunkte von zwei Milli-
meter Durchmesser her, die sie anschließend in unterschiedlichen
Mengen auf kleine Kartontafeln klebten. Den Versuchspersonen
wurden diese kleinen Tafeln nun etwa vier Sekunden lang gezeigt.
862 Jugendliche mussten danach die Anzahl der Punkt auf den
einzelnen Tafeln schätzen, teilweise leise, teilweise laut. Vor allem
bei lauten Schätzungen kam es zum bekannten Effekt der Reduzierung der Variabilität, das heißt der Angleichung der Meinungen. Alle Gutachter der Habilitationsschrift hoben die methodi-
sche Sorgfalt der Wissenschaftler bei diesem Experiment hervor:
Statistische Verfahren seien kompetent angewandt worden. Solche
Arbeiten waren in der deutschen Psychologie zu dieser Zeit selten.

Stereotype

War es Sodhi mit dem Bezug auf Sherif und Asch gelungen,
die Konformitätsforschung in der jungen Bundesrepublik be-

kannt zu machen, so versuchte er dies auch mit seinen Arbeiten zur Stereotypforschung. Er nutzte dazu das in Deutschland noch unbekannte *Eigenschaftslistenverfahren* von Daniel Katz und Kenneth W. Braly (1933).

Der Begriff *Stereotyp* stammte ursprünglich aus der Druckerfachsprache und bezeichnete die Weiterentwicklung einer Hochdruckform. Der amerikanische Journalist Walter Lippmann bezog den Begriff 1922 auf schematische Vorstellungen der Menschen von anderen Nationen und Völkern in der öffentlichen Meinung. Der Begriff setzte sich in dieser Bedeutung schnell durch.

Mit seinem Studienfreund Rudolf Bergius führte Sodhi die Untersuchung *Nationale Vorurteile* (1953) durch und erweitete das Katz-Braly-Verfahren. Mit einer Stichprobe von 881 deutschen Personen wurden die Einstellungen zu »Amerikanern, amerikanischen Negern, Chinesen, Türken, Engländern, Franzosen, Juden« und so weiter erfasst. Von der Berliner Forschergruppe wurde auch das sogenannte Autostereotyp erfasst – die Meinung der Deutschen über sich selbst. Während sich Deutsche als pflichtbewusst (86 %), gründlich (75,5 %), zuverlässig (70,1 %), tapfer (70,1 %), tierliebend (70,1 %), als Dichter und Denker (70,1 %), als anständig (58,7), gemütlich (52,5 %), auch als militaristisch (67,8 %) einschätzten, urteilten sie über Menschen aus anderen Nationen beziehungsweise Ethnien weit kritischer. Hierbei muss natürlich der Zeitpunkt der Erhebung wenige Jahre nach Kriegsende berücksichtigt werden.

Durch einen Forschungsauftrag des Innenministeriums war Sodhi in der Lage, die Forschungsarbeiten zu Vorurteilen fortzusetzen. Anfangs zeigten die Besatzungsmächte Interesse an diesen Untersuchungen, denn sie befürchteten ein Erstarken nationalistischer Tendenzen, doch später stießen die Ergebnisse auch bei deutschen Politikern auf Interesse. Demoskopische Institute, die solche Befragungen durchführen konnten, waren in der jungen Bundesrepublik noch selten und gerade erst neu entstanden: Das EMNID-Institut wurde 1945 gegründet, das Institut für Demoskopie in Allensbach 1947. Zudem trafen die Forscher auf erheblichen Widerstand in der Bevölkerung gegen Meinungsumfragen. Sodhi und Bergius waren bezüglich der Stichprobenbildung daher vorsichtig und befragten hauptsächlich Personen, die den mitwirkenden Studierenden bekannt waren: Verwandte, Freunde und Bekannte.

An der deutschen Stereotypforschung mit Sodhi, Bergius und anderen lässt sich gut zeigen, dass es auch in Deutschland einen Prozess der sogenannten *Indigenisierung*, das heißt eine Adaptierung der Forschungsansätze aus anderen Kulturen für die bundesdeutsche Situation, gegeben hat (Danziger, 2006). Bemerkenswert ist die positive Aufnahme der Befunde von Sodhi und Bergius durch die sozialwissenschaftliche Fachliteratur. Untersuchungen dieser Art waren schließlich neu. Das galt besonders für sogenannte *Urteilsverschränkungen*. Dazu eine kurze Unterscheidung: Das Urteil der Deutschen über die Österreicher ist ein *Heterostereotyp*, oder allgemeiner gesagt: ein Fremdbild. Das Urteil der Österreicher über sich selbst ist ein *Autostereotyp,* oder allgemeiner gesagt: ein Selbstbild. Die Vermutung der Deutschen darüber, wie sich Österreicher selbst sehen, ist das *vermutete Autostereotyp* (oder vermutetes Selbstbild) eines anderen Volkes: Deutsche könnten zum Beispiel denken, dass sich Österreicher für besonders musikalisch halten. Und schließlich bezeichnet das *vermutete Heterostereotyp* (vermutete Fremdbild) des eigenen Volkes die Vermutung von Deutschen darüber, wie sie von Österreichern gesehen werden. Die Berliner Forschergruppe konnte in mehreren Experimenten zeigen, dass diese Urteilsformen zusammenhängen, verschränkt sind. Dabei ging es nicht nur um Darstellungen der Prozentsätze von Eigenschaftshäufigkeiten und Korrelationen von »Profilen«.

Diese Untersuchungen wurden später von dem Sodhi-Schüler Wolfgang Manz in seiner Arbeit *Das Stereotyp* (1968) fortgesetzt und insoweit erheblich ausgeweitet, als er die Daten nicht zu Durchschnittswerten oder »Profilen« zusammenfasste, sondern die individuelle Urteilsstruktur der befragten Personen analysierte: Wie weit besteht wirklich eine *Urteilsverschränkung*? Werden für Selbstbild und Fremdbild sowie für das vermutete Fremdbild gleiche Eigenschaften verwendet, oder sind die Urteile disparat?

Wertung

Zwei Gründe waren es wohl, dass Sodhis Karriere im Vergleich zu seinen Leistungen so langsam verlief: Einerseits verhinderten der Zweite Weltkrieg und die schwierige Nachkriegszeit einen schnelleren Aufstieg, andererseits hing die Führungsschicht der deutschen akademischen Psychologie noch an Charakterologie und Ausdruckspsychologie. Gegenüber neuen Entwicklungen, wie der experimentellen Sozialpsychologie, war sie zunächst wenig aufgeschlossen.

Jüngere Kollegen und Studenten konnte Sodhi dagegen begeistern, denn er brachte eine moderne Psychologie in die deutsche Nachkriegszeit, die begierig aufgegriffen und fortgeführt werden konnte. Hinzu kam, dass ihm alle professoralen Eitelkeiten fremd waren. So wollte Sodhi 1958 eigentlich eine Vorlesung über Gruppenprozesse halten, überraschte dann seine Zuhörer mit der Mitteilung, er habe die Ausarbeitung zur Seite gelegt, um sattdessen das soeben erschienene Buch *The Psychology of Interpersonal Relations* von Fritz Heider zu behandeln (Manz, 1993, S. 201). Das tat Sodhi dann auch – 19 Jahre vor dem Erscheinen der deutschen Übersetzung. Als erster Wissenschaftler in Deutschland hatte er die Bedeutung von Heiders Theorien erkannt und wollte dessen Ansatz Gehör verschaffen.

Sodhi starb völlig überraschend Anfang Mai 1961, also bereits zwei Jahre, nachdem er Ordinarius geworden war, an einem Herzinfarkt. Die Expansion der Sozialpsychologie in der frühen Bundesrepublik mit Peter R. Hofstätter erlebte Sodhi nur in den Anfängen. Die Errichtung von Lehrstühlen für (Wirtschafts- und) Sozialpsychologie folgte erst später. Sein früher Tod mag ein Grund dafür sein, dass man sich mit Sodhis Werk wenig befasst hat und dass selbst innerhalb der deutschen Sozialpsychologie der Name Sodhi heute weitgehend in Vergessenheit geraten ist.

HANS J. EYSENCK

Empirische Persönlichkeitsforschung und Verhaltenstherapie

Hans Jürgen Eysenck wurde 1916 in Berlin geboren. Der Vater, Eduard Anton Eysenck, kam aus einer rheinländisch-katholischen Familie und war ein bekannter Schauspieler und Humorist; die Mutter Ruth, geborene Werner, stammte aus einer protestantischen schlesischen Familie und war eine erfolgreiche Bühnen- und Stummfilmschauspielerin. Ihr Künstlername war Helga Molander. Als Hans zwei Jahre alt, trennten sich seine Eltern jedoch, und er wuchs bei seiner Großmutter mütterlicherseits auf. Als fünf- oder sechsjähriger Junge spielte er eine Kinderrolle in einem Film, in dem seine Mutter der Star war.

Sehr früh wurde Hans Jürgen Eysenck Gegner des Nationalsozialismus und schwankte Anfang der 1930er-Jahre einige Zeit zwischen Emigration und Untergrundarbeit (Eysenck, 1980, S. 155). Aus rassistischen Gründen wurde er wohl nicht benachteiligt oder verfolgt, obwohl seine katholische Großmutter ursprünglich jüdischer Herkunft war. 1934 verließ Eysenck schließlich Deutschland, um in Dijon französische Literatur und Geschichte sowie in Exeter englische Literatur und Geschichte zu studieren. Aber auch die Naturwissenschaften interessierten ihn, und er wollte dazu in England Physik oder Astronomie studieren, doch an der London University konnte er sich wegen eines bürokratischen Hindernisses nicht einschreiben. So empfahl man ihm das Fach Psychologie, und er begann das Studium, obwohl ihm das Fach zunächst nicht bekannt war. Diese Studienwahl hat er sogar gelegentlich bedauert. Dass er später die Psychologie verändern würde, konnte er zu dieser Zeit noch nicht ahnen.

Da Eysenck auch mathematische Interessen hatte, ergab sich im Studium schon im ersten Studienjahr die Zusammenarbeit mit seinem akademischen Lehrer Cyril Burt (1983–1971). So arbeitete sich Eysenck in die Methode der *Faktorenanalyse* nach Charles S. Spearman (1863–1945) ein, um sich mit der Frage auseinanderzusetzen, ob es einen Faktor der allgemeinen Intelligenz gebe oder Intelligenz ohne allgemeinen Faktor in empirisch gesicherte Einzelfaktoren einzuteilen sei. Eysenck erfand und entwickelte mehrere quantitative Verfahren – manchmal unabhängig von anderen Forschern, die auf die gleiche Idee gekommen waren. Vielleicht wurde er dabei auch wesentlich von seiner erste Frau, Margaret Eysenck, unterstützt, denn sie war Mathematikerin. Eysenck hat sich mit vielen Themen befasst und die britische Psychologie erheblich vorangebracht, so konnte er beispielsweise die klinische Psychologie etablieren. Ihn fesselten aber auch die Bereiche Parapsychologie, Persönlichkeitsforschung oder Verhaltenstherapie.

Zwei Forschungsbereiche sollen hier skizziert werden: Eysencks Persönlichkeitstheorie und sein Beitrag zur Verhaltenstherapie.

Zentrale Persönlichkeitsdimensionen

Physiker würden wahrscheinlich das Atom als Grundbaustein ihrer Wissenschaft angeben, Biologen vielleicht die Zelle. Und Psychologen? Früher hätten sie die Seele genannt – eine schwer fassbare Größe als Grundlage empirischer Forschung! Der frühe Behaviorist hätte den Reflex genannt, aber darauf lässt sich nur ein Teil der Psychologie beziehen. Nach Eysenck ist es die Persönlichkeit, die den Grundbaustein der Psychologie bilden sollte.

Zunächst sind es zwei Dimensionen, die Eysenck der Persönlichkeitstheorie von Carl Gustav Jung (1921) entlehnt hat: Extraversion – Introversion und Neurotizismus (beziehungsweise Labilität) – Stabilität. Der oder die Extravertierte ist kontaktfreudiger, sucht Anregungen, übernimmt gern die Führung, hat unter anderem Freude an aggressiveren Witzen. Der oder die Introvertierte »nimmt in sich auf«, verinnerlicht, ist nicht unbedingt schüchterner, aber eben weniger kontaktfreudig; er oder sie leidet eher unter Reizüberflutung. Die neurotische Tendenz äußerst sich in Sorgen, Schlaflosigkeit, Erregbarkeit, Empfindlichkeit oder Grübeln (Leitfragen: »Sind Sie manchmal ohne Grund abwechselnd fröhlich und traurig?« oder: »Grübeln Sie oft über Dinge nach, die Sie nicht hätten tun oder sagen sollen?«). Eysencks Skalen unterscheiden nicht trennscharf zwischen gesund und krank. Der Übergang ist vielmehr fließend: So kann eine Person leicht labil sein, ohne krank zu sein – aber zeigt diese Persönlichkeitsdimension höhere Werte, dann ist sie als Neurotizismus eine psychische Störung.

Eysenck fand heraus, dass diese beiden Dimensionen mit standardisierten Fragebögen gut zu messen waren und sich als weitgehend unabhängig voneinander erwiesen. Zunächst diente ihm dazu das *Maudsley Personality Inventory* (MPI), ein Fragebogen, der nach dem Maudsley Hospital im Süden von London benannt war, in dem Eysenck arbeitete. Später entwickelte Eysenck das *Eysenck Personality Inventory* (EPI). Er selbst sah, dass diese Dimensionen mit der alten Temperamentlehre in Verbindung gebracht werden können:

Der Choleriker: labil und extravertiert
Der Sanguiniker: stabil und extravertiert
Der Melancholiker: labil und introvertiert
Der Phlegmatiker: stabil und introvertiert

Eysencks Persönlichkeitstheorie darf nicht älteren Typenlehren zugerechnet werden, weder aus der Zeit der Antike noch aus den 20er- und 30er-Jahren des 20. Jahrhunderts, als diese mit C. G. Jung, Ernst Kretschmer, Philipp Lersch, Erich Jaensch und anderen Hochkonjunktur hatten. Denn Eysencks Dimensionen sind messbar, sodass für untersuchte Stichproben zum Beispiel auch Korrelationen zu anderen Persönlichkeitsdimensionen, zu Einstellungen, Neigungen, Affekten und Verhaltensweisen, ja sogar zu physiologischen Größen herstellbar sind.

Die zwei bipolaren Dimensionen ergänzte Eysenck später durch die Dimension Psychotizismus: Die psychotische Persönlichkeit neigt zu aggressivem, antisozialem, unpersönlichem und wenig einfühlsamem Verhalten (Leitfrage: »Tun Sie gerne schon mal jemanden weh, den Sie mögen?«). Da diese Personengruppe oft kreativ ist, findet man sie häufiger unter Künstlern, aber auch unter Wissenschaftlern. Dabei ist Psychotizismus nicht mit Introversion zu verwechseln. Den Gegenpol zu Psychotizismus bezeichnet Eysenck als Impulskontrolle oder Realismus.

In Untersuchungen von Eysenck und anderen konnten die Forscher zeigen, dass die drei Persönlichkeitsdimensionen mit einer Vielzahl von Verhaltensweisen wie Berufswahl, Rauchen, Sexualverhalten, politischen Einstellungen und so weiter zusammenhängen – und daher auch prognostischen Wert haben. Nach diesen Befunden erweiterte Eysenck den EPI mit 24 weiteren Fragen zum *Eysenck Personality Questionnaire* (EPQ) – später revidiert als EPQ-R. Eysenck arbeitete insgesamt über 40 Jahre lang an der Weiterentwicklung seines Persönlichkeitssystems und konnte es immer wieder leicht verbessern. Besonders wichtig war ihm dabei nicht nur der Zusammenhang zu anderen Variablen, sondern auch die biologisch-physiologische Begründung.

In den 1980er-Jahren beschrieb Eysenck die vier Ebenen der Persönlichkeit: Auf der untersten Ebene finden sich einfache Verhaltensweisen, diese bilden auf der nächsthöheren Ebene in »gebündeltem« Auftreten Gewohnheiten, darüber ordnen sich die Persönlichkeitsdimensionen an, und auf der vierten und höchsten Ebene lassen sich schließlich Typen bestimmen. Dieses Modell wird wegen der drei Dimensionen Psychotizismus (versus Impulskontrolle), Extraversion (versus Introversion) und Neurotizismus (versus Stabilität) auch als PEN-Modell bezeichnet.

Verhaltenstherapie

Eysenck war bereits kurz nach Ende seiner Ausbildung zum Psychologen irritiert darüber, dass die Psychiatrie kaum forschte und diagnostisch mit Tests wie dem Formdeuteverfahren nach Rorschach arbeitete. Der Rorschachtest war ein projektiver Test, der auf der Tiefenpsychologie basierte und den Eysenck für ebenso unbrauchbar hielt wie die anderen vergleichbaren Tests, da sie den herkömmlichen Testgütekriterien nicht entsprachen. Anfang der 1950er-Jahre lehrte Eysenck kurze Zeit in den USA, doch danach ging er mit seiner Kritik in die Offensive: So trug er 1952 in einem kurzen Aufsatz seine scharfe Kritik an der Psychiatrie vor (Eysenck, 1952). Zunächst stellte er dazu die erreichbaren 19 (meist amerikanischen) Untersuchungen über Therapieerfolge in der Psychiatrie zusammen und versuchte eine Gesamtauswertung. Dabei tauchten handwerkliche Probleme auf, zum Beispiel »wegen der Unfähigkeit einiger Autoren«, die Rohwerte so darzustellen, dass sie mit den Summen übereinstimmten (Eysenck, 1952, S. 321). Dann Eysencks niederschmetternder Befund: Psychoanalytisch behandelte Patienten wurden zu 44 Prozent geheilt, mit eklektischen Psychotherapien behandelte Patienten wurden zu 64 Prozent geheilt. Patienten, die nur versorgt oder durch Hausärzte behandelt wurden, wurden zu 72 Prozent geheilt (Eysenck, 1952, S. 322). Ein solches Ergebnis war natürlich ein Schlag ins Gesicht der Psychiatrie![15] Die Folgerungen lagen auf der Hand: Eysenck plädierte dafür, dass man sich von der Psychoanalyse trennen solle und Therapien entwickeln müsse, die wirkungsvoller waren. Zudem sollten bessere Untersuchungen durchgeführt werden, um den Therapieerfolg abzusichern. Eysencks Aufsatz wurde aufgrund seiner fundierten Kritik an der damals spekulativ arbeitenden

---

15   Viele Patienten hatten die psychoanalytische Behandlung abgebrochen. Diese Patienten stufte Eysenck als nicht erfolgreich behandelt ein. Verrechnete Eysenck diese trotzdem als erfolgreich behandelt, so unterschieden sich die beiden Therapiegruppen nicht – beide lagen dann mit etwa 66 Prozent unter der Wartegruppe. Heute würde man solche Untersuchungen mit Metaanalysen auswerten; dieses Verfahren stand Eysenck damals noch nicht zur Verfügung.

Psychiatrie in der Folge zu seinem meistzitierten Werk (Rushton, 2001, S. 24). Aber natürlich traf er nicht nur auf Wohlwollen: Eysencks Vortrag auf dem Kongress der Britischen Psychologie-Gesellschaft 1952 zum gleichen Thema provozierte einige Kollegen so sehr, dass nach dem Kongress ein namhafter Psychiater hinter Eysenck herlief, »Verräter, Verräter!« rief und nur durch das Eingreifen anderer Kollegen von einem tätlichen Angriff abgehalten werden konnte (Eysenck, 1980, S. 165). Neben den projektiven Testverfahren sollte es auch später immer wieder die Psychoanalyse sein, die Zielscheibe von Eysencks Kritik wurde (unter anderem Eysenck, 1985). Da er an Kliniken arbeitete und die Leitungsfunktion für Forschung hatte, konnte er mit seinem Mitarbeiterkreis seine Forschungsinteressen verfolgen und zu Ergebnissen gelangen, die bislang noch fehlten. Eysencks Kritik trug schließlich dazu bei, dass sich die Psychiatrie zu einem stärker forschungsorientierten Gebiet entwickelte.

Doch Eysenck verfolgte auch das Ziel, den Psychologen den Zugang zur klinischen Psychologie zu ermöglichen, die bislang von Ärzten dominiert war – und hierfür bot sich die Verhaltenstherapie an. Sie beruhte zunächst auf der Anwendung von Lerntheorien, die Eysenck als gesichert ansah. 1958 sprach Eysenck vor Psychiatern und Psychologen über die wissenschaftlichen Grundlagen und die klinischen Befunde zur Verhaltenstherapie, aber die Psychiater waren »not amused« (Eysenck, 1980, S. 167). Dabei richtete sich ihre Ablehnung wohl eher gegen die Psychologen als gegen die Verhaltenstherapie. In mehreren Büchern forderte Eysenck in den folgenden Jahren die Etablierung der Verhaltenstherapie als klinisches Anwendungsgebiet der Psychologie. Hatten sich Psychoanalytiker seit Freud gegen empirische Untersuchungen zum Therapieerfolg gewehrt und zum

Beispiel Tonbandaufnahmen der Therapiesitzungen abgelehnt, so gelang es der Verhaltenstherapie rasch, durch die Wirkungsforschung ihre Erfolge nachzuweisen, Ansehen zu gewinnen und Verbesserungen in den therapeutischen Methoden vorzunehmen. In der Bundesrepublik Deutschland wurde die Verhaltenstherapie maßgeblich von Johannes C. Brengelmann (1920–1999) – einem Schüler von Eysenck – eingeführt und etabliert.

Fazit

Hans Jürgen Eysenck hat über tausend Aufsätze und Buchkapitel verfasst – das heißt, alle zwei Wochen einen Aufsatz, und das fünfzig Jahre lang! Dazu hat er achtzig Bücher geschrieben, viele davon für ein breites Publikum. Als er 1997 in London starb, war er der meistzitierte Psychologe der Welt (Rushton, 2001). Sein Werk war vielseitig und in seiner Zeit aktuell.

Eysenck ist eigentlich keiner bestimmten Schule der Psychologie zuzuordnen. Wenn man ihn wegen der Verhaltenstherapie als Behaviorist bezeichnete, wehrte er sich mit seinem Hinweis auf seine Persönlichkeitstheorie und auf seine Auffassung von angeborenen Unterschieden, die von Behavioristen bestritten oder ignoriert wurden. Eysenck suchte sich gern neue Aufgaben, er war streitbar in der Durchsetzung seiner Erkenntnisse (Buchanan, 2010) und war sich dessen auch bewusst (Eysenck, 1990). Durch seine eigenen empirischen Untersuchungen, mit denen er seine Aussagen belegen konnte, hatte er in den Kontroversen einen entscheidenden Vorteil. Dass er bei der Interpretation seiner eigenen Ergebnisse zu Überinterpretationen neigte, wurde ihm immer wieder vorgeworfen, soll hier aber nicht weiter vertieft werden. Seine Position als wissenschaftlicher Leiter einer Klinik brachte ihm dabei Vorteile: Mit umfangreichen Datensätzen aus der klinischen Psychologie konnte er neue Forschungsfragen behandeln. Auch die frühe Nutzung von statistischen Verfahren wie der Faktorenanalyse sicherte ihm zu einem Zeitpunkt Beachtung, als diese Methoden in der Psychologie noch nicht zum Standard gehörten.

Eysenck wandte sich auch gegen die von ihm so genannte »pädagogische Milieutheorie«, nach der die Entwicklung der Persönlichkeit vor allem ein Resultat der Umgebung sei (Eysenck, 1971a, deutsch 1975). Er vertrat die Behauptung, Zwillingsforschung habe nachgewiesen, dass Intelligenz zu achtzig Prozent angeboren und zu zwanzig Prozent durch die Umwelt bedingt sei. Er benutzte unbefangen den Begriff »Rasse« und war davon überzeugt, dass sich Rassen bezüglich ihrer angeborenen Intelligenz unterscheiden würden. Manche seiner auffällig rechtslastigen Argumentation und Aufsätzen finden auch heute noch Zustimmung in rechtskonservativen Kreisen. Thilo Sarrazin nahm zum Beispiel auf Eysencks Befunde explizit Bezug.

In der Wissenschaft und in der breiten Öffentlichkeit lösten diese Arbeiten und Vorträge von Eysenck schon damals einen Sturm der Entrüstung aus. Kritiker beschuldigten ihn des Rassismus. Das nahm teilweise auch seltsame Formen an: An der Bibliothek der Universität Birmingham fand sich eines Tages in großen Lettern der Satz »Save freedom of speech – stop Fascist Eysenck from speaking!« Eysenck dazu: »Ich war berühmt geworden – aber auf eine Art, die ich anderen nicht empfehlen kann« (Eysenck, 1980, S. 173). Gern beharrte er auf seiner Unschuld: Man solle seine Arbeiten lesen, sich mit den Fakten befassen, und nicht die Schuld für die Ergebnisse bei ihm als Person suchen! Aber wie sieht es mit seinen Ergebnissen aus?

Tatsächlich können viele seiner Thesen und Befunde heute als widerlegt gelten. Dies hat vor allem mit der Komplexität der Thematik und mit dem erforderlichen Aufwand empirischer Untersuchungen und mathematischer Berechnungen zu tun. Hierzu nur zwei Argumente: Kein Intelligenztest ist »kulturfrei«, das heißt man ist immer auf Sprache angewiesen. Dies hat Auswirkungen auf den Vergleich von Testergebnissen von Individuen aus kulturell verschiedenen Gruppen. Zweites Beispiel: Die Forschung stellt fest, dass sich Intelligenztestwerte im Durchschnitt über die Jahre für vergleichbare Stichproben meist verbessern. Das liegt an pädagogischem Spielzeug, verbessertem Unterricht, Computern und so weiter. Intelligenztests müssen daher immer wieder neu normiert, also quasi geeicht werden, um in der Gegenwart aussagekräftig zu bleiben. Die Kehrseite: Frühere Testergebnisse sind mit neueren nicht direkt vergleichbar.

Eysenck hat in mehreren gesellschaftlich relevanten Gebieten der Psychologie die Fachkollegen provoziert. Dies hat nicht nur Kontroversen ausgelöst, sondern auch die Forschung vorangetrieben. Der Gedanke liegt daher nahe, dass es auch durch den Einfluss von Eysenck zu einer Wende in den Wissenschaften gekommen ist: Denn heute spielen die genetischen und biologischen Faktoren in der Forschung und im allgemeinen Bewusstsein wieder eine größere Rolle.

LEON FESTINGER

Kognitive Dissonanzen, wenn die Welt doch nicht untergeht

Vermutlich ist Leon Festingers *Theorie der kognitiven Dissonanz* die bekannteste psychologische Theorie – wenn man von der Persönlichkeitstheorie Sigmund Freuds absieht. In den 60er- und 70er-Jahren des 20. Jahrhunderts war sie in der Sozialpsychologie die mit Abstand am häufigsten verwendete Theorie, und das *Sozialpsychologische Lexikon* bezeichnet sie noch zu Beginn des 21. Jahrhunderts als die »prominenteste, folgenreichste und auch fruchtbarste« Theorie (Wiswede, 2004, S. 92). Tatsächlich fand die Dissonanztheorie häufig auch außerhalb der Psychologie Verwendung.

Insgesamt gilt Festinger als wichtigster Sozialpsychologe überhaupt: Er schrieb anschaulich und überzeugend, konnte in den 50er-Jahren mehrere wichtige Theorien begründen (Festinger, 1954), die zudem plausibel waren, und mehrere seiner Untersuchungen führten zu Ergebnissen, die überraschend, aber trotzdem einleuchtend waren. Bei Umfragen unter Psychologen nimmt Festinger noch heute regelmäßig einen der Spitzenplätze in den Rangreihen der bedeutendsten Psychologen ein.

Leon Festinger wurde 1919 in New York geboren, und hier lebte er fast ununterbrochen bis zu seinem Tod. Festingers Eltern Alex und Sara waren vor dem Ersten Weltkrieg aus Russland in die USA emigriert. Der junge Leon Festinger erwarb in New York seinen Bachelor in Naturwissenschaften und wechselte dann nach Iowa, wo er bei Kurt Lewin studierte und 1940 seinen Masterabschluss erwarb und dort 1942 auch promovierte. Er erzählte später, dass er nie eine Vorlesung in Sozialpsychologie gehört habe – auch nicht bei Lewin. Der Grund: Festinger war vor allem an Lewins Feldtheorie, an psychischen Spannungszuständen und an der Psychologie unerledigter Aufgaben interessiert. Mit gewissem Vergnügen erzählte er auch, dass er im Bereich Kinderpsychologie promoviert wurde, ohne dafür je ein Kind gesehen zu haben. Der Grund: Lewin war natürlich Sozialpsychologe, aber in Iowa offiziell Leiter der Forschungsstelle für Kinderfürsorge.

Damals gingen viele Sozialpsychologen davon aus, dass sowohl Einstellungen als auch andere Verhaltensweisen und -bereitschaften erlernt werden, und erklärten das entsprechend mit psychologischen Lerntheorien. Zunehmend wurden aber auch kognitive Prozesse in die Einstellungsforschung einbezogen. Auch Festingers *Theorie der kognitiven Dissonanz* (1957) basierte auf zwei früheren Modellen von ihm, der *Theorie der informalen sozialen Kommunikation* und der *Theorie sozialer Vergleichsprozesse*. Den eigentlichen Auftakt bildete aber eine Studie Festingers

an einer Sekte, deren Mitglieder nichts weniger als den baldigen
Weltuntergang erwarteten.

Was tun, wenn die Welt
doch nicht untergeht?

Dieser Sekte traten einige Psychologen aus Festingers Team –
sozusagen als Undercoveragenten – bei, um zu untersuchen,
wie diese Menschen reagieren würden, wenn der Untergang der
Welt ausbleiben würde (Festinger, Riecken & Schachter, 1956).
Dahinter steckt die grundsätzliche Frage: Wie gehen Personen
mit Erfahrungen um, die ihren Erwartungen völlig widersprechen? Die Sektenführerin Dorothy Martin (im Forschungsbe-
richt wird sie pseudonym Mrs. Marian Keech genannt) hatte
eine Gruppe von Personen verschiedenen Alters um sich ver-
sammelt und verkündete diesen – informiert durch Botschaften
von Engeln vom (fiktiven) Planeten Clarion – den Weltuntergang durch eine gigantische Sturmflut am 21. Dezember 1954.
Die Sektenmitglieder schenkten der Prophezeiung Glauben und
mehrere von ihnen kündigten ihre Stellung oder verschenkten
ihr Vermögen. Den Sektenmitgliedern war von Dorothy Martin versprochen worden, dass sie durch einen Himmelswagen
gerettet werden würden.

Zum betreffenden Tag versammelten sich die meisten Sektenmitglieder bei ihrer Anführerin. Nur einige Sektenmitglieder
erlebten diesen Tag zu Hause. Natürlich blieb der Weltuntergang aus. Wie reagierten die Gruppe und ihre Anführerin nun?
Dorothy Martin trug nun eine neue »Himmelsbotschaft« vor,
in der sie mitteilte, dass die Sektenmitglieder durch ihren Glauben so viel Licht verbreitet hätten, dass Gott die Welt vor dem

Untergang bewahrt habe. Nach dieser eleganten Lösung des Problems begannen die meisten Mitglieder also nun zu missionieren. Etwas anders verhielten sich die Personen, die zu Hause gewartet hatten – sie lösten sich überwiegend von der Sekte.

Man hätte erwarten können, dass sich die Sektenmitglieder – die bereits vor dem erwarteten Weltuntergang informiert, geworben und missioniert hatten – nach dem Nichteintreten der Prophezeiung kleinlaut zurückgezogen hätten. Aber das Umgekehrte war der Fall. Fazit: Einstellungsänderungen treten nicht nur durch Erfahrungen ein, sondern werden wesentlich durch die soziale Umgebung geprägt.

Die Theorie der kognitiven Dissonanz

In seiner kurz darauf entwickelten und eingängig präsentierten Theorie der kognitiven Dissonanz (1957) geht Festinger von Kognitionen aus: Dabei handelt es sich zum Beispiel um das Wissen über einen Sachverhalt, das Wahrnehmen eines Ereignisses oder eines Verhaltens, oder auch um das Wissen über kulturelle Normen und Gewohnheiten. Diese Kognitionen können psychologisch miteinander verbunden sein – oder auch keinerlei Verbindung haben (beispielsweise »Ich lese ein Buch« und »In Norwegen schneit es«).

Stehen die Kognitionen in Beziehung zueinander, dann unterscheidet Festinger zwischen konsonanten und dissonanten Beziehungen. Festinger nimmt zudem an, dass wir Menschen danach streben, Situationen der kognitiven Dissonanz zu vermeiden. Nach Festinger verursachen dissonante Situationen ein Bemühen der Person, wieder in eine konsonante Lage zurückzukehren. Dieses mit einem Trieb vergleichbare Streben leitet

Festinger unter anderem aus Forschungsergebnissen der Gestaltpsychologie her.

Die der Dissonanz zugrunde liegende Inkonsistenz kann logischer Art sein (»Die Welt kann nicht zugleich rund und flach sein«), sie kann kulturell-normativer Art sein (»Aus Versehen muss ich beim Essen aufstoßen – ich weiß aber, dass es unfein ist, aufzustoßen«), sie kann aber auch in einem Widerspruch zwischen Wahrnehmen und Handeln bestehen (»Ich weiß, dass zu viel Tabakgenuss gesundheitsschädlich ist – ich weiß aber auch, dass ich jeden Tag eine Schachtel rauche«). Und es kann auch einen Widerspruch zwischen vergangener Erfahrung und gegenwärtiger Beobachtung geben (»Ich dachte nicht, dass Kerstin musikalisch ist – aber sie kann ja ausgezeichnet singen!«). Nicht alle Kognitionen verursachen bei uns eine große Dissonanz. Festinger nimmt an, dass die Dissonanz umso größer ist, je wichtiger die beteiligten kognitiven Elemente für uns sind. Kognitionen, die mit der eigenen Gesundheit, der Selbstachtung oder elementaren Wissenstatbeständen zu tun haben, sind uns natürlich wichtiger als Kognitionen über entlegene Zeiten, Länder und Ereignisse.

Wie können wir die Dissonanz aufheben oder abmildern? Festinger sieht hier verschiedene Möglichkeiten: Die Verhaltensänderung (»Ich rauche jetzt nur noch fünf Zigaretten täglich!«) ist eine. Oft gelingt uns die Dissonanzreduzierung aber nur durch das Abschwächen eines der kognitiven Elemente: Hier benutzt Festinger den psychoanalytischen Begriff der *Verdrängung* (»Eine Schachtel Zigaretten am Tag wird schon nicht so schlimm sein«). Auch das Hinzunehmen weiterer kognitiver Elemente kann vorhandene Dissonanz nennenswert reduzieren (»Mein Großvater hat auch seine Schachtel am Tag geraucht und ist steinalt geworden«).

Manche Vorhersagen, die sich aus Festingers Theorie ergeben, widersprechen der Lernpsychologie oder den Alltagsan-
nahmen. Entscheiden wir uns beispielsweise für den Kauf eines bestimmten Autos, dann haben wir zwar die Vorzüge der
gewählten Alternative gewählt und die Nachteile der nicht gewählten Alternative vermieden – aber die Vorzüge der nicht gewählten Alternative (also zum Beispiel den niedrigen Benzin-
verbrauch des Autos, gegen das wir uns entschieden haben)
können bei uns auch *nach* einer Konsumentscheidung Dissonanz auslösen, die wir nach Festingers Theorie versuchen werden zu reduzieren. Tatsächlich konnten einige Untersuchungen
zeigen, dass Personen nach einem Autokauf zum Beispiel mit
großem Interesse die Anzeigenwerbung für ihr gerade neuer-
worbenes Auto studieren! Warum tun sie das? Sie finden dort
Argumente, die ihre Entscheidung stützen – und können durch
Aufwertung der gewählten Alternative ihre kognitive Dissonanz
reduzieren. Die Anzeige spricht also keineswegs nur Personen
vor Entscheidungen an.

Als Festingers Buch 1957 erschien, reagierte die Fachwelt
verhalten bis kritisch. Solomon E. Asch schrieb eine vernich-
tende Buchrezension, und er war nicht der einzige scharfe Kritiker. Die verbreitete Meinung unter den Kollegen war, dass die
Theorie noch nicht bestätigt sei. Den Siegeszug der Theorie,
der bald folgte, ahnten sie alle nicht. Denn auch wenn die Theorie damals noch nicht bestätigt war – sie gab trotzdem Anstoß
zu hunderten von empirischen Untersuchungen, die die Theorie erweiterten und/oder neue Theorien ähnlicher Art hervor-
brachten (zum Überblick siehe Irle & Möntmann, 1978, sowie
Frey & Gaska, 1993).

Leon Festingers Methoden

Festinger war zwar Schüler von Lewin, folgte in seinem Methodenverständnis seinem Lehrer aber nicht: Festinger ging in optimistischer und auch etwas hemdsärmeliger Weise davon aus, dass das Laborexperiment die Methode der Wahl sei, um schnell und sicher Theorien prüfen und dann anwenden zu können (Festinger, 1953). Um klare Aussagen zu erhalten, konfrontierte er die Versuchspersonen mit starken Reizen und sehr spezifischen Versuchsbedingungen. Oft wurden sie nicht über die wirklichen Untersuchungsziele aufgeklärt oder sogar bewusst getäuscht. Daher hatte es nach Festinger wenig Sinn, den Personen und ihren eigenen Vermutungen und Erklärungen viel Gehör zu schenken – eine klare Absage an die Laienpsychologie beziehungsweise naive Psychologie, die bei Fritz Heider eine große Rolle spielte. Und nicht zuletzt sollte die experimentelle Psychologie im Labor auch Spaß machen, das gab Festinger unumwunden zu.

In den 60er-Jahren des 20. Jahrhunderts wurde zunehmend Kritik an dieser Art psychologischer Forschung laut – zum einen »von innen«: Robert Rosenthal wies verzerrende Versuchsleitererwartungseffekte nach, Martin T. Orne konnte zeigen, dass manche Phänomene nur im Labor zu beobachten waren, und es begann eine lebhafte Diskussion um die Forschungsethik psychologischer Forschung. Zum anderen kam Kritik »von außen«: In der Zeit der Studentenbewegung hinterfragten die Studierenden den Sinn und Zweck psychologischer Laborforschung und der Psychologie insgesamt. Auch die Kritik an Täuschungen der Versuchspersonen im Labor, wie sie Festinger zu einer einfallsreichen Kunst entwickelt hatte, war sehr laut geworden. Einige Psychologen warnten davor, durch immer neue Tricks und Täuschungen dem Ansehen des Fachs zu schaden. Insgesamt waren das zwei Entwicklungen, die Festinger als unglücklich für die Sozialpsychologie ansah (Festinger, 1980, S. 249).

Festinger selbst verließ 1964 überraschend das Gebiet der Sozialpsychologie, wandte sich komplexen Fragestellungen der optischen Wahrnehmung zu und gab in den 70er-Jahren die experimentelle Psychologie ganz auf, um sich der Archäologie und Frühgeschichte zuzuwenden. Seine Bücher dieser Zeit berühren unter anderem Fragestellungen des Sozialverhaltens der frühen Menschheit. Festinger starb 1989 im Alter von 69 Jahren in seiner Heimatstadt New York an Krebs.

HENRI TAJFEL

Die Wirkungen
sozialer Identität

Henri Tajfel (1919–1982) war ein bedeutender Sozialpsychologe. Er wurde als Hersz Mordche Tajfel in Wocłocławek in Polen geboren und entstammte einer jüdischen Kaufmannsfamilie. Nach einem kurzen Chemiestudium in Frankreich wurde er 1939 französischer Soldat und geriet 1940 in deutsche Kriegsgefangenschaft. Für ihn entstand nun ein beträchtlicher Konflikt: Sollte er sagen, dass er jüdischer Abstammung war? Das könnte schwerwiegende Folgen haben. Sollte er es verschweigen? Dann könnte es gut gehen – es könnte aber noch schlimmer enden, wenn herauskommen sollte, dass er Jude war. Tajfels Lösung bestand darin zu sagen, dass er französischer Bürger ist – und dabei hätte er nicht verschwiegen, dass er jüdischer Herkunft war, wenn er danach gefragt worden wäre.

Glücklicherweise fragte man ihn nicht, und Henri Tajfel überlebte die Zeit der Gefangenschaft. Doch 1945, nach der deutschen Kapitulation, musste er feststellen, dass niemand aus seiner Familie und nur wenige Freunde in seiner polnischen Heimat den Holocaust überlebt hatten. So blieb er in Frankreich und nahm 1946 die französische Staatsbürgerschaft an. Er arbeitete anschließend mehrere Jahre für soziale Flüchtlingsorganisationen, und später bezeichnete er diese Jahre als besonders wichtig und wertvoll. Als er eine Gruppe französischer Kinder nach England zu einem Erholungsaufenthalt begleitete, lernte er dort Anna-Sophie Eber kennen, die deutsch-jüdischer Herkunft war und schon vor dem Krieg nach England geflüchtet war. Die beiden heirateten 1948 in London, und 1951 begann Henri Tajfel in London das Studium der Psychologie. Nach seinem Examen 1954 und der Promotion arbeitete er als Dozent an den Hochschulen Durham und Oxford. 1967 wurde er Professor für Sozialpsychologie in Bristol. Dort entwickelte er seine *soziale Identitätstheorie*.

Akzentuierung in der sozialen Wahrnehmung

Eigentlich erforschte Tajfel sein ganzes Leben lang den Themenbereich der Einstellungen und Vorurteile, allerdings nicht in der gängigen Art der Erhebung mit Fragebögen, sondern immer im Zusammenhang zu den sozialen Beziehungen, in denen Menschen stehen. Seine bevorzugte Forschungsmethode war dabei das Experiment. Tajfels frühe Arbeiten waren der *sozialen Wahrnehmung* gewidmet. In den 1950er-Jahren sorgte der Forschungsbereich der sozialen Wahrnehmung durch Arbeiten von Fritz Heider und anderen Sozialpsychologen für große Beachtung. In Untersuchungen konnten die Forscher beispielsweise zeigen, dass ärmere Kinder Geldmünzen für größer hielten als

Kinder aus reichen Familien. Das erschien zunächst plausibel und gab Anlass zu weiteren Untersuchungen. Der Zusammenhang erwies sich aber als weit komplizierter, denn weitere Untersuchungen zeigten, dass unter anderem die Oberfläche der Münzen eine große Rolle bei der Wahrnehmung spielte. Tajfel zeigte, dass die Kinder Münzen im Vergleich mit identisch großen Pappscheiben für größer hielten. Zudem hatte es einen Einfluss, ob die Kinder im direkten Vergleich oder aus dem Gedächtnis urteilten. Die Akzentuierung schien bei Gedächtnisleistungen größer zu sein.

Eine weitere Untersuchung, an der Tajfel beteiligt war, ging der Bedeutung von Reizklassen nach. Dabei zeigten die Forscher den Versuchspersonen zwei Gruppen von jeweils drei Linien. Die kleineren Linien waren mit »A« bezeichnet worden, die größeren mit »B«. Die Ergebnisse zeigten, dass der Unterschied zwischen der größten Linie aus der Gruppe A und der kleinsten Linie aus der Gruppe B konsequent überschätzt wurde. Dies geschah aber nur, wenn die Linien in diese zwei Gruppen eingeteilt worden waren und so präsentiert wurden. Später konnte der Befund mehrfach bestätigt werden.

Solche Experimente sehen vielleicht etwas belanglos aus, aber der Weg zur Vorurteilsforschung ist kürzer, als man denkt: Könnte es sein, dass auch bei der Wahrnehmung und Beurteilung von Personen solche Akzentuierungsprozesse im Spiel sind?

Soziale Identitätstheorie

Tajfel entwickelte gemeinsam mit seinem Schüler John C. Turner in Bristol nach und nach die *Theorie der sozialen Identität* (SIT), indem er die Wahrnehmungsuntersuchungen um sozialpsychologische Dimensionen erweiterte. Er stellte dabei fest, dass Menschen nicht nur Dinge in Kategorien einordnen (wie »Pflanzen«, »Möbel«, »Wolkenkratzer«), sondern dass sie das auch mit ihren Mitmenschen tun. Bei diesem Prozess der *Kategorisierung* schreiben wir Personen und Personengruppen bestimmte Merkmale zu. So nehmen wir etwa an, dass Genies hochbegabt sind oder dass Psychologiestudenten deswegen das Fach gewählt haben, weil sie ihre persönlichen Probleme lösen möchten. Wird dann irgendeine Person als Genie oder als Psychologe bezeichnet, »fällt« sie in diese Kategorie. Wie wir am Beispiel der Untersuchung mit den zwei Liniengruppen sehen, werden Unterschiede zwischen Kategorien tendenziell *über*schätzt (das heißt die Unterschiede zwischen Psychologen und Nichtpsychologen werden vielleicht für größer gehalten, als sie wirklich sind), während Unterschiede innerhalb einer Kategorie dagegen tendenziell *unter*schätzt werden. Erklärbar ist dieser Prozess mit der Ökonomie des Gedächtnisses. Sich an Kategorien zu orientieren erleichtert das Leben und ist ja auch meist nicht ganz falsch.

Die *soziale Identität* ist Teil des Selbstbilds, das wir von uns haben. Sie beruht unter anderem auf dem Wissen, dass wir mehreren Kategorien angehören (Deutsche, Psychologiestudentin, Techno-Fan). Zur Identität gehören zudem die Bewertung dieser Kategorie (»Deutsche sind zuverlässig«) und eine emotionale Komponente, die das Wissen um die Zugehörigkeit zu dieser Kategorie ergänzt (»Wir Rheinländer«). Diese Zugehörigkeit kann tatsächlich gegeben sein (Psychologiestudentin = an einer Universität eingeschrieben für Psychologie), sie kann aber auch durch Identifikation entstehen, wie zum Beispiel als Fan eines Fußballvereins. Da wir immer verschiedenen Kategorien angehören, haben wir multiple soziale Identitäten. Von Situation zu

Situation können diese Identitäten wechseln. Im Fußballstadion ist die soziale Identität als kaufmännischer Angestellter beispielsweise bedeutungslos.

Ebenfalls wichtig ist nach Tajfel auch, ob sich Personen als Individuen begegnen oder in einer Intergruppenbeziehung: In unserem Freundeskreis begegnen wir uns als Individuen, aber im Fußballstadion gehören wir zur Gruppe der heimischen oder auswärtigen Fans. Die multiple Zugehörigkeit zu Gruppen sowie die gesellschaftlichen und sozialen Veränderungen bewirken ständige Bewegungen: Welche Gruppe ist angesagt? Wie sind wir angesehen?

Eine zentrale Annahme von Tajfel besteht darin, dass wir ein starkes Bedürfnis nach positiver sozialer Identität haben. Eine Auswirkung dieses Bedürfnisses nach Anerkennung ist der ständige soziale Vergleich, wie ihn schon Leon Festinger beschrieben hat. Menschen suchen objektive Merkmale für den Status ihrer Gruppe, und sie sind natürlich bestrebt, positive Merkmale zu finden, durch die sich ihre Gruppe *(Ingroup)* von anderen *(Outgroup)* unterscheidet. Anders gesagt: Wir streben nach *sozialer Distinktheit*, das heißt nach möglichst vielen Vergleichsergebnissen unserer Gruppen im Vergleich zu anderen Gruppen. Die soziale Identität ist umso positiver, je positiver die soziale Distinktheit ausfällt.

Positive Merkmale einer sozialen Kategorie sind mir wichtig, weil ich selbst Teil dieser Kategorie bin. Angriffe auf die Kategorie sind auch Angriffe gegen mich. Minderheiten genießen in der Regel geringes Ansehen, sodass soziale Prozesse entstehen, mit denen die Angehörigen dieser Gruppe versuchen, diese Nachteile auszugleichen. Nach Tajfel ist so *sozialer Wettbewerb* denkbar, auch *soziale Mobilität*, das heißt, einzelne Personen versuchen in eine Kategorie zu wechseln, die höheres Ansehen genießt. Ein sozialer Prozess, der in diesem Zusammenhang steht, ist die *Segregation*, der in einer deutlichen Trennung der Kategorien besteht – und damit einhergehend die Vergrößerung des Statusunterschieds zwischen den Kategorien nach sich zieht. Diese Trennung kann für die Minderheit sogar von Vorteil sein, weil durch die größere Distanz der soziale Vergleich vermindert wird. Kurt Lewin und andere haben beispielsweise darauf hingewiesen, dass sich Juden im Ghetto einigermaßen sicher vor antisemitischen Verfolgungen fühlten, weil Angriffe von außen gegen das Ghetto als Ganzes gerichtet waren, während nach der Auflösung der Ghettos die einzelnen Individuen Ziel der Angriffe wurden. Tajfels Formulierung vom »sicheren Platz im sozialen System« fügt sich hier ebenfalls ein. Aber natürlich darf eine solche Betrachtung nicht als pauschale Befürwortung der Segregation missverstanden werden.

Wertung

Die soziale Identitätstheorie (Social Identity Theory) ließ Vorurteile und Stereotype in der Psychologie zu einer »normalen« Sache werden. Anders gesagt: Vorurteile sind nach Tajfel nicht Merkmale einer bestimmten (vielleicht abnormen) Persönlichkeitsstruktur, sondern sie sind durch Kategorisierung und sozialen Vergleich bei der Voraussetzung eines positiven Selbstbildes vergleichsweise leicht zu erklären. Seine Theorie hat in der Sozialpsychologie zu vielen Untersuchungen Anlass gegeben. Immerhin enthält dieser Ansatz Hinweise – wenn auch keine Handlungsanweisungen, wie Konflikte zwischen Gruppen reduziert werden können.

Auch beim Aufbau der *European Association of Experimental Social Psychology* (EAESP, heute EASP) spielte Tajfel von Beginn an eine führende Rolle. 1982 starb Henri Tajfel im Alter von 62 Jahren in Oxford an Krebs. Seit seinem Todesjahr vergibt die EASP den *Henri-Tajfel-Award*.

PAUL WATZLAWICK

Fallen der menschlichen Kommunikation

Kennen Sie diese Geschichte?

»*Ein Mann will ein Bild aufhängen. Den Nagel hat er,
nicht aber den Hammer. Der Nachbar hat einen. Also
beschließt unser Mann, hinüberzugehen und ihn aus-
zuborgen. Doch da kommen ihm Zweifel: Was, wenn
der Nachbar mir den Hammer nicht leihen will? Gestern schon grüßte er mich nur so flüchtig. Vielleicht war
er in Eile. Aber vielleicht war die Eile nur vorgeschützt,
und er hat etwas gegen mich. Und was? Ich habe ihm
nichts angetan; der bildet sich da etwas ein. Wenn jemand von mir ein Werkzeug borgen wollte, ich gäbe es
ihm sofort. Und warum er nicht? Wie kann man einem
Mitmenschen einen so einfachen Gefallen abschlagen?
Leute wie dieser Kerl vergiften einem das Leben. Und*

dann bildet er sich noch ein, ich sei auf ihn angewie-
sen. Bloß weil er einen Hammer hat. Jetzt reicht's mir
wirklich. – Und so stürmt er hinüber und läutet. Der
Nachbar öffnet, doch noch bevor er »Guten Tag« sagen
kann, schreit ihn unser Mann an: ›Behalten Sie Ihren
Hammer, Sie Rüpel!‹«

Dies ist eine Geschichte aus Paul Watzlawicks Buch *Anleitung*
zum Unglücklichsein (1983, S. 37). Der ungewöhnliche Buchtitel ist ebenso typisch für Watzlawick wie diese Geschichte: anschaulich, aber paradox. Was braucht man zum Unglücklichsein eine Anleitung? Und wer macht sich selbst so unglücklich,
einen unschuldigen Nachbarn anzuschreien? Die Geschichte
klingt wie ein gut erzählter Witz, sie hat aber einen psychologischen Hintergrund.

Paul Watzlawick hat vor allem die Psychologie und Psychotherapie der letzten Jahrzehnte geprägt. Genau genommen war
er aber gar kein Psychologe. Er wurde 1921 in Villach (Kärnten)
geboren, seine Mutter, zu der er zeitlebens eine enge Bindung
hatte, war Italienerin. Nach Matura und Militärdienst studierte
er in Venedig Philosophie und Philologie. Paul Watzlawick war
außerordentlich sprachbegabt, später sagte er gelegentlich, er
spreche fünfeinhalb Sprachen. Nach dem Studium arbeitete er
als Übersetzer und Dolmetscher für internationale Organisatio-
nen in Rom, für das Goethe-Institut in München, aber auch als
persönlicher Sekretär des britischen Interpol-Leiters in Triest.
Watzlawick war gewandt und sah nach Meinung seiner Bekannten aus wie ein *movie star* (Köhler-Ludescher, 2014, S. 111).
1949 promovierte er im Fach Philosophie. Anschließend, von
1950 bis 1954, absolvierte er am Carl-Gustav-Jung-Institut in
Zürich eine Ausbildung zum Psychotherapeuten und Analyti-

ker. Dann suchte er eine Zeit lang eine adäquate berufliche Stellung, bis er nach einem Indienaufenthalt und einer Studie in Italien über sogenannte Fernheilung im Auftrag von Professor Hans Bender (Freiburg) 1957 einen Lehrstuhl für Psychotherapie in San Salvador (El Salvador) übernehmen konnte. Watzlawick begann dort Untersuchungen zu Kommunikationsprozessen und zu systemischer Familientherapie, fühlte sich jedoch einsam. John Rosen lud ihn ein, bei ihm an der Temple University zu arbeiten – und sagte ihm so kurzfristig wieder ab, dass es zu spät war: Watzlawick reiste Anfang 1960 nach Philadelphia, ohne zu wissen, was aus ihm werden würde. Er arbeitete dann bei verschiedenen Psychologen in der Temple University an experimentell-psychologischen Untersuchungen. Währenddessen wurde der amerikanische Schizophrenieforscher Donald D. Jackson auf Watzlawick aufmerksam und verschaffte ihm eine Stelle am *Mental Research Institute* in Palo Alto (Kalifornien), wo Watzlawick dann ab 1960 als Forschungsbeauftragter und Psychotherapeut tätig wurde. Ab 1976 lehrte Watzlawick zusätzlich am Medical Center der Stanford University. Bis zum Jahr 2000 gab er dazu Seminare in Europa.

Menschliche Kommunikation

Der wichtigste Lehrer von Paul Watzlawick war der Anthropologe und Kommunikationsforscher Gregory Bateson (1904–1980), der das Konzept der *Doppelbindung* (*Double Bind*) entwickelt hat: Eine Mutter schenkt ihrem Sohn zwei Sporthemden. Nach ein paar Tagen zieht der Sohn eins der Hemden an. Da sagt die Mutter: »Das andere hat dir wohl nicht gefallen, oder?« Der junge Mann ist natürlich in der Zwickmühle, denn wenn er

Paul Watzlawick

das andere Hemd angezogen hätte, wäre ihm vielleicht das Gleiche gesagt worden; zwei Hemden gleichzeitig konnte er ja auch nicht anziehen. So oder so konnte er seine Mutter nur enttäuschen, dabei war er von ihr doch beschenkt worden!

Ein anderes Beispiel: Eine Mutter bestraft ihr Kind mit Schlägen und erklärt: »Ich tue das doch nur aus Liebe!« Das Kind gerät in eine lähmende Situation, weil die Botschaft der Mutter paradox ist. Wenn sie ihr Kind lieben würde, würde sie es nicht schlagen. Bateson nahm an, dass Double Bind eine Erklärung für die Entstehung von schizophrenen Störungen sei (sogenannte Doppelbindungstheorie). Watzlawick sah dies etwas anders: »Doppelbindung *verursacht* nicht Schizophrenie. Man kann lediglich sagen, dass dort, wo Doppelbindungen zur vorherrschenden Beziehungsstruktur werden, (...) das Verhalten dieser Personen den diagnostischen Kriterien des klinischen Bildes der Schizophrenie entspricht. Nur in diesem Sinne kann die Doppelbindung ursächlich und pathogen genannt werden« (Watzlawick et al., 1969, S. 198).

Als Paul Watzlawicks Hauptwerk gilt *Menschliche Kommunikation* (1969, Originalausgabe 1967), das er zusammen mit Janet Beavin und Donald Jackson verfasst hat. Als 1969 die überarbeitete Übersetzung von *Human Communication* von Watzlawick und Co-Autoren erschien, eroberte dieses Buch bald die Hörsäle, die Kommunkationstheorie wurde in kurzer Zeit unter anderem zu einem beliebten Prüfungsthema in Fächern wie Psychologie, Erziehungs- und Sozialwissenschaften.

Die Autorengruppe hatte zuvor im Bereich der psychisch bedingten Sprachstörungen geforscht und versucht, Regeln menschlichen Kommunikationsverhaltens mit Begriffen aus der Mathematik und Kybernetik zu beschreiben. Da die Aufnahme der Kernaussagen dieses Buches leider vielfach recht unkritisch erfolgte, sollen hier einige Hauptthesen von Watzlawick unter anderem kritisch dargestellt werden (zur Kritik siehe auch Girgensohn-Marchand, 1992).

Ein Kernstück der Arbeit von Watzlawick besteht aus den *fünf Axiomen* der Kommunikation (Watzlawick, Beavin & Jackson, 1969, S. 50 ff.). Die Autoren verwenden den Begriff Axiom allerdings nicht so wie üblicherweise in der Wissenschaft, nämlich als unbewiesene oder unbeweisbare Grundannahme, auf der eine Theorie aufbaut. Watzlawick und seine Kollegen meinen mit ihren *pragmatischen Axiomen* hingegen einfachste »Eigenschaften der Kommunikation (…), die im Bereich des Zwischenmenschlichen wirksam sind« (1969, S. 50). Das umfasst zum Teil schlichte Beobachtungen. Diese fünf Axiome beschreiben also Grundsachverhalte menschlicher Interaktionsprozesse. Überhaupt ist der Kommunikationsbegriff bei Watzlawick et al. durchgängig im Sinne von sozialen Interaktionen, also Wechselbeziehungen, gemeint.

Erstes Axiom: *Man kann nicht nicht kommunizieren* (S. 53). Allgemeiner gesagt: Es gibt kein Gegenteil von Verhalten. Man kann sich nicht nicht verhalten. Auch Herumstehen, Stillsitzen, Schweigen und so weiter sind Verhaltensweisen. Die Autoren betonen also, dass jedes Verhalten für andere Personen Bedeutung haben kann, auch zum Beispiel Räuspern, Gesprächspausen oder Blickabwendung, denn hiermit wird – vielleicht ganz unbewusst – ein Zeichen der Vermeidung von Kontakt gegeben.

Da jedes Verhalten gleichzeitig Bedeutung für andere haben kann, ist dieses erste »Axiom« eigentlich eine Trivialität. Trotzdem macht es auf einen wichtigen Aspekt aufmerksam: Jemand, der sich zum Beispiel an einer Diskussion in einer Arbeitsgemeinschaft nicht beteiligt, teilt durch sein Verhalten vielleicht mit, wie sehr ihn die anderen langweilen, wie wenig er weiß, oder, oder, oder.

Zweites Axiom: *Jede Kommunikation hat einen Inhalts- und einen Beziehungsaspekt, derart, dass letzterer den ersteren bestimmt und daher eine Metakommunikation* ist (S. 56). Zunächst zur ersten Satzhälfte: Mit »Inhaltsaspekt« ist der semantische Gehalt einer Information gemeint, also zum Beispiel das, was jemand sagt. Da zwischen Interaktionspartnern stets eine Beziehung besteht, bekommt die Information hierdurch eine zusätzliche Bedeutung (wenn zwei Personen das Gleiche sagen, hat dies nicht immer die gleiche Bedeutung). Zum zweiten Satzteil: Der Beziehungsaspekt steht insofern über dem Inhaltsaspekt, als eben der Inhalt durch die Beziehung eine wesentlich neue Bedeutung erlangen kann. Wenn die Ehefrau zu ihrem Mann sagt: »Einer von uns beiden muss noch den Müll hinausbringen«, dann könnte eigentlich jede der beiden Personen gemeint sein. Dem Mann ist aber durch die Beziehung zu seiner Frau, vielleicht auch durch ihren Tonfall, klar, dass er und niemand anders gemeint ist.

Drittes Axiom: *Die Natur einer Beziehung ist durch die Interpunktion der Kommunikationsabläufe seitens der Partner bedingt* (S. 61). Verfolgt man einen Interaktionsprozess zwischen zwei Personen, so erscheint einem dieser Prozess als ununterbrochener Austausch von Informationen. Die beiden Interaktionspartner sehen den Prozess jedoch jeweils verschieden: Wenn man von Anfang und Ende des Kommunikationsverlaufs absieht, kann jedes Verhaltenselement als Reiz angesehen werden, der eine Reaktion des Partners hervorruft. Der Partner wiederum wird den Reiz vielleicht bereits als Reaktion auf seine vorhergehende Äußerungen interpretieren. Paradebeispiel ist die Kommunikation zwischen Ehepartnern: Er zieht sich zurück, weil sie nörgelt – sie nörgelt, weil er sich immer mehr zurückzieht. Diese unterschiedlichen Interpretationen von Ursache, Wirkung und Verstärkung bezeichnen Watzlawick, Beavin und Jackson unter anderem als unterschiedliche *Interpunktion* von Verhaltenssequenzen. Den Begriff der Interpunktion in dieser Bedeutung hat Watzlawick von Gregory Bateson übernommen.

Viertes Axiom: *Menschliche Kommunikation bedient sich digitaler und analoger Modalitäten. Digitale Kommunikationen haben eine komplexe und vielseitige logische Syntax, aber eine auf dem Gebiet der Beziehungen unzulängliche Semantik. Analoge Kommunikationen dagegen besitzen dieses semantische Potenzial, ermangeln aber die für eindeutige Kommunikationen erforderliche logische Syntax* (S. 68). Ausgehend vom Vergleich zwischen Digital- und Analogrechnern sehen Watzlawick et al. digitale und analoge Kommunikationsformen. Leider geben die Autoren hier kein präzises Unterscheidungskriterium, gemeint ist aber wohl (S. 62), dass digitale Kommunikation zum Beispiel durch Worte, analoge Kommunikation durch Ausdrucksgebärden, Zeichnungen, Lautmalerei und so weiter erfolgt. Watzlawick und Kollegen stellen heraus, »dass Tiere analog kommunizieren, während der Mensch zusätzlich die digitale Kommunikationsmöglichkeit hat, ohne die viele, wenn nicht alle menschlichen Errungenschaften (…) undenkbar« seien (S. 63). Digitale Kommunikation ist zur Übermittlung von Inhalten, analoge zur Übermittlung von Beziehungen besonders geeignet. Analoge Kommunikation ist schlecht oder gar nicht geeignet, abstrakte Sachverhalte oder formallogische Verknüpfungen wie »weder – noch«, »je – desto« zu vermitteln – es fehlt die für eine eindeutige Kommunikation erforderliche logische Syntax.

Fünftes Axiom: *Zwischenmenschliche Kommunikationsabläufe sind entweder symmetrisch oder komplementär, je nachdem, ob die*

Beziehung zwischen den Partnern auf Gleichheit oder Unterschiedlichkeit beruht (S. 70). Im Gegensatz zu den vorangegangenen Axiomen sind hier nur wenige Erklärungen notwendig. Bei komplementärer Kommunikation ergänzen sich die Kommunikationspartner in Bezug auf mindestens ein Merkmal wie zum Beispiel Stärke oder Güte. Man denkt natürlich besonders an komplementäre soziale Rollen wie Lehrer – Schüler, Vorgesetzter – Mitarbeiter und so weiter. Kommunikation mit symmetrischem Charakter zeichnet sich »durch Streben nach Gleichheit und Verminderung von Unterschieden zwischen den Partnern aus« (S. 69).

Auf der Grundlage dieser fünf Axiome stellen die Autoren typische Kommunikationsstörungen zusammen. Zum Beispiel können sich Ehepartner auf der Inhaltsstufe einig sein (und darüber auch möglicherweise erfolgreich symmetrisch kommunizieren), nicht jedoch auf der Beziehungsebene. So zerbrechen zum Beispiel Ehen gelegentlich (für Außenstehende oft überraschend) *nach* gemeinsamen Anstrengungen und nicht *während* gemeinsamer Anstrengungen. Die Arbeitsgruppe von Watzlawick entwickelte anschließend eine Reihe von psychotherapeutischen Hinweisen, wie Störungen zu behandeln sind. Eine Methode, die Watzlawick empfahl, ist die *paradoxe Intervention,* die auch von Viktor E. Frankl in dessen Logotherapie angewandt wurde: Wenn jemand damit Probleme hat, dass er sich das Nägelkauen nicht abgewöhnen kann, dann gibt man ihm den Auftrag, genau nach Plan nacheinander an allen Fingern die Nägel zu kauen. Vielleicht ist die Störung in kurzer Zeit behoben. Der Ansatz von Watzlawick und seinem Team traf jedoch auch auf heftige Kritik. Er sei widersprüchlich, trivial, redundant und streckenweise Metanonsens (höherer Blödsinn), ältere Ansätze der Psychologie (Karl Bühler, Fritz Heider, Leon

Festinger und so weiter) seien logischer und besser zu nutzen (so etwa Gigensohn-Marchand, 1992).

Die Arbeiten von Watzlawick und seiner Arbeitsgruppe haben aber besonders im deutschsprachigen Bereich über viele Jahrzehnte große Beachtung gefunden. Dies hatte vielleicht auch damit zu tun, dass sich eine heranwachsende Generation von jungen Eltern, Erziehern und Lehrern von überkommenen Umgangsformen und Erziehungsvorstellungen freimachen wollte. Friedemann Schulz von Thun, ein Schüler des Gesprächspsychotherapeuten Reinhard Tausch, war ein jüngerer Wissenschaftler, der die Ideen von Watzlawick aufgriff und ein Kommunikationsmodell (1981) entwickelte, das von vier Seiten einer Kommunikation ausging: *Sachaspekt, Selbstaussage, Appell* und *Beziehungsaspekt.* Ähnlich wie Watzlawick ist Schulz von Thun auch an dem Erkennen und Beseitigen von Kommunikationsstörungen gelegen.

Der Mensch Paul Watzlawick

Paul Watzlawick war eine interessante Persönlichkeit. Er war Weltenbürger, aber mit starker Bindung an seine österreichische Heimat, er war ein Frauenheld, aber eigentlich Einzelgänger. Viele andere Gegensätze ließen sich nennen. Offenbar gehörte er zu denjenigen Wissenschaftlern, die ihre Wissenschaft ohne Verbissenheit und mit Vergnügen betrieben haben. Er sammelte zum Beispiel Paradoxien: »Sei spontan!« Wie soll man das machen, wenn man dazu aufgefordert worden ist? Watzlawick war ein beliebter Referent und ein begabter Erzähler von Anekdoten und Witzen. Seine ungewöhnlichen Buchtitel dachte er sich selbst aus. Viele davon wurden Bestseller. *Anleitung zum*

Ungücklichsein wurde sogar 2012 verfilmt. »Was die Welt nicht enthält, kann sie einem nicht vorenthalten«, war Watzlawicks Lebensmotto. Es klingt fast nach Karl Kraus.

Paul Watzlawick ist 2007 im Alter von 85 Jahren verstorben. Eine Großnichte von ihm, Andrea Köhler-Ludescher, hat 2014 eine umfangreiche Biografie über ihren Großonkel herausgebracht, die viele persönliche Elemente enthält.

Lernen durch Beobachtung

In der Psychologie wurde Albert Bandura bekannt durch sein umfassendes Buch zur Aggression, das er gemeinsam mit seinem Doktoranden Richard Walters verfasst hat (Bandura & Walters, 1963) – wirklich berühmt geworden ist er aber durch ein Experiment, das er mit den Kolleginnen und Geschwistern Dorothee und Sheila Ross durchgeführt hat (Bandura, Ross & Ross, 1961, 1963). Dieses Experiment hat das Verständnis von aggressivem Verhalten grundlegend verändert und maßgeblich dazu beigetragen, dass die bisherigen Lerntheorien durch kognitiv-psychologische Ansätze überwunden wurden.

Albert Bandura wurde 1925 in der 400–Einwohner-Kleinstadt Mundare in der Provinz Alberta, Kanada, geboren. Der Vater stammte aus Krakau in Polen und war zunächst Gleisleger für die Trans-Kanada-Eisenbahn, die Mutter kam aus der Ukraine und arbeitete im Ort in einem Laden. Das Leben auf dem Land war hart, aber man hielt zusammen. Albert hatte ursprünglich fünf ältere Schwestern, doch eine Schwester war der großen Grippewelle 1918 zum Opfer gefallen, bevor Albert geboren wurde. Die Eltern, die selbst keine umfassende Schulbildung hatten, legten umso mehr Wert auf eine gute Ausbildung der Kinder. Die örtliche Grundschule mit zwei Lehrern und schlechter Ausstattung genügte ihren Ansprüchen nicht, und sie leiteten ihre Kinder zu selbstbestimmtem Lernen an. In den Sommerferien arbeitete Albert beispielsweise in Edmonton in einer Möbelfabrik. Diese Erfahrung half ihm später als Werkstudent bei der Finanzierung seines Studiums.

Zur Psychologie kam Albert Bandura durch einen Zufall: Als Mitglied einer Fahrgemeinschaft von Studenten, die morgens sehr früh zur University of British Columbia in Vancouver fuhr, war er immer sehr früh in der Universität. Eines Morgens blätterte Albert Bandura in einem Vorlesungsverzeichnis, das jemand liegen lassen hatte. Er suchte nichts Bestimmtes, aber vielleicht gab es ja eine Vorlesung, mit der er sich die Zeit vertreiben konnte, bis sein Englischkurs begann. Da sah er eine Einführung in die Psychologie, ging hin – und fand seinen zukünftigen Beruf. Nach ausgezeichnetem Abschluss des Bachelorstudiums 1949 erkundigte er sich nach der führenden Universität, um sein Masterstudium zu machen, worauf ihm Iowa empfohlen wurde. Das war damals die Hochburg der experimentellen Lernpsychologie. Er studierte also bei Lerntheoretikern wie Kenneth Spence, zu seinem Studium gehörten aber auch klinische Psychologie und Philosophie. Bandura schloss sein Studium 1951 mit dem Master und 1952 mit der Doktorarbeit ab. 1953 ging er als Dozent an die Stanford University, wo er viele Jahrzehnte lehrte. Seit Jahren ist er dort Professor Emeritus.

Beobachtung und Bekräftigung

Wenn man Sie heute fragt, ob Sie etwas lernen können, ohne es selbst zu versuchen, sondern nur durch Beobachtung, dann wäre Ihre Antwort nach Ihrer Alltagserfahrung natürlich ja. Die psychologische Forschung hat sich allerdings sehr schwergetan, ein solches *Beobachtungslernen* anzunehmen und zu untersuchen. Das lag vor allem daran, dass die Lerntheorien, die von Reflexen (Pawlow) oder von Bekräftigungen (Thorndike, Watson, Skinner) ausgingen, viele Jahrzehnte vorherrschend waren. Die Forscher orientierten sich deshalb fast ausschließlich an sichtbarem Verhalten, nicht an »inneren« Vorgängen. Natürlich gab es auch zaghafte Versuche, Imitationslernen mit den klassischen Lerntheorien in Einklang zu bringen, und einige Psychologen bedauerten auch damals, dass das Lernen durch Imitation so selten untersucht wurde – denn schon um die Wende zum 20. Jahrhundert hatten Psychologen wie William James angenommen, dass der Mensch einen Nachahmungstrieb besitze. Trieb oder nicht – alle Eltern sind beeindruckt, wie leicht und gut ihre Kinder das Verhalten der Eltern bis in kleine Gesten, Tonfall und Dialekt nachahmen.

Albert Banduras schlagendes Beispiel für Lernen durch Beobachtung war das Autofahren. Was wäre, wenn wir nur durch Versuch und Irrtum, durch Bekräftigung des Fahrlehrers und so weiter Autofahren lernten? Es würde eine Ewigkeit dauern und sehr viele Unfälle geben. Natürlich lernen wir auch durch Beobachtung. Aber wie?

Die Bobo-doll-Experimente

Um das zu untersuchen, führten Albert Bandura und die Geschwister Ross (1961, 1963a, 1963b, deutsch 1973) die inzwischen schon klassischen Experimente über die Wirkung aggressiver Modelle auf das Verhalten von Kindern durch. Diese wegweisenden Experimente werden meist *Bobo-doll-Experimente* genannt.

Im Rahmen der Untersuchungen führten die Wissenschaftler 66 Kindern – 33 Jungen und 33 Mädchen – im Alter von vier bis fünf Jahren einen Film vor, in dem eine Person namens Rocky in einem Raum agierte. Es gab mehrere Gegenstände in dem Raum, darunter eine große aufgeblasene Plastikpuppe, die an ihren Füßen mit einem Gewicht beschwert war, sodass sie sich immer wieder aufrichtete, wenn man sie umstieß (genannt *bobo doll*). Im Film schlug Rocky, ein Erwachsener, die Puppe, die ihm nicht »aus dem Weg gehen« wollte, warf sie zu Boden, trat sie und beschimpfte sie – teils mit Wortschöpfungen wie »Pow ... boom, boom« oder »Sockero«.

Im Experiment gab es drei Versuchsbedingungen. Den Kindern wurde jeweils eine Fassung des Films gezeigt: In der ersten Fassung trat am Ende eine zweite Person hinzu, die Rocky für sein Verhalten lobte und ihn mit Süßigkeiten belohnte. In der zweiten Version kam zum Ende des Films ebenfalls die andere Person hinzu, tadelte jedoch Rocky und bestrafte ihn mit Schlägen und Drohungen. Und in der dritten Fassung trat keine weitere Person auf, und das Geschehen blieb insgesamt folgenlos.

Im Anschluss wurden die Kinder einzeln in einen Raum geführt, wo sie verschiedene Spielsachen vorfanden, unter anderem die lebensgroße Puppe, die vorher im Film zu sehen war.

Die Kinder konnten dort nun spielen und die Forscher beobachteten, wie aggressiv sich die Kinder dabei verhielten. In jeder der drei Bedingungen gab es zusätzlich zwei Varianten: Zum einen verlief der Versuch wie beschrieben, aber in der zweiten Variante wurde den Kindern für jede der vorher gesehenen Verhaltensweisen, an die sie sich erinnern und die sie nachahmen konnten, Belohnungen in Aussicht gestellt. So entstanden sechs Versuchsbedingungen.

Die Ergebnisse: Kinder, die den Film gesehen hatten, in dem Rocky bestraft wurde, ahmten sein Verhalten weit weniger nach als die Kinder, die die Version gesehen hatten, in der Rocky belohnt wurde. Und die in einer weiteren Gruppe zusätzlich in Aussicht gestellte Belohnung führte dazu, dass die Kinder das gesehene Verhalten in allen drei Belohnungsbedingungen insgesamt mehr imitierten als ohne zusätzlichen Anreiz – und das in einem Ausmaß, dass sich die drei Versuchsgruppen untereinander nicht mehr unterschieden.

Demnach haben also alle Kinder das Vorbildverhalten gesehen und daraus gelernt. Sie sind auch in der Lage, dieses Verhalten selbst zu zeigen. Ob die Kinder ohne in Aussicht gestellte Belohnung aggressives Verhalten nachahmen, hängt davon ab, welche Konsequenzen das Verhalten des Vorbildes hat. Es ist danach (und nach weiteren Untersuchungen) also sinnvoll, bei der Nachahmung zwischen Erwerb (Akquisition) und Ausführung (Performanz) des beobachteten Verhaltens zu unterscheiden. Nach den Experimenten von Albert Bandura und seiner Arbeitsgruppe gab es eine Vielzahl von Experimenten ähnlicher Art. Die Psychologen konnten so das Verständnis von Lernprozessen erheblich erweitern, denn ein wichtiger Faktor ist die Motivation: Wir sehen ein bestimmtes Verhalten bei einer anderen Person, aber ob wir es nachahmen, hängt davon ab, ob wir es wollen. Anders gesagt: Die Motivation muss hinzukommen.

Bandura untersuchte das Beobachtungslernen eigentlich auf denkbar einfache Art – was ihm die Kritik der Behavioristen einbrachte, denn schließlich war er selbst aus der Schule des Behaviorismus hervorgegangen. Deshalb musste er seine Theorie absichern und zeigen, dass das Beobachtungslernen nicht nur reine Nachahmung (Mimikri) war. Bandura beschrieb dies mit dem Begriff *Modelling*, denn tatsächlich konnte er nachweisen, dass Versuchspersonen das Gesehene auch auf andere Situationen übertragen und anwenden konnten, also ein Transfer stattfand. Andererseits war es nicht erforderlich, dass die Versuchspersonen sich (aufgrund spezifischer Persönlichkeitseigenschaften) mit der beobachteten Person identifizierten. Die Wissenschaftler konnten zudem feststellen, dass in Untersuchungen von der Art des Bobo-doll-Experiments nicht alle Modelle gleich »erfolgreich« waren: Da es hier um Aggressionen ging, wurden männliche Vorbilder häufiger nachgeahmt als weibliche.

Soziales Lernen

Bandura verfolgte das Ziel, eine Theorie des sozialen Lernens (*social learning theory*, Bandura und Walters, 1963) zu entwickeln. (»Soziales Lernen« hat allerdings im Deutschen noch eine zweite Bedeutung: In den Erziehungswissenschaften wird vom sozialen Lernen als Erlernen sozialer *Inhalte*, wie zum Beispiel der Kooperationsfähigkeit oder der Hilfsbereitschaft, gesprochen. Bei Bandura geht es aber nicht um die Inhalte, sondern um den Lernprozess.) Seine Theorie besagt, dass soziale

Modelle dem Beobachter Verhaltensmöglichkeiten eröffnen, sie zeigen, wie man sich verhalten *kann*. Oft zeigen sie dazu auch, was daraus resultiert, das heißt, ob sich das Verhalten für das Modell gelohnt hat. Durch Einfühlung kann der Beobachter erfahren, ob dieses Verhalten ihm selbst nützen würde. Ferner machen Modelle soziale Normen bewusst, und sie können Normen sogar verändern. Jemand, der hilft, erinnert mit seinem Verhalten an die Norm der Hilfeleistung; ein anderer, der ohne negative Konsequenzen aggressiv ist, lässt beim Beobachter den Eindruck aufkommen, dass man auch selbst ungestraft aggressiv sein kann.

Bald nach seinen Untersuchungen hat Bandura die Theorie des sozialen Lernens zur *Sozial-kognitiven Lerntheorie* erweitert (Bandura, 1977).

Praktische Relevanz

Unmittelbar nach den ersten Experimenten von Bandura wurde klar, dass Untersuchungen über Modelllernen in mehreren Bereichen praktische Revelanz haben. Die Auswirkungen der Massenmedien, insbesondere des Fernsehens, und natürlich inzwischen auch der Computerspiele gehören zu einem Bereich, der dank Banduras Ansätzen besser erforscht werden kann. Können aggressive Modelle im Fernsehen aggressive Handlungen der Zuschauer auslösen? Diese Frage ist allerdings nicht so leicht zu beantwortet, denn es spielen außer den genannten viele weitere Faktoren eine Rolle, unter anderem die Zuschauersituation, die Lerngeschichte des Betrachters, dessen Gelegenheiten zur Ausübung von Gewalt und so weiter. Gutachten, die die Fernsehanstalten gelegentlich von Fachleuten machen lassen, kommen entsprechend immer wieder zu sehr verschiedenen Ergebnissen und Empfehlungen.

Ein weiterer Bereich, in dem soziales Lernen starke praktische Bedeutung hatte, ist die Psychotherapie. Wir alle kennen das: Wenn Eltern große Angst von Hunden haben, dann ist die Wahrscheinlichkeit groß, dass ihre Kinder diese Haltung übernehmen, obwohl diese mit Hunden vielleicht keine schlechten Erfahrungen gemacht haben. In der Psychotherapie kann man diesen Effekt umdrehen und so nutzen: Wenn Klienten mit ausgeprägter Angst vor Schlangen durch eine Glasscheibe sehen, wie eine andere Person, die zunächst auch ängstlich war, schließlich die Schlange berührt, dann kann dieses Modellverhalten für diese Klienten hilfreich sein. In der Psychotherapie werden Modelllernen und Lernen am Erfolg oft kombiniert. Der Therapeut kann zum Beispiel die Schlange anfassen und dann dem Klienten die Hand reichen und ihn langsam dazu bringen, die Schlange ebenfalls zu berühren – und ihm so ein Erfolgserlebnis verschaffen. Bandura hat diese wirkungsvolle therapeutische Arbeit als *partizipierendes Modelllernen* bezeichnet.

Ein Leben für die Psychologie

Insgesamt kann Albert Bandura ein erstaunlich vielfältiges Œuvre vorweisen. Seine Homepage enthält Buch- und Aufsatztitel zu unterschiedlichsten Gebieten. Ein Bereich, in dem er in den 90er-Jahren gearbeitet hat, war die Selbstwirksamkeit (*self-efficacy*) (Bandura, 1997). Aber von Bandura gibt es sogar Arbeiten zur Spiritualität. In der Untersuchung von Haggbloom et al. (2002) zu den 100 bedeutensten Psychologen nimmt Bandura den vierten Platz ein (hinter Skinner, Piaget und Freud) – gemessen an der Häufigkeit des Zitiertwerdens, an Nennungen in Lehrbüchern und an Beurteilungen durch amerikanische Psychologinnen und Psychologen. Auch die zahlreichen Auszeichnungen, die Bandura erhielt, sind ein Beleg dafür, dass die Psychologie sich – nicht zuletzt durch ihn – grundlegend und nachhaltig zu einer kognitiven Psychologie gewandelt hat.

PHILIP G. ZIMBARDO

Das Gefängnisexperiment und der Luzifer-Effekt

Der Kongress der *American Psychological Association* tagt in mehreren Hotels in Atlanta, da keine Hochschule dem Andrang der Teilnehmer gewachsen wäre. In einem mittelgroßen Saal findet eine Podiumsdiskussion zum Thema Psychologieausbildung statt. Die Diskussionsleitung eröffnet die Runde mit der Frage, was uns Psychologinnen und Psychologen an den Universitäten denn in der Ausbildung der jungen Studierenden wirklich wichtig sei: Was sollen Studierende für ihren Beruf mitnehmen, an was sollen sie sich aus ihrem Studium erinnern? Reihum werden Antworten gegeben: Es geht um die Methoden, die von Nutzen sind. Nein, es geht um die wichtigen Theorien, die Orientierung geben und so weiter. Schließlich ist die Reihe an Philip Zimbardo. Seine Antwort: »Zunächst mal möchte ich gerne, dass die Studierenden sich an mich erinnern, wenn sie die Hochschule verlassen haben!« Fröhliches Gelächter! So ist Zimbardo, selbstbewusst und humorvoll, aber keineswegs eingebildet. Auch für Studierende ist er ohne Weiteres zugänglich. Mühelos findet man im Internet Interviews mit Zimbardo, Filme mit ihm, auch dokumentierte Diskussionen mit Studierenden, die sich natürlich freuen, dass sie sich mit einem so bedeutenden Psychologen unkompliziert austauschen können.

Philip G. Zimbardo wurde 1933 in New York als Sohn sizilianischer Einwanderer geboren. Ein Klassenkamerad von ihm war Stanley Milgram, der sich – wie Zimbardo – später als Sozialpsychologe mit Gehorsam befasste (Zimbardo, Maslach & Haney, 2000). Am Brooklyn College erwarb Zimbardo den B.A., an der Yale University schloss er mit dem M.A. und der Promotion in Psychologie ab. Er lehrte an mehreren Hochschulen, seit 1968 bis zu seinem Eintritt in den Ruhestand 2003 an der Stanford University.

Zimbardo hat spektakuläre Untersuchungen durchgeführt; er ist ein beeindruckender Redner und erfolgreicher Lehrbuchautor (Gerrig & Zimbardo, 2010), er ist politisch engagiert, 2002 war er Präsident der *American Psychological Association* – und er ist heute vermutlich so bekannt wie kein anderer lebender Sozialpsychologe. Zu seiner Bekanntheit trägt vielleicht auch ein wenig bei, dass er mit seinem Bart und seinem Aussehen fast wie ein Magier wirkt.

Das Gefängnisexperiment

Schon ein frühes Experiment von Zimbardo befasste sich mit *Deindividualisierung*: Personen, die anonym blieben und Hüte wie Mitglieder des Ku-Klux-Klan trugen, waren im Experiment eher bereit, anderen Personen Elektroschocks zu verabreichen als nicht verkleidete Personen. Doch berühmt wurde er mit einer anderen bis heute aufsehenerregenden Studie: An einem sonnigen Sonntag im August 1971 halten Wagen der kalifornischen Polizei vor Studentenwohnheimen und Wohnungen. Studenten werden in Handschellen wegen angeblicher Einbrüche und anderer Vergehen abgeführt. Nachbarn verfolgen neugierig den Abtransport. So beginnt das wohl bekannteste Experiment, das von Zimbardo (Zimbardo, 1972, 1973) durchgeführt wurde und heute allgemein das *Stanford-Gefängnisexperiment* genannt wird. 75 Studenten hatten sich auf ein Zeitungsinserat hin beworben, und 24 von ihnen wurden als Versuchspersonen schließlich rekrutiert. Keiner der Beteiligten war vorbestraft, und man hatte alle vorher getestet, um labile und gestörte Persönlichkeiten vom Experiment auszuschließen. Nach Zufall wurde etwa die Hälfte zu »Häftlingen« und die andere Hälfte zu »Aufsehern« gemacht. Alle Beteiligten erhielten 15 US-Dollar pro Tag als Entschädigung, und das Experiment war auf zwei Wochen Dauer angesetzt.

Nach ihrer »Verhaftung« wurden die Häftlinge zunächst zur Polizeistation und nach einer halben Stunde mit verbundenen Augen zum »Gefängnis« gebracht – das war keine echte Haftanstalt, sondern es handelte sich um kleine Zellen ohne Tageslicht im Keller der Stanford University in Kalifornien, die allerdings ausgestattet waren wie richtige Gefängniszellen. Dort wurden die Häftlinge ausgezogen und »entlaust«. Sie erhielten gleichartige Kittel mit Erkennungsnummern. Statt die Köpfe kahlzuscheren, wie in echten Gefängnissen verteilten die Polizisten Nylonnetze, die die Gefangenen über den Haaren tragen mussten. Eine Gefängniszelle wurde von jeweils drei Gefangenen belegt. Es gab weder Uhren, noch Radio oder Fernsehen. Handys gab es damals noch nicht, aber auch diese wären mit Sicherheit konfisziert worden.

Nun erst lernten die Gefangenen ihre »Wärter« kennen, die jeweils zu dritt in Acht-Stunden-Schichten arbeiten sollten. Sie trugen Khakiuniformen, besaßen einen Schlagstock, eine Trillerpfeife, Handschellen und die Zellenschlüssel. Um ihnen ein Gefühl der Anonymität zu vermitteln, trugen sie Sonnenbrillen. Der offizielle Auftrag der Wärter lautete, für Recht und Ordnung (»law and order«) zu sorgen – aber natürlich war jede Gewaltanwendung verboten. Die Wissenschaftler hatten zuvor 16 Gefängnisregeln erstellt, für deren Einhaltung die Wärter zu sorgen hatten. Eine Regel besagte, dass die Gefangenen sich nicht mit Namen, sondern nur mit ihren Identifikationsnummern anreden dürfen. Vor dem Gang zur Toilette mussten die Gefangenen die Erlaubnis einholen und durften dort maximal fünf Minuten bleiben. Zum Zigarettenrauchen oder Briefeschreiben war ebenfalls die Erlaubnis der Wärter nötig. Es gab Besuchszeiten für Angehörige, die erst nach einer Wartezeit und dann nur zu zweit und für wenige Minuten mit den inhaftierten jungen Männern sprechen konnten.

Nach nur wenigen Tagen hatten alle Beteiligten ihre Rollen vollständig verinnerlicht. Verhaltensweisen, Gefühle gegenüber den anderen und sogar das Selbstbild entsprachen nun der zugeteilten Aufgabe im Experiment: Viele Gefangene verhielten sich gegenüber den Wärtern passiv, unterwürfig und hilflos. Die Aufseher verhielten sich streng und überwiegend unfreundlich gegenüber den Gefangenen. Einige wenige taten den Gefangenen den einen oder anderen Gefallen, aber etwa ein Drittel von ihnen entwickelte sich zu Tyrannen; die versuchte Meuterei einiger aufsässiger Gefangener wurde mit Härte niedergeschlagen. Zudem benutzten die Wärter ihre Macht immer wieder, um Gefangene zu demütigen. So mussten Gefangene auf Anordnung lachen, ein Lied singen, ein ernstes Gesicht machen,

Liegestütze machen oder sich gegenseitig beschimpfen. Die Anonymität begünstigte den rüden Ton (»You asshole, 5401, come here«). Um den Gesamteindruck abzurunden, kam nach wenigen Tagen ein katholischer Gefängnisseelsorger, der Einzelgespräche führte und die Gefangenen auch fragte, was sie denn zu ihrer Freilassung unternommen hätten. (Informationen zum Experiment, auch auf Deutsch, auf der offiziellen Homepage: http://www.prisonexp.org/)

Bemerkenswert ist, dass das besonders tyrannische Verhalten einiger weniger Wärter von den anderen Aufsehern geduldet wurde, niemand stellte sich auf die Seite der Gefangenen. Einer der Wärter schrieb später: »Ich habe über mich selbst gestaunt (...) Ich habe sie veranlasst, sich gegenseitig zu beschimpfen, und gezwungen, die Toilette mit den Händen sauber zu machen. Ich habe die Gefangenen einfach für Vieh gehalten, und ich dachte immer nur, ›Ich muss auf die aufpassen, wenn die was versuchen!‹« (Zimbardo, 1972, S. 9).

Das Experiment entwickelte sehr rasch eine ungeheure Dynamik, denn soziale Rollen wurden auch von Personen übernommen, die gar nicht am Versuch beteiligt waren: Angehörige hatten Schuldgefühle und bemühten sich um Hafterleichterungen. Während der ersten fünf Tage mussten fünf Häftlinge vorzeitig entlassen werden, die plötzlich unter schweren Depressionen und Angstzuständen litten. Ein Gefangener entwickelte einen psychisch bedingten Hautausschlag am ganzen Körper. Schließlich entschlossen sich Zimbardo und sein Team, den Versuch nach sechs Tagen abzubrechen.

Das Experiment zeigt, wie schnell psychisch normale Personen bereit sind, sich unter bestimmten Umständen zu Gewalttätigkeiten hinreißen zu lassen oder auch in Unterwürfigkeit und Lethargie zu versinken. Sicher sind auffällige Unterschiede zur realen Haftsituation gegeben: Die Wärter verfügten über keine entsprechende Ausbildung, die Gefangenen waren keine Straftäter. Normale Haftbedingungen dürften in mancher Hinsicht anders sein, so werden Gefangene mit Namen und nicht mit Nummern angeredet. Allerdings: Wenn die Rollenübernahme in so kurzer Zeit so perfekt gelingt, welche Verhaltensweisen und Gefühle entwickeln dann erst langzeitig Inhaftierte und langjährig tätige Beamte und Angestellte im Strafvollzug?

Unser Gerechtigkeitsempfinden lässt uns hoffen, dass der tyrannische Wärter wenigstens psychisch leidet – doch das war hier nicht der Fall. Solange die Anpassung an ein System mit der Zuweisung von Macht gekoppelt ist, kommt es nur selten zu Unrechtsbewusstsein und Schuldgefühlen.

Philip Zimbardo wurde oft nach der Entstehung des Experiments befragt. Wie kam er auf diesen Versuch? Zimbardo nahm damals an Demos gegen den Vietnamkrieg teil. Unter diesem Eindruck stellte er seinen Studenten danach zehn psychologisch relevante Fragen, auf die er selbst keine Antworten fand. »Eine der Fragen lautete, was mit einer Person passiert, die zum ersten Mal ins Gefängnis kommt. Die jungen Leute schlugen vor, am Wochenende im Campuswohnheim ein Gefängnis zu simulieren. Am folgenden Montag kamen sie in den Unterricht und erzählten, wie schlimm das gewesen war (…) Ich sagte zu meinem Assistenten: Das probieren wir selbst aus …« (Ayan, 2011, S. 56).

Das Ende des Versuchs war unvermeidlich. Es waren ja bereits mehrere Teilnehmer wegen psychischer Belastungen aus dem Experiment herausgenommen worden. Der Versuchsleiter Zimbardo, der als »leitender Vollzugsbeamter« ebenfalls teilnahm, klagte über Schlafstörungen und Kopfschmerzen und verlor etliche Kilo Gewicht – auch er war zum Beteiligten geworden. Zimbardo brach den Versuch dann schließlich aus zwei Gründen ab: Nachts war es zu Übergriffen gekommen. Zudem gab es eine Kollegin,[16] mit der Zimbardo befreundet war, die sagte:»Es ist furchtbar, was du den Jungs antust.« So dauerte der Versuch nur eine knappe Woche.

Die Reaktionen auf das Experiment waren vielfältig. Es wurde kritisiert, dass es eigentlich kein Experiment war, denn es fehlte die Kontrollbedingung: Was war die unabhängige Variable? Es war also eher eine Simulation als ein Experiment. Natürlich gab es auch Kritik zur forschungsethischen Haltung von Zimbardo: Ein Professor, der seine Studierenden so behandele, setze seinen Ruf, den der Psychologie und der Universität aufs Spiel. Tatsächlich ist der Versuch so nie wieder wiederholt worden. Zimbardo selbst hat immer wieder betont, einen solchen Versuch würde er aufgrund ethischer Bedenken nicht wieder durchführen.

Luzifer-Effekt und Zivilcourage

Zimbardo war in Sachen Gehorsam und Gewalt seit der Durchführung dieses Experimentes viel gefragt. So wurde er immer wieder um Gutachten gebeten, so auch bei den Prozessen zu dem Folterskandal von Abu Ghraib. Die Ergebnisse seiner Forschungen hat er in einem 500–Seiten-Werk mit dem Titel *The Lucifer Effect* (2007/2008) zusammengefasst. Zimbardo wehrt sich darin gegen die menschliche Neigung, Gut und Böse strikt zu unterscheiden. Immer wieder betont er die großen Auswir-

---

16 Diese Kollegin war Christina Maslach, die Zimbardo im folgenden Jahr heiratete.

kungen, die die Situation auf das menschliche Handeln haben kann – und »dass wir falsch lagen in unserem Bemühen, komplexes menschliches Verhalten ausschließlich durch Analyse der individuellen Eigenschaften einzelner Täter zu verstehen«. So haben wir »das Ausmaß ignoriert oder unterschätzt, in dem viele menschlichen Verhaltensweisen durch die Macht externer situativer Kräfte beeinflusst, geprägt und gesteuert werden« (Zimbardo, 2008, S. XII). So sieht sich Zimbardo selbst auch als »Situationalist«.

The Lucifer Effect enthält die ausführlichen Befunde des Gefängnisexperimentes und anderer Studien sowie eine Fülle von Berichten über menschliche Grausamkeiten. Das letzte Kapitel ist den Möglichkeiten gewidmet, das Böse zu vermeiden. Und dies ist auch das Thema, dem sich Zimbardo in den vergangenen Jahren mit seiner Stiftung *Heroic Imagination* gewidmet hat: Wenn es stimmt, dass meist nur etwa zehn Prozent der Personen in gefährlichen Situationen Mut und Zivilcourage zeigen, wie kann dieses Verhalten dann gefördert werden? Es sind ja nicht nur die Personen, auf die es ankommt, sondern auch die Situationen. Es ist nicht das einzelne schwarze Schaf in der Herde böse, es ist manchmal der Schäfer, auf den es ankommt.

STANLEY MILGRAM

Autoritätsgehorsam im Labor

Vielleicht war für Stanley Milgram prägend, dass er 1933, im Jahr der nationalsozialistischen Machtergreifung, geboren wurde. In jedem Fall wurde er zwangsläufig seit seiner Kindheit mit dem Antisemitismus konfrontiert. Seine Eltern waren jüdische Einwanderer, die sich in den USA kennengelernt hatten (Blass, 2000, 2004). Der Vater Samuel, ein Konditor, kam aus Ungarn; Adele, die Mutter, war als fünfjähriges Mädchen aus Rumänien eingewandert, sie arbeitete zunächst in einer Bäckerei. Stanley Milgram wuchs mit seinen Geschwistern – eine ältere Schwester, Marjorie, und ein jüngerer Bruder, Joel – in der Bronx auf. Wenn Verwandtschaft kam, wurde Jiddisch gesprochen und die Familie feierte die jüdischen Feste, lebte aber nicht streng jüdisch. Aus wirtschaftlichen Gründen mussten die Milgrams mehrfach umziehen. Mal ging es um einen besseren Arbeitgeber, dann hatte sich die Familie verspekuliert, schließlich machte sich der Vater selbstständig und hatte Pech mit seinem Geschäftspartner. Am Radio verfolgte die Familie Milgram die bedrohliche politische Entwicklung in Europa. Die obligatorische Rede zur Bar Mitzwa hielt Stanley zur Notlage der Juden in Europa und zu den Auswirkungen des Zweiten Weltkriegs auf die Juden in der Welt – mehrere Verwandte in Europa waren Opfer des Holocausts geworden.

In Stanleys Kindheit war die Bronx noch ein relativ ländlicher Vorort von New York, in dem die Mittelschicht wohnte. Neben seinem Bruder Joel fand Stanley dort viele Spielkameraden. Sein bester Schulfreund war Bernard Fried, der später ein bedeutender Parasitologe werden sollte. Stanley Milgram fiel schon als Schüler durch seine Intelligenz und vielseitige Begabung auf. Naturwissenschaften waren während der Schulzeit Stanleys Stärke, gleichzeitig interessierte er sich auch für Literatur, schrieb Gedichte und Texte für die Schülerzeitung. Auf der James Monroe High School hatte er einen Schulkameraden, der später – wie er – nicht nur Sozialpsychologe werden sollte, sondern ebenfalls zu Autorität, Gehorsamkeit und Aggressionen der Menschen forschte: Philip Zimbardo. Nach Kriegsende besuchte Stanley Milgram mehrfach Europa, er sprach sehr gut Französisch und traf in Frankreich Francine, seine erste große Liebe.

Milgram studierte zunächst am Queens College Politikwissenschaften, wollte dann an der Harvard University seinen akademischen Abschluss in Psychologie erwerben, denn die Politikwissenschaften waren ihm zu theoretisch. Milgram wollte forschen, experimentieren. Aber da er zuvor eben Politologie studiert hatte, musste er noch Leistungsnachweise in der Psychologie erbringen, bevor er ordentlicher Student werden konnte. Sein wichtigster akademischer Lehrer und Förderer an der Harvard University war Gordon Allport, ein bedeutender Persönlichkeits- und Sozialpsychologe, der zur Weimarer Zeit auch in Deutschland bei William Stern studiert hatte. Allport hatte unter anderem über die Psychologie des Vorurteils und über die Ausbreitung von Gerüchten geforscht. Milgram erinnerte sich später dankbar an die Ermutigungen, die er durch Allport erfahren hatte.

Einfluss durch Solomon E. Asch

Wichtiger für Milgrams Denken war vermutlich Solomon Asch (1907–1996), der 1955 als Gastdozent an der Harvard University lehrte. Bei Asch arbeitete Milgram einige Zeit als Forschungsassistent und erfuhr so nicht nur von der Gestaltpsychologie, mit der Asch vertraut war, sondern auch von den bekannten Konformitätsexperimenten, die Asch Anfang der 50er-Jahre durchgeführt hatte.

In diesen Experimenten war das Verhalten von Versuchspersonen unter Mehrheitsdruck untersucht worden. Längenschätzungen, die Personen im Einzelversuch problemlos richtig absolvierten, gerieten bei einstimmig (durch Verabredung mit dem Versuchsleiter) falsch urteilender Mehrheit unter Gruppendruck, und viele Versuchspersonen ließen sich zu falschen Schätzungen hinreißen. Milgrams Doktorarbeit bestand in einer interkulturellen Vergleichsstudie, in der Befunde zum konformen Verhalten in Norwegen und Frankreich verglichen wurden – eine aufwendige Studie, zu der Milgram nach Europa reiste. Die Untersuchung erbrachte, dass in Norwegen eine höhere Konformitätsbereitschaft herrschte als in Frankreich, und die Betreuer der Arbeit waren mit Milgrams Forschung sehr zufrieden.

Eichmann und die
Gehorsamkeitsexperimente

Damals gab es zusätzlich ein Ereignis, das das Gehorsamkeits-
thema in den Fokus der Weltöffentlichkeit rückte: Am 11. Mai
1960 nahmen israelische Geheimagenten einen der Haupt-
organisatoren der Judenvernichtung, Adolf Eichmann, in
Argentinien gefangen und brachten ihn nach Israel, um ihn
dort unter anderem wegen Vebrechen am jüdischen Volk und
gegen die Menschlichkeit anzuklagen. Dies war genau die Phase, in der Milgram Pläne zur Modifikation des Asch-Konformi-
tätsexperimentes ausarbeitete. Er fragte sich damals, ob sozialer Druck auch zum Beispiel dazu führen kann, dass Personen
aggressiv handeln. Stanley Milgram wollte herausfinden, wie
beispielsweise das KZ-Personal so brutal sein konnte, zehn- bis
hunderttausende Menschen umzubringen. Ursprünglich hatte Milgram vor, seine Versuche in Deutschland zu wiederholen
und Ergebnisse für amerikanische und deutsche Versuchspersonen zu vergleichen. Aber schon die amerikanischen Versuchspersonen waren so extrem gehorsam, dass sich die deutschen
Vergleichsuntersuchungen erübrigten. Spätere Untersuchungen
zeigten, dass sich deutsche und amerikanische Versuchspersonen in ihrem Verhalten kaum unterschieden.

Milgram ging im Gegensatz zum üblichen wissenschaftlichen Vorgehen geradezu atheoretisch vor. In seiner ersten Arbeit zum Autoritätsgehorsam aus dem Jahr 1963 erwähnte er
die Verbrechen der Nationalsozialisten, ging aber nicht auf Einzelheiten ein. Ein Forschungsprojekt zu dieser Frage wurde be-
willigt, und im September 1960 begann Milgram seine Tätigkeit an der Yale University, wo er 1960 bis 1963 dann auch die
Gehorsamkeitsexperimente (siehe unten) durchführte. 1963 ging

389

Milgram wieder zurück an die Harvard Universität, 1967 zog es ihn wieder nach New York, wo er bis zu seinem Tod an der City University lehrte. Milgram war noch keine 30 Jahre alt, als sein Name im Herbst 1963 zunächst durch die Presse in den USA ging und er dann schnell sogar weltberühmt wurde. Auch nach Jahrzehnten ist das *Milgram-Experiment*, wie es in Deutschland meist genannt wird, das bekannteste psychologische Experiment überhaupt.

Das Experiment

40 Männer im Alter von 20 bis 50 Jahren aus verschiedenen Berufsklassen und Bildungsschichten meldeten sich auf ein Zeitungsinserat oder einen direkten Brief hin zu einem psychologischen Experiment in einem vornehmen Institut der Yale University in New Haven. Der Versuchsleiter, ein 31-jähriger Biologiedozent im grauen Kittel begrüßte die Versuchspersonen. Jeweils zwei Personen, von denen eine allerdings eine vorinstruierte Schein-Versuchsperson war, wurden gleichzeitig nach einer allgemeinen Einleitung in das Experiment eingeführt:

> »*Wir wissen tatsächlich sehr wenig über die Wirkung der Strafe auf das Lernen, weil darüber fast keine wirklich wissenschaftlichen Untersuchungen an Menschen durchgeführt worden sind. Zum Beispiel wissen wir nicht, wie viel Bestrafung am besten zum Lernen ist – und wir wissen nicht, ob es etwas ausmacht, wer die Strafe erteilt; ob ein Erwachsener besser von einer im Vergleich zu ihm jüngeren oder einer älteren Person*

lernt – und dergleichen mehr. Wir bringen deshalb in dieser Untersuchung eine Reihe Erwachsene verschiedener Berufe und Altersklassen zusammen. Und wir bitten einige von Ihnen, Lehrer zu sein, und einige, Schüler zu sein. Wir wollen feststellen, wie verschiedene Personen auf andere wirken und welche Wirkung die Bestrafung in dieser Situation auf das Lernen hat. Deswegen möchte ich einen von Ihnen bitten, hier heute Abend Lehrer zu sein, und einen bitten, Lernender zu sein.«

Nach dieser Instruktion wurden zur Verteilung der Rollen Lose gezogen, wobei (durch zwei Lose mit der Aufschrift »Teacher«) der naiven Versuchsperson immer die Lehrerrolle zufiel. Lehrer und Schüler wurden nun vom Versuchsleiter in einen angrenzenden Raum geführt, wo der Schüler in einen »elektrischen Stuhl« gesetzt, angeschnallt und an Elektroden angeschlossen wurde. Der Versuchsleiter erklärte, dass die Riemen starke Bewegungen bei den Schocks vermeiden sollten. Dem Schüler wurde Elektrodenpaste auf die Handgelenke aufgetragen, »um Blasen und Verbrennungen zu vermeiden«. Es wurde erklärt, dass die Elektroden an einen Schockgenerator im Nachbarraum angeschlossen wären. Um die Glaubwürdigkeit zu erhöhen, stellte der Schüler eine Frage nach der Schmerzhaftigkeit der Stromschläge. Der Versuchsleiter antwortete:

»Obwohl die Schocks äußerst schmerzhaft sein können, führen sie nicht zu bleibenden Gewebeschäden.« Die Versuchsperson, das heißt der Lehrer, wurde jetzt vom Versuchsleiter in den benachbarten Raum geführt und mit der Lernaufgabe vertraut gemacht. Die jeweils richtige Antwort des Schülers erschien als Lichtsignal auf einem Schaltpult. Der Versuchsleiter verpasste

dem Lehrer einen Probeschock von 45 Volt, um die Wirkungs-
weise des Schockgenerators zu erklären. Der Schockgenerator verfügte über horizontal angeordnete Schalter, die deutlich
mit Schildchen von 15 bis 450 Volt versehen waren. Zwischen
den einzelnen Stufen waren jeweils 15 Volt Unterschied. Die
Schalter trugen eine erklärende Überschrift: »Leichter Schock,
Mäßiger Schock, Starker Schock, Sehr starker Schock, Intensiver Schock, Extrem intensiver Schock, Gefahr: Schädlicher
Schock«. Die zwei letzten Schalter (435 und 450 Volt) trugen
die Überschrift »XXX«.

Der Lehrer wurde angewiesen, dem Schüler die einfache
Lernaufgabe zu erklären und beim Abhören für jeden Fehler einen Stromschock zu geben, und zwar pro Fehler jeweils 15 Volt
mehr. Der Lehrer begann nun seinen Versuch und bestrafte den
Schüler bei jedem Fehler mit einem Stromschlag. Bei jedem Tastendruck war ein Summton vernehmbar, ein Voltmeter schlug
aus, Relais klickten – auch wenn es natürlich in der Realität keine Stromstöße gab. Der Schüler gab trotzdem Schmerzenschreie
von sich und ab 300 Volt hörte man, wie der Schüler gegen die
Wand schlug. Von jetzt ab erfolgten auf die Lernaufgaben keine Reaktionen des Schülers mehr. Der Lehrer wendete sich jetzt
normalerweise an den Versuchsleiter und fragte, wie der Versuch weitergehen solle. Der Versuchsleiter erklärte, das Ausbleiben einer Antwort müsse als Fehler gezählt werden, man solle
dem Schüler jedoch 5 bis 10 Sekunden Zeit zum Überlegen lassen, bevor man den jeweils nächsthöheren Schock verpasse. Ab
315 Volt hörte der Lehrer nicht mehr, dass der Schüler gegen die
Wand schlug.

Es kam vor, dass sich der Lehrer während des Versuchs an
den Versuchsleiter wendete, um zu fragen, ob der Versuch nicht
besser abgebrochen werden solle. Der Versuchsleiter reagiert bei

jedem Abbruchversuch der Versuchsperson mit einer jeweils stärkeren Aufforderung, das Experiment fortzuführen:

1. »Bitte machen Sie weiter.«
2. »Das Experiment erfordert, dass Sie weitermachen.«
3. »Es ist absolut notwendig, dass Sie weitermachen.«
4. »Sie haben keine andere Wahl, Sie müssen weitermachen.«

Weigerte sich der Lehrer auch nach dieser vierten Aufforderung, wurde das Experiment abgebrochen. Ansonsten wurde der Versuch erst nach dem 450–Volt-Schock beendet.

Nach dieser Versuchsbeschreibung ist natürlich klar, dass es Milgram nicht um Lernen, sondern um das Gehorsamkeitsverhalten des Lehrers ging. 14 Psychologen und 40 Psychiater, denen man vorab eine detaillierte Versuchsbeschreibung geliefert hatte, vermuteten im Durchschnitt, dass nur etwa ein Prozent der Versuchspersonen mit der maximalen Voltzahl bestrafen würden. Das Ergebnis des Experimentes war völlig anders – und erschreckend: Von den 40 Versuchspersonen verweigerten nur fünf Versuchspersonen, mehr als 300 Volt zu applizieren. 26 Versuchspersonen, also 65 Prozent, waren völlig gehorsam und schockten bis zu 450 Volt.

Die Banalität des Bösen

Nach langen Verhandlungen und Anhörung von 100 Belastungszeugen wurde Adolf Eichmann 1961 zum Tode verurteilt. Der Prozess hielt die Weltöffentlichkeit in Atem. Die Journalistin und Publizistin Hannah Arendt (1906–1975) – sie war in Deutschland Schülerin von Martin Heidegger und Karl Jaspers gewesen – berichtete im Auftrag der Zeitschrift *The New Yorker* in einer Aufsatzserie über das Prozessgeschehen. Die Berichte wurden 1963 – im Jahr der Erstveröffentlichung von Milgrams Experiment – in Buchform veröffentlicht: *Eichmann in Jerusalem. Ein Bericht von der Banalität des Bösen*. Eine vielbeachtete These von Hannah Arendt war, dass die Massenmörder in der NS-Zeit nur selten fanatische Ideologen oder Sadisten waren, sondern eher willige Handlanger, die überwiegend aus (fehlgeleiteter) Pflichterfüllung handelten.

Stanley Milgram kannte die Texte von Arendt und nahm mehrfach auf sie Bezug. In der Tat lässt sich das Verhalten der Versuchspersonen im Experiment als Beleg für die »Banalität des Bösen« verstehen. Aber natürlich gab es auch Kritik, und viele Menschen konnten einfach nicht glauben, was Milgram herausgefunden hatte. Und war nicht solch ein Experiment höchst bedenklich? Würden nicht die Versuchspersonen traumatische Erfahrungen aus dem Labor mitnehmen? Milgram konnte entgegnen, dass er sich auch nach dem Versuch intensiv um das Befinden seiner Versuchspersonen gekümmert hat. Und viele Teilnehmer gaben nach dem Versuch an, etwas für sie Bedeutsames erfahren und gelernt zu haben. Das sagten auch Personen in Deutschland nach ähnlichen Experimenten, die David Mark Mantell später in München durchgeführt hat.

Milgram erhob zudem wichtige Persönlichkeitsmerkmale und biografische Informationen zu seinen Versuchspersonen, um anschließend zu ermitteln, ob und wodurch sich die gehorsamen von den ungehorsamen Personen unterscheiden. Aber er fand keine nennenswerten Unterschiede, mit denen man eine typische ungehorsame Person beschreiben könnte. So kam Milgram zwangsläufig zu einem situativen Ansatz: Die unmittelbare soziale Situation, in der die einzelne Person steht, bringt sie dazu, Gehorsam zu leisten oder nicht. In einer langen Serie von rund 20 Experimenten variierte Milgram zudem die direkte Versuchssituation. Die Ergebnisse veröffentlichte er zusammenfassend 1974 in einem Buch.

Milgram beschreibt in diesem Buch den Zustand des nicht mehr autonom handelnden Befehlsausführenden als *Agens-Zustand* (agentic state). Im Agens-Zustand handelt die betreffende Person eingegliedert in ein hierarchisches System. Verschiedene Bindungsfaktoren halten den Agens-Zustand aufrecht. Milgram vermutet Verschiebungen in den nervlichen Funktionen des Menschen, die die betreffende Person für Botschaften der Autorität besonders empfänglich machen. Sobald sich die Person in einem Agens-Zustand befindet, wird sie »zu einem anderen, von ihrem früheren Selbst verschiedenen Wesen mit neuen Eigenschaften«.

Das ist natürlich spekulativ und empirisch kaum nachzuweisen. Vielleicht hatte Philip Zimbardo dies im Sinn, als er schrieb, Milgram sei ein begnadeter Experimentator, aber kein Theoretiker gewesen.

Bestätigungen durch weitere Untersuchungen

Es sind bis heute Versuche des Milgram-Typs mit über 2.500 Versuchspersonen durchgeführt worden, davon sind von Milgram selbst über 600 Versuchspersonen dokumentiert worden. Die Experimente fanden in verschiedenen Ländern auf vier Kontinenten mit Personen im Kindesalter bis zum hohen Lebensalter statt. Viele Merkmale wurden variiert. Hans B. Lüttke hat diese Untersuchungen zusammenfassend ausgewertet (Lüttke, 2004).

Ganz allgemein gesagt haben sich die Befunde von Milgram immer wieder bestätigen lassen.

Es gibt – soweit man dies ermitteln kann – keinen zeitlichen Trend, etwa im Sinn abnehmender oder zunehmender Gehorsamsbereitschaft über die Jahre hinweg. Es scheint keine nennenswerten Altersunterschiede zu geben. Dies ist erstaunlich, da man meist bei Kindern und Jugendlichen höhere Gehorsamkeitswerte erwarten würde. Erklärbar ist der Befund mit der Überlegung, dass auch die Verweigerung eine Form der Gehorsamkeit darstellt. Die Versuchsperson – Erwachsener wie Kind – gerät ja in den Konflikt zwischen zwei Anforderungen.

Natürlich untersuchte man die Ergebnisse auch hinsichtlich eines Geschlechterunterschieds: Eine These lautete, dass Frauen in unserer Gesellschaft stärker in Richtung Anpassung sozialisiert und daher gehorsamer wären. Ein anderer Ansatz war, dass sie vielleicht mehr Fürsorge und Einfühlung mit dem Opfer zeigen und daher den Versuch eher abbrechen würden. Die Befunde zeigten dann zwar eine leichte Tendenz in Richtung höherer Gehorsamkeit, aber die Unterschiede fielen eher gering aus und waren statistisch wohl kaum signifikant. Auch Personen mit religiösen Bindungen waren nicht weniger gehorsam oder eher bereit, das Opfer zu verschonen – die Befunde sprechen sogar dafür, dass Personen ohne religiöse Bindungen den Versuch tendenziell früher abbrachen.

So schließt Lüttke: Bereitschaft zum Gehorsam ist keine Sache bestimmter Bevölkerungsgruppen. Die Gehorsamkeit – auch bei destruktiven Befehlen – ist nicht die Ausnahme von der Regel, sondern die Norm. Es bedarf weder eines besonderen Sinns noch der Gewaltandrohung, um uns zu unmoralischen Handlungen zu bewegen. Auch die inhaltlichen Bestimmungen scheinen relativ unwichtig zu sein. Bereitschaft zum »reinen Gehorsam« – eine unterschätzte Eigenschaft des Menschen.

Resonanz in den Geschichtswissenschaften

Einer der ersten bekannteren Historiker, die explizit historische Prozesse mit Milgrams Experiment verglichen, war Christopher Browning, der das Verhalten der Männer des Hamburger Polizeibataillons 101 untersuchte, die zur Erschießung von Juden in Osteuropa abkommandiert wurden (Browning, 1996). Das Bataillon ermordete zwischen Juli 1942 und November 1943 mindestens 30.000 Juden und war an der Deportation von weiteren etwa 45.000 Opfern beteiligt. Browning entnahm den historischen Dokumenten (unter anderem Verhörakten), dass die betroffenen Personen – meist Familienväter, also Männer mittleren Alters ohne besondere Parteikarriere – zwar bei ihren Handlungen Ekel und Abscheu empfanden, aber ohne Proteste bei der Erschießung von Zivilisten, darunter auch Frauen und Kindern mitwirkten. Nur ein knappes Dutzend der fast 500 Männer verweigerte mit unterschiedlichen Begründungen ihre Mitwirkung bei dem Massaker von Józefów, nachdem ihnen die straffreie Verweigerung von Major Wilhelm Trapp angeboten wurde.

Browning vergleicht die Situation, in der sich der einzelne Polizist befand, mit der Situation der Versuchspersonen im Milgram-Experiment und fragt sich, ob das Massaker von Józefów ein »radikales Milgram-Experiment« gewesen sei. Tatsächlich ist die Ähnlichkeit in der Bereitschaft, andere Menschen auf Anweisung zu töten, sehr auffällig. Browning kommt in seinem Schlusskapitel zu dem Ergebnis, dass eine Reihe von Faktoren diese »ganz gewöhnlichen Männer« zu Massenmördern machten.

Milgram – ein Wissenschaftler mit vielen Interessen

Nach seinen Gehorsamkeitsuntersuchungen führte Milgram eine ganze Reihe origineller Untersuchungen zu anderen Themen durch. Die von ihm begründete Richtung nannte er *kreative Sozialpsychologie* – und meinte damit keine bestimmte theoretische Orientierung, sondern das ständige Interesse, psychologische Fragestellungen möglichst außerhalb des Labors zu erkunden. Wenn man Passanten nach dem Weg fragt, helfen sie dann? Vermutlich ja. Wie ist es aber, wenn man sie fragt, ob man sie fotografieren darf? Etwa 65 Prozent der Angesprochenen verweigern das. Was passiert, wenn man in der U-Bahn einen Mitfahrer ohne Angabe von Gründen bittet aufzustehen, weil man sich selbst dort hinsetzen möchte? Aufgaben dieser Art stellte Milgram seinen Studenten. Die kamen in der folgenden Woche in das Seminar mit der Nachricht: Es klappt wirklich, viele machen einfach Platz! Auch Milgram als Dozent versteckte sich nicht. Er sagte sich: Was ich von meinen Studenten verlange, muss ich mir selbst auch zumuten. Also bestieg er selbst die U-Bahn und forderte einen Fahrgast auf, er möge aufstehen, weil Milgram sich dort hinsetzen wolle. Die Person stand wirklich auf! Milgram war die Sache aber so peinlich, dass er gleich an der nächsten Haltestelle ausstieg.

Milgram verfasste außerdem anregende Essays, unter anderem über das Fotografieren, Aufsätze über unterlassene Hilfeleistung und über das Leben in der Großstadt. In Paris, wo er wichtige Ideen zur ökologischen Psychologie entwickelte, arbeitete er eng mit Künstlern zusammen.

Milgrams spätere Arbeiten fanden viel Beachtung, doch steht sein Name bis heute vor allem für seine Arbeiten zum Gehorsam. Er kam sich manchmal wie ein Schauspieler vor, der viele Rollen gespielt hat, aber mit einer Filmrolle so berühmt wurde, dass er untrennbar mit ihr in Beziehung gebracht wurde. Besonders gut scheint dies Milgram nicht gefallen zu haben, denn wenn jemand zu ihm sagte: »Ich kenne Ihr Experiment«, dann fragte er gerne zurück: »Welches meinen Sie?«

Milgrams Schaffenszeit, die 60er- und 70er-Jahre des 20. Jahrhunderts, ist eine faszinierende Phase in der Psychologie und besonders in der Sozialpsychologie. Die Wissenschaftler wendeten sich neuen Lebensbereichen zu, und vor allem durch europäische Psychologen wurden soziale Interaktionen und Beziehungen im Alltag erforscht. Auch die Studentenbewegung beeinflusste damals die Psychologie, und ihre Kritik an der Experimentalpsychologie stieß eine intensive Diskussion zur Ethik psychologischer Forschung an. Die Kritik kam auch aus der Psychologie selbst, und auch Milgram wurde davon nicht verschont. Insgesamt fand er aber viel Anerkennung, weil er eine bislang fast unbekannte Seite des Menschen sichtbar gemacht hatte.

Für seine Arbeiten, besonders für sein Buch *Obedience to Authority* (1974), das in viele Sprachen übersetzt wurde, erhielt Stanley Milgram mehrere Auszeichnungen. Er starb am 20. Dezember 1984, im Alter von nur 51 Jahren, in New York. Dem Herztod waren mehrere Herzattacken vorausgegangen. Milgram hinterließ seine Frau und zwei Kinder.

DANIEL KAHNEMAN

Warum der Mensch nicht rational entscheidet

Man kann Daniel Kahneman etwas zugespitzt durchaus als den Totengräber des *homo oeconomicus* bezeichnet. Mit diesem Modell des wirtschaftlich-rational handelnden Menschen operieren die Wirtschaftswissenschaften seit vielen Jahrzehnten. Kahneman, ein Psychologe, der an Mathematik, Denken und Anwendung psychologischen Wissens interessiert ist, konnte zeigen, dass dieses Modell von der Realität weit entfernt ist. Er ist zwar nicht der Erste, der das Homo-oeconomicus-Modell kritisiert, aber die zusammen mit Amos Tversky gewonnenen psychologischen Befunde für die Irrationalität menschlicher Entscheidungen waren so eindrucksvoll, dass sie von den Ökonomen nicht mehr ignoriert werden konnten. Für seine Forschungsergebnisse erhielt er 2002 (als Psychologe wohlgemerkt!) den Nobelpreis für Wirtschaftswissenschaften.

Geboren wurde Daniel Kahneman 1934 in Tel Aviv, das damals zu Palästina gehörte, wuchs aber in Frankreich auf, wohin seine Eltern in den 20er-Jahren aus Litauen ausgewandert waren und denen es dort wirtschaftlich gut ging. Der Vater arbeitete als Forschungsleiter in einem großen Chemieunternehmen. Als 1940 Frankreich aber vom nationalsozialistischen Deutschland besetzt wurde, verlor die Familie ihre Sicherheit. Der Vater wurde kurze Zeit interniert, kam durch Betreiben des Unternehmens zwar wieder frei, verstarb aber 1944 an Diabetes. Die Mutter mit beiden Kindern emigrierte dann 1948 kurz vor der Gründung des Staates Israel nach Palästina, wo Daniel als Jugendlicher schnell Freunde fand und an der Hebräischen Universität in Jerusalem das Studium aufnahm. Schon im ersten Studienjahr las er die Arbeiten von Kurt Lewin, dessen Feldtheorie er noch 50 Jahre später nutzte. Im Hauptfach Psychologie und dem Nebenfach Mathematik absolvierte Kahneman seinen ersten Abschluss und ging anschließend zur psychologischen Abteilung der israelischen Armee. Seine Aufgabe lag dort darin, Auswahlverfahren für Personen zu entwickeln, die in die Offiziersausbildung aufgenommen werden sollten. Dazu nutzte man damals noch Verfahren der britischen Armee aus dem Zweiten Weltkrieg: Gruppendiskussionen, Teamaufgaben und so weiter. Doch es gab eine Validitätstäuschung, das heißt, die Verfahren erschienen als brauchbarer als sie waren. Schnell erhielt der junge Kahneman einen größeren Aufgabenbereich und konnte Interviewverfahren entwickeln – wobei er sich an der aktuellen Fachliteratur aus den USA orientierte – und an größeren Stichproben erproben und verbessern konnte. Seine Verfahren wurden anschließend viele Jahre in Israel verwendet. 1958 ging Kahneman dann in die USA, studierte offenbar nicht sehr systematisch, traf aber viele Wissenschaftler und promovierte 1961 mit einer Arbeit über das semantische Differenzial.

Kahneman kehrte nach Israel zurück und unterrichtete dann mit Freude und Erfolg in Israel Studierende. Seine Forschungsinteressen waren vielseitig und »experimentell« – er untersuchte an verschiedenen Hochschulen in den USA und Großbritannien neue Fragestellungen, ohne dass dies immer zu Veröffentlichungen führte.

Die Zusammenarbeit mit Amos Tversky

Der große Durchbruch kam Ende der 60er-Jahre nach einer Begegnung mit Amos Tversky in England. Tversky war bereit, einen Fragebogen von Kahneman auf einer Tagung mathematischer Psychologen zur Beantwortung vorzulegen. So entstand die erste gemeinsame Veröffentlichung (Tversky & Kahneman, 1971), und die Zusammenarbeit hierfür muss ein Vergnügen gewesen sein. Tversky war humorvoll und stilsicher. Es entstanden zahlreiche Veröffentlichungen, bei denen jede neue einen Fortschritt darstellte. Kahneman: »Mir war klar, wie sehr viel besser die Arbeiten waren, als wenn ich sie zögerlicher allein verfasst hätte« (2002). Mehr als ein Jahrzehnt arbeiteten beide Wissenschaftler zusammen. Der Nobelpreis, den Kahneman dann 2002 bekam, bezog sich auf die gemeinsame Arbeit in diesem Jahrzehnt. Amos Tversky war jedoch schon 1996 im Alter von 59 Jahren verstorben. Den Nobelpreis hätte er vermutlich auch bekommen, doch wird dieser nicht postum verliehen.

Die Prospect Theory

Kahneman und Tversky untersuchten das Entscheidungsverhalten in unsicheren Situationen. Bereits unsere Alltagserfahrung lehrt uns, dass wir Menschen uns nicht immer rational entscheiden, wenn es um Risiken geht. Wir achten auf kleine Preisunterschiede beim täglichen Einkauf unserer Lebensmittel, gehen dann aber beim Autokauf spontan weit größere Risiken ein. Legen wir Geld an der Börse an, dann erfreuen uns Gewinne kurz, aber Verluste in gleicher Höhe ärgern uns weit mehr und länger. Dies hat Auswirkungen, nicht nur wenn es zum Beispiel um den Kauf und Verkauf von Wertpapieren oder um unternehmerische Investitionen geht.

Kern der *Prospect Theory* (Kahneman & Tversky, 1979, 2000) sind zwei Beobachtungen: Erstens werden geringe Wahrscheinlichkeiten allgemein überschätzt, hohe Wahrscheinlichkeiten dagegen unterschätzt. Das gilt für negative wie positive Ergebnisse, wenn wir von einem gedachten Referenzwert ausgehen. Zweitens werden Gewinne und Verluste verschieden bewertet: Gewinne erfreuen uns zwar, Verluste lösen aber deutlich stärkere Affekte aus. Wenn es um Gewinne geht, bevorzugen wir zudem einen festen Betrag und meiden eine Gewinnwahrscheinlichkeit, selbst wenn diese rechnerisch mehr Gewinn verspricht. Im Bereich der Verluste ist es eher umgekehrt. Statt eines festen Verlustbetrags akzeptieren wir hier eher eine Wahrscheinlichkeit. Ein Grund für diese Neigung könnte sein, dass wir dabei auf unser Glück hoffen können, den Verlust gering zu halten oder zu vermeiden. Ein weiterer wichtiger Gesichtspunkt, der das Urteil beeinflusst, ist das sogenannte *Framing* (Rahmung). Es macht nachweislich einen Unterschied, ob wir die negativen Wirkungen einer Entscheidung bedenken oder die positiven (Tversky & Kahneman, 1981, Kahneman & Tversky, 1984). Kahneman und Tversky konnten diese Phänomene in verschiedenen Untersuchungen bestätigen.

Die beiden Forscher schlossen viele Überlegungen und Untersuchungen an, die sich der Psychologie des Entscheidungsverhaltens widmeten. Ergebnisse dieser Untersuchungen waren sogenannte *Urteilsheuristiken*, also Daumenregeln oder Strategien zur Abschätzung von Wahrscheinlichkeiten und zur Lösung von Entscheidungsproblemen. Ein zentraler Faktor ist dabei das *Wissen*, das uns im Augenblick der Entscheidung *zugänglich* ist – wobei zum Wissen auch Meinungen, Stereotype und Vermutungen zählen. Denn natürlich kann bei Entscheidungen aus Zeitgründen oft gar nicht alles theoretisch verfügbare Wissen genutzt werden. Beim Kauf eines Waschmittels im Supermarkt werden wir uns daher sehr wahrscheinlich auf Werbung, erinnerte Warentests, bisherige Erfahrungen und vielleicht auf ein gestern geführtes Gespräch verlassen.

Ein weiteres Kriterium ist die *Repräsentativität*. Die Person, die sich entscheiden muss, wird bezüglich einer Wahl überlegen, ob diese Wahl typisch, repräsentativ für die möglichen Wahlen ist. Die Untersuchungen von Kahneman und Tversky zeigen, dass die Versuchspersonen bei Beurteilungen oft nicht von den wirklichen Grundgesamtheiten ausgingen. Kahneman und Tversky (1983, S. 125f.) nannten hierzu ihren Versuchspersonen folgendes Problem: »Wie Sie wissen, kann man beim Squash um 9 oder um 15 Punkte spielen. A ist ein besserer Spieler als B. In welchem Spiel hat B die besseren Gewinnchancen, wenn sonst alles unverändert bleibt?« – Die Mehrzahl der Versuchspersonen vermutete, dass hier kein Unterschied bestehe, ob es um 9 oder 15 Punkte gehe. Als den Befragten dann erklärt wurde, dass der bessere Spieler bei einem längeren Spiel die größeren Chancen hätte, sein Können zu zeigen, und dass bei einem kürzeren Spiel eher untypische Ergebnisse herauskommen könnten, stimmten die meisten Personen zu und gaben zu, dass sie sich geirrt hatten: Tatsächlich gibt das 9–Punkte-Spiel dem Schwächeren bessere Chancen als das 15–Punkte-Spiel.

Ein weiteres Problem betrifft die *Kombination von Wahr-scheinlichkeiten.* Dazu wurde von Kahneman und Tversky den Versuchspersonen zum Beispiel folgende Personenbeschreibung gegeben:

»Linda ist 31 Jahre alt, Single, sagt, was sie denkt, und sie ist sehr intelligent. Sie hat Philosophie studiert und sich als Studentin eingehend mit Fragen der Diskriminierung und sozialer Gerechtigkeit auseinandergesetzt. Auch hat sie an Anti-Atomkraft-Demonstrationen teilgenommen« (Kahneman & Tversky, 1982, S. 126).

Nun werden die Versuchspersonen gefragt: Was ist wahrscheinlicher?

a) Linda ist Kassiererin in einer Bank.

b) Linda ist Kassiererin in einer Bank und in der Frauenbewegung aktiv.

Viele Versuchspersonen hielten b) für wahrscheinlicher als a).

Statistisch gesehen hat a) eine gewisse Wahrscheinlichkeit. Die Lösung b) kann aber nicht wahrscheinlicher als a) sein, da eine weitere Wahrscheinlichkeit hinzukäme. Kahneman und Tversky erkannten dies als *Konjunktionstäuschung.*

Kahneman und Tversky hatten bei der Entwicklung ihrer Theorien gar nicht im Sinn, die Wirtschaftswissenschaften zu beeinflussen – trotzdem war die Resonanz auf ihre Forschungen dort besonders stark. Zwar hatte es schon vor einiger Zeit sozialwissenschaftliche Kritik am Homo-oeconomicus-Modell gegeben (unter anderem von Schmölders, 1973), aber die Ökonomen sahen diese Frage und den gesamten Bereich eher als wirtschaftswissenschaftliches Randgebiet. Nun, durch die spektakulären Ergebnisse von Kahneman und Tversky war das Eis gebrochen und der Grundstein für die Entwicklung der modernen *Verhaltensökonomie* gelegt.

Persönliche Wirkung

Gern werden bedeutende Wissenschaftler gefragt, welche Wirkungen Ruhm und Anerkennungen auf ihr Leben haben. Kahneman reagiert da besonnen (Schäfer, 2010, S. 96): Er berichtet lediglich, dass ihm Kritik nicht mehr so viel ausmachen würde wie früher. Inzwischen gebe er zu, sagt er weiter, dass er ungern Manuskripte anderer Autoren begutachte, ja dass er überhaupt Gegner der üblichen wissenschaftlichen Auseinandersetzungen sei, die ja oft den Charakter der akademischen Besserwisserei haben. Kahneman hat dagegen eine andere Empfehlung, die er selbst praktiziert hat: nämlich die Zusammenarbeit mit wissenschaftlichen Gegnern (*adversarial collaboration*) in gemeinsamen Forschungsprojekten. Diese Empfehlung aus der Perspektive des erfolgreichen Wissenschaftlers ist vielleicht nicht für Anfänger gedacht – aber die Zusammenarbeit mit Gegnern scheint ein besonders lohnender Weg zu sein, wissenschaftliche Fortschritte zu erzielen.

MIHALY CSIKSZENTMIHALYI

Flow – ein Zustand der Selbstvergessenheit

Sicher ist es Ihnen auch schon so ergangen: Sie machen etwas, das Ihnen liegt und das glatt läuft – und Sie geraten in einen Zustand, in dem Sie fast alles vergessen können. Sie werden sozusagen eins mit der Tätigkeit. Dieser Zustand ist von vielen Personen beobachtet und beschrieben worden. Heute nimmt man meist auf Csikszentmihalyi Bezug, der für dieses Gefühl den Begriff *Flow* geprägt hat. Seine leicht zu lesenden Bücher haben in den vergangenen Jahrzehnten weite Verbreitung gefunden.

Es ist schon überraschend, dass ein Wissenschaftler mit einem derartig komplizierten ungarischen Namen weltweit Bekanntheit und Ansehen erlangen konnte: Mihály Csíkszentmihályi (sprich: Mihai Tschik-sent-mihaji). Dabei ist Mihály die ungarische Form des Vornamens Michael und »szent« bedeutet Sankt. Als Schreibweise hat sich außerhalb Ungarns

Csikszentmihalyi (ohne Akzente) durchgesetzt. Mit seinen Büchern über das Flow-Erlebnis, über Kreativität und ähnliche Themen wurde Csikszentmihalyi so bekannt wie wenige andere Psychologen.

Er wurde 1934 in Fiume an der Adria geboren, das damals zu Italien gehörte und heute Rijeka heißt und in Kroatien liegt. Csikszentmihalyi wuchs dort und später in Florenz und Rom auf, denn sein Vater war ungarischer Konsul. Bereits als Schüler sprach Mihaly fließend Ungarisch, Deutsch und Italienisch. Im Zweiten Weltkrieg entdeckte er das Schachspiel für sich, das ihn von den turbulenten Ereignissen in seiner Umgebung ablenkte, weil er sich ganz in das Spiel vertiefen konnte. Er selbst sagte, dass sein damals erwachendes Interesse an der Psychologie durchaus mit dem Zweiten Weltkrieg in Verbindung stand, weil er sah, dass Dinge, die als stabil galten, in sich zusammenfielen. Wie anders als durch die Psychologie sollte man das erklären? Als sein Vater in Rom tätig war, übernahmen Kommunisten die Macht in Ungarn, der Vater legte daraufhin sein Amt nieder, und die ganze Familie wurde offiziell staatenlos. Ein Bruder Mihalys starb im Krieg, ein anderer geriet in russische Gefangenschaft: Bereits als Zehnjähriger war Mihaly überzeugt davon, dass die Erwachsenen nicht wussten, wie man ein gutes Leben führt (Beard, 2015, S. 354). In diesen chaotischen Zeiten arbeitete der inzwischen 14-jährige Csikszentmihalyi in einem Restaurant, malte Filmplakate, übersetzte, nahm weitere Gelegenheitsjobs an und gab schließlich die Schule auf, weil er sich um die Sicherung des Lebensunterhalts kümmern musste.

Mit 16 Jahren kam es dann zu einer folgenreichen Begegnung. Er reiste in die Schweiz, wo er C. G. Jung hörte, der ihn sehr beeindruckte. So begann er Bücher von Freud und Jung zu lesen. Da in Italien zu dieser Zeit ein Psychologiestudium noch nicht möglich war, erschied er sich mit 22 Jahren zur Emigration in die USA. Er besuchte die University of Chicago, erwarb 1960 den B.A. und 1965 den Doktorgrad in der Psychologie. Um sein Studium zu finanzieren, übersetzte er Bücher aus dem Italienischen, Französischen und Ungarischen ins Englische. 1961 heiratete er Isabella Selega und mit ihr publizierte er später auch gemeinsam. Csikszentmihalyi lehrte am Lake Forest College und kehrte 1969 an die University of Chicago zurück, um hier 30 Jahre lang als Professor tätig zu sein. Seit 2000 arbeitet er an der Claremont Graduate University (CGU).

Flow

Mit dem Namen Csikszentmihalyi ist schon seit Mitte der 70er-Jahre untrennbar der Begriff *Flow* verbunden (Csikszentmihalyi, 1975). Flow – also Fluss oder Strom – beschreibt den emotionalen Zustand, den Csikszentmihalyi zunächst bei Künstlern beobachten konnte, dann auch im Berufsleben und im Sport, zum Beispiel beim Felsklettern, bei Tänzerinnen und Radfahrern, aber natürlich auch bei Schachspielern.

Csikszentmihalyi hat Flow immer wieder etwas anders beschrieben. Folgende Merkmale sind für diesen Zustand aber zweifelsfrei typisch: 1. Man erlebt eine gewisse Beanspruchung, aber vor allem hat man das Gefühl, die Kontrolle zu besitzen, das heißt, man fühlt sich gehobenen Anforderungen gewachsen. 2. Man sieht klar diese Anforderungen und die Rückmeldungen. 3. Der Handlungsablauf wird als glatt und fließend erlebt (daher der Begriff Flow). 4. Die Konzentration kommt wie von selbst. 5. Das Zeiterleben verändert sich. 6. Es kommt zur verminderten Selbstreflexivität, Selbst und Tätigkeit verschmelzen. Es gibt inzwischen Untersuchungen, die deutlich zeigen, dass diese Merkmale hoch korrelieren, das heißt meist gemeinsam auftreten (Engeser & Schipe-Tiska, 2012, S. 4). Nach Csikszentmihalyi kann Flow verschiedene Intensitätsgrade annehmen. Es ist nicht zu verwechseln mit Glücksempfinden, aber es geht einher mit einem angenehmen Gefühl. Dabei spielen Belohnungen (zum Beispiel der kommerzielle Wert des mit Flow geschaffenen Kunstwerks) nur eine untergeordnete Rolle. Psychologisch gesagt: Es geht um *intrinsische Motivation*.

Ein Phänomen wie Flow ist wahrscheinlich vielen Menschen, die komplexere Tätigkeiten mit Beherrschung und Erfolg ausüben, vertraut: Malern, Musikern, Sportlern, Computerspielern, Chirurgen, Wissenschaftlern und vielen anderen. Das Phänomen ist gerade von Künstlern häufig beschrieben worden. Csikszentmihalyi ist nicht der Erste, der sich wissenschaftlich mit diesem Thema befasst hat. Der Begründer der Erlebnispädagogik, Kurt Hahn (1886–1974), hat das Phänomen bereits 1908 als »schöpferische Leidenschaft« beschrieben. Die Pädagogin Maria Montessori (1870–1952) hat von der »Polarisation der Aufmerksamkeit« gesprochen, wenn zum Beispiel Kinder selbstvergessen in eine Arbeit vertieft sind. Besonders nahe ist das Flow-Konzept der *Selbstverwirklichung*, wie sie Abraham Maslow (1908–1970) untersucht hat. Maslow beobachtete in der höchsten Stufe seines Bedürfnis-Hierarchie-Modells ein gelegentlich auftretendes Erlebnis, das er *peak experience* (Gipfelerlebnis) nannte – eine Ähnlichkeit, die auch Csikszentmihalyi erkannte. So wie Maslow kann auch Csikszentmihalyi der humanistischen Psychologie zugerechnet werden. Heute ordnet man Csikszentmihalyis Ansatz aber meist der *Positiven Psychologie* zu, einem Bereich der Psychologie, der sich auch um die Frage kümmert, wie das Leben trotz Armut, Umweltschäden und Katastrophen lebenswerter gestaltet werden kann (Csikszentmihalyi, 1992, 1999, 2000).

Flow ist flüchtig

Wenn man auch kaum daran zweifelt, dass es so etwas gibt wie das Sichversenken in eine bestimmte Tätigkeit, so stellt sich für den Psychologen doch die Frage: Wie kann ich bei der Erforschung sicher sein, dass es sich wirklich um Flow handelt? Die naheliegende Methode ist natürlich, Menschen danach zu befragen. Dann wird man leicht herausfinden, dass Flow kaum vor dem Fernsehapparat auftritt, sondern eher beim Radfahren, noch mehr beim Singen, Musizieren, auf Bergtouren oder bei einem Tanzwettbewerb. Man findet durch Befragungen auch heraus, dass manche Menschen dieses Erlebnis nicht kennen. Aber der Nachteil der Befragungen ist allgemein, dass die Menschen in der zeitlichen Rückschau beschreiben und beurteilen. Flow-Erlebnisse sind eben flüchtig. Csikszentmihalyi kommt das Verdienst zu, dass er eine neue Forschungsmethode entwickelt hat: 1972 stattete er erstmals Personen mit »Piepern« aus, also kleinen Geräten, die in bestimmten Zeitintervallen Signale abgaben. Nach jedem Signal füllten die Versuchspersonen einen kurzen Fragebogen aus, in dem danach gefragt wurde, wo sie sich gerade befinden, was sie zurzeit machen und wie es ihnen dabei ergehe. Diese Methode, von Csikszentmihalyi *Experience Sampling Method* (ESM) genannt, kam dem Flow-Erlebnis viel näher auf die Spur als übliche Befragungen, denn die Wahrscheinlichkeit, dass sich die Versuchspersonen bei einem Signal gerade in einem Flow befanden, stieg deutlich an – und traf das zufälligerweise zu, erhielt der Wissenschaftler so Informationen und Eindrücke, die nur ganz wenige Sekunden alt waren. Weitere Vorteile dieser Methode sind, dass neben der Berechnung von Gruppenunterschieden nun auch Trends berechnet werden können, Häufigkeiten des Auftretens von Flow im Tagesablauf, im Verlauf der Woche und so weiter. Die Methode wird inzwischen auch in anderen Bereichen der Psychologie verwendet. Es gibt eine umfangreiche Flow-Forschung, die mit ESM arbeitet (Rheinberg, Vollmeyer & Engeser, 2003). Und einer der zentralen Befunde ist, dass Flow sehr häufig bei der Arbeit auftritt.

Das Paradoxon der Arbeit

Und das ist nicht alles: Flow-Erlebnisse bei der Arbeit sind nicht nur häufig, sie treten dort sogar häufiger auf als in der Freizeit. Das ist auch deshalb überraschend, weil zugleich viele der Versuchspersonen angaben, dass sie lieber woanders wären, wo sie nicht arbeiten müssten. Dieser Befund kann inzwischen als einigermaßen gesichert gelten und wird als *Paradoxon der Arbeit* bezeichnet. Noch ist nicht ganz klar, warum es diesen Widerspruch gibt. Wird in unserer Gesellschaft Arbeitszeit insgesamt als weniger wertvolle Zeit betrachtet als Freizeit? Arbeit leisten wir zudem gegen Bezahlung – das heißt, Arbeit ist nach üblicher Konvention eine Pflicht, obwohl sie offenbar mehr Freude macht, als sich die Menschen zugestehen.

Vielleicht hängt es aber auch daran, dass berufliche Arbeit an sich stärker zielgerichtet ist, während Tätigkeiten in der Freizeit eher ungerichtet verlaufen. Flow wiederum hat schon per definitionem mit dem Erreichen von Zielen zu tun. So könnte es sein, dass sich das Paradoxon der Arbeit zum Teil damit erklären lässt, dass Flow mit der Zielerreichung untrennbar verbunden ist. Das Gegenteil von Flow ist übrigens nicht Langeweile, sondern Apathie. Der zeitliche Tiefpunkt des Flow-Erlebens liegt in den USA sonntags im Zeitraum zwischen Frühstück und etwa 14 Uhr am Nachmittag. Dann steigen die Werte wieder langsam an, weil die Menschen aktiver werden, Sport treiben und so weiter.

Ein neues Arbeitsgebiet der Flow-Forschung ist die Untersuchung physiologischer Begleiterscheinungen des Flow-Zustands. Dafür setzten die Forscher inzwischen mobile Geräte ein, die kontinuierlich die physiologischen Daten der Versuchspersonen erfassen. So zeichneten die Wissenschaftler beispielsweise die Daten von Pianisten auf, die einerseits ihre Lieblingsstücke spielten und und im Vergleich dazu eine Komposition, die ihnen nicht lag. Im Vergleich waren bei ihren Lieblingsstücken Blutdruck und Puls niedriger, die Atmung regelmäßiger sowie einige Muskelgruppen entspannter als beim Spiel der weniger geliebten Stücke (de Manzano, Theorell, Harmat & Ullén, 2010).

Ein weiterer Forschungsansatz betrifft die sozialen Beziehungen von Personen mit Flow-Erlebnis. So ist der Begriff *Gruppen-Flow (group flow)* geprägt worden. Auch hier bietet die Musik interessante Forschungsfelder, etwa eine Jazzband (Gloor, Oster & Fischbach, 2013). Ein wenig Vorsicht ist aber bei diesem eingängigen Begriff geboten, denn schon bieten sich Trainer für Gruppen-Flow an, ohne dass wir über empirisch gesichertes Wissen verfügen würden, wann in Gruppen eine Gefühlslage entsteht, bei der jedes Mitglied gleichzeitig mit den anderen Flow erlebt.

Csikszentmihalyi heute

Csikszentmihalyi hat zahlreiche Bücher und über 100 Zeitschriftenaufsätze und Buchkapitel verfasst. Seine Bücher sind in über 20 Sprachen übersetzt worden und haben auch in Deutschland weite Verbreitung gefunden. Vielleicht war seine Fragestellung nicht ganz neu – seine Untersuchungen und Ergebnisse zu Flow, Kreativität oder Glück waren jedoch forschungsmethodisch innovativ und trafen den Nerv der Zeit. Auch heute, mehrere Jahrzehnte nach den ersten Arbeiten von Csikszentmihalyi, gibt es eine weitverzweigte Flow-Forschung (Egeser, 2012). Die Untersuchungen gelten als wichtiger Beitrag zur *Positiven Psychologie*, zu deren Begründern Csikszentmihalyi neben Martin Seligman gehört (Seligman & Csikszentmihalyi, 2000). Csikszentmihalyi hat viele Menschen beeinflusst, wie zum Beispiel Bill Clinton, den früheren Präsidenten der USA, Tony Blair, den früheren englischen Premierminister, und viele andere Menschen in Politik, Sport und anderen Berufsfeldern. Der Begriff Flow ist so bekannt geworden, dass er inzwischen fast zur Umgangssprache gehört.

ELIZABETH LOFTUS

Vom Mythos der verdrängten Erinnerung

Ende der 1980er-Jahre befasste sich ein amerikanisches Gericht mit einem Mord, der bereits 20 Jahre zurücklag. Damals war das achtjährige Mädchen Susan Nason brutal ermordet worden, indem ihr Kopf mit einem schweren Stein zertrümmert worden war. Der Täter wurde aber nicht gefunden. Nun, zwei Jahrzehnte später, schien man vor der Aufklärung des Verbrechens zu stehen: Die Polizei nahm einen früheren Nachbarn der Familie Jason fest, nachdem dessen Tochter Eileen ausgesagt hatte, sie habe den Mord damals miterlebt, dieses Erlebnis aber bisher verdrängt. So kam es zur Gerichtsverhandlung. Die Geschworenen waren bald von der Schuld Franklins überzeugt, zumal Sachverständige die Aussage der Tochter für glaubwürdig hielten. Der Angeklagte erhielt lebenslänglich.

Eine Sachverständige, die 1990 vom Anwalt des Angeklagten hinzugezogen wurde, hatte aber erhebliche Zweifel. Ihr Name:

Elizabeth Loftus. Konnte es sein, dass so grausame Handlungen des eigenen Vaters 20 Jahre lang völlig verdrängt worden waren (Loftus, 2006, S. 211)? Loftus zweifelte nicht daran, dass Eileen inzwischen glaubte, ihr Vater sei der Mörder. Aber war es nicht möglich, dass sich in die Erinnerungen Informationen aus Zeitungen, Filmen, Träumen und Fantasien, vielleicht auch Wirkungen psychotherapeutischer Behandlungen eingeschlichen hatten?

Elizabeth Loftus wurde als Elizabeth Jane Fishman 1944 in eine Familie jüdischer Herkunft geboren. Ihr Vater war ein erfolgreicher Arzt und die Mutter arbeitete vor der Ehe als Bibliothekarin. Doch Elisabeths Mutter starb unter ungeklärten Umständen, als Elizabeth 14 Jahre alt war. Während Elizabeth und andere Familienmitglieder bei Verwandten waren, wurde die Mutter morgens zu Hause tot im Swimmingpool gefunden. Ein Selbstmord (Schäfer, 2010, S. 136)? Zu ihrem Vater hatte Elisabeth ein eher schwieriges Verhältnis, sie empfand ihn als unterkühlt. Er taute nur auf, wenn sie zum Beispiel mit mathematischen Aufgaben zu ihm kam.

Elizabeth, die eine ehrgeizige Schülerin gewesen war, studierte später Psychologie. Während ihres Studiums an der Stanford University lernte sie auch ihren späteren Mann kennen. Als Studentin befasste sie sich zudem auch mit Mathematik, Statistik und programmiertem Lernen – das war damals noch ziemlich ungewöhnlich. Ihre Lebensziele waren Elizabeth Loftus auch bei ihrer Masterarbeit noch nicht klar. Als sie jedoch kurz vor Studienabschluss den Psychologen Jonathan Freedman und dessen Untersuchungen zum Sprachgedächtnis kennenlernte, fing sie Feuer. Gemeinsam mit Freedman untersuchte sie beispielsweise die Reaktionszeiten auf Fragen (»Wie heißt die Frucht, die gelb ist?«), um damit die Arbeitsweise des Gedächtnisses zu erforschen. Es zeigte sich, dass die Reaktionszeit bei solchen Fragen länger war als bei Fragen, die sich direkt auf die Früchte bezogen. Die Wissenschaftler zogen daraus den Schluss, dass unser Gedächtnis nach Schlüsselkategorien »sortiert«. In diesem Fall waren dies eher die Früchte und weniger die Farben.

Falschinformationseffekt

Nach dem Wechsel an die University of Washington wandte sich Elizabeth Loftus dann praktischeren Fragen zu, die aber auch mit dem Gedächtnis zu tun hatten. Konnte es sein, dass zum Beispiel die Erinnerung an ein Ereignis durch die Art der Fragen, die die Ermittler stellen, verändert wird? So zeigte Loftus in einer Untersuchung den Versuchspersonen einen Film mit einem Autounfall. Sie fragte anschließend eine Gruppe: »Wie schnell waren die Autos, als sie ineinander*krachten*?« Die andere Gruppe beantwortete die Frage: »Wie schnell waren die Autos, als sie zusammen*stießen*?« Ergebnis: Die Geschwindigkeit wurde in der ersten Gruppe mit 66 Stundenkilometern im Durchschnitt deutlich höher eingeschätzt als in der zweiten Gruppe (55 Stundenkilometer). Mehr noch: In der ersten Gruppe erinnerten sich 32 Prozent der Versuchspersonen an Scherben – die im Film jedoch gar nicht zu sehen gewesen waren! Auch in der zweiten Gruppe erinnerten sich einige Versuchspersonen an die nicht vorhandenen Scherben, doch mit 14 Prozent deutlich weniger. Aus Untersuchungen dieser Art entstand ein erstes Buch über Aussagen von Augenzeugen (Loftus, 1979).

Die Untersuchungen von Loftus zeigten also, dass spätere Informationen in die Erinnerung von Augenzeugen »eingebaut«

werden. Wenn einem Augenzeugen zum Beispiel etwas gesagt wird, was angeblich andere Augenzeugen gesehen haben, dann ist es gut möglich, dass dieses »Wissen« in die eigene Erinnerung einfließt. Dies wird heute als *Falschinformationseffekt* (*misinformation effect*) bezeichnet.

In einem typischen Falschinformationsexperiment zeigen die Forscher den Versuchsteilnehmern zunächst Fotos oder Videos. Anschließend erhalten einige Versuchspersonen falsche Informationen zu dem zuvor gesehenen Material, die anderen Teilnehmer in der Kontrollbedingung nicht. Anschließend machen Teilnehmer der Experimentalgruppe häufiger fehlerhafte Angaben als die Personen in der Kontrollgruppe. Ein interessantes Detail: Die falschen Informationen sind offenbar dann besonders wirksam, wenn sie eher beiläufig erfolgen, zum Beispiel in der Art der Frageformulierung. Dann werden sie in die Erinnerungen der Personen integriert (Loftus, 2005). Die Wissenschaftler diskutierten nach diesen Versuchen von Loftus auch die Frage, ob die neuen falschen Informationen ältere korrekte Informationen wirklich ersetzen können – oder ob es eine Überlagerung gibt, sodass die früheren richtigen Erinnerungen noch erreichbar sind. Inzwischen wissen wir, dass beides möglich ist. Viel hängt davon ab, ob die früheren Erinnerungen bereits weitgehend verblasst sind, denn dann werden neue Falschinformationen besonders gern zu Hilfe genommen und in unsere Erinnerung integriert.

Wenn schon die Art der Fragestellung das Ergebnis von Versuchspersonen oder Augenzeugen beeinflussen kann, dann stellt sich die Frage, ob unser autobiografisches Gedächtnis nicht auch durch bewusste Fehlinformationen »angereichert« werden kann. Hierzu führte Loftus mehrere bahnbrechende Experimente durch. Die Wissenschaftlerin sagte den Versuchspersonen, man habe von einem Familienmitglied der Versuchsperson mehrere Geschichten aus der Kindheit der Versuchsperson erhalten und wolle wissen, ob diese stimmten. Den Versuchspersonen präsentierte man nun einige tatsächlich stattgefundene Episoden, aber auch eine erfundene: Man sei als etwa fünfjähriges Kind ein einem Einkaufszentrum verloren gegangen, habe geweint und sei dann von einer älteren Frau wieder zu den Eltern zuückgebracht worden. Etwa ein Viertel der Teilnehmer bestätigte anschließend die Wahrheit dieser Geschichte. Teilweise beschrieben Versuchspersonen sogar die Kleidung der älteren Frau (Loftus, & Pickrell, 1995).

Etwa 200 Experimente haben Loftus und Mitarbeiter bis zum Ende der 90er-Jahre durchgeführt. Ihre Kritik galt auch den Wirkungen tiefenpsychologischer Therapien (Loftus & Ketcham, 1995). »Verdrängung« war für Loftus ein Sujet der Kriminalromane des 19. Jahrhunderts. Entsprechend forderte sie, dass niemand – wie im Fall des Mordes an Susan Nason – nur aufgrund von Erinnerungen und ohne Indizien oder Beweise verurteilt werden solle. Dies vertrat sie auch vor Gericht.

Ein weiterer Fall, der damals Aufsehen erregte, war der von Holly Ramona. Nach einer psychotherapeutischen Behandlung beschuldigte die junge Frau ihren Vater, sie im Alter von fünf bis 16 Jahren sexuell missbraucht zu haben. Der Vater war entsetzt, klagte seinerseits die Therapeuten an und erhielt vom Gericht schließlich 500.000 Dollar Schmerzensgeld zugesprochen, auch weil in der Therapie mit Wahrheitsdrogen und Hypnose gearbeitet worden war. Nach solchen Vorgängen muss man annehmen, dass (unangemessene) Psychotherapie Erinnerungen verfälschen kann.

In den 1990er-Jahren kam es so zu einem *memory war*, einem heftigen Streit unter Psychologen, Psychotherapeuten und

419

Psychiatern um die Frage der Erinnerung und Verdrängung. Elisabeth Loftus wurde beschimpft und sogar von Angehörigen eines Angeklagten bespuckt. Im Flugzeug schlug jemand mit der Zeitung nach ihr. Bei öffentlichen Auftritten musste sie Personenschutz in Anspruch nehmen. Auch ihre Mitarbeiter mussten Repressalien hinnehmen: Ihre Universität, die University of Washington, verdächtigte sie 1999, ethische Standards missachtet zu haben, ließ dann aber die Vorwürfe fallen. Loftus wechselte nach 25 Jahren enttäuscht die Hochschule und nahm einen Ruf an die University of California an.

Elizabeth Loftus ist eine Wissenschaftlerin, die polarisiert: Sie hat Feinde, erfährt aber zunehmend auch Anerkennung. Inzwischen erhielt sie eine Vielzahl von Ehrungen. Dazu trugen ihre Arbeitswut und ihre Leidenschaft für die Wissenschaft im Dienst der gerechten Sache bei. Nicht unwichtig für ihren Erfolg waren aber auch ihr Auftreten und ihr freundliches Wesen. Inzwischen hat sie als Sachverständige an 250 Gerichtsverfahren mitgewirkt, eine Vielzahl von Untersuchungen durchgeführt, Bücher und viele Aufsätze veröffentlicht. Und auch ihre Vorträge sind mitreißend (Loftus, 2013, 2015).

Mit ihren Arbeiten hat Elizabeth Loftus die andere Seite des Gedächtnisses aufgehellt – nicht das alltägliche, jedem vertraute Vergessen, sondern die Integration von Ereignissen in unsere Erinnerung, die sich gar nicht zugetragen haben. Zugegeben: Diese Schwäche unseres Gedächtnisses ist nicht angenehm – aber sie ist wissenschaftlich nachgewiesen.

Dank

Die Idee zu diesem Band stammt von Tino Heeg, dem ich an dieser Stelle für seine Ermutigungen und für seine ausgezeichnete Arbeit als Lektor des Herder Verlages herzlich danke.

Einige freundliche Kolleginnen und Kollegen haben die Entstehung des Buches mit Interesse begleitet, Anregungen gegeben oder sogar einzelne Kapitel kritisch gelesen. Zu ihnen gehören Hanspeter W. Dvořák, Georg Eckardt, Hermann Feuerhelm, Susanne Guski-Leinwand, Alexandre Métraux, Karl-Heinz Renner, Wolfgang Schönpflug, Walter Stallmeister, Armin Stock, Marina Volkova, Uwe Wolfradt und Wlodek Zeidler. Allen danke ich herzlich.

Miriam Rothe hat entlegene Literatur beschafft und alle Kapitel kritisch durchgesehen. Ihr gilt mein besonderer Dank.

Helmut E. Lück

Literaturverzeichnis

Abresch, J. (1986). Hermann Ebbinghaus. Kindheit und Jugend im Wuppertale. In Traxel, W. (Hrsg.), *Ebbinghaus-Studien 2. Internationales Hermann-Ebbinghaus-Symposion Passau vom 30. Mai bis 2. Juni 1985* (S. 71–87). Passau: Passavia Universitätsverlag.

Ach, N. (1905). *Über die Willenstätigkeit und das Denken.* Göttingen: Vandenhoeck & Ruprecht.

Adler, A. (1907). *Studie über Minderwertigkeit von Organen.* Berlin und Wien: Urban & Schwarzenberg. Taschenbuch: Frankfurt: Fischer 1977.

Adler, A. (1908). Der Aggressionstrieb im Leben und in der Neurose. *Fortschritte der Medizin 26,* 577–584. Nachgedruckt in Adler, A. & Furtmüller, C. (Hrsg.), *Heilen und Bilden* (S. 274–296). Frankfurt: Fischer 1973.

Adler, A. (1912). *Über den nervösen Charakter. Grundzüge einer vergleichenden Individualpsychologie und Psychotherapie.* Wiesbaden: J. F. Bergmann. Taschenbuch, Frankfurt am Main: Fischer 1972. Kommentierte textkritische Ausgabe, Hg. K. H. Witte, A. Bruder-Bezzel & R. Kühn. Göttingen: Vandenhoeck & Ruprecht, 1997

Adler, A. (1919a/2009). *Die andere Seite. Eine massenpsychologische Studie über die Schuld des Volkes.* Wien: Leopold Heidrich. Online: URL: http://www.digital.wienbibliothek.at/wbrobv/content/pageview/455241. In: *Adler, A., Studienausgabe Bd. 7,* Hg. A. Bruder-Bezzel (S. 120–130). Göttingen: Vandenhoeck & Ruprecht, 2009.

Adler, A. (1927). *Menschenkenntnis.* Leipzig: S. Hirzel. – Taschenbuch: Frankfurt: Fischer 1966.

Adler, A. (1931). *Der Sinn des Lebens.* Wien und Leipzig: Rolf Passer. Taschenbuch, Frankfurt am Main: Fischer 1973.

Allport, G. W. & Vernon, P. E. (1931). *Study of value: Manual.* Boston, MA.: Houghton Mifflin.

Ameln, F. von & Wieser, M. (Hrsg.). (2014). Jacob Levy Moreno revisited – ein schöpferisches Leben. Zum 125. Geburtstag. *Zeitschrift für Psychodrama und Soziometrie, 13* (1). (=Sonderheft 6).

Antons, K. & Stützle-Hebel, M. (Hrsg.). (2015). *Feldkräfte im Hier und Jetzt. Antworten von Lewins Feldtheorie auf aktuelle Fragestellungen in Führung, Beratung und Therapie.* Heidelberg: Carl Auer.

Arendt, H. (1963). *Eichmann in Jerusalem. Ein Bericht von der Banalität des Bösen.* München: Pieper.

Asch, S. E. (1946). Forming impressions of personality. *Journal of abnormal and social psychology, 41*, 258–290.

Asch, S. E. (1955). Opinions and social pressure. *Scientific American, 193*, 31–35.

Asch, S. E. (1956). Studies of independence and conformity: A minority of one against a unanimous majority. *Psychological Monographs, 70* (9), Whole No. 416.

Ash, M. G. & Ebisch, S. (2010). Psychologie. In: H.-E. Tenorth (Hrsg.), *Geschichte der Universität unter den Linden.* Transformation der Wissensordnung, Band 5 (S. 217–236). Berlin: Akademie-Verlag.

Ash, M. G. (1988). Die Entwicklung des Wiener Psychologischen Instituts 1922–1938. In A. Eschbach (Hrsg.), *Karl Bühler's theory of language* (S. 303–325). Amsterdam/Philadelphia: John Benjamins Publishing Company.

Ash, M. G. (1995a). *Gestalt psychology in German culture, 1890–1967. Holism and the quest for objectivity.* Cambrige: Cambridge University Press.

Ash, M. G. (1995b). Ein Institut und eine Zeitschrift. Zur Geschichte des Berliner Psychologischen Instituts und der Zeitschrift »Psychologische Forschung« vor und nach 1933. In: C. F. Graumann (Hrsg.), *Psychologie im Nationalsozialismus.* (S. 113–137). Berlin: Springer.

Ayan, S. (2011). Jenseits des Bösen. Interview. *Gehirn und Geist*, 10 (9), 56–58.

Bahle, J. (1930). Zur Psychologie des musikalischen Gestaltens. Eine Untersuchung über das Komponieren auf experimenteller und historischer Grundlage. *Archiv für die gesamte Psychologie, 74,* 289–390. Ebenso separat: Leipzig: Akademische Verlagsgesellschaft.

Bahle, J. (1936). *Der musikalische Schaffensprozeß. Psychologie der schöpferischen Erlebnis- und Antriebsformen.* Leipzig: S. Hirzel. 2., verbesserte Auflage: Konstanz: Paul Christiani, 1947 . – 3. Aufl, 1981. Hemmenhofen am Bodensee: Kulturpsychologischer Verlag.

Bahle, J. (1939). *Eingebung und Tat im musikalischen Schaffen. Ein Beitrag zur Psychologie der Entwicklungs- und Schaffensgesetze schöpferischer Menschen.* Leipzig: Hirzel.

Bahle, J. (1949). *Hans Pfitzner und der geniale Mensch. Eine psychologische Kulturkritik.* Konstanz: Curt Weller. – Leicht veränderte 2. Auflage unter dem Titel *Der geniale Mensch und Hans Pfitzner. Eine psychologische Kulturkritik.* Hemmenhofen: Kulturpsychologischer Verlag, 1974.

Bahle, J. (1955). Schöpferische Psychosynthese als Psychotherapie. In *Jahrbuch für Psychologie und Psychotherapie*, hrsg. von Victor E. Freiherr von Gebsattel und anderen, *3*(4), S. 358–370.

Bandura, A. & Walters, R. H. (1963). *Social learning and personality development.* New York: Holt, Rinehart & Winston.

Bandura, A. (1977). *Social learning theory.* Englewood Cliffs N.J: Prentice Hall. Deutsch: *Sozialkognitive Lerntheorie.* Stuttgart: Klett, 1979.

Bandura, A. (2006). *Autobiography.* In: *M. G. Lindzey & W. M. Runyan (Eds.), A history of psychology in Autobiography (Vol. IX)* (pp. 42–75). Washington, D.C.: American Psychological Association.

Bandura, A. Albert Bandura (Homepage). URL: http://web.stanford.edu/dept/psychology/bandura/index.html. Aufgerufen: 31.7.2015.

Bandura, A. *Self-efficacy: The exercise of control.* New York: Freeman, 1997.

Bandura, A., Ross, D. & Ross, S. A. (1963a). Imitation of film-mediated aggressive models. *Journal of Abnormal and Social Psychology, 66*, 3–11.

Bandura, A., Ross, D. & Ross, S. A. (1963b). Vicarious reinforcement and imitative learning. *Journal of Abnormal and Social Psychology, 67*, 601–607. – Deutsche Übersetzung: Stellvertretende Bekräftigung und Imitationslernen. In M. Hofer und F. E. Weinert (Hrsg.), *Pädagogische Psychologie (Funkkolleg), Grundlagentexte 2* (S. 61–75), Frankfurt am Main: Fischer, 1973.

Bandura, A., Ross, D. und Ross, S. A. (1961). Transmission of aggression through imitation of aggressive models. *Journal of Abnormal and Social Psychology, 63*, 575–582.

Baumgarten, F. (1928). *Die Berufseignungsprüfungen. Theorie und Praxis.* München: Oldenbourg.

Baumgarten, F. (1948). Die deutschen Psychologen und die Zeitereignisse. *Der Aufbau. Schweizerische Wochenzeitung für Recht, Freiheit und Frieden, 29*, Nr. 50, 10. Dez. 1948, 396–400.

Behrens, H. & Deutsch, W. (1991). Die Tagebücher von Clara und William Stern. In: Lück, H. E. & Miller, R. (Hrsg.), *Theorien und Methoden psychologiegeschichtlicher Forschung* (S. 66–76), Göttingen: Hogrefe.

Benetka, G. (1990). *Zur Geschichte der Institutionalisierung der Psychologie in Österreich. Die Errichtung des Wiener Psychologischen Instituts.* Wien: Geyer-Edition.

Benetka, G. (1995). *Psychologie in Wien. Sozial- und Theoriegeschichte des Wiener Psychologischen Instituts 1922–1938.* Wien: WUV-Universitätsverlag.

Bittner, C. & Deutsch, W. (1990). William Stern und die Experimentelle Psychologie, *Psychologie und Geschichte, 2* (2), 59–63.

Bjork, D. W. (1993). *B. F. Skinner. A life.* New York: Basic Books.

Blass, T. (Hrsg.), (2000). *Obedience to authority: Current perspectives on the Milgram paradigm.* Mahwah, NJ: Lawrence Erlbaum.

Blass, T. (2004). *The man who shocked the world. The life and legacy of Stanley Milgram.* New York: Basic Books.

Bresch, K. (2004). Orientexpress Karlsruhe Wien Kopenhagen. Eriksons psychoanalytische Erfahrungen bei Anna Freud. In: H. Hofmann & A. Stiksrud (Hrsg.), *Dem Leben Gestalt geben. Erik H. Erikson aus interdisziplinärer Sicht* (S. 47–58). Wien: Krammer.

Breuer, J. & Freud, S. (1895). *Studien über Hysterie.* Leipzig und Wien: Franz Deuticke.

Bringmann, W. G. & Bringmann, N. J. (1986). Hermann Ebbinghaus 1875–1879: The missing years. In W. Traxel & H. Gundlach (Hrsg.), *Ebbinghaus-Studien 1* (S. 59–100). Passau: Passavia Universitätsverlag.

Bringuier, J.-C. (2004). *Jean Piaget. Ein Selbstportrait in Gesprächen.* Weinheim: Beltz. (Französische Originalausgabe, Paris: Editions Robert Laffont, 1977.)

Browning, C. (1996). *Ganz normale Männer. Das Reserve-Polizeibataillon 101 und die »Endlösung« in Polen.* Reinbek: Rowohlt.

Brožek, J. & Gundlach, H. (1988). *G. T. Fechner and psychology. International Gustav Theodor Fechner Symposium Passau, 12 to 14 June 1987.* Passau: Passavia.

Bruder, K.-J. (1982). *Psychologie ohne Bewußtsein. Die Geburt der behavioristischen Sozialtechnologie.* Frankfurt am Main: Suhrkamp.

Bruder, K.-J. (2014). Gedanken zu Watsons (behavioristischem) Manifest – revisited. In: W. Mack, H. E. Lück, K.-H. Renner & U. Wolfradt (Hrsg.), *Behaviorismus und Erkenntnistheorie im psychologisch-historischen Kontext.* (S. 11–25). Frankfurt am Main: Peter Lang.

Bruder-Bezzel, A. (1983). *Alfred Adler. Die Geschichte einer Theorie im historischen Milieu Wiens.* Göttingen: Vandenhoeck & Ruprecht.

Bruder-Bezzel, A. (im Druck). *Alfred Adler und der Erste Weltkrieg.*

Bruder-Bezzel, Almuth] Lehmkuhl, Gerd (Hrsg.) (2014). *Alfred Adler. Briefe 1896–1937.* Göttingen: Vandenhoeck u. Ruprecht.

Buber, M. (1923). *Ich und Du.* Heidelberg: Lambert Schneider.

Buchanan, R. D. (2010). Playing with fire: the controversial career of Hans J. Eysenck. Oxford: Plenum Press.

Bühler, C. (1922). *Das Seelenleben des Jugendlichen. Versuch einer Analyse und Theorie der psychischen Pubertät.* Jena: G. Fischer. 4. Aufl. 1929.

Bühler, C. (1933). *Der menschliche Lebenslauf als psychologisches Problem.* Leipzig: S. Hirzel. – Überarbeitete 2. Auflage: Göttingen: Hogrefe, 1959.

Bühler, C. (1962). *Psychologie im Leben unserer Zeit.* München: Droemer Knaur.

Bühler, C. (1965). Die Wiener Schule in der Emigration. *Psychologische Rundschau, 16,* 187–196.

Bühler, C. (1972). [Selbstdarstellung] In: Pongratz, L. J., W. Traxel und E. G. Wehner (Hrsg.), *Psychologie in Selbstdarstellungen* (S. 9–42). Bern: Huber.

Bühler, K. (1907). Tatsachen und Probleme einer Psychologie der Denkvorgänge. I. Über Gedanken. *Archiv für die gesamte Psychologie, 9,* 297–365.

Bühler, K. (1908a). Tatsachen und Probleme zu einer Psychologie der Denkvorgänge. II. Über Gedankenzusammenhänge. *Archiv für die gesamte Psychologie, 12,* 1–23.

Bühler, K. (1908b). Tatsachen und Probleme zu einer Psychologie der Denkvorgänge. III. Über Gedankenerinnerungen, *Archiv für die gesamte Psychologie, 12,* 24–92.

Bühler, K. (1908c). Antwort auf die von W. Wundt erhobenen Einwände gegen die Methode der Selbstbeobachtung an experimentell erzeugten Erlebnissen. *Archiv für die gesamte Psychologie, 12,* 93–122.

Bühler, K. (1927). *Die Krise der Psychologie.* Jena: Fischer.

Bühring, G. (1996). *William Stern oder Streben nach Einheit.* Frankfurt am Main: Peter Lang.

Bühring, G. (2007). *Charlotte Bühler oder Der Lebenslauf als psychologisches Problem.* Frankfurt am Main: Peter Lang.

Casimir, R., von Renthe-Fink, L. & Schneider, R. (1997). *Bei den Gründern der Individualpsychologie. Eine Studienreise im Jahr 1932.* Gotha: DGIP.

Cerasco, J., Gruber, H. & Rock, I. (1990). On Solomon Asch, in: I. Rock (Ed.) (1990). *The Legacy of Solomon Asch: Essays in Cognition and Social Psychology* (pp. 3–19.). Hillsdale, N. J.: Lawrence Erlbaum.

Conzen, P. (1996). *Erik H. Erikson: Leben und Werk.* Stuttgart: Kohlhammer.

Csikszentmihalyi, M. (1975). *Beyond Boredom and Anxiety: Experiencing Flow in Work and Play.* San Francisco: Jossey-Bass. Deutsch: *Das Flow-Erlebnis. Jenseits von Angst und Langeweile im Tun aufgehen.* 8., unv. Auflage. Klett, Stuttgart, 2000.

Csikszentmihalyi, M. (1992). *Flow: Das Geheimnis des Glücks.* Stuttgart: Klett-Cotta.

Csikszentmihalyi, M. (1990). *Flow: The psychology of optimal experience.* New York: Harper and Row. Deutsch: Csikszentmihalyi, M. (1992). *Flow: Das Geheimnis des Glücks.* Stuttgart: Klett-Cotta.

Csikszentmihalyi, M. (1999). *Lebe gut! Wie Sie das Beste aus Ihrem Leben machen.* Stuttgart: Klett-Cotta. Taschenbuchausgabe, München: Deutscher Taschenbuch Verlag, 2001.

Csikszentmihalyi, M. (2000). *Das Flow-Erlebnis. Jenseits von Angst und Langeweile im Tun aufgehen.* 8., unv. Auflage. Stuttgart: Klett-Cotta.

Danziger, K. (1979). The positivist repudiation of Wundt. *Journal of the History of the Behavioral Sciences, 15,* 205–230.

Danziger, K. (2006). Universalism and indigenization in the history of modern psychology. In: Brock, A. C (Ed.), *Internationalizing the history of psychology* (pp. 208–225). New York: New York University Press.

Daub, E. (1996). *Franziska Baumgarten: Eine Frau zwischen akademischer und praktischer Psychologie.* Frankfurt am Main: Lang.

Dembo, T. (2002). Vortrag von Fräulein Dembo über ihre Versuche, mit anschließenden Fragen. Im Psychologischen Institut der Universität, Montag d. 7. Dez. 25. *Psychologie und Geschichte, 10,* 56–83. URL: http://journals.zpid.de/index.php/PuG/article/view/296

Dembo, T. M. (1931). Der Ärger als dynamisches Problem. *Psychologische Forschung, 15,* 1–144.

Dessoir, M. (1889). Die Parapsychologie. Eine Entgegnung auf den Artikel: »Der Prophet«. *Sphinx, 7,* 341–344.

Dessoir, M. (1894). *Geschichte der neueren deutschen Psychologie.* Berlin: Duncker, 2. völlig umgearbeitete Aufl. Berlin: Duncker, 1902.

Dessoir, M. (1906). *Ästhetik und allgemeine Kunstwissenschaft.* Stuttgart: Enke.

Dessoir, M. (1916). *Kriegspsychologische Betrachtungen.* Leipzig: Hirzel.

Dessoir, M. (1917). *Vom Jenseits der Seele. Die Geheimwissenschaften in kritischer Betrachtung.* Stuttgart: Enke.

Dessoir, M. (1918). Zur Erinnerung an Hugo Münsterberg. In: H. Münsterberg, Grundzüge der Psychologie, 2. Aufl., 1918, S. V-XVIII.

Dessoir, M. (1923). *Psychologische Briefe.* Leipzig: Dürr & Weber.

Dessoir, M. (1946). *Buch der Erinnerung.* Stuttgart: Enke; 2. Aufl. Stuttgart: Enke, 1947.

Deutsch, W. (Hrsg.) (1991). *Über die verborgene Aktualität von William Stern.* Frankfurt am Main: Peter Lang.

Digona, N., Powell, R. A. & Smithson, C. (2014). Watson's alleged Little Albert scandal: historical breakthrough or new Watson myth? *Revista de historia de la psicología, 35* (1), 47–60. URL: http://www.revistahistoriapsicologia.es/revista/2014–vol-35–n%C3%BAm-1/ Aufgerufen: 12.8.2015.

Dilthey, W. (1894). *Ideen über eine beschreibende und zergliedernde Psychologie.* In: *Sitzungsberichte der Königlich Preussischen Akademie der Wissenschaften zu Berlin,* 1894, S. 1309–1407. URL: http://bibliothek.bbaw.de/bibliothek-digital/digitalequellen/schriften/anzeige/index_html?band=10–sitz/1894–2&seite:int=825

Dollase, R. (2000). Jacob Levy Moreno: Who shall survive (1934). In H. E. Lück, R. Miller & G. Sewz-Vosshenrich (Hrsg.), *Klassiker der Psychologie.* (S. 151–155). Stuttgart: Kohlhammer.

Dörner, K. & Lück, H. E. (2000). Charlotte Bühler: Der menschliche Lebenslauf als psychologisches Problem. In H. E. Lück, R. Miller & G. Sewz-Vosshenrich (Hrsg.), *Klassiker der Psychologie* (S. 139–144). Stuttgart: Kohlhammer.

Dr. Mises [d. i. G. T. Fechner] (1841). *Gedichte.* Leipzig: Breitkopf & Härtel.

Dr. Mises [d. i. G. T. Fechner] (1850). *Räthselbüchlein.* Leipzig: Wiegand.

Ebbinghaus, A. (2008). Taylor in Russland. *Grundrisse. Zeitschrift für linke Theorie & Debatte,* Heft 26, Sommer 2008, S. 46–58. Online: URL: http://www.grundrisse.net/ PDF/grundrisse_26.pdf.

Ebbinghaus, H. (1885). *Über das Gedächtnis: Untersuchungen zur experimentellen Psychologie.* Leipzig: Duncker & Humblot. Neuauflage: Darmstadt: Wissenschaftliche Buchgesellschaft, 1971.

Ebbinghaus, H. (1896). Über erklärende und beschreibende Psychologie. *Zeitschrift für Psychologie und Physiologie der Sinnesorgane, 9,* 161–205.

Ebbinghaus, H. (1902). Grundzüge der Psychologie. 1. Band, 2. Theil. Leipzig: Veit & Co.

Ebbinghaus, H. (1913). Grundzüge der Psychologie. 1.-3. Auflage, fortgeführt von E. Dürr. Leipzig: Veit & Co.

Ebbinghaus, H. (1983). *Urmanuskript »Ueber das Gedächtnis« 1880. Mit einer Einleitung von W. Traxel.* Passau: Passavia-Universitätsverlag.

Eckardt, G. (1989). William Stern - Aspekte seines wissenschaftlichen Lebenswerkes. Zum 50. Todestag am 27. März 1988. *Psychologie für die Praxis 7* (1), 3–27.

Eckardt, G. (2010). *Kernprobleme in der Geschichte der Psychologie.* Wiesbaden: Verlag für Sozialwissenschaften.

Engeser, S. & Schipe-Tiska, A. (2012). Historical lines and an overview of current research on flow. In: S. Engeser (Ed.), *Advances in flow research.* New York: Springer.

Engeser, S. (Ed.) (2012). *Advances in flow research.* New York: Springer.

Erikson, E. H. (1950). *Childhood and Society.* New York, NY: W. W. Norton & Company. – Deutsch: *Kindheit und Gesellschaft* (14. Aufl.). Stuttgart: Klett-Cotta, 2005.

Erikson, E. H. (1958). *Young man Luther.* New York: Norton. – Deutsch: Der junge Mann Luther. Eine psychoanalytische und historische Studie. München: Szczesny, 1964.

Erikson, E. H. (1959): *Identity and the Life Cycle.* New York: International Universities Press. – Deutsch: *Identität und Lebenszyklus.* Frankfurt am Main: Suhrkamp, 1966.

Erikson, E. H. (1968). *Identity: Youth and Crisis.* New York: W. W. Norton. – Deutsch: *Jugend und Krise: Die Psychodynamik im sozialen Wandel.* Stuttgart: Klett, 1970.

Erikson, E. H. (1969). *Gandhi's truth.* New York: Norton. – Deutsch: Erik H. Erikson: *Gandhis Wahrheit - Über die Ursprünge der militanten Gewaltlosigkeit.* Frankfurt am Main: Suhrkamp, 1978.

Eysenck, H. J. & Eysenck, M. W. (1985). *Personality and individual differences: a natural science approach.* New York: Plenum Press. Deutsch: *Persönlichkeit und Individualität.* München: PVU, 1987.

Eysenck, H. J. (1947). *The structure of human personality.* New York: John Wiley and Sons, Inc.

Eysenck, H. J. (1952). The effect of psychotherapy: An evaluation. *Journal of Consulting Psychology, 16,* 319–324. URL: http://psychclassics.yorku.ca/Eysenck/psychotherapy.htm

Eysenck, H. J. (1957). The effects of psychotherapy: An evaluation. *Journal of Consulting Psychology, 16,* 319–324.

Eysenck, H. J. (1971a). *Race, intelligence and education.* London: Maurice Temple Smith. Deutsch: *Vererbung, Intelligenz und Erziehung: Zur Kritik der pädagogischen Milieutheorie.* Stuttgart: Seewald, 1975.

Eysenck, H. J. (1971b). *The IQ argument: Race, intelligence, and education.* New York: Library Press.

Eysenck, H. J. (1979*). The structure and measurement of intelligence.* New York: Springer-Verlag.

Eysenck, H. J. (1980). Hans Jurgen Eysenck, in: G. Lindzey (Ed.), *A history of psychology in Autobiography, Vol. VII* (p. 152–187). San Francisco: W. H. Freeman.

Eysenck, H. J. (1985). *Decline and Fall of the Freudian Empire.* Washington, D.C.: Scott- Townsend Publishers. Deutsch: *Sigmund Freud: Niedergang und Ende der Psychoanalyse* München: List, 1985.

Eysenck, H. J. (1990). *Rebel with a cause: The Autobiography of Hans Eysenck.* New Brunswick, NJ: Transaction Publishers.

Fahrenberg, J. (2011). *Wilhelm Wundt – Pionier der Psychologie und Außenseiter? Leitgedanken der Wissenschaftskonzeption und deren Rezeptionsgeschichte.* e-book. Dokumentenserver der Universität des Saarlandes. http://psydok.sulb.uni-saarland. de/volltexte/2011/2901/.

Faulstich-Wieland, H. & Faulstich, P. (2012). *Lebenswege und Lernräume. Martha Muchow: Leben, Werk und Weiterwirken.* Weinheim und Basel: Beltz Juventa.

Fechner, G. T. (1846). *Über das höchste Gut.* Leipzig: Breitkopf & Härtel.

Fechner, G. T. (1848). *Nanna oder Über das Seelenleben der Pflanzen.* Leizig: Voß.

Fechner, G. T. (1848). *Nanna. Oder: Das Seelenleben der Pflanzen.* Leipzig: Voss.

Fechner, G. T. (1860, 1907). *Elemente der Psychophysik.* 2 Bände. Leipzig: Breitkopf.

Fechner, G. T. (1897). Die Kollektivmaßlehre. In G. F. v. Lipps (Hrsg.), *Grundriß der Psychophysik.* Leipzig: Göschen.

Fechner, G. T. (2004). *Tagebücher 1828 bis 1879* (2 Bde., hrsg. v. A. Meischner-Metge, bearbeitet von I. Altmann). Leipzig: Verlag der Sächsischen Akademie der Wissenschaften.

Festinger, L. (1953). Laboratory experiments. In L. Festinger & D. Katz (Eds.), *Research methods in the behavioral sciences* (pp. 136–172). New York: Holt, Rinehart and Winston.

Festinger, L. (1954). A theory of social comparison processes. *Human Relations, 7,* 114–140.

Festinger, L. (1957). *A theory of cognitive dissonance.* Evanston, III.: Row & Peterson. Deutsch: *Theorie der kognitiven Dissonanz.* Bern: Huber, 1978. – Deutsche Übersetzung: *Theorie der kognitiven Dissonanz.* Bern: Huber, 1978.

Festinger, L. (1980). Looking backward. in: Leon Festinger (Ed.) *Retrospections on social psychology* (p. 236–254). New York unter anderem: Oxford University Press.

Festinger, L., Riecken, H. W. & Schachter, S. (1956). *When prophecy fails.* Minnesota: University of Minnesota Press.

Fleck, C. (2001). In memoriam Marie Jahoda (26. Januar 1907–28. April 2001). *Kölner Zeitschrift für Soziologie und Sozialpsychologie, 53,* 609–612.

Frankl, V. E. (1924). Zur mimischen Bejahung und Verneinung. *Internationale Zeitschrift für Psychoanalyse, 10,* 437–438.

Frankl, V. E. (1946). *Ein Psychologe erlebt das Konzentrationslager.* Wien: Verlag für Jugend und Volk. Spätere Auflagen unter dem Titel *... trotzdem Ja zum Leben sagen. Ein Psychologe erlebt das Konzentrationslager.*

Frankl, V. E. (1973). [Selbstdarstellung]. In: L. J. Pongratz (Hrsg.), *Psychotherapie in Selbstdarstellungen.* (S. 177–204). Bern: Huber.

Frankl, V. E. (1985). *Der Mensch vor der Frage nach dem Sinn. Eine Auswahl aus dem Gesamtwerk.* München: Piper.

Frankl, V. E. (2002). *Was nicht in meinen Büchern steht. Lebenserinnerungen.* Weinheim: Beltz.

Freud, S. (1900). *Die Traumdeutung.* Gesammelte Werke (G. W.), Band II/ III.

Freud, S. (1901). *Zur Psychopathologie des Alltagslebens. (Über Vergessen, Versprechen, Vergreifen, Aberglaube und Irrtum),* GW IV.

Freud, S. (1905). *Der Witz und seine Beziehung zum Unbewußten,* GW IV.

Freud, S. (1905). *Drei Abhandlungen zur Sexualtheorie,* GW V.

Freud, S. (1913). *Totem und Tabu,* GW IX.

Freud, S. (1915). *Triebe und Triebschicksale,* GW X.

Freud, S. (1920). *Jenseits des Lustprinzips,* GW XIII.

Freud, S. (1921). *Massenpsychologie und Ich-Analyse,* GW XIII.

Freud, S. (1923). *Das Ich und das Es,* GW XIII.

Freud, S. (1925). Selbstdarstellung. In L. R. Grote (Hrsg.), *Die Medizin der GMayo*

Freud, S. (1927). *Die Zukunft einer Illusion.* Leipzig/Wien/Zürich: Internationaler Psychoanalytischer Verlag.

Freud, S. (1939). *Der Mann Moses und die monotheistische Religion.* Amsterdam: de Lange.

Freud, S. (1940–1952). *Gesammelte Werke, Band 1–17.* London Imago Publishing Co., Band 18 Frankfurt am Main: S. Fischer. (Seit 1960 werden die G. W. von S. Fischer, Frankfurt am Main ediert.)

Frey, D. & Gaska, A. (1993). Die Theorie der kognitiven Dissonanz. In Frey, D. & Irle, M. (Hrsg.) *Theorien der Sozialpsychologie, Band 1: Kognitive Theorien,* (275–324), Bern: Huber.

Friedman, L. J. (1999). *Identity's architect: A biography of Erik H. Erikson.* New York: NY: Scribner.

Galliker, M. (2010). Die Dilthey-Ebbinghaus-Kontroverse. In: U. Wolfradt, M. Kaiser-El-Safti & H.-P. Brauns (Hrsg.), *Hallesche Perspektiven auf die Geschichte der Psychologie. Hermann Ebbinghaus und Carl Stumpf* (S. 61–78). Lengerich: Pabst Science Publishers.

Gay, P. (1989). *Sigmund Freud. Eine Biografie für unsere Zeit.* Frankfurt am Main: S. Fischer.

Gerrig, R., & Zimbardo, P. G. (2010). *Psychology and life (19th ed.).* Boston, MA: Allyn & Bacon.

Giese, F. (1925). Eduard Spranger, Psychologie des Jugendalters (Literaturbericht). *Zeitschrift für pädagogische Psychologie, 26,* 221–222.

Gillespie, R. (1991). *Manufacturing knowledge: A history of the Hawthorne Experiments.* Cambridge, MA: Cambridge University Press.

Girgensohn-Marchand, B. (1992). *Der Mythos Watzlawick. Eine Streitschrift gegen systemisches und konstruktivisches Denken in pädagogischen Zusammenhängen.* Weinheim: Deutscher Studien Verlag.

Glaser, H. S. R. (1996). The first two primate research stations. *Primate Report, 45* (April), 15–27.

Gloor, P. A., Oster, D. & Fischbach, K. (2013). JazzFlow – Analyzing »Group Flow« among Jazz musicians through »honest signals«, *Künstliche Intelligenz, 27* (19), 37–43.

Gołąb, A. (2012). Alina Szemińska und Maria Żebrowska – zwei Psychologinnen'und deren beginnende wissenschaftliche Tätigkeit zwischen den Weltkriegen. In: T. Herrmann und W. Zeidler (Hrsg.), *Psychologen in autoritären Systemen. Deutsche und polnische Biografien.* (S. 232–247). Frankfurt am Main: Peter Lang.

Graf-Nold, A. (1988). *Der Fall Hermine Hug-Hellmuth. Eine Geschichte der frühen Kinder-Psychoanalyse.* München/Wien: Verlag Internationale Psychoanalyse.

Graf-Nold, A. (1991). Stern versus Freud. Die Kontroverse um die Kinder-Psychoanalyse – Vorgeschichte und Folgen. In: Deutsch, W. (Hrsg.) (1991). *Über die verborgene Aktualität von William Stern.* (S. 49–91). Frankfurt am Main: Peter Lang.

Granberg, D. & Sarup, G. (1992). Muzafer Sherif: Portrait of a passionate intellectual. In Granberg, D. & Sarup, G. (Eds.), *Social Judgements and Intergroup Relations. Essays in Honor of Muzafer Sherif.* (p. 3–54). New York: Springer.

Groddeck, N. (2002). *Carl Rogers. Wegbereiter der modernen Psychotherapie.* Darmstadt: Primus Verlag.

Gundlach, H. (1993). *Entstehung und Gegenstand der Psychophysik.* Berlin/Heidelberg: Springer.

Gundlach, H. (2004). Die Lage der Psychologie um 1900. *Psychologische Rundschau, 55,* Supplementum 1, 2–11.

Gundlach, H. (2014). Max Wertheimer, habilitation candidate at the Frankfurt Psychological Institute. *History of Psychology, 17* (2), 134–148.

Haggbloom, S. J., Warnick, R., Warnick, J. E., Jones, V. K. et al. (2002). The 100 most eminent psychologists of the 20th century. *Review of General Psychology, 6,* 139–152.

Handlbauer, B. (1990). *Die Adler-Freud-Kontroverse.* Frankfurt am Main: Fischer Taschenbuch Verlag.

Heidbrink, H. (1993). Jean Piaget. In H. E. Lück & R. Miller (Hrsg.), *Illustrierte Geschichte der Psychologie.* (S. 131–135). München: Quintessenz.

Heidelberger, M. (1993). *Die innere Seite der Natur: Gustav Theodor Fechners wissenschaftlich-philosophische Weltauffassung*. Frankfurt am Main: Vittorio Klostermann.

Heider, F. & Simmel, M. (1944). An experimental study of apparent behavior. *American Journal of Psychology, 57*, 243–259.

Heider, F. (1958). *The psychology of interpersonal relations*. New York: John Wiley & Sons. Deutsche Übersetzung: *Psychologie der interpersonalen Beziehungen*. Stuttgart: Ernst Klett, 1977.

Heider, F. (1984). *Das Leben eines Psychologen. Eine Autobiografie*. Bern: Huber. (Original: *The life of a psychologist*. University Press of Kansas, 1983)

Hellpach, W. (1911). *Die geopsychischen Erscheinungen. Wetter, Klima und Landschaft in ihrem Einfluß auf das Seelenleben dargestellt*. Leipzig: W. Engelmann. (Ab der 4. Aufl. unter dem Titel *Geopsyche,* Stuttgart: Enke.)

Hellpach, W. (1933). *Elementares Lehrbuch der Sozialpsychologie*. Berlin: Springer.

Hellpach, W. (1938). *Einführung in die Völkerpsychologie*. 2. neubearbeitete Aufl. 1944, (modifizierte) 2. neubearbeitete Aufl. 1946, 3. neubearb. Aufl. 1954. Alle Ausgaben: Stuttgart: Enke.

Hellpach, W. (1946). *Klinische Psychologie*. Stuttgart: Enke.

Hellpach, W. (1951a). *Sozialpsychologie. Ein Elementarlehrbuch für Studierende und Praktizierende*. 3. Aufl. Stuttgart: Enke.

Hellpach, W. (1951b). *Grundriss der Religionspsychologie*. Stuttgart: Enke.

Hellpach, W. (1953). *Kulturpsychologie*. Stuttgart: Enke.

Henckmann, W. (1982). Külpe, Oswald, in: *Neue Deutsche Biografie 13*, 209–210 [Onlinefassung]; URL: http://www.deutsche-Biografie.de/ppn119142139.html

Herrmann, C. (1929). *Max Dessoir. Mensch und Werk*. Stuttgart: Enke.

Hobhouse, L. T. (1901). *Mind in evolution*. London: Macmillan & Co.

Hoffman, E. (1988). *The right to be human. A Biografy of Abaraham Maslow*. Los Angeles: Tarcher.

Hoffman, E. (Ed.) (1996). *Future visions. The unpublished papers of Abraham Maslow*. Thousand Oaks: Sage.

Hoffmann, C. (1994). Wissenschaft und Militär. Das Berliner Psychologische Institut und der I. Weltkrieg. *Psychologie und Geschichte, 5* (3/4), 261–285.

Hofmann, H. & Stiksrud, A. (Hrsg.) (2004). *Dem Leben Gestalt geben. Erik H. Erikson aus interdisziplinärer Sicht*. Wien: Krammer.

Hoppe, F. (1930). Erfolg und Mißerfolg. *Psychologische Forschung* 14, S. 1–62.

Hornbostel, E. M. von & Wertheimer, M. (1915). Vorrichtung zur Bestimmung der Schallrichtung. Reichspatentamt. Patentschrift Nr. 301669, Klasse 74d, Gruppe 5. Patentiert im Deutschen Reiche vom 7. Juli 1915 ab, ausgegeben am 28. September 1920. Deutsches Patentamt München.

Hsueh Y. (2002). The Hawthorne experiments and the introduction of Jean Piaget in American industrial psychology, 1929–1932. *History of Psychology,* 5 (2), 163–189.

Hutter, C. & Schwehm, H. (Hrsg.) (2009). *J. L. Morenos Werk in Schlüsselbegriffen.* Wiesbaden: Verlag für Sozialwissenschaften.

Inhelder, B. (1997). Autobiografie. In. Volkmann-Raue, S. (Hrsg.), *Mit Jean Piaget arbeiten: Bärbel Inhelder.* (S. 25–124). Münster: LIT-Verlag.

Irle, M. & Möntmann, V. (1978). Die Theorie der kognitiven Dissonanz. Ein Resümee ihrer theoretischen Entwicklung und empirische Ergebnisse 1957–1976. In: Festinger, L., *Theorie der kognitiven Dissonanz.* (S. 274–363). Bern: Huber.

Jacobi, J. (1977). *Die Psychologie von C. G. Jung.* Eine Einführung in das Gesamtwerk, mit einem Geleitwort von C. G. Jung, Frankfurt am Main: Fischer.

Jaeger, S. (Hrsg.) (1988). *Briefe Wolfgang Köhlers an Hans Geitel 1907–1920.* Passau: Passavia.

Jaffé, A. (1992). *Erinnerungen, Träume, Gedanken von C. G. Jung,* 8. Aufl. Olten: Walter.

Jahoda, M. (2002): *»Ich habe die Welt nicht verändert«. Lebenserinnerungen einer Pionierin der Sozialforschung.* Weinheim: Beltz.

Jahoda, M. & Christie, R. (Ed.). (1954). *Studies in the Scope and Method of »The Authoritarian Personality«.* Glencoe: Freepress.

Jahoda, M. & Greffrath, M. (1979). »Ich habe die Welt nicht verändert« – Gespräch mit Marie Jahoda. In: M. Greffrath (Hrsg.), *Die Zerstörung einer Zukunft – Gespräche mit emigrierten Sozialwissenschaftlern* (S. 103–144). Reinbek: Rowohlt.

Jahoda, M. (1995). Überlegungen zu »Marienthal«. In: Jahoda, M. (Hrsg.), *Sozialpsychologie der Politik und Kultur.* Ausgewählte Schriften, herausgegeben und eingeleitet von Christian Fleck. (S. 261–274). Graz/Wien: Nausner & Nausner.

Jahoda, M., Lazarsfeld, P. F. & Zeisel, H. (1975). *Die Arbeitslosen von Marienthal. Ein soziographischer Versuch über die Wirkungen langandauernder Arbeitslosigkeit. Mit einem Anhang zur Geschichte der Soziographie.* Frankfurt am Main: Suhrkamp.

Jahoda, M., Lazarsfeld, P. F. & Zeisel, H. (1960). *Die Arbeitslosen von Marienthal. Ein soziographischer Versuch mit einem Anhang zur Geschichte der Soziographie.* Vorspruch zur neuen Auflage Paul F. Lazarsfeld. (2., unveränderte Auflage.) Allensbach–Bonn: Verlag für Demoskopie.

Janke, W. & Schneider, W. (Hrsg.) (1999). *100 Jahre Institut für Psychologie und Würzburger Schule der Denkpsychologie.* Göttingen: Hogrefe.

Jones, E. (1961). *The life and work of Sigmund Freud.* New York: Basic Books. Deutsch: *Sigmund Freud. Leben und Werk.* Frankfurt am Main: S. Fischer, 1969.

Jung, C. G. (1921). *Psychologische Typen.* Zürich: Rascher.

Jung, C. G. (1963). *Erinnerungen, Träume und Gedanken von C. G. Jung.* Aufgezeichnet und herausgegeben von Aniela Jaffé. Zürich und Stuttgart: Rascher Taschenbuch.

Jüttemann, G. (Hrsg.) (2006). *Wilhelm Wundts anderes Erbe. Ein Missverständnis löst sich auf.* Göttingen: Vandenhoeck & Ruprecht.

Kafka, G. (Hrsg.) (1932). *Bericht über den XII. Kongreß der Deutschen Gesellschaft für Psychologie in Hamburg vom 12.-16. April 1931.* Jena: Gustav Fischer.

Kahneman, D. & Tversky, A. (Eds.) (2000). *Choices, Values and Frames.* New York: Cambridge University Press and the Russell Sage Foundation, 2000.

Kahneman, D. (2003). Daniel Kahneman – Biografical. http://www.nobelprize. org/nobel_prizes/economic-sciences/laureates/2002/kahneman-bio.html. (Entnommen aus: *The Nobel Prizes 2002*, Editor Tore Frängsmyr. Stockholm: Nobel Foundation.)

Kahneman, D. & Tversky, A. (1979). Prospect theory: An analysis of decisions under risk. *Econometrica, 47*, 313–327.

Kahneman, D. & Tversky, A. (1982). On the study of statistical intuitions. *Cognition 11*, 123–141.

Kahneman, D. & Tversky, A. (1984). Choices, values and frames. *American Psychologist, 39*, 341–350.

Karsten, A. (1928). Psychische Sättigung. *Psychologische Forschung, 10*, 142–154.

Katz, D. & Braly, K. (1933). Racial stereotypes of one hundred college students. *Journal of Abnormal and Social Psychology, 28*, 280–290.

Kaune, C.-A. (2005). *Willy Hellpach (1877–1955). Biografie eines liberalen Politikers der Weimarer Republik.* Frankfurt am Main: Peter Lang.

Kochinka, A. (2014). Behaviorism is not dead, it just smells funny. In: W. Mack, H. E. Lück, K.-H. Renner & U. Wolfradt (Hrsg.), *Behaviorismus und Erkenntnistheorie im psychologisch-historischen Kontext.* (S. 43–58). Frankfurt am Main: Peter Lang.

Köhler, W. (1917). *Intelligenzprüfungen an Anthropoiden. I.* Abhandlungen der Preussischen Akademie der Wissenschaften, Jahrgang 1917, physikal.-mathemat. Klasse Nr. 1. Berlin: Verlag der Königl. Akademie der Wissenschaften.

Köhler, W. (1920). *Die physischen Gestalten in Ruhe und im stationären Zustand. Eine naturphilosophische Untersuchung.* Braunschweig: Friedrich Vieweg & Sohn.

Köhler, W. (1921/1973). *Intelligenzprüfungen an Menschenaffen. Mit einem Anhang zur Psychologie des Schimpansen.* Berlin: Springer. 3. Aufl. Berlin: Springer, 1973.

Köhler, W. (1929). *Gestalt psychology.* New York: Liveright. – Deutsch: *Psychologische Probleme.* Berlin: Springer, 1933.

Köhler, W. (o. J.). *Erläuterungen zu dem Affenfilm aus Teneriffa.* Unveröff. Manuskript im Besitz des Instituts für den Wissenschaftlichen Film, Göttingen.

Köhler-Ludescher, A. (2014). *Paul Watzlawick – die Biografie: Die Entdeckung des gegenwärtigen Augenblicks.* Bern: Huber, Hogrefe.

Kolto-Rivera, M. E. (2006). Rediscovering the later version of Maslow's hierarchy of needs: Self-transcendence and opportunities for theory, research, and unification. *Review of General Psychology, 10* (4), 302–317.

Kretschmer, E. (1921). *Körperbau und Charakter. Untersuchungen zum Konstitutionsproblem und zur Lehre von den Temperamenten.* Berlin: Springer.

Kriz, J. (2001). Rogers' Verhältnis zur Wissenschaft. *Person, 2,* 23–26.

Külpe, O. (1920). *Vorlesungen über Psychologie.* Herausgegeben von Karl Bühler. Leipzig: S. Hirzel.

Kuntze, J. E. (1892). *Gustav Theodor Fechner (Dr. Mises). Ein deutsches Gelehrtenleben.* Leipzig: Breitkopf und Härtel.

Lazarsfeld-Jahoda, M. [später: Marie Jahoda], Zeisl, H. [ab 1938: Hans Zeisel] (1933). *Die Arbeitslosen von Marienthal. Ein soziographischer Versuch über die Wirkungen langdauernder Arbeitslosigkeit.* Mit einem Anhang: Zur Geschichte der Soziographie. Bearbeitet und herausgegeben von der Österreichischen Wirtschaftspsychologischen Forschungsstelle. Leipzig: S. Hirzel (= Psychologische Monographien. Herausgegeben von Professor Dr. Karl Bühler. V.).

Lennig, P. (1994). *Von der Metaphysik zur Psychophysik. Gustav Theodor Fechner (1801–1887). Eine ergobiografische Studie.* Frankfurt am Main: Peter Lang.

Lewin, K. & Lippitt, R. (1938). An experimental approach to the study of autocracy and democracy: A preliminary note. *Sociometry,* 1, 292–300.

Lewin, K. (1917). Kriegslandschaft. *Zeitschrift für angewandte Psychologie 12,* 440–447. (KLW Band 4, S. 315–325.)

Lewin, K. (1928). Die Bedeutung der »Psychischen Sättigung« für einige Probleme der Psychotechnik. *Psychotechnische Zeitschrift 3,* 182–188. Nachdruck in: Lewin, K. (2009), S. 49–65.

Lewin, K. (1936). *Principles of topological psychology.* New York: McGraw-Hill. – Deutsch: *Grundzüge der topologischen Psychologie.* Bern/Stuttgart: Huber, 1969.

Lewin, K. (1951). *Field Theory in Social Science. Selected theoretical papers.* Dorwin Cartwright (Ed.), New York: Harper.

Lewin, K. (1981). Kein Ort, an dem man aufrecht leben kann. Ein Brief von Kurt Lewin an Wolfgang Köhler, *Psychologie heute,* Juni 1981, 50–56. (Englische Übersetzung 1986: »Everything Within Me Rebels«: A Letter from Kurt Lewin to Wolfgang Köhler, 1933, *Journal of Social Issues, 42,* 39–47.)

Lewin, K. (2009). *Schriften zur angewandten Psychologie. Aufsätze, Vorträge, Rezensionen.* Wien: Krammer.

Lewin, K. (ab 1981). *Kurt Lewin Werkausgabe*, herausgegeben von C.-F. Graumann. Bern/Stuttgart: Huber und Klett-Cotta. Bd. 1, 2, 4 und 6.

Lewin, K., Lippitt, R. & White, R. K. (1939). Patterns of aggressive behavior in experimentally created ›social climates‹. *The Journal of Social Psychology 10*, 2, 271–299.

Ley, M. (1996). Der Stellenwert des Isomorphie-Gedankens im System der Gestalttheorie. *Psychologie und Geschichte 7*(3), 200–209.

Ley, R. (1990). *A whisper of espionage. Wolfgang Köhler and the apes of Tenerife.* Garden City Park, N.Y.: Avery Publishing Group.

Lockot, R. (1985). *Erinnern und Durcharbeiten. Zur Geschichte der Psychoanalyse und Psychotherapie im Nationalsozialismus.* Frankfurt am Main: Fischer Taschenbuch.

Loftus, E. F. & Ketcham, K. (1995). *Die therapierte Erinnerung: vom Mythos der Verdrängung bei Anklagen wegen sexuellen Missbrauchs.* Hamburg: Klein.

Loftus, E. F. & Pickrell, J. E. (1995). The formation of false memories. *Psychiatric Annals, 25,* 720–725.

Loftus, E. F. (1979). *Eyewitness testimony.* Cambridge, MA.: Harvard University Press.

Loftus, E. F. (2005). Planting misinformation in the human mind: A 30 year investigation of the malleability of memory. *Learning & Memory, 12,* 361–366.

Loftus, E. F. (2006). Elizabeth F. Loftus. In: G. Lindzey & W. M. Runyan (Eds.), *A history of psychology in Autobiography, Vol. IX.* (p. 198–227). Washington, D. C.: American Psychological Association.

Loftus, E. F. (2013). Die Fiktion der Erinnerung. [Film]. TEDGlobal, ca. 17 Minuten. [Englischsprachiger Film mit deutschen Untertiteln und Transkript dieser Untertitel, aufgenommen im Juni 2013]. URL: http://www.ted.com/talks/elizabeth_loftus_the_fiction_of_memory?language=de

Loftus, E. F. (2015). The memory factory. [Film]. https://www.youtube.com/watch?-v=KC9CRBvIAsQ

Lück, H. E. (1986). Wolfgang Köhler. Videoproduktion und Begleitheft. Hagen: Fernuniversität. URL: https://www.fernuni-hagen.de/videostreaming/zmi/video/1986/86–15_76615/

Lück, H. E. (1987). Wolfgang Köhler auf Teneriffa. *Gestalt Theory, 9,* 170–181.

Lück, H. E. (1989). Zur Bedeutung der Gruppenprozesse für die Wissenschaftsentwicklung am Beispiel der Topology Group Kurt Lewins. *Gestalt Theory*, 11, 246–267.

Lück, H. E. (1991). »Noch ein weiterer Jude ist natürlich ausgeschlossen«. William Stern und das psychologische Institut der Universität Hamburg. In: Herzig, A. & Rohde, S. (Hg.), *Die Juden in Hamburg 1590 bis 1990. Wissenschaftliche Beiträge der Universität Hamburg zur Ausstellung »Vierhundert Jahre Juden in Hamburg«.* (S. 407–417). Hamburg: Döllig und Galitz.

Lück, H. E. (1998). Zur Geschichte der Konformitätsforschung: Die klassischen Experimente. In: R. Wegner (Hrsg.), *Beiträge zur Gewinnung und Anwendung psychologischer Erkenntnis. Festschrift für Ernst Timaeus.* (S. 129–149). Essen: Akademie Verlags- und Druck-Gesellschaft.

Lück, H. E. (2001). *Kurt Lewin. Eine Einführung in sein Werk.* Weinheim: Beltz Taschenbuch Verlag.

Lück, H. E. (2006). Die Heider-Simmel-Studie (1944) in neueren Replikationen. *Gruppendynamik und Organisationsberatung, 37* (2), 185–196.

Lück, H. E. (2009). Der Hawthorne-Effekt – ein Effekt für viele Gelegenheiten? *Gruppendynamik und Organisationsberatung, 40* (1), 102–114.

Lück, H. E. & Quanz, D. R. (Hrsg.) (1995). *Der Briefwechsel zwischen Carl Diem und Eduard Spranger.* Sankt Augustin: Academia.

Lüttke, H. B. (2003). *Gehorsam und Gewissen – Die moralische Handlungskompetenz des Menschen aus Sicht des Milgram-Experimentes.* Frankfurt am Main: Peter Lang.

Lüttke, H. B. (2004). Experimente unter dem Milgram-Paradigma. *Gruppendynamik und Organisationsberatung, 35* (4), 2004, 431–464.

Mack, W. (1999). Die Würzburger Schule. In H. E. Lück & R. Miller (Hrsg.), *Illustrierte Geschichte der Psychologie.* 2. Aufl. (S. 50–53). Weinheim: PVU.

Manz, W. (1968). *Das Stereotyp. Zur Operationalisierung eines sozialwissenschaftlichen Begriffs.* Meisenheim am Glan: Anton Hain.

Manz, W. (1993). Kripal Singh Sodhi. In: H. E. Lück & R. Miller (Hrsg.), *Illustrierte Geschichte der Psychologie* (S. 199–202). München: Quintessenz.

Manzano, Ö. de, Theorell, T., Harmat, L. & Ullén, F. (2010). The psychophysiology of Flow during piano playing. *Emotion, 10* (3), 301–311.

Marbe, K. (1901). *Experimentell-psychologische Untersuchungen über das Urteil: Eine Einleitung in die Logik.* Leipzig: Engelmann.

Marbe, K. (1913). *Die Aktion gegen die Psychologie. Eine Abwehr.* Leipzig/Berlin: Teubner.

Marineau, R. F. (1989). Jacob Levy Moreno, 1889–1974. Father of psychodrama, sociometry, and group psychotherapy. London: Tavistock.

Marrow, A. J. (1969). *The practical theorist. The life of Kurt Lewin.* New York: Basic Books. – Deutsch: *Kurt Lewin – Leben und Werk.* Stuttgart: Klett, 1977.

Maslow, A. H. (1943). A theory of human motivation. *Psychological Review, 50*, 370–396. URL: http://psychclassics.yorku.ca/Maslow/motivation.htm

Maslow, A. H. (1945). *Motivation and personality*. New York: Harper.

Mayo, E. (1933). *Human Problems of an Industrial Civilization*. New York: Macmillan. Deutsch: *Probleme industrieller Arbeitsbedingungen*, Frankfurt am Main: Verlag der Frankfurter Hefte, 1949.

Metzger, W. (1963). Zur Geschichte der Gestalttheorie in Deutschland, *Psychologia, 6*, 11–21.

Mey, G. & Günther, H. (Eds.) (2015). *The life of the urban child. Perspectives on Martha Muchow's classic study*. New Brunswick and London Transaction Publishers.

Mey, G. & Wallbrecht, G. (Regie) (2014). *Auf den Spuren von Martha Muchow*. Hochschule Magdeburg-Stendal, Institut für Qualitative Forschung/Internationale Akademie Berlin und ww-media Hamburg. 46 min.

Mey, H. (1965). *Studien zur Anwendung des Feldbegriffs in den Sozialwissenschaften*. München: Piper.

Milgram, S. (1974). *Obedience to authority: an experimental view*. New York. Deutsch: *Das Milgram-Experiment. Zur Gehorsamkeitsbereitschaft gegenüber Autorität*. Reinbek: Rowohlt, 1982.

Miller, R. (1986). *Einführung in die Ökologische Psychologie*. Opladen: Leske und Budrich.

Moreno, J. L. (1934). *Who shall survive? A new approach to the problem of human interrelations*. Washington, D. C.: Nervous and Mental Disease Publishing Co.

Moreno, J. L. (1954). *Die Grundlagen der Soziometrie. Wege zur Neuordnung der Gesellschaft*. Köln und Opladen: Westdeutscher Verlag. 2., erweiterte Auflage 1967. 3. Aufl. 1974. Nachdruck der 3. Aufl.: Opladen: Leske + Budrich, 1996.

Muchow, M. & Muchow, H. H. (1935). *Der Lebensraum des Großstadtkindes*. Hamburg: Martin Riegel. – Nachdruck, Bensheim: päd extra, 1978. – Neuausgabe herausgegeben von Jürgen Zinnecker. Weinheim und München: Juventa, 1998. – Neuausgabe von Imbke Behnken und Michael-Sebastian Honig. Weinheim und Basel: Beltz Juventa, 2012.

Muchow, M. (1915). Lebenslauf, datiert Tondern, 1. März 1915. (StA HH 361–6 Hochschulwesen. Dozenten und Personalwesen. Muchow, Martha. Eingelegte Personalakte Oberschulbehörde, Bl. 9 und 10. (Zitiert nach Faulstich-Wieland und Faulstich, 2012, S. 18).

Muchow, M. (1926). Psychologische Untersuchungen über die Wirkung des Seeklimas. *Zeitschrift für Pädagogische Psychologie, 27*, 18–31.

Muchow, M. (1927). Das Montessori-System und die Erziehungsgedanken Friedrich Fröbels. In: Hecker, Hilde & Muchow, Martha: *Friedrich Fröbel und Maria Montessori*. (S. 57–198). Leipzig: Quelle & Meyer.

Muchow, M. (1929). *Psychologische Probleme der frühen Erziehung*. Erfurt: Kurt Stenger.

Muchow, M. (1930a). Die neue Psychologie und der Lehrplan. Bericht über die 5. Konferenz des Weltbundes für Erneuerung der Erziehung vom 8. bis 21. August in Helsingör. *Zeitschrift für pädagogische Psychologie, 31*(5), 57–61.

Muchow, M. (1930b). Zum Problem der Zeugnisreform. *Zeitschrift für pädagogische Psychologie, 31*(5), 222–233.

Muchow, M. (1932). Zur Frage einer kulturtypologischen Jugendpsychologie. In: Kafka, G. (Hrsg.) *Bericht über den XII. Kongreß der Deutschen Gesellschaft für Psychologie in Hamburg vom 12.-16. April 1931.* (S. 390–393). Jena: Gustav Fischer.

Müller, R. (2013). *Jacob Levy Moreno und das Barackenlager Mitterndorf.* http://agso.uni-graz.at/mitterndorf/jacob_levy_moreno/00.htm

Münsterberg, H. (1900). *Grundzüge der Psychologie. Band I, Allgemeiner Teil, Die Prinzipien der Psychologie. Leipzig. Barth. 2., unveränderte Auflage 1918. Leipzig: Barth.

Münsterberg, H. (1912). *Die Psychologie und das Wirtschaftsleben*. Leipzig: J. A. Barth. (Nachdruck: Walter Bungard/Helmut E. Lück (Hrsg.), Weinheim: Beltz 1997.)

Münsterberg, H. (1914). *Grundzüge der Psychotechnik*. Leipzig: J. A. Barth.

Münsterberg, Margaret (1922), *Hugo Münsterberg, his life and work*. New York: Appleton.

Oesterdiekhoff, G. W. (2006). Wilhelm Wundt und das Desiderat einer entwicklungspsychologisch fundierten Kulturwissenschaft. In: G. Jüttemann (Hrsg.), *Wilhelm Wundts anderes Erbe. Ein Missverständnis löst sich auf.* (S. 205–217). Göttingen: Vandenhoeck & Ruprecht.

Oesterdiekhoff, G. W. (2008). Kulturgeschichte der Menschheit und kognitive Entwicklung. In: G. W. Oesterdiekhoff & H. Rindermann (Hrsg.), *Kultur und Kognition. Die Beiträge von Psychometrie und Piaget-Psychologie zum Verständnis kultureller Unterschiede.* (S. 19–56). Hamburg/Münster: LIT-Verlag.

Petzold, H. (1980). Moreno – nicht Lewin – der Begründer der Aktionsforschung. *Gruppendynamik, 11* (2), 142–163.

Petzold, H. (1984). Psychodrama. Die ganze Welt ist eine Bühne. In: H. Petzold (Hrsg.), *Wege zum Menschen. Methoden und Persönlichkeiten moderner Psychotherapie. Ein Handbuch.* Band I (S. 111–216). Paderborn: Junfermann.

Pfitzner, H. (1940). *Über musikalische Inspiration*. Berlin-Grunewald: Adolf Fürstner.

Piaget, J. (1979). [Selbstdarstellung]. In: L. J. Pongratz, W. Traxel & E. G. Wehner (Hrsg.). *Psychologie in Selbstdarstellungen* (S. 149–209). Bern: Hans Huber.

Plaum, E. (1988). Sprangers »Geisteswissenschaftliche Psychologie«. In: G. Jüttemann (Hrsg.), *Wegbereiter der Historischen Psychologie.* (S. 133–139). Weinheim: Beltz.

Pongratz, L. J. (1983). *Hauptströmungen der Tiefenpsychologie.* Stuttgart: Kröner.

Probst, P. (2014). »Um den Bedürfnissen des praktischen Lebens entgegenzukommen« – Ein Einblick in Biografie und Werk William Sterns. In: Spieß, M. (Hrsg.), *100 Jahre akademische Psychologie in Hamburg. Eine Festschrift.* (S. 87–115). Hamburg: Verlag der Staats- und Universitätsbibliothek. URL: http://hup.sub.uni-hamburg.de/volltexte/2014/141/chapter/HamburgUP_100_Jahre_Psychologie_Probst_Stern.pdf (Aufgerufen am 20.2.2015.)

Pytell, T. (2005). *Viktor Frankl – Ende eines Mythos?* Innsbruck: Innsbrucker Studienverlag.

Rattner, J. (1990). *Klassiker der Tiefenpsychologie.* München: Psychologie Verlags Union.

Rheinberg, F., Vollmeyer, R. & Engeser, S. (2003). Erfassung des Flow-Erlebens. In: J. Stiensmeier-Pelster & F. Rheinberg (Hrsg.), *Diagnostik von Motivation und Selbstkonzept* (Tests und Trends N.F. 2). (S. 261–279). Göttingen: Hogrefe.

Richebächer, S. (2005). *Sabina Spielrein. Eine fast grausame Liebe zur Wissenschaft. Biografie.* Zürich: Dörlemann.

Rock, I. (Ed.) (1990). *The legacy of Solomon Asch: Essays in cognition and social psychology.* Hillsdale, N. J.: Lawrence Erlbaum.

Roethlisberger, F. J. & Dickson, W. J. (Hrsg.) (1939). *Management and the worker. An account of a research program conducted by the Western Electric Company, Hawthorne Works,* With the assistance and collaboration of Harold A. Wright. Chicago. Cambridge, MA: Harvard University Press.

Rogers, C. R. (1942). *Counseling and psychotherapy: Newer concepts in practice.* Boston: Houghton Mifflin Company.

Rogers, C. R. (1951). *Client-centered therapy. Its current practice, implication, and theory.* Boston: Houghton Mifflin. Deutsch 1973: *Die klient-bezogene Gesprächstherapie. Client-centered therapy.* München: Kindler, ab 1983: *Die klientenzentrierte Gesprächspsychotherapie.* Frankfurt am Main: Fischer-Taschenbuch.

Rogers, C. R. (1981). *Der neue Mensch.* Stuttgart: Klett-Cotta.

Rösgen, P. (2003). Kripal Singh Sodhi und die Anfänge der Sozialpsychologie in Berlin nach dem Zweiten Weltkrieg. In: L. Sprung und W. Schönpflug (Hrsg.), *Zur Geschichte der Psychologie in Berlin.* 2. Aufl. (S. 451–469). Frankfurt: Peter Lang.

Rupp, H. (1932). Eindrücke über Psychotechnik in Rußland, *Psychotechnische Zeitschrift* 7 (1), 24–30.

Rushton, J. P. (2001). A scientometric appreciation of H. J. Eysenck's contributions to psychology. *Personality and Individual Differences, 31,* 17–39.

Schäfer, A. (2010). *Menschenbilder. 20 große Persönlichkeiten der Psychologie, ihr Leben, ihr Werk.* Weinheim/Basel: Beltz Verlag.

Scharmann, T. (1979). Selbstdarstellung. In: L. J. Pongratz, W. Traxel & E. G. Wehner (Hrsg.), *Psychologie in Selbstdarstellungen. Band 2* (S. 289–323). Bern: Huber.

Scheerer, E. (1988). Fifty volumes of Psychological Research/Psychologische Forschung, *Psychological Research 50*, 71–82.

Scherr, F. (2014). Spurensuche zu den Anfängen der Soziometrie. *Zeitschrift für Psychodrama und Soziometrie, 13*(1), 73–84.

Schmidt, W. (1994). William Stern (1871–1938) und Lewis Terman (1877–1956): Deutsche und amerikanische Intelligenz- und Begabungsforschung im Lichte ihrer andersartigen politischen und ideologischen Voraussetzungen. *Psychologie und Geschichte, 6* (1/2), 3–26.

Schmölders, G. (1973). *Sozialökonomische Verhaltensforschung. Ausgewählte Aufsätze.* Hrsg. von G. Brinkmann, B. Strümpel & H. Zimmermann. Berlin: Duncker und Humblot.

Schönpflug, W. (Hrsg.) (2007). *Kurt Lewin — Person, Werk, Umfeld. Historische Rekonstruktionen und aktuelle Wertungen.* 2. Aufl. Frankfurt am Main: Peter Lang.

Schorr, A. (1984). *Die Verhaltenstherapie. Ihre Geschichte von den Anfängen bis zur Gegenwart.* Weinheim: Beltz.

Schorr, A. (1985). John B. Watsons Entwurf einer utopischen Gesellschaft – einige Anmerkungen zur Einführung, *Gruppendynamik, 16*, 111–117.

Schorr, A. (2000). B. F. Skinner: The behavior of organisms: An experimental analysis (1938). In H. E. Lück, R. Miller & G. Sewz-Vosshenrich (Hrsg.), *Klassiker der Psychologie.* (S. 173–180). Stuttgart: Kohlhammer.

Schulz von Thun, F. (1981). *Miteinander Reden. 1: Störungen und Klärungen.* Reinbek: Rowohlt.

Schumann, F. (1907). Psychologie des Lesens. In: Friedrich Schumann (Hrsg.), *Bericht über den 2. Kongress für experimentelle Psychologie in Würzburg vom 18. bis 21. April 1906.* Leipzig: Johann Ambrosius Barth.

Schur, M. (1973). *Sigmund Freud. Leben und Sterben.* Frankfurt am Main: Suhrkamp.

Schwartz, S. (1988). *Wie Pawlow auf den Hund kam ... Die 15 klassischen Experimente der Psychologie.* Weinheim und Basel: Beltz, Psychologie Heute Sachbuch.

Seligman, M. E. P., & Csikszentmihalyi, M. (2000). Positive psychology: An introduction. *American Psychologist, 55*, 5–14.

Selltiz, C., Jahoda, M., Deutsch, M. & Cook, S. W. (1959). *Research Methods in Social Relations.* New York: Holt.

Sherif, M. & Sherif, C. W. (1953). *Groups in Harmony and Tension: An Integration of Studies on Intergroup Relations.* New York: Harper.

Sherif, M. & Sherif, C. W. (1969). *Social Psychology*. New York: Harper and Row.

Sherif, M. (1936). *The Psychology of Social Norms*. New York: Harper Collins.

Sherif, M. (1956). Experiments in group conflict. *Scientific American, 195* (5), 54–58.

Skinner, B. F. (1938). *The behavior of organisms: An experimental analysis*. New York: Appleton-Century.

Skinner, B. F. (1967). An Autobiography. In: E. G. Boring & G. Lindzey (Eds.), *A history of psychology in Autobiography (Vol. 5)* (pp. 387–413). New York: Appleton-CenturyCrofts.

Skinner, B. F. (1971). *Beyond freedom and dignity*. New York: Alfred A. Knopf. – Deutsch: *Jenseits von Freiheit und Würde*. Reinbek: Rowohlt, 1973.

Skinner, B. F. (1973). *Wissenschaft und menschliches Verhalten. Science and Human Behavior*. München: Kindler.

Smith, L. D. & Woodward, W. R. (Eds.) (1996). *B. F. Skinner and behaviorism in American culture*. Bethlehem: Lehigh University Press.

Smith, L. D. (1992). B. F. Skinner and the technological ideal of science. *American Psychologist, 47* (2), 216–223.

Smuts, J. C. (1928). *Holism and Evolution*. London: Macmillan. – Deutsch: *Die holistische Welt*. Mit einem Vorwort des Verfassers zur deutschen Ausgabe und einem Geleitwort von Adolf Meyer. Berlin: Metzner, 1938.

Sodhi, K. S. & Bergius, R. (1953). *Nationale Vorurteile. Eine sozialpsychologische Untersuchung an 881 Personen*. Berlin: Duncker und Humblot.

Sodhi, K. S. (1953). *Urteilsbildung im sozialen Kraftfeld*. Göttingen: Hogrefe.

Sodhi, K. S. (1954). Mittel- und westdeutsche Sozialpsychologie. In: A. Wellek (Hrsg.), *Bericht über den 19. Kongress der Deutschen Gesellschaft für Psychologie in Köln 1953*. (S. 7–33). Göttingen: Hogrefe.

Spielrein, I. (1916a). Psychologisches aus Kinderuntersuchungen in Rostow am Don. *Zeitschrift für angewandte Psychologie, 11* (2), 214–257.

Spielrein, I. (1916b). Ein jüdisches Wörterbuch [Rezension]. *Der Jude: eine Monatsschrift 1* (9), 633–636.

Spielrein, I. (1917). Zur Aussprache und Transkription des Jüdischen [Rezension]. *Der Jude: eine Monatsschrift 1* (4), 285–288.

Spielrein, I. (1933). Zur Theorie der Psychotechnik. Vortrag, gehalten auf der VII. Internationalen Konferenz für Psychotechnik, Moskau, 9. September 1931, in: Otto Lipmann & William Stern (Hrsg.), *Schriften zur Wirtschaftspsychologie und zur Arbeitswissenschaft, Heft 45*, Leipzig, 31–51.

Spranger, E. (1922). *Lebensformen. Geisteswissenschaftliche Psychologie und Ethik der Persönlichkeit*. Halle: Niemeyer.

Spranger, E. (1922). *Lebensformen. Geisteswissenschaftliche Psychologie und Ethik der Persönlichkeit.* Halle: Niemeyer.

Spranger, E. (1925). *Psychologie des Jugendalters.* Leipzig: Quelle & Meyer.

Spranger, E. (1932). *Psychologie des Jugendalters* (16. Aufl.). Leipzig: Quelle & Meyer.

Sprung, L. & Sprung, H. (1986). Ebbinghaus an der Berliner Universität – ein akademisches Schicksal eines zu früh geborenen?. In: W. Traxel (Hrsg.), *Ebbinghaus-Studien, 2. Internationales Hermann-Ebbinghaus-Symposion Passau vom 30. Mai bis 2. Juni 1985* (S. 89–106). Passau: Passavia Universitätsverlag.

Sprung, L. & Sprung, H. (2010). *Eine kurze Geschichte der Psychologie und ihrer Methoden.* München: Profil.

Stallmeister, W. & Lück, H. E. (Hrsg.) (1991). *Willy Hellpach. Beiträge zu Werk und Biografie.* Frankfurt am Main: Peter Lang.

Stern, W. (1903). Angewandte Psychologie. *Beiträge zur Psychologie der Aussage. Mit besonderer Berücksichtigung von Problemen der Rechtspflege, der Psychiatrie und Geschichtsforschung, 1,* 4–45.

Stern, W. (1925). *Anfänge der Reifezeit. Ein Knabentagebuch in psychologischer Bearbeitung.* Leipzig: Quelle & Meyer.

Stern, W. (1927). [Selbstdarstellung]. In: Schmidt, R. (Hrsg.): *Die Philosophie der Gegenwart in Selbstdarstellungen,* Bd. 6. Leipzig: Felix Meiner, S. 129–184.

Stern, W. (1931). Das Psychologische Institut der Hamburgischen Universität in seiner gegenwärtigen Gestalt, *Zeitschrift für Angewandte Psychologie, 39,* 1–52. (Auch separat im Verlag Johann Ambrosius Barth, Leipzig, 1931, erschienen.)

Stern, W. (1935). *Allgemeine Psychologie auf personalistischer Grundlage.* Den Haag: Martinus Nijhoff. 2. Aufl. 1950.

Stern-Anders, G. (1971). Geleitwort zur siebten Auflage. In: Stern, W.: *Psychologie der frühen Kindheit bis zum sechsten Lebensjahr,* 10. Aufl., S. IX-XVI. Heidelberg: Quelle und Meyer.

Stumpf, C. (1909). Gutachten zur Dissertation von Wolfgang Köhler, 15.07.1909, Blatt 327, Universitätsarchiv der Humboldt-Universität, Philos. Fak,. Dekanat, Nr. 469.

Sykes, A. J. (1965). Economic interest and the Hawthorne studies: A comment. *Human Relations, 18,* 253–268.

Tajfel, H. & Turner, J. C. (1979). An integrative theory of intergroup conflict. In: W. G. Austin and S. Worchel (Eds.), *The social psychology of intergroup relations.* (pp. 33–47). Monterey, Calif.: Brooks/Cole.

Tajfel, H. & Wilkes, A. L. (1963). Classification and quantitative judgement, *British Journal of Psychology 54,* 101–114.

Tajfel, H. (1969). Cognitive aspects of prejudice, *Journal of Social Issues 25*(4), 79–97.

Tajfel, H., Billig, M. G., Bundy, R. P. & Flament, C. (1971) Social categorisation and intergroup behaviour, *European Journal of Social Psychology* 1, 148–78.

Tausch, R. & Tausch, A.-M. (1998). *Erziehungspsychologie. Begegnung von Person zu Person.* 11. Aufl. Göttingen: Hogrefe. (1. Aufl. 1963).

Tolman, E. C. (1947). Kurt Lewin. In: *The Kurt Lewin memorial program. American Psychological Association, 55th Annual Meeting, September 9–13, 1947.* Detroit, Michigan.

Trahair, R. C. S. (1984). *The Humanist Temper. The Life and Work of Elton Mayo.* New Brunswick, NJ: Transaction Books.

Tversky, A. & Kahneman, D. (1971). *Belief in the law of small numbers. Psychological Bulletin 76 (2),* 105–110.

Tversky, A. & Kahneman, D. (1981). The framing of decisions and the psychology of choice. *Science, 211,* 453–458.

Van der Veer, R. & Lück, H. E. (2002). Berliner Gestaltpsychologie in Aktion. Zur Diskussion der Experimente von Tamara Dembo. *Psychologie und Geschichte,* 10, 40–55. URL: http://journals.zpid.de/index.php/PuG/article/view/295

Vidal, F. (1983). Erfahrung und Denken: Jean Piagets Weg zur Wissenschaft. *Neue Sammlung, 23* (2), 200–210.

Vöhringer, M. (2007). *Avantgarde und Psychotechnik. Wissenschaft, Kunst und Technik der Wahrnehmungsexperimente in der frühen Sowjetunion,* Göttingen: Wallstein.

Wacker, A. (1998). Marie Jahoda und die Österreichische Wirtschaftspsychologische Forschungsstelle – zur Idee einer nicht-reduktionistischen Sozialpsychologie. *Psychologie und Geschichte,* 8, 112–149.

Wacker, A. (Hrsg.) (1992). *Die Marienthal-Studie 60 Jahre später. Marie Jahoda zum fünfundachtzigsten Geburtstag.* (Bd. 2). Hannover: AGIS Texte.

Walter-Busch, E. (1989). *Das Auge der Firma: Mayos Hawthorne Experimente und die Harvard Business School, 1900–1960.* Stuttgart: Enke.

Waschulewski, U. (2002). *Die Wertpsychologie Eduard Sprangers. Eine Untersuchung zur Aktualistät der »Lebensformen«.* Münster: Waxmann.

Watson, J. B. & Rayner, R. (1920). Conditioned emotional reactions, *Journal of experimental psychology 3,* 1–14.

Watson, J. B. (1913). Psychology as the behaviorist views It. *Psychological Review,* 20, 158–177. URL: http://psychclassics.yorku.ca/Watson/views.htm. Aufgerufen: 12.8.2015.

Watson, J. B. (1929). *Psychische Erziehung im frühen Kindesalter.* Leipzig: Meiner. – Amerik. Original: Watson, J, B. & Watson, R.: *Psychological care of infant and child.* New York: Norton, 1928.

Watson, J. B. (1930). *Behaviorism.* New York: Norton. Deutsch: *Behaviorismus. Ergänzt durch den Aufsatz Psychologie, wie sie der Behaviorist sieht.* Köln: Kiepenheuer & Witsch, 1968.

Watson, J. B. (1936). John Broadus Watson – In: C. Murchison (Ed.), *History of psychology in autobiography* (Vol. 3, pp. 271–281). Worcester: Clark University Press.

Watson, J. B. (1985). Das Utopia des Behavioristen, *Gruppendynamik 16,* 119–129 (engl. Originalmanuskript 1928/29).

Watzlawick, P. (1983). *The situation is hopeless, but not serious: (the pursuit of unhappiness).* New York: W. W. Norton. – Deutsch: *Anleitung zum Unglücklichsein.* München: Piper, 1983.

Watzlawick, P., Beavin, J. & Jackson, D. D. (1969). *Menschliche Kommunikation – Formen, Störungen, Paradoxien.* Bern: Huber.

Watzlawick, P., Jackson, D. D. & Lederer, W. J. (1967). *Pragmatics of human communication: A study of interactional patterns, pathologies, and paradoxes.* New York: W. W. Norton.

Wertheimer, M. (1912a). Über das Denken der Naturvölker: I. Zahlen und Zahlgebilde. *Zeitschrift für Psychologie, 60,* 321–378.

Wertheimer, M. (1912b). Experimentelle Studien über das Sehen von Bewegung. *Zeitschrift für Psychologie,* 61, 161–265.

Wertheimer, M. (1945). *Productive thinking.* New York: Harper. Deutsche Übersetzung: *Produktives Denken.* Frankfurt am Main: Waldemar Kramer, 1957.

Wertheimer, Michael (1980). Max Wertheimer, Gestalt Prophet. *Gestalt Theory, 2,* 3–17.

Westermann, A. (1998). Erinnerungen einer studentischen Mitarbeiterin. In: Muchow, M. & Muchow, H. H. *Der Lebensraum des Großstadtkindes. Neuausgabe herausgegeben von Jürgen Zinnecker.* (159–160). Weinheim und München: Juventa.

Wiese, L. von (1996). Vorwort. In: J. L. Moreno, *Die Grundlagen der Soziometrie. Wege zur Neuordnung der Gesellschaft.* Nachdruck der 3. Aufl. Opladen: Leske + Budrich.

Wieser, M. & Stadler, C. (2014). *Jakob Levy Moreno: Mediziner, Soziometriker und Prophet – Eine Spurensuche.* Wiesbaden: Springer VS.

Wipf, H.-U. (2004). *Studentische Politik und Kulturreform. Geschichte der Freistudenten-Bewegung 1896–1918.* Schwalbach: Wochenschau Verlag.

Wiswede, G. (2004). *Sozialpsychologie-Lexikon.* München: Oldenbourg.

Wolfradt, U. (2011). *Ethnologie und Psychologie. Die Leipziger Schule der Völkerpsychologie.* Berlin: Dietrich Reimer.

Wundt, W. (1013). *Die Psychologie im Kampf ums Dasein.* Leipzig. Reprographischer Nachdruck in: Wilhelm Wundt. *Ausgewählte psychologische Schriften. Abhandlungen, Aufsätze, Reden,* herausgegeben von W. Meischner, Band 2, 561–602, Leipzig: Zentralantiquariat der DDR, 1983.

Wundt, W. (1862). *Vorlesungen über die Menschen- und Thierseele,* Vol. 1. Leipzig: Leopold Voß

Wundt, W. (1864–1865). *Lehrbuch der Physiologie des Menschen.* Lieferung 1–3. Erlangen: Enke.

Wundt, W. (1874). *Grundzüge der physiologischen Psychologie.* Leipzig: W. Engelmann.

Wundt, W. (1892). Zur Erinnerung an Gustav Theodor Fechner. Worte gesprochen an seinem Sarge am 21. November 1887. In: Kuntze, J. E., *Gustav Theodor Fechner (Dr. Mises). Ein deutsches Gelehrtenleben.* (S. 351–360). Leipzig: Breitkopf und Härtel.

Wundt, W. (1900–1920). *Völkerpsychologie. 10 Bände.* Leipzig: Engelmann.

Wundt, W. (1901). *Gustav Theodor Fechner. Rede zur Feier seines hundertjährigen Geburtstages. Mit Beilagen und einer Abbildung des Fechner-Denkmals.* Leipzig: Engelmann.

Wundt, W. (1902). *Grundzüge der physiologischen Psychologie.* 5., völlig umgearbeitete Auflage. Leipzig: W. Engelmann.

Wundt, W. (1907). Über Ausfrageexperimente und über Methoden zur Psychologie des Denkens. *Psychologische Studien, 3,* 301–360.

Wundt, W. (1908). Kritische Nachlese zur Ausfragemethode. *Archiv für die gesamte Psychologie, 11,* 445–459.

Wundt, W. (1911). *Einführung in die Psychologie.* Leipzig: Voigtländers Verlag.

Wundt, W. (1914). *Über den wahrhaften Krieg. Rede, gehalten in der Alberthalle zu Leipzig am 10. September 1914.* Leipzig: Alfred Kröner.

Wundt, W. (1916). Völkerpsychologie und Entwicklungspsychologie. *Psychologische Studien,* 10 (3), 189–238.

Wundt, W. (1920). *Erlebtes und Erkanntes.* Stuttgart: Alfred Kröner.

Zeigarnik, B. (1927). Über das Behalten von erledigten und unerledigten Handlungen. *Psychologische Forschung, 9,* 1–85.

Zeigarnik, B. (1984). Erinnerungen an Kurt Lewin. Ein Interview mit Bluma Zeigarnik. *Gruppendynamik, 15,* 103–110.

Zimbardo, P. G. (1972). *The Stanford Prison Experiment, a simulation study of the psychology of imprisonment.* Philip G. Zimbardo, Inc.

Zimbardo, P. G. (1973). *Prison reform.* [Toncassette]. Psychology Today. Del Mar, CA.

Zimbardo, P. G. (2007). *The Lucifer effect: Understanding how good people turn evil.* New York, NY: Random House. – Deutsch: Der Luzifer-Effekt: Die Macht der Umstände und die Psychologie des Bösen. Heidelberg: Spektrum, 2008.

Zimbardo, P. G., Maslach, C. & Haney, C. (2000). Reflections on the Stanford Prison Experiment: Genesis, transformations, consequences. In: T. Blass (Ed.), *Obedience to authority: Current Perspectives on the Milgram paradigm* (pp. 193–237). Mahwah, NJ: Erlbaum.

Zinnecker, J. (1978): Recherchen zum Lebensraum des Großstadtkindes. Eine Reise in verschüttete Landschaften und Wissenschaftstraditionen. In: M. Muchow & H. H. Muchow, *Der Lebensraum des Großstadtkindes* [Nachdruck] (S. 10–41). Bensheim: päd extra.